昼闇山東海谷山稜側壁の滑降を終え、明朗闊達な昼闇谷カールを気持ちよくクルージング(写真／松岡祥子)

仙ノ倉山東面、毛渡沢西俣本谷の上部大斜面の滑降（写真／須藤正雄）

浅間山を正面に見据え、黒斑山東面ダイレクトルンゼに飛び込む（写真／松岡祥子）

前常念岳から常念岳東面を偵察する（写真／矢本和彦）

五竜岳稜線を東面B沢のドロップポイントに向かう三浦と松岡（写真／須藤正雄）

八ヶ岳主稜線から滑降予定の赤岳東面柚添川南沢左俣右ルンゼを望む（写真／松岡祥子）

爺ヶ岳北峰西沢奥壁の雪庇を攻略する三浦＆須藤コンビ（写真／松岡祥子）

白馬岳三号雪渓最上部の滑降（写真／須藤正雄）

守門岳・青雲岳北面のスパインにシュプールを刻む（写真／須藤正雄）

11月下旬の立山雄山の山崎カール滑降（写真／松岡祥子）

御嶽山・継子岳北東
面マイアシュートバリエ
ーションの厳冬期滑降
（写真／松岡祥子）

谷川連峰の爼嵓幕岩
尾根から鷹ノ巣A沢
へ新ラインを開拓する
（写真／松岡祥子）

黒部川白竜峡のスキー横断時。黒部別山東面主峰ルンゼを初滑降する（写真／梶山 正）

山と溪谷社

中部山岳スティープスキー

100 selections of Chubu mountains steep skis

三浦大介

スティープスキーに魅せられた30年

4歳のころ、父親に連れられて登山とスキーを始めた。東京生まれの自分にとって、特に年数回のスキー旅行は冬の最も楽しい行事であった。その後、高校、大学と山岳部に入り、雪山と岩登りを学び、同時に山スキーも始めた。大学4年時には、北アルプスの杓子岳双子尾根を登って白馬大雪渓滑降や、初スティープとなる谷川岳マチガ沢4ノ沢にトライするなどアクティブな学生時代を過ごした。

社会人になるとスキークラブに加入し、指導員をめざして本格的に基礎技術を見直す。また、会社のスキー部や山岳部に入り、既成ルートの急斜面滑降の経験を少しずつ積み重ねていった。そんな時代を経て、20代後半の転職を機に、以前から興味を抱いていた先鋭的山岳スキー同人のスキーアルピニズム研究会（RSSA：Research Society of Ski Alpinism）と、オールラウンドな活動実績のあった山岳会「ぶなの会」に入会する。当時アルパインクライミングと山岳スキーの融合を模索していた自分にとって、大きなチャンスが到来したのである。それからというもの、海外の山へも頻繁に出かけ、休日は山とスキー三昧の生活が始まった。

自身最初の大きな成果として、1999年から2002年に黒部源流ビッグスリー（鷲羽岳、水晶岳、赤牛岳）の滑降と黒部川スキー横断を、スティープ系では前穂東壁奥又白B沢や穂高吊尾根涸沢ダイレクト滑降などを達成する。この時期から初トレースだけでなく、スティープ滑降にも魅せられてゆく。急斜面を滑ったときの、あのゾクゾク感は忘れられない。山岳の自由滑降においては、急斜面をいかに攻略し、納得のゆくスタイルで滑りきれるかが最大の醍醐味である。以来、いまだ誰も滑っていない厳しくも美しい滑降ラインを見いだし、そこに理想のシュプールを描くことを追い求めた。04年に北岳バットレス初滑降に成功したころから、自身を「スキーアルピニスト」と名乗る。それはフレンチ・アルプスの急斜面滑降のレジェンドであるパトリック・バランサンやアンセルム・ボーらに影響を受けた者として、自身の山岳スキー道の核となる日本のスティープラインを開拓する、という自覚を促す必要性を感じてのことであった。そして「中部山岳スティープルート１００選」を目標に掲げ、足掛け30年にわたって滑り続けることになる。

なぜ、こんなにもスティープ滑降を長く続けられたのか……。一言でいうなら「それがいちばんおもしろかったから」である。滑降ラインを見いだす作業や戦略を練る楽しさ、それが成功した際に得られる大きな満足感。さらに、実践を通じて知性、感性、運動能力という人間の総合力を試されるのが実におもしろく、これ以上の対象がほかに見当たらなかったからである。同時にキャリアを続ける上で、慎重で臆病な性格であったこともプラスに働いたと感じる。

今回の執筆の際に、あらためて自身の山岳滑降の記録を振り返った。本書にはこれまでの記録から、日本アルプス以北から東北地方までの中部山岳１００座を選定し、滑降してきたスティープライン２６０ルートについての記録や概要を記した。

なお、本書はガイド本ではなく、いちスキーアルピニストの単なる自慢話にすぎないことをご承知おきいただいた上で、読者の方々が本書から何か得るものがあれば幸いです。

Map

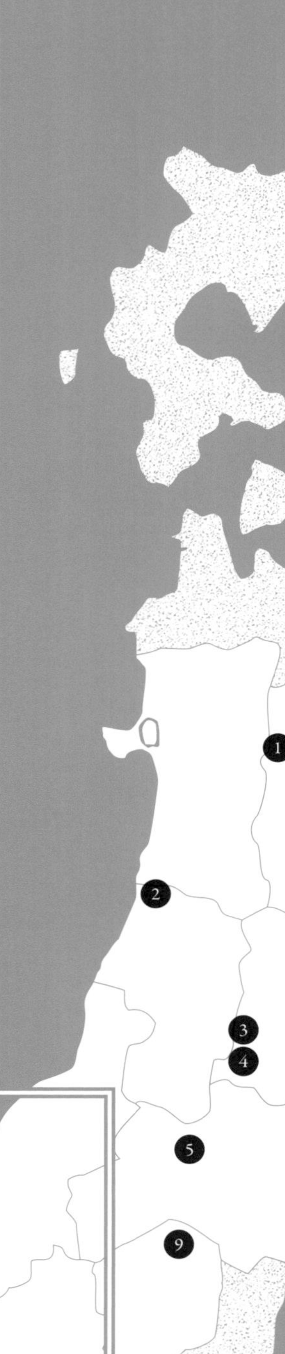

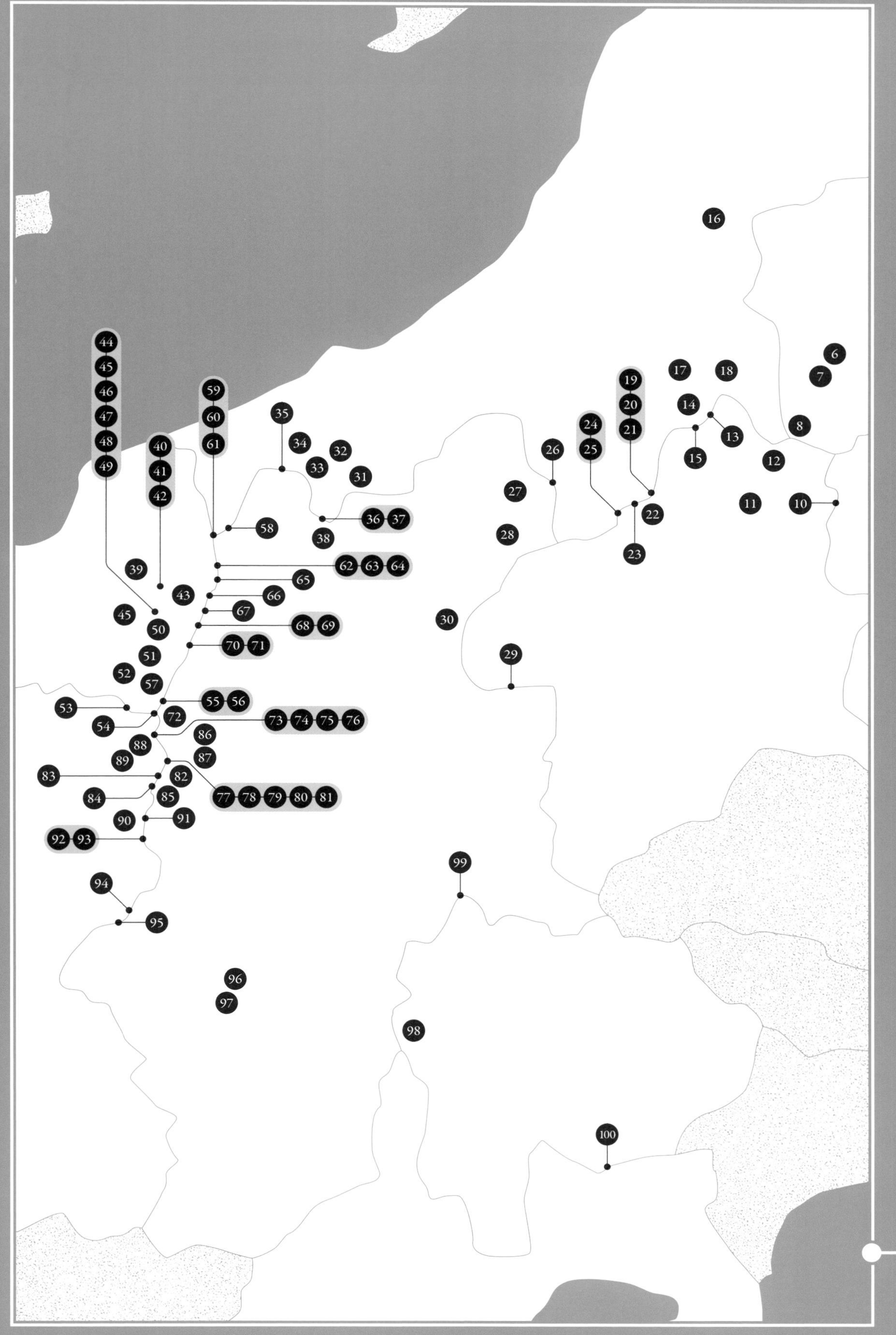

山岳スキーのグレーディング（レーティングシステム）について

近年の山岳スキーやスノーボードの盛況ぶりに付随して、日本においても、テクニカルな急斜面やルンゼの滑降が年々増加する傾向が見られる。しかしながら、その難易度に関して言及したものは少ない。

現在、国内に存在する山スキーガイドブックを調べてみても、グレードとして初級、中級、上級、エキスパートと4段階に区分されているのがせいぜいであろう。

雪の斜面を滑るという不確定要素の大きい山岳スキーにおいては、大まかな目安としてのグレードを与えることで充分であり、細かいグレーディングは不要であるという論が存在するのは事実であるし、山スキーの本質からしても、それは一つの見解として納得できるものである。

しかし、スポーツとしての視点のみならず、山岳スキー滑降の普及や今後の発展などを考えてみると、その評価基準の一つとして、滑降ルートの難易度をある程度明確化することは、あながち無意味であるとは思えない。

山岳スキーの先進国である欧米では、以前から滑降グレード（レーティングシステム）の設定、およびその継続した見直しが行なわれており、今日へと至っている（しかしながら現在でも統一されるところまでにはないようだ）。

これらに基づいて、日本の山岳スキーへの適応可能性も含めて、滑降グレーディングについての検討を自身で行なった。

Louis DawsonがまとめているSki Descent Rating System（北米の「S system」「D system」、欧州の「Swiss Alpine Club system」「Toponeige ski rating system」）などを詳しく見てみると、それぞれの体系により記述の仕方はさまざまだが、滑降の難易度を決める共通の要素としては、**①斜度 ②滑降長さ（高度差） ③滑降地形 ④ルートに潜在するハザード（危険要因） ⑤登下山（滑降以外のセクション：目的地までの登攀と滑降後の下山）難度**が挙げられる。

お気付きかと思うがこのなかに雪質は入っていない。雪は常に変態するので、スノーコンディションにより滑降難易度が異なってくるのは当然である。パウダー、ブレイカブルクラスト（モナカ雪）、クラスト、アイスバーン、ザラメなどなど。

さらに、厳冬期から残雪期という季節の移り変わりによっても雪質は変化する。しかし、それらを滑降グレードに加えるのは難しい。したがってここでは「滑降に適した時期、スノーコンディションで滑った場合」となる。

そもそも厳しいラインはそのような条件下でないと滑れないので、グレーディングが可能になる。もちろん、これは氷河のない日本の山岳エリアであっても同様に適用できる。

難易度において重要なファクターは①と②の斜度と高度差であるのは自明であるが、③の滑降ラインの地形や状況もポイントとなる。たとえば、オープンスロープや幅の広いルンゼなど滑走自由度の高いラインは、スラフ処理もしやすく滑りやすい。

また、典型的なルンゼ滑降でも岩陰などの比較的安全なレストポイントのあるラインは滑りやすい。一方、逃げ場のない狭いルンゼはスラフ処理に難儀するし、フェイスでも岩などの障害物の多い地形はライン取りが難しい。

さらにスノーコンディションは常に変化するといっても、定常的に氷やアイスバーンになっている箇所もルートによっては存在する。したがって、これら3つのファクターを総合して滑降グレード「S」が決められる。

また、この滑降グレードと並行してリスクグレード「R」が考えられる。滑降上のリスクとは、滑降に影響を与えるさまざまなハザード（危険要因）による被害の期待値で、主に次の2種類に起因するものに分けられる。

一つは滑落した際に受けるダメージの大きさに関するハザードで、斜度と高度差のほかにライン上の崖、ギャップ、氷瀑、クラック、アイス、岩などの障害物があるか否かも重要である。

もう一つは上部からの落下物によるリスク……すなわち雪庇や不安定なブロック（氷雪の塊）が頭上に存在するか否か、あるいは落石が頻繁に起こる場所か否か。さらに滑降ラインの上部が扇状斜面であるなど、上部にある雪崩地形の大きさも重要なファクターである。

以上を考慮し、本書では実際のグレーディングを以下のように3つに定めて記載する。

1 滑降グレード

上述したように①斜度、②高度差、③滑降ラインの地形の複雑さを考慮して、以下のSグレードでレーティングする。Sはskiing、snowboardingの頭文字でもある。

記号	斜度	滑降距離（高度差）	滑降ラインの地形等
S1	10～20度	斜度10～20度が続く	各ラインに応じて考慮
S2	20～30度	斜度20～30度が長く続く	同上
S3	30～40度	斜度30～40度が長く続く	同上
S4－	40度近傍	斜度40度程度が比較的長く続く	同上
S4	40～45度	斜度40～45度が比較的長く続く	同上
S4+	45度近傍	斜度45度程度が比較的長く続く	同上
S5－	45～50度	斜度45～50度が比較的長く続く	同上
S5	50度近傍	斜度50度程度が比較的長く続く	同上
S5＋	50～55度	斜度50～55度が比較的長く続く	同上
S6－	55度近傍	斜度55度程度が比較的長く続く	同上
S6	55～60度	斜度55～60度が比較的長く続く	同上
S6＋	60度近傍	斜度60度程度が比較的長く続く	同上

このSシステムの分類は北米の「S system」のそれに近い。また必要であれば付加情報として「最大斜度」と「滑降高度差」を併記する。さらに通常の自由滑降以外の行為が含まれる場合、すなわちダウンクライミング、懸垂下降、ロープを使った滑降が入る場合は、以下の記号をカッコで使用する。

記号	方法
RP	懸垂下降（Rappelling）
DC	ダウンクライミング（Down climbing）
BS	ロープを使った滑降（Belayed skiing or snowboarding）

リスクグレード

下記の①〜④の要素を考慮して、Risk＝滑降ルートに存在する危険要因による被害の予期値（期待値）をRグレード（R1〜R3）で表示する。これをシンプルに表現すれば「危険への身の晒され方の度合」となる。

① 滑落の危険性と滑落した際のダメージの大きさ
② 自由度のある地形かどうか（ルンゼ滑降に対してフェイスはスラフマネジメントがしやすい、落下物を避けられるなど）
③ 落石の危険性、上部の雪庇崩壊、ブロック崩壊の危険性、上部の広い雪崩地形の存在など
④ ケガをしたときの救出難度の高さ（携帯電話、無線、発信機の電波が届くか、
ヘリでピックアップできる場所か、自己下山の際の山深さなど）

記号	内容
なし	メジャーな山域の一般的な滑降ライン。特に顕著な危険のない場合
R1	滑降ラインに顕著な障害物がある。小さい雪庇や落石の危険がある。 または逃げ場のない狭いルンゼが長く続くなど
R2	R1より危険度が大きい場合
R3	ここを滑るには非常にリスクが大きい

Rグレードの高いラインは滑降グレード以上にメンタル的に厳しく、滑るか否かの判断も、より難しいものになる。筆者の滑降例でいえば、谷川岳一ノ倉沢4ルンゼ（落氷、ブロック雪崩の危険、F4の下降、本谷バンドのクレバスの存在）、黒部別山左俣主峰ルンゼ（落氷、ブロック雪崩の危険度大、山深さ）などがR2グレードとなる。

Rグレードの高いラインの魅力は、『ROCK&SNOW』058号（山と溪谷社）で加藤直之氏により紹介された、2011年にデナリ南壁を滑った故アンドレアス・フランソンの“Tempting fear”「抗し難い魅力的な畏れ」という言葉に凝縮されているかもしれない。

登山グレード

（目的地までの登攀と滑降後の下山）

登山グレードは通常の雪山アルパインルートグレードに準ずることになる。下記の①〜⑤の要素を考慮してローマ数字表記のI〜VIのグレードで示す。なお、核心部が岩や氷の場合は核心部のピッチグレードも併せて表記する。

① そのロケーション（アプローチが近い、遠い）、時間、日数がどのくらいかかるか
② 山行の体力と技術度
（スキーのみ、アイゼン・アックスのみ、ロープを使う、アイスクライミングやロッククライミングがあるなど）
③ 登高高度差
④ 標高

※rock climbingはデシマル表示、ice climbingはWI（Water ice）、AI（Alpine ice）表示、mixed climbingはM表示

記号	内容
I	シール登高メインで一部アイゼン・ピッケル使用の簡単な雪尾根（ロープ使用なし）
II	雪稜（部分的にロープ使用あり）
III	本格的な雪稜
IV	厳しいリッジクライミングやダブルアックスでの本格的なアイスクライミングが入る
V	IVよりさらに厳しい冬季の本格的なアルパインクライミング

※滑降地点までの登山が一般ルートではなく、バリエーションルートからの登攀である場合は、C&R（クライム&ライド）と記す

本書の見方

本文タイトル

滑降したルートの名称。初滑降や厳冬期初滑降については下記のとおり。

初滑降

過去に記録がなく、ルートを初滑降した場合

厳冬期初滑降

冬期や春期に滑降記録はあるが、厳冬期に初滑降した場合

本書における冬季の区分例

初冬期	11月
冬期	12月～3月末
厳冬期	クリスマスごろ～2月末
春期(残雪期)	4月以降

※春期に滑降記録があり、3月にパウダーコンディションで滑降したものを「冬期初滑降」(パウダー期初滑降)とする場合もある

標高

滑降した山の標高(国土地理院の「日本の山岳標高一覧1003山」に準拠、一部例外あり)。「爼嵓」「硫黄尾根」「穂高吊尾根」などは標高の記載なし。

番号

北から順に山域やエリアごとに山を分けて、1～100で表記。基本は1山に1本の滑降記録を本文で紹介しているが、メインの滑降記録を1本以上紹介している山もある(例:40剱岳など)。

メインルート

本文で紹介するメインの滑降ルートと名称。

44 別山

Mt.Bessan 2880m

別山東面の遠望(手前が真砂沢)

P2880北東ルンゼ1

別山

P2880北東ルンゼ1／初滑降

同志の死の悲しみを超えて

2008年シーズンの厳冬期パウダー三昧が終わり、かき入れ時の3月は北アルプスの霞沢岳八右衛門沢の滑降(P256)や、今や年中行事となった、黒部川スキー横断の鳴沢からの下ノ廊下単独横断の成功(P196)と続いた。また、4月には槍ヶ岳天上沢(P212)、五竜岳武田菱でのクライム&ライド(P188)と、今シーズンも一定の成果を上げつつあった。

ところが武田菱滑降の翌週、同ルートでA君遭難の悲報が入る。同じ志をもつ者として気持ちは大きく沈んだ。

ゴールデンウィーク前半は涸沢入りの予定だったが、さすがに山に入る気が失せ、自身のスキーについて振り返る。海外の先鋭とされた山岳スキーヤー、アレックス・ロウ、ハンス・サーリ、ダグ・クームスらの死は確かにある。しかし、思う。スキーアルピニズムの先に、決して死があってはならないと。

結局、前半は穂高岳の岳沢スティープクラシック・前穂高沢を彼への追悼滑降とした。

そして、陽光を浴びた白い雪稜と澄んだ青空とは対照的に、重い気分でゴールデンウィーク後半の剱岳行きとなった。

初日、室堂から剱御前小舎へ登り、稜線をたどって別山の北峰(2880m)へ至る。目的の北東面を偵察するとダイナミックで広大なルンゼが真砂沢方向へと落ち込んでいる。

この北東ルンゼ群は真砂沢の右俣ともいうべきもので、高度差も本谷まで750mとスケールがあり、周囲のアルペン的景観もすばらしく、見過ごすわけにはいかない。偵察すると顕著な二つのルンゼで構成されていることがわかった。今回は規模の大きい北側の北東ルンゼ1を滑ることに決める。

ドロップポイントから急斜面に飛び込んでターンすると表面の湿雪が雪崩れるが、ルートは広いので気にせず豪快に滑降できる。傾斜は最大40度ほどで、周囲の岩峰がよいアクセントになっている。パートナーの狭間君と交互に撮影しながら快適に滑降する。

下部はザラメでスピーディなターンを決める。最後はルンゼ状を滑って真砂沢へと合流。さらに真砂沢のフラットなバーンを大パラレルで飛ばし、剱沢出合まで滑降した。その後、剱御前小舎まで長い登り返しに耐え、ビールで喉を鳴らして一日を終える。

翌日は昨年の源次郎尾根のクライム&ライドの続きで、前回滑った平蔵谷からS字雪渓ルンゼに取り付く。急なノドからはロープを出し、スタカットで登る。源次郎尾根に飛び出すと気温は上がり、雪はグサグサで悪く、ロープの出しっぱなしとなる。

懸垂下降したⅡ峰のコル先のピークでタイムアウト。曲がりなりにもこれでスキーを担いで源次郎尾根を完全トレースしたことになる。そこからフラットな長次郎谷側ルンゼを剱沢出合まで滑降する。

最終日は剱御前西面の典型的なルンゼである白ウラ谷を滑って、ゴールデンウィーク後半の短い山行を終えた。

ルートグレード	
アプローチ	I
滑降	S4

日程	2008年5月3日
メンバー	三浦大介、狭間栄治
タイム	室堂9:30～剱御前小舎～別山北峰(2880m)13:00～北東ルンゼ1～真砂沢14:00～剱御前小舎17:00

番外

北面ダイレクト

別山の北面には、短いが三田平に向かって落ちる、ちょっとした急斜面がある。北面なのでハードバーンのことも多く、翌日の剱岳滑降に向けてよいトレーニングである。また、剱岳東面の偵察にもなる。

ルートグレード	
アプローチ	I
滑降	S4-

❷ 別山沢

別山沢は最初に滑降すべき好ラインである。別山北峰先端から北方向に露出感のあるルンゼが落ちている。スラフ処理をしながら核心である最初のノド部をクリアすれば、あとはラインに沿って豪快にターンをつないでゆく。中間部からは廊下状の地形を楽しみながら、剱沢まで板を走らせる。

ルートグレード	
アプローチ	I
滑降	S4-

❶ P2880北東ルンゼ2

P2880からの北東ルンゼ1の南側に並行して、顕著なルンゼが真砂沢に向かって落ち込んでいる。最初はリッジ状からドロップするがルンゼは次第に広がり、ルンゼ1と同様に快適な大斜面が、真砂沢まで標高差700mほど続く。

ルートグレード	
アプローチ	I
滑降	S4

立山連峰

126 127

ルートグレード

本記録の滑降グレードなど。グレードの見方はP6からの「山岳スキーのグレーディング(レーティングシステム)について」を参照。

データ

本記録の滑降した日程(年月日)、メンバー、タイム。複数回滑降しているルートは参考記録例を紹介。

番外

写真には写っていない違う斜面、エリアの滑降ルートなど。

サブルート

本文では紹介しない、そのほかの滑降ルート。

※本書に掲載した100選は、著者が滑降した際の記録です

写真／松岡祥子

東北 北関東

東北

北関東

1 岩手山

Mt.Iwate_2038m

盛岡市内から岩手山
南東面の遠望

岩手山

鬼又沢左俣

鬼又沢右俣

鬼又沢左俣

日程	2020年3月7日
メンバー	三浦大介、三上仁太
タイム	網張温泉スキー場トップ7:00 ～ 黒倉山コル10:00 ～不動平12:00 ～ 左俣ドロップポイント12:20-13:00 ～滑降～馬返し登山口14:40

ルートグレード	
アプローチ	I
滑降	S4+

鬼又沢右俣

日程	2020年1月26日
メンバー	三浦大介、須藤正雄
タイム	網張温泉スキー場6:00 ～ 黒倉山コル9:00 ～不動平11:10 ～ 右俣ドロップポイント11:30-12:30 ～滑降～馬返し登山口14:00

ルートグレード	
アプローチ	I
滑降	S4

← 鬼又沢左俣下部の滑降

鬼又沢右俣・左俣

垂涎もののビッグシュート

名山には必ずや滑り手を魅了する珠玉の滑降ラインが存在する――これは私の確固とした経験則である。東北の穏やかに見える百名山にも、異貌といえる荒々しくも美しいラインが隠されていることが多い。それらを見いだし、最高の条件で格別な滑降を成すのがスキーアルピニストたる腕の見せどころ?であろう。

今回は自身未滑降の岩手山に狙いを定める。標高2000mを超えるこの山は内陸部に鎮座するが、日本海の季節風が直接ぶつかるため積雪量は多く、厳冬期は強風と極寒で滑降チャンスは少ない。めざすラインは不動平から南東方向に高度差1000m以上のスケールで荒々しく落ち込む鬼又沢である。盛岡市内から望むと真っ先に目に飛び込んでくるビッグシュートだ。

鬼又沢は中間リッジで右俣と左俣に分かれる。右俣は1750m付近からボウル状大斜面を一気に落とすラインで、1993年4月にRSSAの藤田&土田ペアの右俣滑降の記録がある。近年は春期を中心に滑られているが、さらに上部からドロップする左俣の斜度は45度を超え、地形もやや複雑で厳冬期の記録は見ない。

今回の目的は、その厳冬期パウダーコンディションでの滑降だ。ここが雪の吹きだまる地形との見立てに間違いはなかった。

【右俣滑降】

最初のトライは1月の連休。アプローチは網張温泉スキー場からほぼ夏道沿いに黒倉山のコルへ向かい、大地獄谷上部へ滑降して不動平に至るスキー向きのルートをたどった。だが、不動平での強風と寒気は厳しく、予期せぬ吹雪とガスの洗礼を受けて2度の敗退。右俣のドロップポイントを確認するにとどまった。

そして遠征2回目の1月26日、4度目のトライでようやく山が微笑んだ。

須藤氏と朝6時に網張温泉スキー場を出発。前日のラッセルでのトレース付けが功を奏し、正午前には微風快晴の不動平へ。右俣ドロップポイントの雪は安定し、雪付きも滑るには充分である。

いよいよ念願の1本目。見下ろす壮大な鬼又沢の高度感を肌で感じながら、はるか下に広がる裾野に向かってスキーの翼を広げる。ノール地形で最大斜度は43度。上部の幅広の尾根状バーンから核心部のルンゼへとつないで、下部のボウル状大斜面を快適に滑降する。

雪質は上部の堅雪とパックスノーから文句なしのドライパウダーへと変わり、独特の火山地形のなか、標高差1000mを誇る広大な谷のライディングを堪能した。

【左俣滑降】

本命の左俣は網張の積雪量が3mに達した3月7日、4回目の盛岡遠征、6度目のトライで成就した。

三上君と再度網張温泉スキー場から雪のアオモリトドマツに覆われた地獄谷経由で不動平へ。周回道路で確認した大きな破断面が下部に待ち受ける緊張のなか、標高1800m付近からパウダーに埋まる急峻な尾根地形へとドロップイン。右手のオープンバーンにスプレーを飛ばし、さらに小リッジを越えてから切り返して左手のシュートへと、的確なライン取りで核心部の破断面をクリアする。

下部のオープンバーンに躍り出てからは、壮大な純白の谷間に縦横無尽のシュプールを描き、最後は巨大堰堤のゲートをくぐって林道へと飛び出した。

振り返る鬼又沢は大きく光り輝いている。東北の大いなる山を実感するような大滑降ができた達成感に満たされた。

2 鳥海山

Mt.Chokai_2236m

中島台林道からの威風
堂々とした鳥海山北壁

コルのライン
新山北壁
鳥海山

滑降アドバイス

厳冬期の北壁は日差しが少なく、また大きく張り出しているので、強風の影響をもろに受け、ハードコンディションなのが通常だ。特に新山直下はアイスバーンであることが多い。また、3月から4月上旬、新雪がうまく張り付いたときに最高の滑降コンディションになることがある。日差しが強くなり、気温が上昇する4月半ばからのザラメ狙いが一般的。

新山山頂下部の日本離れした大斜面の滑降

新山北壁

巨大な雪の滑り台を大滑降

尾瀬の燧ヶ岳(ひうち)を外せば、東北の最高峰といえる標高２２３６ｍ誇る鳥海山。白鳥が美しく翼を広げたような形をしていることから、その山名がついたという説がある。日本海裾野からそびえ立つ独立峰の秀麗な山容は、まさしく「鳥海山」と呼ぶにふさわしい。

冬季、秋田のにかほ市付近から眺めうる新山(しんざん)と七高山(しちこう)の双耳峰の胸板にあたる巨大な北壁の滑り台は、真に滑り手の滑降意欲をかき立てる。

その存在を知ったのはまだ20代のころ、当時所属していた会社の山岳部仲間とゴールデンウィークに祓川(はらいかわ)ルートを滑降したときにさかのぼるが、その後は手つかずのまま久しく記憶の片隅に埋もれさせていた。

だが、２００６年に出版された『日本の登山家が愛したルート50』（東京新聞出版局）に、日本のテレマーク・バックカントリースキーのパイオニアで、北米のデナリ滑降者でもある北田啓郎氏がこの北壁を取り上げていたこともあり、自身のスティープ１００選に鳥海山北壁は外せないとの思いが強くなった。

北壁の斜度はそれほどでもないが、その地理的条件ゆえに全面アイスバーンとなることも多く、決して侮ることはできない。実際2度ほど跳ね返されてみると、かつて秋田のクライマーたちが海外遠征トレーニングに使ったといわれるほどのことはある。

21年、3度目のトライでようやく祓川経由で北壁コルからボトムまでの滑降に成功したが、どうしても北田氏のように新山山頂からドロップしたいというスキーアルピニストとしての欲求が残った。

そして22年4月上旬、最初のトライと同様に中島台からのロングアプローチで最後のトライ。今回は直前の新雪と気温上昇の恩恵にあずかり、無事に新山山頂からダイレクトに滑降することができた。

高度感のある出だしはショートターンで雪質を見ながらコルまで滑り込み、そこからは豪快な中回りターンで縦横無尽にボトムまで落とす。

このルートの最大の特徴は、裾野に広がる大雪原を見下ろしながら、日本離れした露出感の高い、高度差８００ｍの巨大な雪の滑り台を一気に滑降できることにある。新山北壁はここでしか味わえない、まさに滑り手にとって唯一無二のサンクチュアリであるといえよう。

北壁中間部のフラットバーンを飛ばす

ルートグレード	
アプローチ	I
滑降	S4+、R1（新山直下）

日程	2022年4月10日
メンバー	三浦大介、須藤正雄、松岡祥子
タイム	中島台駐車場5:50～新山11:40-12:00～北壁滑降～中島台駐車場13:50

3 屏風岳

Mt.Byobu_1825m

後烏帽子岳付近からの
厳冬期の屏風岳東壁

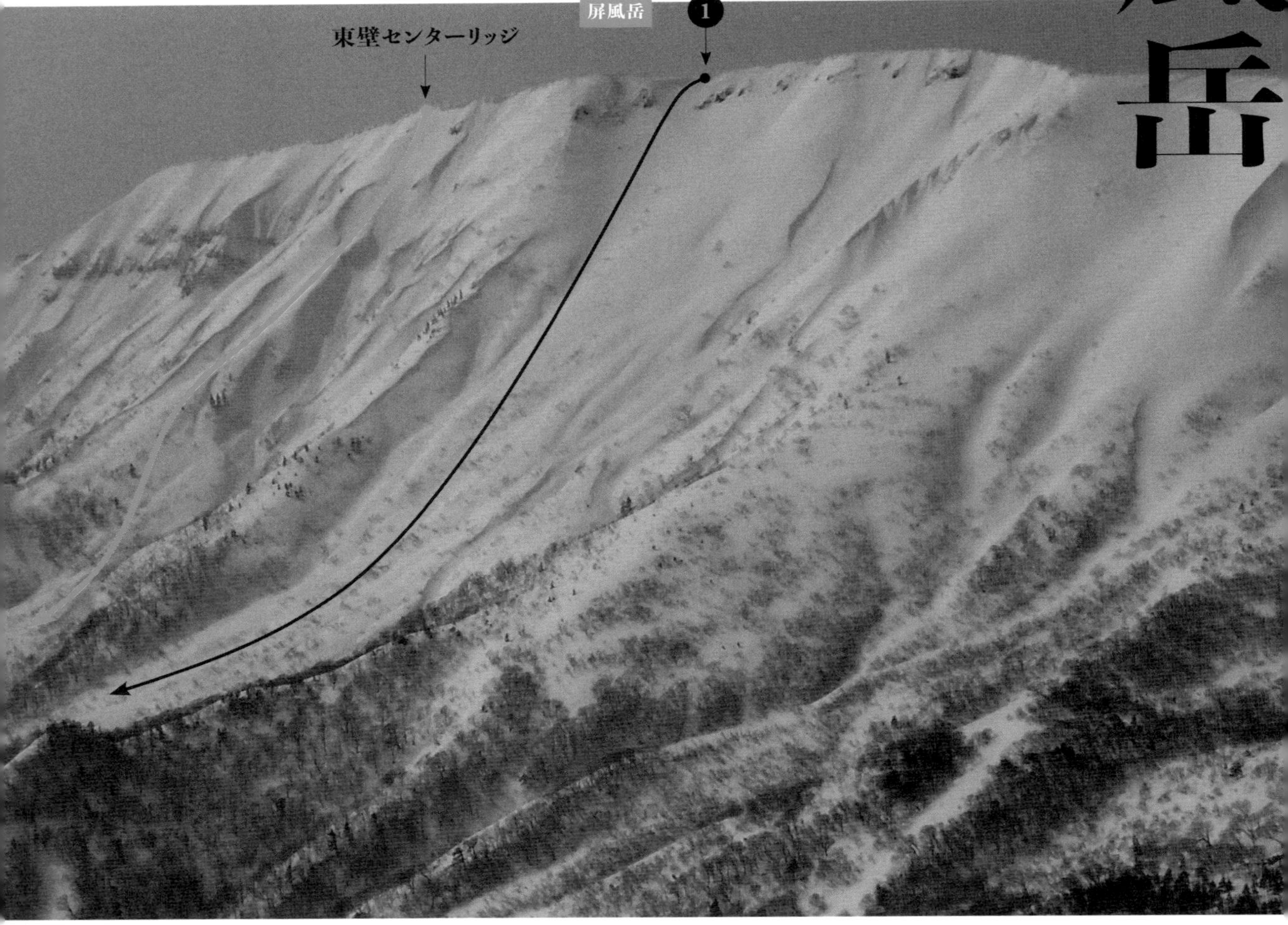

屏風岳

東壁センターリッジ

1

東壁センターリッジにドロップする三浦。後方は太平洋

東壁右ルンゼ

ノーズダイレクト滑降の前年に、後烏帽子岳登山道経由で、最高点ピークから東リッジのスキーヤーズレフトのルンゼを滑った。ここは稜線の雪庇が小さいのでエントリーしやすく、東壁の入門ルートになるだろう。

ルートグレード	
アプローチ	II
滑降	S4

東壁センターリッジ／厳冬期初滑降

屏風岳東壁ノーズダイレクト

宮城に聞こえしスティープフェイスは、蔵王（ざおう）連峰の屏風岳東壁がその最右翼に挙げられよう。

前回は、みやぎ蔵王えぼしリゾートから後烏帽子（うしろえぼし）岳登山道経由で屏風岳稜線に至ったが、東壁の巨大雪庇に阻まれ、右ルンゼの滑降に甘んじた。その際、偵察した東壁のノーズ形状のセンターリッジが実にかっこよく魅力的で、ここを滑らないわけにはいかないと感じた。もちろん狙いは厳冬期のパウダー滑降である。

今回は前回苦労したアプローチを変更する。遠回りだが比較的スキー登高しやすい、すみかわスノーパークから北尾根経由を選び、好機と見た2月下旬の平日にトライした。

朝7時にすみかわスノーパーク駐車場を出発。ゲレンデ脇を登り、上部林道から澄川（すみ）を渡ってなだらかな北尾根を登高する。予想どおり前回のラインより登りやすい。上部のアオモリトドマツのスノーモンスター群の通過にもそれほど苦労せず、11時ごろには山頂に到着する。

この日は薄日で気温は上がらず、登高してきた感じだと斜面に新雪が張り付いた絶好のコンディションと予想。三角点ピークでさっそくロープを出して東壁のドロップポイントを探す。

先週の春一番が幸いして不安定な雪庇が落ちたようで、労せずに目標のノーズラインのドロップポイントを見いだした。見下ろす先にはなんと太平洋を遠望！期待の高まるなか、アイゼン&ピッケルで急斜面をバックステップで下降し、雪質をチェック。新雪と旧雪の接合はよく、ノーズリッジのライン取りも途切れなくスムーズに滑れそうである。

いつものように雪崩合図の確認をしてから急斜面へとドロップイン。東壁の虚空に身を躍らせる。傾斜47度の最上部の雪質を確かめながら、慎重にベンディングターンを繰り出す。雪面はやや荒れて波打っていたが、程なく滑らかなパウダー斜面となる。

上部はリッジ左のオープンスペースを使い、ダイナミックにターンを刻む。スプレーを飛ばせるすばらしいコンディションのなか、高度差300mのノーズ核心部を一気に滑り降りてしまう。

すぐさま上に向かって滑降OKのホイッスルを吹く。服部、小寺の順に奇声を上げながら豪快に滑り降りてくる。「イェーイ！」とお互い笑顔でハイタッチを交わす。ボトムには春一番で落ちたと思われる雪崩跡があった。

下部は秋山沢沿いに滑ってから左岸台地に上がる。最後は林道に出て、トラバースでえぼしリゾートに至る車道へ。その後はタクシーで車を回収した。

屏風岳の白眉といえるセンターリッジを3度目の正直でようやく滑降でき、大満足の宮城遠征となった。

屏風岳山頂付近のスノーモンスター群

ルートグレード	
アプローチ	I
滑降	S5－

日程	2017年2月22日
メンバー	三浦大介、服部知尋、小寺 周
タイム	すみかわスノーパーク7:00～澄川横断8:30～屏風岳11:00-11:50～東壁滑降～神嶺林道～タクシーですみかわスノーパーク、車回収14:30

4 南屏風岳

Mt.Minami-Byobu_1810m

登り返しの水引平に上がる尾根から見た南屏風岳東面。1月下旬なので、センターリッジのスキーヤーズライトの沢地形がまだ埋まりきっていない

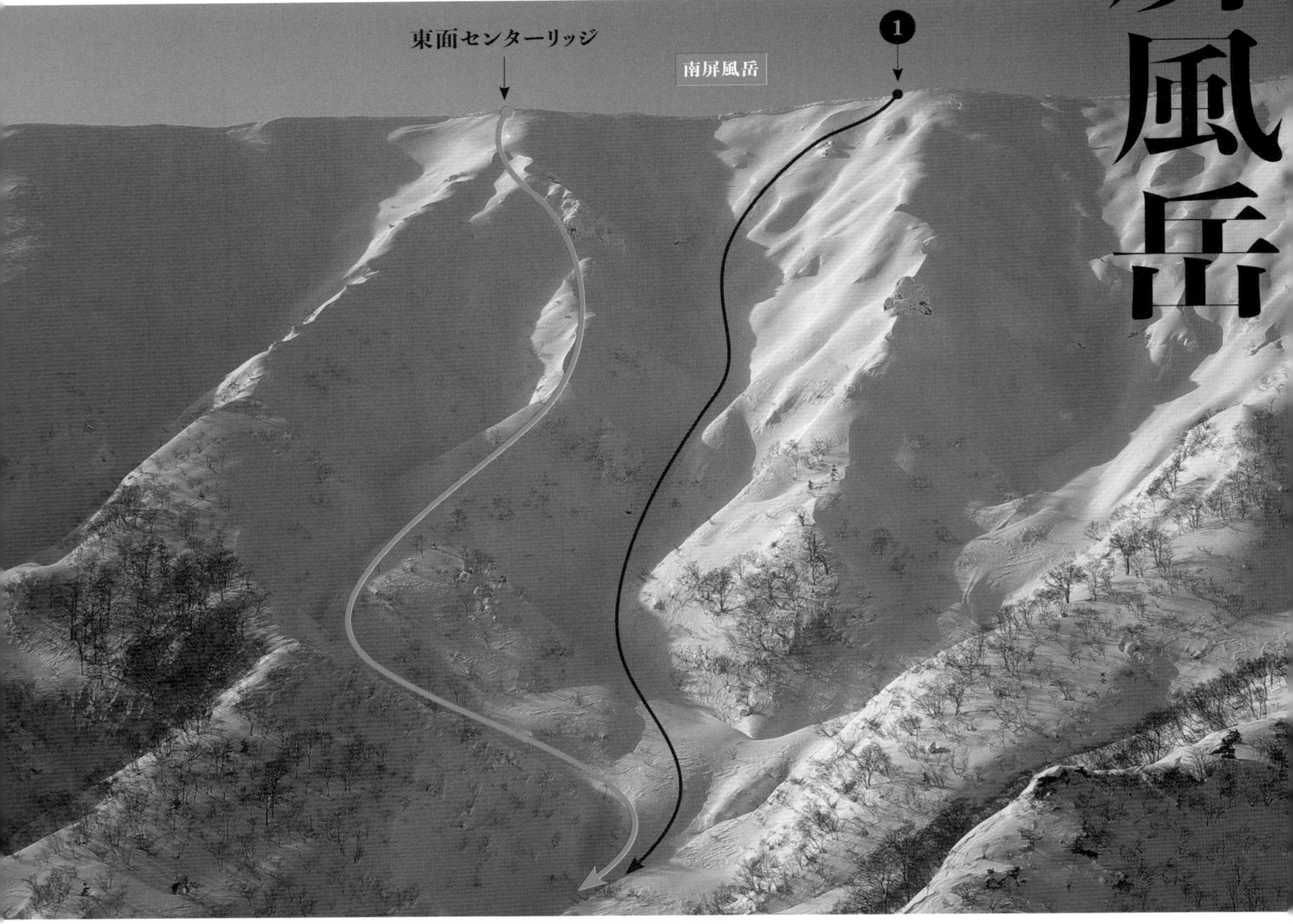

南屏風岳東面右ルンゼの滑降

1 東面右ルンゼ

山頂やや北寄りの雪庇の弱点から、センターリッジ隣のリッジ最上部へとドロップし、スキーヤーズライトの沢地形を滑るライン。ドロップしやすく、雪質もよく快適。なお下山は、積雪が少ない場合はボトムから水引平に上がる尾根を登り返すのが無難だ。

ルートグレード	
アプローチ	I
滑降	S4－

東面センターリッジ

スティープスキーの入門的な存在

南屏風岳は太平洋側で、冬は比較的天気がよいと思われがちな蔵王連峰に属するが、麓のスキー場が晴れでも山には雪雲のかかることが多い。さらに稜線の強風も相まって、厳冬期の気候条件は他の山域同様に厳しいと言わざるをえない。

２０２１年、ようやく山頂の一角から東面のラインを1本滑れたが、次回は山頂真ん中のきれいなリッジを通しで滑りたいとの思いに駆られた。

そして、今回通算5回目となるトライで、風、日差しともにギリギリの条件ではあったが、なんとか山の神の思し召しにあずかることができた。

2月19日、天気は下り坂で微妙ではあるが、少しでもチャンスがあればトライしないわけにはいかない。

早朝、パートナーの三上君と交代で東北道に車を走らせ、8時にはみやぎ蔵王白石（しろいし）スキー場に到着し、リフト2本でゲレンデトップへ。通い慣れたコガ沢右岸台地を不忘（ふぼう）山へと向かう。

雪量はすでに充分あるので、あとは天気と雪質次第だ。2日前に来たときは強風とウインドスラブで、不忘山直下で敗退の憂き目に遭った。あのときの雪の不安定さは、今日は見られない。

ラッセルも少なく、快調に3ピッチで不忘山直下まで至る。ここで潔く板を担ぎ、アイゼン&ピッケルで不忘山稜線を忠実にたどり、南屏風岳へと向かう。風はそれほど強くないが、ガスで視界が悪く、たまの弱い日差しではフラットライトで雪面が見えにくい。

山頂に13時着。すぐさまロープを出し、雪庇の弱点を探る。30分ほどで懸案のセンターリッジへのドロップポイントを見いだし、東面を10mほど下降して、雪質の最終チェックをする。新雪は正構造でグリップもあり、安定している様子だ。

フラットライトは気になるが、日差しの頃合いを見計らってドロップする。右手の沢状から回り込むようにセンターリッジに乗る。風の影響か雪質は表面がややパック気味のパウダーで、少し強めのエッジングで対応する。

リッジ上部の高度感はなかなかのものだ。傾斜は45度はあるだろう。心地よい緊張感のなか、幅広のリッジ状を真っすぐ下にスキーの先を落とし込んでゆく。

途中から右手の沢状へ入り、さらに左に少し曲がるとボトムが見えてくる。山頂から高度差４００mの滑降であった。上部からは見えなかったが、以前滑った右ルンゼの沢筋には、単独スノーボーダーのシュプールが1本あった。

広い谷をさらに進み、１２５０m付近からシール登高でコガ沢右岸をトラバース気味に登ってゆく。いくつか沢を横切り、最後は右岸台地１３００m付近に出て、行きのトレースに合流。そこから再度滑降して、スキー場へ戻った。

アクセスがよく、傾斜的にもスティープ入門的な存在ではあるが、好条件をつかむにはそれなりに通う必要があるだろう。これで屏風岳とともに、核心部のセンターリッジを滑ることができ、ちょっとした満足感を覚えた。

ルートグレード	
アプローチ	I
滑降	S4

日程	2022年2月19日
メンバー	三浦大介、三上仁太
タイム	みやぎ蔵王白石スキー場トップ9:00～不忘山12:00～南屏風岳13:00-13:40～センターリッジ滑降～コガ沢1250m付近14:10～スキー場15:30

5 磐梯山

Mt.Bandai_1816m

正面から見た厳冬期
の磐梯山東壁

磐梯山

東壁中央ルンゼ

1

中央ルンゼを滑り抜けてボトムに飛び出した佐藤康彦

❶ 東壁左ルンゼ

磐梯山山頂の手前、南東の肩から東面に落ちる幅広のルンゼ。出だしがやや急だが、沼ノ平まで標高差350mの快適な滑降が楽しめる好ラインだ。

ルートグレード	
アプローチ	Ⅱ
滑降	S4－

東壁中央ルンゼ／厳冬期初滑降

ディープパウダーに酔いしれる

磐梯山は標高こそ1816mの中級山岳であるが、猪苗代湖から見上げる威風堂々たる姿は、さすが会津に聞こえし宝の山である。特に火山活動によってできた東壁は見応えがあり、厳冬期には美しくも挑戦的なスティープラインを創り出している。

2009年2月に北尾根からアプローチして、山頂から東壁のダイレクト滑降を狙ったが、偵察しきれずに南東の肩から左ルンゼを滑るにとどまった。2年越しとなる今回は、磐梯山通いを続けている新潟稜友会メンバーと共に東壁中央ルンゼにトライする。

9時に猪苗代スキー場トップからシール登高を開始する。ガスのなか、軽いラッセルで赤埴山まで登り、コルまでひと滑りする。佐藤君がすかさずピットチェックを行なう。顕著な弱層はないが、ジャンプテストで崩れた層が2カ所ほどあった。コルから東尾根を登り、上部急斜面は一部シートラーゲンして、山頂には11時15分に到着。幸運なことにガスも晴れて三六〇度の大展望を満喫する。

小休止後、稜線のブッシュを掘り出してビレイ点とし、ロープを出して東壁最上部で再度ピットを掘る。ここは吹きだまりで反応はなかったが、総合判断で滑降を決める。ラインは東壁直下のロックバンドを避け、左方フェイスからスキーヤーズレフトの中央ルンゼへとつなぐラインを選択する。

13時、山頂からドロップ。最上部は空間にダイブするような急峻さである。スキーカットから連続ターンでパウダーを蹴散らして、左下へギルランデ気味に滑降し、中央ルンゼへと飛び込む。最大斜度50度弱の上部急斜面を軽いジャンプターンで落下してゆくが、結構なスラフが出る。すぐさま右のロックバンド下へと回り込んでスラフをやり過ごす。スラフはフォールライン上の新雪を削り、やや硬いバーンを露出させた。

しかし、ここは右手のパウダーがたまっているラインを選択。日陰のすばらしい雪質にスプレーを上げながら軽快なターンを刻む。

中間部右の小リッジ末端を回り込んだところがレストポイントとなるが、雪がよいので一気にゲートへ突っ走る。周囲のアルペン的風景のなか、すこぶる快適なディープパウダーに雄叫びが上がる。

ゲートからさらに左手の斜面へと滑り込み、安全地帯へ出たところで仲間に合図する。やがて、須藤さん、佐藤君が続いてルンゼ内に現われた。交互にスキーダンシングしながらゲートを無事通過し、台地に乗り上げる。付けたばかりのシュプールをみんなで眺めながら、東壁中央ルンゼ厳冬期初滑降を喜び、その余韻にしばし浸った。

山頂から中央ルンゼにドロップする三浦大介

ルートグレード	
アプローチ	Ⅱ
滑降	S5、最大48度

日程	2011年2月6日
メンバー	三浦大介、須藤正雄、佐藤康彦
タイム	猪苗代スキー場トップ9:00～東尾根～磐梯山11:15-13:00～東壁中央ルンゼ滑降～スキー場14:00

6 窓明山

Mt.Madoake_1842m

登り返しの尾根から見た窓明山P1739東面スパインの全貌

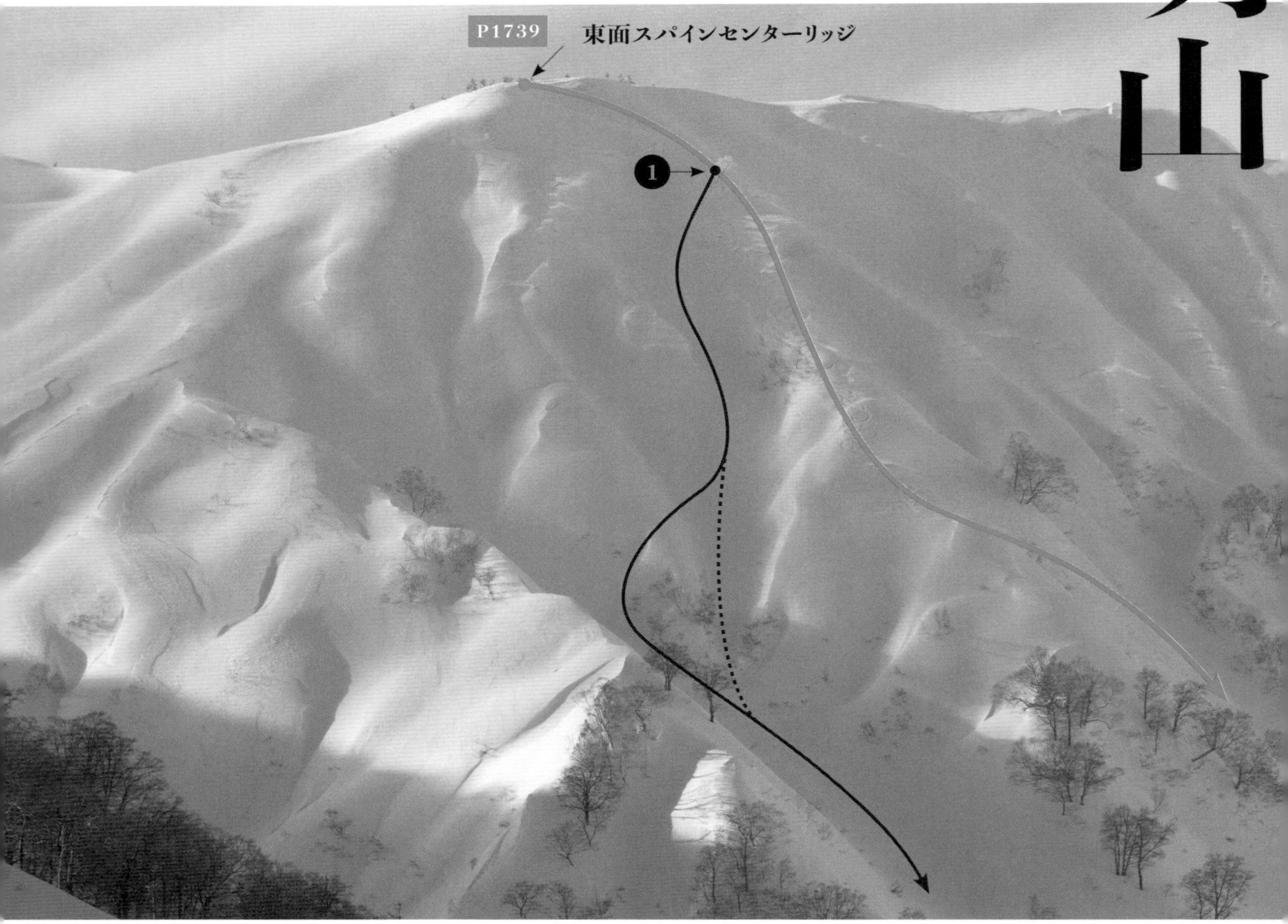

P1739

東面スパインセンターリッジ

1

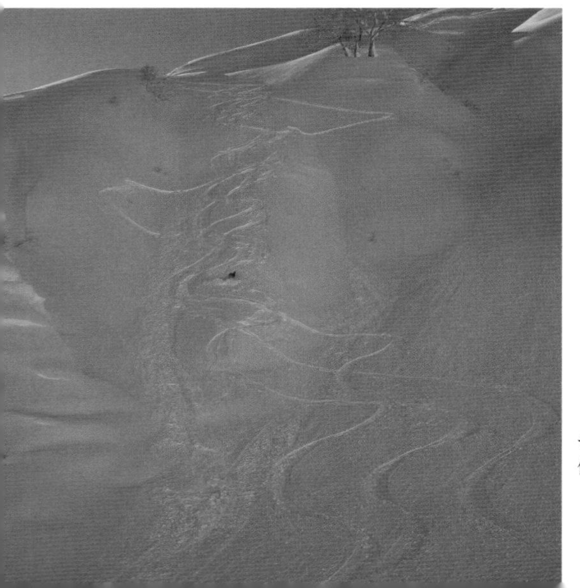

センターリッジ下部左側壁の急斜面の滑降

1 東面スパイン左ルンゼ

センターリッジのスキーヤーズライトの大きな沢地形を滑る。ドロップポイントは同様で、センターリッジ最上部を滑ってから右手の沢地形に入る。上部が核心で急峻な大斜面を的確なスラフ処理をしながらダイナミックに滑降し、最後のボトルネックを右リッジへ迂回してクリアする。窓明山スパインの初滑降ラインだ。

ルートグレード	
アプローチ	I
滑降	S4＋

東面スパインセンターリッジ／初滑降

檜枝岐バックカントリーのスティープ三部作完成

ラニーニャによる11月下旬からの断続的な冬型気圧配置で、今シーズンは豪雪の期待があった。近年恒例となった正月の檜枝岐バックカントリー（BC）詣で、その予感を確信に変えた私は、1月の連休も迷わず福島県檜枝岐村へ狙いを定めた。

本命は2019年2月に初滑降した窓明山東面。保太橋沢源頭に展開するスパインのなかでも、特に見栄えよく真ん中から落ちるセンターリッジだ。

スパインは豪雪地帯の吹き抜けの稜線風下側に、急峻な小尾根群が存在するときにできやすいが、微妙な条件が必要なのか、滑降に適したような形状になることはそれほど多くない。

檜枝岐BCと聞けば、たおやかな山並みのツリーランを想像するかもしれないが、このエリアをじっくりと時間をかけて滑り込むと、オープンバーンにスティープルンゼありと実に多様な滑降ラインの存在に気付く。その最たるものが窓明山東面スパインといえる。

厳冬期にはアプローチの三岩岳の国体尾根上部から、その流れるような雪襞の優美な姿を見ることができる。三ツ岩沢、黒檜沢、そして保太橋沢源頭の窓明山東面スパインは、檜枝岐BCのスティープ三部作であり、センターリッジはそのラストピースでもあった。

1月10日は穏やかな晴れ予報で、檜枝岐村の積雪はすでに2mを超えている。昨晩の降雪で前日のトレースがリセットされた国体尾根を登ると最上部でガスが取れ、純白のスパインが忽然とその艶めかしい容姿を現わした。目標のセンターリッジはすでにハイシーズンの装いである。これは行ける！

前回は最上部からスキーヤーズライトの沢地形を落としたので、今回は忠実にリッジ沿いを滑りたい。ドロップポイントとなる稜線上1739ピークの鞍部で雪質を確認し、11時半にドロップ。ノール状急斜面の出だしから斜滑降で左手のリッジラインへ入る。即座にワンターン。すばらしい雪質だ。

すぐさま連続ターンで迷わずリッジラインを落とす。幅はやや狭いがショートターンは充分可能で、露出感のある「これぞスパイン滑降」といえるものとなる。

調子よく滑り、2回目のギャップ手前のクラックでジャンプするが、ストックが刺さり豪快に前転。すぐさま制動をかけて事なきを得る。

この先のリッジ沿いは雪質が悪く、左側の急斜面を選択する。ここは日陰ですばらしいドライパウダーが温存されていた。最大傾斜は48度。ターンするとスラフが出るが、おかまいなしに粉をまき散らして一気にボトムへと舞い降りる。

その先のリッジを右に回り込んで、安全ポイントでひと息つく。見上げるとちょうど仲間が待つドロップポイントが確認でき、ジェスチャーで滑降OKのサインを送る。仲間は要所でピッチを切り、スパインを味わいながら滑り降りてくる。

合流後、パーティランで本流1036m合流点まで滑り、国体尾根1308ピークへ支尾根を登り返して帰路に就いた。

ルートグレード	
アプローチ	I
滑降	S5－、最大48度

日程	2022年1月10日
メンバー	三浦大介、須藤正雄、三上仁太、松岡祥子
タイム	国体尾根登山口6:00～稜線10:00～P1739 11:00-11:30～窓明山東面スパイン滑降～保太橋沢1036m12:30～P1308 13:40～登山口15:00

三岩岳

7

Mt.Mitsuiwa_2065m

三ツ岩沢

三岩岳山頂付近から見たP2060東面三ツ岩沢源頭

番外

大戸沢岳中ノ沢左方ルンゼ

大戸沢岳北東面の通称「ヘリスキー斜面」を滑降し、P1811北東尾根の1650m付近から顕著な落ち込みの中ノ沢左方ルンゼを滑降する。最大45度のルンゼが中ノ沢合流点まで続く好ルート。

ルートグレード	
アプローチ	I
滑降	S4

三ツ岩南面シュート

三ツ岩のある稜線付近から南面のシュート地形に滑り込み、三ツ岩沢に合流するライン。短いながらも開放的なワイドラインの滑降が楽しめる、三岩岳のスティープ入門的ルート。

ルートグレード	
アプローチ	I
滑降	S4

1 三岩岳P2060東リッジ

P2060南端から幅広の東面リッジをP1483に向かって滑降し、途中から左手のルンゼを落として三ツ岩沢へ合流するライン。上部リッジ斜面の露出感と下部ルンゼ地形の対比がおもしろい、変化に富んだ好ルート。

ルートグレード	
アプローチ	I
滑降	S4－

黒檜沢

国体尾根下部から見
た黒檜沢源頭

三岩岳

黒檜沢本谷ダイレクト

2

三岩岳の稜線をP2060に向かう

黒檜沢右俣ルンゼ

三岩岳北側標高1950m地点から東面カール状を1ピッチ滑ってからスティープ&ディープの核心部のシュートへと突入。途中で左に曲がり、左俣本谷へ合流して滑走路を滑る。登り返し地点まで標高差900mのロングランを堪能できる。

	ルートグレード
アプローチ	I
滑降	S4+

P2060東面三ツ岩沢シュート／厳冬期初滑降

スティープ&ディープに雄叫びが上がる

長らく続けてきた「戸隠パウダーキャンプ」の課題をすべて終了し、心機一転、場所を日本有数の豪雪地帯である檜枝岐エリアに移した。

このエリアはブナの原生林を主体としたツリーランで知られるが、そのなかで三岩岳三ツ岩沢源頭の広大なオープンバーンは異彩を放つ。厳冬期になると、そのエレガントな純白のドレープをまとったようなスティープスロープに滑り手は魅了される。

2016年の1月末に三岩岳山頂直下から三ツ岩沢の一角である三ツ岩南面シュートを滑ったが、核心のラインは中央峰2060ピークから三ツ岩沢へと落ち込む東面にあると感じた。

そして、厳冬期のラストチャンスとなった2月末、コンディションが整ったのを見計らい、その東面に照準を合わせた。

三岩岳のアプローチの最短ルートは下大戸沢からであるが、厳冬期は雪崩のリスクがあるので、前回と同様に遠回りではあるが安全な国体尾根ルート（黒檜沢左岸尾根）で稜線をめざす。中間部からはラッセルに時間がかかる。

途中、数回ピットチェックを行なうが、積雪は正構造で安定している様子だ。RSSAの五味君と二人でフルにラッセルを回し、12時半に三岩岳山頂に到着する。向こう側には美しい雪襞に覆われた三ツ岩沢の絶景が飛び込んでくる。

じっくりと目標のラインを見定める。2060ピークから少しリッジ沿いに滑り、そこから左のシュートを落とすのがよさそうだ。山頂からさらにシールのまま2060ピークまで進み、ロープを出して雪庇の切れ目を探る。見下ろす東面にはたっぷりとパウダーが吹きだまっており、最上部はストックが手元まですっぽり入る深雪である。「これはすごい！」と歓喜する。

13時半、パートナーに見守られてドロップ。リッジラインを100mほどミドルターンで快適に滑ってから、左の急なシュートにスキーの先を向ける。すぐに右に折れると両サイドには雪壁が迫り、漏斗状の先へ落ち込むようにして核心部の急斜面へ突入する。最大斜度は45度を超えるだろうか。スティープ&ディープ、全身に粉雪の飛び散るすばらしい雪質に思わず雄叫びを上げる。

徐々に開けるトレインを右へ回り込み、五味君を呼ぶ。彼も左右にスプレーを撒き散らしながら、リズミカルに滑ってくる。次のピッチも上々のコンディションだ。大回りで一気にボトムまで豪快に滑り込み、前回のラインと合流する。ここまで高度差600m、今シーズン最高のパウダー滑降といえようか。

三ツ岩沢下部はややパック気味であったが、高速道路状に広がったトレインを快適に滑降する。沢の流れが出てきてから2度ほど板を脱いだが、そのまま下大戸沢右岸を滑り降り、最後はシートラーゲンで左手の小尾根を乗っ越して国道まで滑り込んだ。

三ツ岩沢でいちばん斜度のあるラインを、最高の条件で滑れたことに大満足であった。

ルートグレード	
アプローチ	I
滑降	S4+

日程	2016年2月27日
メンバー	三浦大介、五味秀敏
タイム	国道352号8:00～三岩岳12:30～P2060 13:30～国道352号15:30

黒檜沢本谷ダイレクト／厳冬期初滑降

檜枝岐エリアの最上級三つ星ルート

２０１７年１月、２回目の檜枝岐パウダーキャンプ時に、課題であった黒檜沢右俣ルンゼを初滑降したが、その変化に富むトレインのすばらしさに黒檜沢のポテンシャルの高さを垣間見た。

さらに翌年１月下旬、本命の黒檜沢本谷左ラインは、このエリアに情熱を注ぎ、満を持して望んだ青木健夫氏と山崎義之氏の地元ペアが初滑降した。その三岩岳黒檜沢本谷の上部大雪原から扇状に落ち込む魅力あるトレインの全貌は、高畑スキー場トップからも拝むことができる。

そして、大量降雪直後となった20年２月上旬、自分にとっても次の課題となっていた本谷のダイレクトラインを試みることにした。

いつもどおり国体尾根をスーパーファットのラッセルで飛ばすが、雪が深く山頂に届くかが心配だ。それでも幸運なことに１３０８ピーク先のコルからは風の影響で軽いラッセルに変わり、正午すぎに山頂直下のドロップポイントに到着した。

透明な厳冬の空気のなか、美しい風紋に飾られた真っ白な大スロープが眼下に煌めいている。ここまで積雪の不安定性は見られないが、大量降雪直後のオープンスロープにそのまま飛び込むのはあまりに迂闊過ぎる。滑降ラインを少し下降し、積雪コンディションを慎重に調べる。

ストックがすっぽり入る新雪は正構造で旧雪との接合も悪くない。滑降を決めて、12時半にドロップ。スキーカットからミドルターンで極上のディープパウダーにシュプールを刻むと、思わず奇声が上がる。

お、あれだな。やや右寄りに滑っていくと、地形図上にある猫の額ほどの平坦部が見えてきた。そこを中継して、２ピッチ目はスキーヤーズレフトから幅広の急なＶ字シュートを落とす。ここにもすばらしい雪が吹きだまっており、ターンごとにスプレーが舞い上がる。文句なしの滑降で一気に左俣へと飛び出す。

さらに滑走路のようなフラットワイドな地形を、標高１０５０ｍの登り返し地点まで板を走らせる。そこからは国体尾根１３０８ピークのコルへ登り返し、尾根から左手の沢沿いに滑って下山した。

今季最高の滑りが達成できた。本ラインは檜枝岐エリアで最上級の三つ星ルートになるだろう。

昨年、燧（ひうち）ヶ岳に逝った青木君に黙祷を捧げる。青木君、ありがとう。とてもすばらしいラインだったよ。

黒檜沢本谷最上部の滑降

ルートグレード	
アプローチ	I
滑降	S4+

日程	2020年2月7日
メンバー	三浦大介、松岡祥子
タイム	国体尾根登山口7:00～三岩岳山頂直下12:00－12:30～黒檜沢ダイレクト～1050m登り返し地点13:30～国体尾根P1308コル14:30～登山口15:00

8 燧ケ岳

Mt.Hiuchi_2356m

俎嵓山頂からの硫黄沢
左俣源頭斜面の滑降

硫黄沢上部の滑降

番外

シボ沢（肩から）

シボ沢右岸尾根の最高地点2150mの側壁から急斜面をシボ沢へドロップ。下部を滑って標高1630m付近から北面を大トラバースして御池林道に出る。北面は意外に疎林箇所が多く楽しめる。

ルートグレード	
アプローチ	I
滑降	S4+

硫黄沢左俣

硫黄沢追悼滑降

日本百名山である燧ヶ岳のスティープラインを考える上で、北西面に大きくえぐれた崩壊壁をもつシボ沢は外せないだろう。この沢との出会いは20代半ばで、勤め先の日光精銅所山岳部に所属していたときにまでさかのぼる。

春の林道開通と同時に山岳部で御池ルートに出向いた折、山頂直下の尾根筋からシボ沢を覗き込むと、鬼ヶ城のごとく荒々しい景色のなかに、食い込むようにいくつもの雪筋が張り付いていた。「もっと雪が付けば滑れそうか……」などと仲間と話し合ったことを思い出す。

時を経て、この荒々しいシボ沢源頭の崩壊壁に何度偵察とトライを繰り返しただろうか。上から横から、そして下からも。結局、核心部を直接覗く以外に本当のところはわからない。

それでも現地で見極めた地形と高度差から判断するに、そこは落差のある滝か崖になっているであろうと確信する。２０２１年２月上旬に、右岸尾根の最高地点２１５０ｍ付近の側壁からシボ沢へとドロップし、下部のみを滑って夢に終止符を打った。

ドライパウダーに覆われた側壁は急峻ではあったが、中途半端な滑降ではスティープ１００選には入れられない。

燧はダメかな……とあきらめかけたとき、厳冬期檜枝岐エリアに情熱を燃やしていた故青木健夫君が言った「硫黄沢左俣は最高です！」の言葉を思い出した。そして、これがラストチャンスとばかりに、充分な積雪となった2月にトライしたのだった。

檜枝岐村の除雪終了地点から未明の国道をシールで歩きだす。厳冬期の燧行きは、近年では珍しくはなくなった。

国道をショートカットしながら橅平へ。そこから田代をつないで最後は御池登山道で山頂へ至る。すでにトレースがあれば行動は楽だが、フルラッセルの場合は時間がかかるため、早朝のヘッデンスタートは必須である。

大展望の俎嵓２３４６ｍの頂から、すばらしいオープンバーンの硫黄沢左俣源頭のノール地形にドロップする。ここは燧ヶ岳で最高の斜面だろう。文句なく楽しい斜面ではあるが、ウインドスラブができやすいので要注意だ。

沢筋にスキーを滑らせると程なく傾斜が増していき、中間部からはV字のルンゼになる。この先に2カ所ほど核心となる滝が存在する。いずれも斜度は45度程度だが、側壁が急峻でスラフ処理とルート取りが試されるところだ。条件がよければすべてパウダーで滑れる。

山頂から高度差８００ｍで沼山峠からの県道に飛び出す。青木君おすすめの硫黄沢左俣は変化に富む好ルートだった。

帰路は県道をたどって行きのトレースに合流する。スノーモービルや他パーティのトレース跡があれば、檜枝岐村まで快適に下山できる。

左俣Ｖ字ルンゼの手前で滑ってきた源頭斜面をバックに

ルートグレード	
アプローチ	I
滑降	S4、R1（下部Ｖ字）

日程	2021年2月13日
メンバー	三浦大介、三上仁太、松岡祥子
タイム	檜枝岐村除雪地点4:30～国道352号～橅平7:00～東ノ田代9:00～燧ヶ岳俎嵓12:00～硫黄沢左俣滑降～県道1号13:30～橅平～檜枝岐村15:40

9 朝日岳

Mt.Asahi_1896m

下山道からの那須・朝日岳の南東面（真ん中のドーム状ピークが朝日岳山頂）

南東（くの字）ルンゼ

朝日岳

→ 南東ルンゼ下部の小滝の滑降

← アルペン的な南東ルンゼ中間部のダイナミックな滑降

南東ルンゼ／厳冬期初滑降

「くの字沢」は想像以上の好ルート

那須（なす）連山のスティープラインを探すなかで、朝日岳の南東面に明礬沢（みょうばん）へ落ち込む、見栄えのよいルンゼがあることがわかった。詳細は不明だが、強風で知られる那須連山のなかでも比較的雪付きがよさそうに思える。

まずは第一候補として2013年シーズンに、積雪の頃合いを見計らって訪れてみた。

行程は短いので9時すぎの遅い出発となり、大丸（だいまる）温泉駐車場から車道を歩きだす。朝日岳方向に目をやると目的の南東ルンゼらしき沢筋が白く見え隠れする。

雪で覆われた登山道をスキーで進むが、程なく強風地帯では雪が飛ばされ、板を担ぐことになる。

那須一帯は強い西風で知られ、厳冬期でも火山礫の下地が顔を出しているところが多い。はたして滑れるだけの雪があるのか?と疑ってしまうが、行ってみるしかないと腹をくくる。

2ピッチで強風の避難所、峰の茶屋跡避難小屋に着く。これから先は風も収まり、剣ヶ峰のピークを直登。コルから朝日岳までの稜線は鎖場のある夏道を登るが、途中、御沢側のトラバースがいやらしい。岩に板を引っ掛けないように注意しながら通過。最後はなだらかな尾根道をたどり、朝日岳山頂に出る。

さっそく荷を置き、滑降ラインの偵察を行なう。山頂ドームから目的のルンゼには直接滑り込めないので、灌木を支点に南東稜の最終ピッチを20mほど懸垂下降。雪質をチェックしながらルンゼ側へ少し下降してラインを観察する。

最上部はややブッシュが出てクラスト気味の雪質だが、すぐに吹きだまりのドライパウダーに覆われた、きれいな雪面が大きく落ち込んでいる。その中間部にはゲート状岩塔も見え、予想以上に立派なルンゼである。よし、行けるな。荷を取りに山頂へ戻り、再度ドロップポイントまで下降する。

日差しは弱いがフラットライトの解除された13時半、ドロップイン。上部は部分的にハードバーンや段差があり、コンパクトなターンを心掛けて慎重に滑降する。少し降りると雪質がよくなり、幅広のルンゼ中央へと躍り出る。最大傾斜は45度くらいだろうか。やや強めにターンするとスラフが少し流れるがコンディションは上々だ。

雄叫びを上げながら、両サイドに屹立する奇岩ゲートを一気にすり抜ける。周囲は火山特有のアルペン的なすばらしい景観だ。上部二俣へ飛び出し、松岡氏へ合図を送る。氏も核心部はワンターンごと確実に決めて滑降してきた。

二俣からルンゼは大きく広がり、滑降を楽しむ余裕も出る。下部の小滝はすべて埋まっており、そのまま滑り込める。

最後の滝は右岸を巻くように滑降して明礬沢と合流。さらに本沢を滑降し、二つ目の堰堤手前で右岸尾根を少し登り返し、登山道経由で大丸温泉へ。山頂から標高差約450mの滑降だった。

下山後、駐車場で会った地元の方の話によると、このルンゼは「くの字沢」と呼ばれ、残雪期にはクライム&ライドされているとのことであった。

ルートグレード	
アプローチ	I
滑降	S4+（RP）

日程	2013年2月10日
メンバー	三浦大介、松岡祥子
タイム	大丸温泉9:30～峰の茶屋跡避難小屋11:10～朝日岳12:30－13:30～南東ルンゼ滑降～明礬沢～1460m右岸斜面～登山道～大丸温泉15:30

10 奥白根山

Mt.Okushirane_2578m

前白根山稜線からの
奥白根山

1 北東ルンゼ

中央ルンゼ初滑降の翌シーズンの2月、須藤正雄氏をパートナーに滑降。中央ルンゼにドロップし、少し滑った先にある左手のノッチから露出感のあるやや急峻なルンゼを五色沼にダイレクトに落とす好ライン。途中にゲートもありこちらのほうが少しグレードは高い。

	ルートグレード
アプローチ	Ⅱ
滑降	S4＋

ノッチから五色沼に向かって北東ルンゼにドロップする

東面中央ルンゼ／初滑降

山岳スキーのマイナー名山

奥白根山（日光白根山）は関東以北の最高峰で標高2578mを誇る名山であるが、一般ルートはスキー向きとは言い難い。しかしながら、周囲にはいくつかの興味深い火山性ルンゼが存在する。

これらルンゼの偵察も兼ねて、一度は出向いてみたいと思っていた矢先にクリスマス寒波が到来し、日光湯元でも大雪が積もった。

冬型はなおも続くが、渡りに船とばかりに比較的天候のよい奥白根山を選択する。そこでスキーができるのか？といぶかる中島氏を誘い、ルンゼの偵察ができれば御の字という気安さで丸沼高原スキー場へ向かった。

9時にゲレンデトップを出発、登山道沿いにシール登高する。ドカ雪直後の樹林帯はかなりのラッセルで、周囲の針葉樹は雪の毛皮をたっぷりとまとっている。

七色平から沢地形を登り、座禅山のコルへ出る。ここからスキーで登りやすそうに見えた弥陀ヶ池側の斜面でややタイムロス。登山道に復帰し、クラストの急斜面から上部はアイゼン歩行に切り替える。右手の急なリッジを登り最後は岩峰を右に回り込んで山頂直下へと抜けた。

スキー場トップから望む西面ルンゼは、上部の雪の付きが甘く、まだ適期ではない。山頂から東面を覗くと新雪が吹きだまった、凄みのある大ルンゼが眼の中に飛び込んできた。中島氏と二人して驚く。詳しく偵察すると、ラインは南峰直下の急斜面からいったん緩傾斜となり、さらに五色沼方向へと落ち込むのがわかった。

小コルから南峰へ至り、最上部のクラストした急斜面を少し下って、雪質をチェックするが顕著な弱層は見られない。

13時すぎ、40度後半の急斜面にドロップイン。雪は程よいパウダーである。スラフもほとんど出ない快適なターンを高度差100mくらい刻み、さらに幅広で傾斜の緩んだルンゼを滑ると先は二つに分かれる。

ノッチを乗っ越して、左は五色沼に直接落ちる北東ルンゼのライン、右は本流のライン。ここは迷わず本流を選択。左へ回り込むようにスキーを滑らせると、予想以上にすばらしいアルペン的景観が広がった。ドライパウダーを蹴散らし、初トラックを刻む喜びを満喫する。

下部は樹林帯を五色沼へと滑り込む。ここからは最短距離を座禅山のコルへと登り返し、往路のゲレンデに戻った。

五色沼までの滑降高度差は400m足らずだが、山岳スキー的にはマイナーな奥白根山で本格的なルンゼ滑降ができるという、うれしい発見の一日であった。

男体山を遠望しながら東面中央ルンゼ上部を滑る

ルートグレード	
アプローチ	Ⅱ
滑降	S4

日程	2010年12月26日
メンバー	三浦大介、中島史博
タイム	丸沼高原スキー場トップ9:00～奥白根山12:30～東面中央ルンゼ滑降～五色沼14:00～スキー場16:00

11 武尊山

Mt.Hotaka_2158m

登り返しの尾根から見る、剣ヶ峰下ノ沢デルタルンゼの城塞

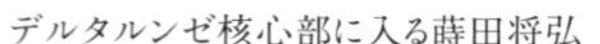

デルタルンゼ核心部に入る蒔田将弘

デルタルンゼ下部のオープンバーンを滑る

ノ沢デルタルンゼ

剣ヶ峰の城塞を攻略

武尊山は百名山であり、首都圏から身近な山岳スキーエリアとしてよく知られている。

人気の理由は主峰・武尊山（沖武尊）2158mを筆頭に比較的標高が高い連山であることと、内陸気候ではあるが冬型気圧配置により、ここまでは確実に雪が落ちるという絶妙な地理的条件がそろっているからだろう。

厳冬期の積雪はいわゆる「羽根パウ」で、家ノ串山からの西俣沢や荒砥沢、沖武尊からの川場谷源頭など、悪天でも滑降可能なツリーランを主体とした好ルートが多いことも魅力に挙げられる。

一方、スティープラインとして興味を惹くのは剣ヶ峰山（2020m）南東面の剣ヶ峰沢であるが、オープンな扇状大面であるがゆえ、滑降のタイミングがく、以前ドロップしてすぐに雪崩れがあった。

ときは稜線に登り返し、沖武尊か谷源頭を滑降したのだが、登り返しの途中で、剣ヶ峰沢の一つ手前の剣ヶ峰下ノ沢源頭に、岩に囲まれた城塞の真ん中に白く光るデルタ型のラインを発見した。ちなみにこのルンゼは、稜線やスキー場から見ることはできない。

そして2014年4月6日、2日前の降雪と前日の低温で新雪はまだ温存されていると予想し、当日の午前10時をリミットに、そのルンゼを滑降することを企てた。

川場スキー場トップからスキーを担ぎ、ひと登りで剣ヶ峰手前の台地へ出る。そこがデルタルンゼのドロップポイントである。

扇状暖傾斜から雪質を確かめながら滑降をスタート。読みどおりハードクラスト上に、10cmほどの新雪がうまく乗っている。この時期にしてはなかなかよいコンディションだ。滑りやすい軽い雪質できれいにターンが決まる。

中回りで連続ターンすると、程なく核心のボトルネックだ。このスティープセクションの斜度は43度ほど。ショートターンで左右にスラフを落としながら滑るが、落ちたあとには硬いバーンが露出する。

ボトルネックを抜けると視界が一気に開け、すばらしいオープンバーンとなった。こんな大斜面が上州の武尊山にあったのか！ そう思うような驚きの大斜面をパーティランで競うように滑り降りる。

下部はダケカンバのプロムナードを快適に飛ばし、最後は流れるようなラインを川場谷合流点まで滑り込んでフィニッシュ。アプローチ30分、高度差550mの快適なスティープ滑降に皆、笑みがあふれる。

登り返しは川場谷右岸の1685ピークから尾根を使い、スキー場へ下山した。

武尊山とは思えないような、アルペン的景観とオープン斜面を併せもつ、川場谷の剣ヶ峰下ノ沢デルタルンゼ。小粒ではあるが、素敵なスティープ入門ルートを武尊山に発見できたことが無性にうれしかった。

ルートグレード	
アプローチ	I
滑降	S4

日程	2014年4月6日
メンバー	三浦大介、蒔田将弘、松岡祥子、マティアス・ブウエ
タイム	川場スキー場トップ9:00～剣ヶ峰手前台地9:40-10:00～デルタルンゼ滑降～川場谷出合11:00～川場スキー場12:30

と
滑落
1

ープラインを滑る際、最注意しなくてはならないのと滑落である。国内外を問わ人もの山岳滑降のエキスパーそれで命を落としている。10代から本格的な雪山登山とスキー開始して40年経過したが、雪崩に完全に巻き込まれる埋没体験は幸いなことにない。しかし、雪崩に遭った経験は過去2回ほどある。

最初の洗礼は１９９０年代初めの20代半ば。給料を山につぎ込み四駆車と最新の滑降ギアを手に入れて、ガイド本片手に山スキー通いを続けていたころである。当時、雪崩ビーコンは普及しておらず、アルパインエリアでのスキー活動は、積雪の安定してくる3月以降の中級山岳からが主であった。3月半ば、意気揚々と一人で谷川連峰の仙ノ倉山から滑降を開始。北尾根から東面のシッケイ沢左俣の稜線直下の急斜面に飛び込んだ直後、ワッフ音と同時に雪面にピリピリとクモの巣状に亀裂が走り、割れたスラブの上に乗りながら、あっという間に１００ｍほど下の緩斜面までもっていかれた。典型的な誘発によるスラブアバランチであった。

その後、山岳会に入会し、当時の最新雪崩ビーコン「Ｆ１フォーカス」を会で輸入購入して、仲間と労山の雪崩講習会に参加したのが本格的な雪崩学習の始まりである。以来、雪崩に関する書籍を読みあさり、実践と照合を繰り返して経験を積んできた。

もう一つは登りでのインシデントである。急峻なラインをトライするとき、滑るラインを下から直接つめ上がる方法がある。これは雪の状態や核心部の地形など確認できる利点がある一方、危険地帯に長く滞在するというリスクも存在する。特に雪質は登るにつれて変化し、風の影響を受ける風下側の稜線直下はウインドスラブのある可能性が高い。稜線に出る直前で、この罠にはまることがある。自身は基本的に、同ルートの登滑降は雪が安定してくる春（残雪期）以降でしか行なわないが、やむをえず行なう場合は充分にコンディション把握ができて、ミニマムリスクの対応が可能なときに限られる。

北アルプス杓子岳の双子尾根ジャンクションピーク直下で誘発したスラブアバランチ

ウインドスラブ雪崩の誘発は、比較的安全であるとされる尾根上でも起こりうる。最初の雪崩体験から約20年たった２０１０年3月半ば、杓子岳双子尾根登高中のジャンクションピーク直下での誘発経験がそれである。単独行ということもあり、そこに至るまで注意深く雪質をチェックしながら登り、不安定性の兆候はなかったのだが、稜線上でウインドスラブの薄いトリガーポイントを踏んでしまった。板を担いだ体勢で破砕した雪のブロックに押し込まれたが、反転してアックスで体を確保し、事なきを得た。その後、風上側の雪崩後の滑り面の硬い斜面を滑降して下山した。この事例でわかるように、登高ラインを尾根上に取ってもリスクはあるということだ。特に風の影響を受ける上部での雪質変化には、充分注意が必要である。

上信越

12 至仏山

Mt.Shibutsu_2228m

下山した奈良俣ダム湖畔から遠望する至仏山西面の滑降ライン

狩小屋沢

至仏山

狩小屋沢上部斜面の滑降

番外

笠ヶ岳北西面アリキノ沢

湯ノ小屋温泉から座座良沢右岸尾根の登高で笠ヶ岳に至り、肩からアリキノ沢源頭シュートにドロップ。ヘイズル沢の標高1130mまで滑降する。そこから支流を右岸尾根P1424コルまで登り返し、座座良沢を滑降して湯ノ小屋へ戻る。厳冬期笠ヶ岳滑降の好ルート。

ルートグレード	
アプローチ	I
滑降	S4

狩小屋沢／初滑降

密かに眠っていた三つ星の好ルート

至仏山西面、奥利根側でのスキーを思い浮かべる人はほとんどいないであろう。湯ノ小屋温泉起点の笠ヶ岳周辺でいくらかの記録を見るくらいで、ならまた湖の先の楢俣川支流は皆無に等しい。それは豪雪地帯である楢俣林道や西面の沢の一定規模のゴルジュ、滝の状況が不明な点に起因することも大きい。

しかし、至仏山は古くは奥利根側で「岳倉山」と呼ばれていたように、谷川連峰から遠望する、そのアルペン的風貌には目を見張るものがある。

無雪期の沢登りを通じて楢俣川上流の地形把握に努めたあと、過去2度ほど尾瀬戸倉からのロングアプローチで、稜線からドロップポイントを探ったが、偏西風をもろに受ける西面ゆえに上部の雪付きは甘く、ハードバーンの露出が顕著でいまだ滑降を許さない。

一時は断念しかけたのだが、あきらめの悪い私は、大雪となった今年の2月最終週をラストチャンスと考え、都合3度目のトライを敢行したのだった。

吹雪の前日、車を下山先の湯ノ小屋温泉にデポし、戸倉に投宿。早朝3時半にゲート発。スノーモービルのトレースに助けられながら林道を快調に進み、津奈木橋先の1450m付近から左手の登山道へ至る支尾根を登高する。

すねから膝のラッセルを三上氏と二人でフルに回し、1866ピーク経由でほぼ夏道沿いに登り、9時すぎには雪庇の弱点から至仏山稜線に出た。

今季一番の寒気と強風がやや気になるが、それも徐々に弱まる気配を感じさせる。西面滑降ラインの選択肢は3つあり、本命の前深沢、次点の狩小屋沢、そしてエスケープのヘイズル沢左俣だ。

頂稜で2時間かけてじっくりと偵察し、コンディションのよい狩小屋沢を選択する。この沢は無雪期にわれわれは未遡行だが、今までの経験と読みで滝場やゴルジュはすべて埋まっていると判断した。

12時半、無風快晴のなか、至仏山南峰から滑降を開始する。稜線沿いに少し滑ってから西面へとドロップ。最上部の灌木帯の程よいスラロームから、次第にオープンバーンに移ると雪質は最高のドライパウダーへと変わる。

左手の幅広の狩小屋沢源頭部に入り込み、徐々に傾斜を強めるルンゼ状に雪煙を巻き上げながら会心のターンを刻む。

核心部は45度。20m大滝のノドからスティープな掘り込みにスキーの先を落とし込む。今回はもらった！

下部のV字ゴルジュも本日の低温で側壁の雪は安定し、週初めの異常高温によるデブリもわずかに残るのみで、まったく問題なし。標高1100m付近の林道へあっという間の完全滑降であった。

懸念材料の一つだった楢俣林道側面からの雪崩も、数カ所慎重に通過すれば事足りる。途中からシールを交えながら湯ノ小屋温泉へ下山した。

今まで密かに眠っていた、三つ星クラスの好ルートを最高の条件で滑降・開拓できた。厳冬期の楢俣川上流に足を踏み入れたのは、これが初めてではないかと思うが、どうだろうか。

ルートグレード	
アプローチ	I
滑降	S4

日程	2021年2月25日
メンバー	三浦大介、三上仁太
タイム	尾瀬戸倉3:30～オヤマ沢田代9:00～至仏山10:30－12:30～狩小屋沢滑降～楢俣林道13:30～湯ノ小屋温泉17:00

13 本谷山

Mt.Hontani_1869m

利根川横断後、歩き尾根から見た本谷山越後沢左俣の全景

本谷山

越後沢左俣

← 滑ってきた本谷山をバックに、歩き尾根途中でのポートレート

ルートグレード	
アプローチ	Ⅲ
滑降	S4+、R1

日程	2005年3月5～8日／3泊4日	
メンバー	三浦大介、矢本和彦	
タイム	3/5	三国川ダム6:45～十字峡トンネル8:10～蛇崩沢右岸尾根取付地点9:50～桑ノ木山15:10～下銅倉沢コル15:45（泊）
	3/6	コル6:45～ネコブ山7:55～上銅倉沢滑降～出合9:00～銅倉沢右岸尾根～中尾ツルネ上部13:30～本谷山 14:30～越後沢左俣滑降～越後沢出合18:00（泊）
	3/7	越後沢出合8:50～ヒトマタギ・利根川横断9:30～歩き尾根～剱ヶ倉山15:15～平ヶ岳17:00～滑降～ P1936東面 17:40（泊）
	3/8	P1936 7:00～六白沢山～景鶴山10:00～ケイズル沢滑降～ヨッピ吊橋11:15～尾瀬ヶ原～鳩待峠14:00～戸倉15:10

越後沢左俣／初滑降

積年の課題の奥利根スキー横断

日本海側の各地で記録的な豪雪に見舞われた２００５年から06年の冬（平成18年豪雪）。それがようやく収まった直後の3月上旬に、わらじの仲間の矢本和彦氏と積年の課題だった奥利根スキー横断を決行した。

十字峡から国境稜線を越え、越後沢出合で利根川本流を横断。歩き尾根から平ヶ岳を経て、尾瀬ヶ原へと抜ける。

奥利根のパイオニア、ゼフィルス山の会の小泉共司氏や、浦和浪漫山岳会の高桑信一氏の次に奥利根で何ができるのか。私の出した答えがこれであった。純白のブライダルベールに包まれた、奥利根の山と谷をつないだ夢のような4日間。そして、その内院核心部の巨瀑で名高い越後沢に会心のシュプールを刻んだ。

初日、三国川ダムを6時45分に出発。外はまだ小雪が舞っている。右岸林道から三国川橋を渡り、十字峡トンネルをくぐって下津川林道に出る。林道といっても、今は単なる雪の斜面である。斜面からの雪崩を警戒しながら、ラッセルで黙々と進む。

この周辺では、雪崩に対してベストな登高ラインである蛇崩沢右岸尾根に取り付く。矢本氏と交代で膝下ラッセルの急傾斜登高を続ける。かなりのハイペースでラッセルしたつもりではあったが、取付から桑ノ木山山頂まで標高差９５０ｍに5時間以上を費やした。

稜線上はガスで見通しは利かないが、天候は回復傾向だ。下銅倉沢のコル、カンバの木の下でツエルトを張り、小量の酒で入山を祝った。

翌日、天候は回復。越後や奥利根の白銀の山々に囲まれた天空の別天地で、すばらしい夜明けを迎える。念願の奥利根内院へと向かう日だ。ネコブ山頂（１７９４ｍ）をしっかりとスキーで極め、頂から東面の上銅倉沢を滑降する。出だしの急斜面は雪質を感じ取りながら慎重にターンを始動する。ほーっ、これはすばらしい！　セミファットの板の特性を生かし、中回りで浮上感覚を味わいながら豪快に滑る。

紺碧の空と純白の山々。まるで異次元空間に迷い込んだようなファンタスティックな風景のなか、上々のパウダー滑降を満喫する。

銅倉沢本流出合からシールを付け、昨年の山行で見いだした対岸の支尾根を中尾ツルネまで登高する。下部は傾斜がきつく、ラッセルも厳しかったが高度差７５０ｍを4時間半かけて登りきった。小穂口ノ頭に飛び出すと、白き奥利根の峰々が迎えてくれる。いよいよ、あの夢にまで見た奥利根の内院にスキーで飛び込めるのだと思うと、胸の高まりを禁じえない。

本谷山の山頂で滑降予定の越後沢左俣を覗き込む。山頂直下から沢状のランペ（傾斜が緩いところ）があり、これを使って滑れそうである。その中間部から下もまだ純白の雪に埋もれている。30分後、ガスは完全には晴れないが、視界は20m程度出てきたので滑降を開始する。

スロープカット後、ランペラインへ慎重にショートターンを刻む。上部はややパック気味であったが、程なくパウダーとなる。

そして、急激に落ち込む核心部、45度オーバーの扇状大斜面に突入する。下方にはガスの切れ間に越後沢左俣の巨大なボトムが薄っすらと見えたが、高度感が凄まじい。ここはパックされた雪に、板を取られないように強いエッジングを心掛ける。スキーヤーの力量が問われる斜面である。ボトルネックを抜けると斜面は大きく広がるが、クラストして滑りづらい。

左俣は東面に開けた谷であるが、スケールが非常に大きく、風の通り道になっているようだ。谷底に滑り込んだ先には大滝があるが、いまや完全に雪の下であった。中俣を合流する手前からはシールを付けて進む。右俣との合流点にある滝のみ埋まっておらず、右岸をへつってクリアする。さらに十分沢を合わせると待望の越後沢出合である。雪に半分以上埋もれた静寂の利根川本流と笑みを浮かべての対面となった。

夜は、奥利根内院の白眉といえる越後沢初滑降のささやかな祝杯を挙げる。

昨日の核心を終えた安堵感と疲れからか、朝寝坊をした。利根川のおいしい水をたっぷりと汲んでから、後半戦へ出発。谷沿いに剣ヶ倉沢出合をシールで遡行する。釜が1カ所開いており、右岸を慎重にへつる。そして、ヒトマタギで念願の利根川横断となる。

横断後、歩き尾根に取り付く。出だしは急で板を担ぐが、それも1ピッチで済み、すぐにシール登高に切り替える。快晴のなか、陽光をいっぱいに浴びての楽しい登高だ。

この歩き尾根は1カ所ギャップを下るほかは、非常に快適なスキー向きの尾根である。ゼフィルスの小泉共司氏が「スキー場ができるくらいスキー向きの尾根である」と言っていたが、まさにそのとおりであった。

奥利根の真っただ中で、周囲の美しい雪景色を堪能する。途中、15分ほど休憩しながら凍ったシュラフを干す。日差しは強く、かなり乾いた。これで今晩は快適な睡眠が保証されるであろう。

4ピッチで剱ヶ倉山まで到着する。豪雪をまとった累々たる国境稜線の山々。そして、コルを隔てて奥利根の重鎮、平ヶ岳がその雄姿を現わす。小休止後、ロープを使い左側に張り出す雪庇に気を配りながらコルまでアイゼンで下降し、シールで平ヶ岳へ登り返す。17時、平ヶ岳の山頂に到着。斜陽を浴びた山頂直下のシュカブラの大斜面を蹴散らし、コルまで滑降する。さらにパスカングで1936ピークまで進み、風の弱い東面に少し下って、ツガの木の下で幕とする。夜間、一時降雪に見舞われた。

ツエルトに朝日が注ぐと冷えきった体がじわじわ温かくなる。最終日、本日も晴れ。この好天のなか、ノーマルな猫又川へのラインで尾瀬に下るのはつまらない。そこで景鶴山まで稜線通しに進み、そこから本山行のフィナーレにふさわしいと思われるケイズル沢を滑り、尾瀬ヶ原へ抜けることにした。

シールを付け、平ヶ岳から続く白い稜線を快調にラッセルしていく。大白沢山は北面をトラバースし、針葉樹のなだらかな尾根を景鶴山直下まで進む。残念ながら山頂はスキーでは登れないので、今回はここまでとする。

大休止後、眼下に広がる白い尾瀬ヶ原に向かって、いよいよケイズル沢の最後の大滑降だ。ケイズル沢は南面に開け、上部はアイスバーン気味ではあったが、中間部からは程よい雪質になった。奇岩をバックに広大な谷筋を、緊張から解き放たれたように各自フリー滑走する。

下部はザラメ化しかけており、雄叫びを上げながら歓喜のシュプールを刻む。最後は尾瀬ヶ原の樹林帯へ滑り込んでフィニッシュ！

橋桁が外されたヨッピ吊橋を渡り、広大な白い平原と化した尾瀬ヶ原をクロカン走法で縦断する。途中からスノーモービルのトレースを利用して、鳩待峠までの最後のひと登り。あとは林道をスキーで下るのみ。シューッと調子よく、戸倉の直前までスキーを滑らせる。

里はすでに春の陽気であった。タクシーを待つ間に矢本氏とビールで乾杯し、お互いの健闘を称え合う。その後、鎌田の温泉にゆっくりと浸かり、再度祝杯を挙げた。こうして奥利根横断山スキー行は無事終了した。

景鶴山直下での
矢本和彦氏

2日目の朝、中ノ岳をバックにネコブ山への登り

ネコブ山からの上銅倉沢の滑降

14 ネコブ山

Mt.Nekobu_1794m

奥利根スキー横断の際、小穂口ノ頭からのネコブ山東面

ネコブ山

中銅倉沢

雪崩の巣と化す冬の三国川林道の状況

❶ 上銅倉沢

2005年3月上旬、矢本和彦氏との記念すべき奥利根スキー横断成功の際に滑降したライン（P40）。出だしは急だが、こちらのほうが広々とした沢の大斜面に縦横無尽にシュプールを描ける。おとぎの国に入り込んだようなメルヘンチックな周囲の風景を楽しみながら、雪の奥利根を堪能できる。

ルートグレード	
アプローチ	Ⅱ
滑降	S4－

中銅倉沢／初滑降

奥利根スキー横断への序章

早春の白い奥利根の神聖さに魅せられ、スキーで通い始めてすでに4シーズン目に入るが、奥利根の神髄ともいうべき利根川横断ラインはいまだにトレースできないでいる。

今シーズンの2度にわたる挑戦にも、奥利根の門は固く閉ざされたままだった。アプローチに選んだネコブ山からのラインは、決して悪くなかったのだが……。それでも少しずつではあるが、核心部へと迫りつつある気運は感じている。

今シーズンの奥利根への第1便は2月末の週末に行なわれた。しかし、前夜からの降雪が激しく、一人ラッセルのスピードは遅々として上がらず、三国川ダムからヨウガ沢右岸尾根途中で撤退。今回は2度目のトライとなる。

下津川林道をスキーで快調に飛ばし、ヨウガ沢出合に着く。まだ雪崩跡はなく、登るには申し分ない。

沢沿いに進み、傾斜の増す辺りから左の尾根に取り付く。桑ノ木山への急登で一部スキーを担がされるが、まずまずのペースで稜線まで登高する。この辺りは樹氷が実に美しい。

ネコブ山までほぼ稜線通しに進む。ネコブの広い頂に到達すると、奥利根の白い山並みがその優美な姿を現わした。

目的の中銅倉沢は1774m三角点ピークからは直接入れず、ネコブ山のコル側の雪庇の切れ目からドロップイン。すぐ左手の小尾根を二つクリアして中銅倉沢へと滑り込む。頭上の雪庇が大きい。尾根状から谷へと急斜面に入る。

雪質は堅雪に新雪が少し乗る状態で、辺りには雪庇の崩壊跡があるが、雪面はそれほど荒れていない。雪質を確かめるように慎重にターンを刻む。中間部からはモナカ雪となり、シュテムターンを強いられる我慢の滑りとなる。

ラインは徐々に狭まり、核心部のクランクに進入する。最峡部のノドは横滑りでクリアし、ストレートラインへ飛び出す。下部のS字を快適にクルージングすると本谷へ合流する。

越後のマイナー名山として知られるネコブ山東面のスティープルンゼに、貴重な一本のシュプールを刻めて満足。明日、本谷山へ登る対面の尾根をチェックしてから岩陰にツエルトを張った。

翌日は予想外の小雪のなか、対岸の急な支尾根をスキーを担いで登る。途中からシール登高するが、上部はアイスバーンと強風に翻弄される。さらにガスって視界もなくなってきた。どうやら小さい気圧の谷が通過しているようだ。

今後の天気も読めず、これから本谷山を越えるのは時間的にもギリギリのため、残念ながら稜線で引き返すことにする。下降路の中尾ツルネは、途中にナイフリッジはあるが快調に下降できる。

林道に下りて、ホットウイスキーでホッとひと息入れる。あーあ、今回も、あの嫌な三国川林道を通るハメになってしまった……。来年こそ、大願成就といきたいものだ。

ルートグレード	
アプローチ	Ⅱ
滑降	S4

日程	2004年3月19～20日／1泊2日	メンバー　三浦大介（単独）
タイム	3/19	三国川ダム7:20～ヨウガ沢出合9:20～桑ノ木山13:00～ネコブ山14:40～中銅倉沢下降15:30～偵察17:00（泊）
	3/20	幕営地5:45～中尾ツルネ分岐8:30～国境稜線往復～中尾ツルネ登り口 11:15 ～十字峡15:30～三国川ダム16:30

15 小沢岳

Mt.Ozawa_1946m

本谷山への登り返しの
尾根から見た小沢岳
東面

小沢岳

小穂口沢南沢

日程	2001年3月22～24日／2泊3日	
メンバー	三浦大介（単独）	
タイム	3/22	清水集落8:30～柄沢山12:30～
		三ツ石沢出合14:30～
		三番手山尾根1300m地点16:30（泊）
	3/23	幕営地6:00～小沢岳 9:30～
		小穂口沢滑降～本谷山14:00～
		丹後山避難小屋16:30（泊）
	3/24	丹後山避難小屋5:30～栃ノ木橋7:30～
		十字峡8:30～三国川ダム9:30

←
歩き尾根から見た本
谷山と越後沢山（右）
東面

ルートグレード	
アプローチ	Ⅱ
滑降	S4－、R1（下部釜）

小穂口沢南沢／初滑降

小穂口沢、本当に滑っちゃったよー

雪深い早春の奥利根で、新潟側の清水集落から奈良沢と小穂口沢をつなぎ、主稜線をたどって丹後山から十字峡へ至るスキーツアーを実践した。

初日、清水を8時半に出発。天候はすでに回復しているが、昨夜の激しい雨で雪の状態が不安である。稜線への最短距離としてノミオ沢にルートを取る。開けた沢をシール登高で快調に飛ばす。沢が狭まると案の定、左右の斜面からデブリが出ている。

途中から右手の威守松山からの稜線1300mのコルに上がり、広々した尾根を登って、正午に主稜線に出た。春霞に煙る深遠な奥利根連山との静かな対峙である。

柄沢山の頂から下ゴトウジ沢の大斜面に踊り出る。雪質は軟らかめで適度な傾斜があり、上部は快適なウェーデルンが決まる。沢床に降り立ち、周囲の状況を確認しながらスキーを走らせる。

ブサノ裏沢と合流すると沢は大きく開け、流れのある三ツ石沢出合に着く。再度シールを付け、小沢と上イラ沢の中間尾根（三番手山尾根）に取り付く。急斜面を強引にシール登高し、続く緩斜面を1ピッチ登ると素敵なブナ林の鞍部に出て、今宵の宿とする。ツエルトの中に潜り込み、少量の酒をちびちびやりながら、夕暮れの雪の奥利根へ、一人静かに包まれてゆく。

翌早朝は6時から三番手山尾根のシール登高を再開する。しばらく登ると絹を引いたように光る三番手山と小沢岳が、その艶めかしい姿を現わす。左手から主稜線を合わせると、念願の利根川源流右岸の最高峰・小沢岳への登頂である。眼下の小穂口沢源頭部は程よい傾斜のカール状になっており、雄大な雪の大斜面がはるか下の谷底まで延々と続いている。雪質をチェックして滑降を決める。

10時、尾根状の斜面から慎重に滑りだす。雪質は表面が幾分軟らかいが、まだ腐ってはいない。快適な中回りでリズムをつかみ、右手のやや急な真っさらな大斜面にダイナミックに滑り込む。大回りターンで調子よく滑り、第一関門である南沢の左沢大滝上に出る。大滝は完全に雪で埋まっており、難なくクリア。

第二関門のゴルジュ帯も予想どおり雪に埋まっており、浅いU字状を呈する。さらに滑降を続け、最後の本谷右俣との合流点付近の大きな亀裂を右岸トラバースで抜ける。標高1000m付近の少し開けた本谷山南面の支尾根の取付で、ようやく緊張を解いた。

おい、小穂口沢、本当に滑っちゃったよー。うれしさのあまり、一人ニヤけてしまう。

ここからスキー向きの支尾根をシール登高する。樹林の急斜面から、程なくブナ平に着く。やがて木立もまばらになり、急斜面にジグを切ると小穂口山尾根に合流する。

越後沢側は大きく切れ込んでいる。稜線上を忠実にトレースし、ナイフリッジをそろそろと本谷山の主稜線へ這い上がる。

この先、主稜線の越後沢山付近はクラックの入った巨大な雪庇が越後沢方面に張り出して、悪相を呈している。付近はヒドゥンクレバスが多く、一度亀裂に落ちるが事なきを得る。さらにスキーを進め、丹後山避難小屋脇にツエルトを張った。

翌日の天気は下り坂なので、奥利根源流の滑降はあきらめ下山する。丹後山西尾根をあらゆるテクニックを駆使して滑り、最後の関門、三国川左岸道のトラバースを慎重にこなして十字峡へ。雪の奥利根に、ようやくオリジナルなラインを一本引くことができた。

16 守門岳

Mt.Sumon_1537m

守門大岳付近から見た主稜線の北面

青雲岳

青雲岳青蜘蛛ルート

袴岳

1

青雲岳北面スパイン（青蜘蛛ルート）を滑降する

1 袴岳硫黄沢ルンゼ

守門岳内院へ滑り込む入門ルートで、比較的よく滑られている。主峰の袴岳から東のコルまで落としてから硫黄沢にドロップする。幅広のルンゼ内は比較的雪も安定しており快適な滑降が楽しめる。通常は緩傾斜になる地点まで高度差300ｍを滑降して、同ルートを戻る。

ルートグレード	
アプローチ	I
滑降	S4

青雲岳北面スパイン（青蜘蛛ルート）／初完全滑降

「東洋一」の巨大雪庇の下を滑る

　守門岳は越後平野を眼下に、馬蹄形外輪山を構える浸食カルデラで形成された名峰である。このカルデラ壁の東面に展開する「東洋一」といわれた巨大雪庇と、連山の急峻なスパイン地形は滑降欲を駆り立てる。

　スティープ100選に会越の名峰はどうしても入れたかった。候補となる山はいくつかあったが、昨年の守門岳で、主峰袴岳（1537m）から硫黄沢上部を滑り、内院を観察して青雲岳（1487m）のリッジラインに滑降の可能性を感じた。そして、豪雪に見舞われた3月上旬、われわれは今冬のラストチャンスに懸けた。

　早朝に下山する遅場集落に車を1台回し、二分集落のどん詰まりから保久礼ルートをシール登高でスタートする。

　越後三山の展望を楽しみながら立派なトレースをたどり、3ピッチで大岳に至る。巨大雪庇の張り出した袴岳に至る主稜線の弱点を観察すると、あった！　期待していた青雲岳の山頂付近に、1カ所だけ雪庇の弱点を確認できる。そこからドロップすれば急峻なスパイン沿いに滑っていけそうだ。

　心配していたクラックも、まだほとんど見られない。シールを付けたままコルまで下り、青雲岳へ登る。無風快晴だが、寒気が残る上々のコンディションである。

　ロープを出し、雪庇を崩してノール状斜面の雪質を調べる。さすが北面にはサラサラのパウダーが温存されている。下層との接合は問題なく、ラインの全景は見えないがゴーサインを出す。

　期待に胸が高まるなか13時にドロップイン。もらった！　ファーストターンで成功を確信した。急斜面に飛び出すと全景が露わになる。スパイン側面の幅広真っさらバーン、斜度はかなりのものだが雪質は極上のドライパウダーで、走りだしたらもう止められない！　雄叫びを上げながら、今冬最高の滑りで高度差300mを一気に落とす。

　仲間と合流し、ボトムまで滑り込む。16年ぶりの大雪となった、守門岳内院の圧倒的な雪景色はまさに感動ものである。

　ボトムからしばらく沢沿いに滑り、湯ノ又沢出合手前からシールを付けて、左岸を巻きながら進む。さらに守門川左岸台地へと登り、大池まで滑降して林道に出た。最後は秋に須藤氏が確認済みの旧道の鉄橋で右岸に渡り、遅場集落へ無事下山。仲間とがっちり握手を交わす。シーズンベストの滑降と、北面のコンプリート初滑降を果たせた幸運に恵まれた。

　ちなみに今回、スティープ100選の100座目となった守門岳。青雲岳と、内院での蜘蛛が這うようなスパインラダーの滑降とかけて、本ラインを「青蜘蛛ルート」と名付けたい。

後日談

今回の守門川のトレースは初だと考えていたが、2002年4月上旬にRSSAの小森氏が袴腰（1527m）を烏帽子山方面に少し下った鞍部から、硫黄沢と湯ノ又沢の中間尾根を滑降し、遅場集落へ下山した記録を見つけた。ルートは異なるが、これが積雪期北面守門川の初滑降記録と思われる。

ルートグレード	
アプローチ	I
滑降	S4＋

日程	2022年3月9日
メンバー	三浦大介、須藤正雄、松岡祥子
タイム	二分集落8:00～守門大岳11:00～青雲岳12:30－13:00～二俣14:00～遅場集落16:00

17 八海山

Mt.Hakkai_1778m

ヨモギ山から見た八海
山東面の威容

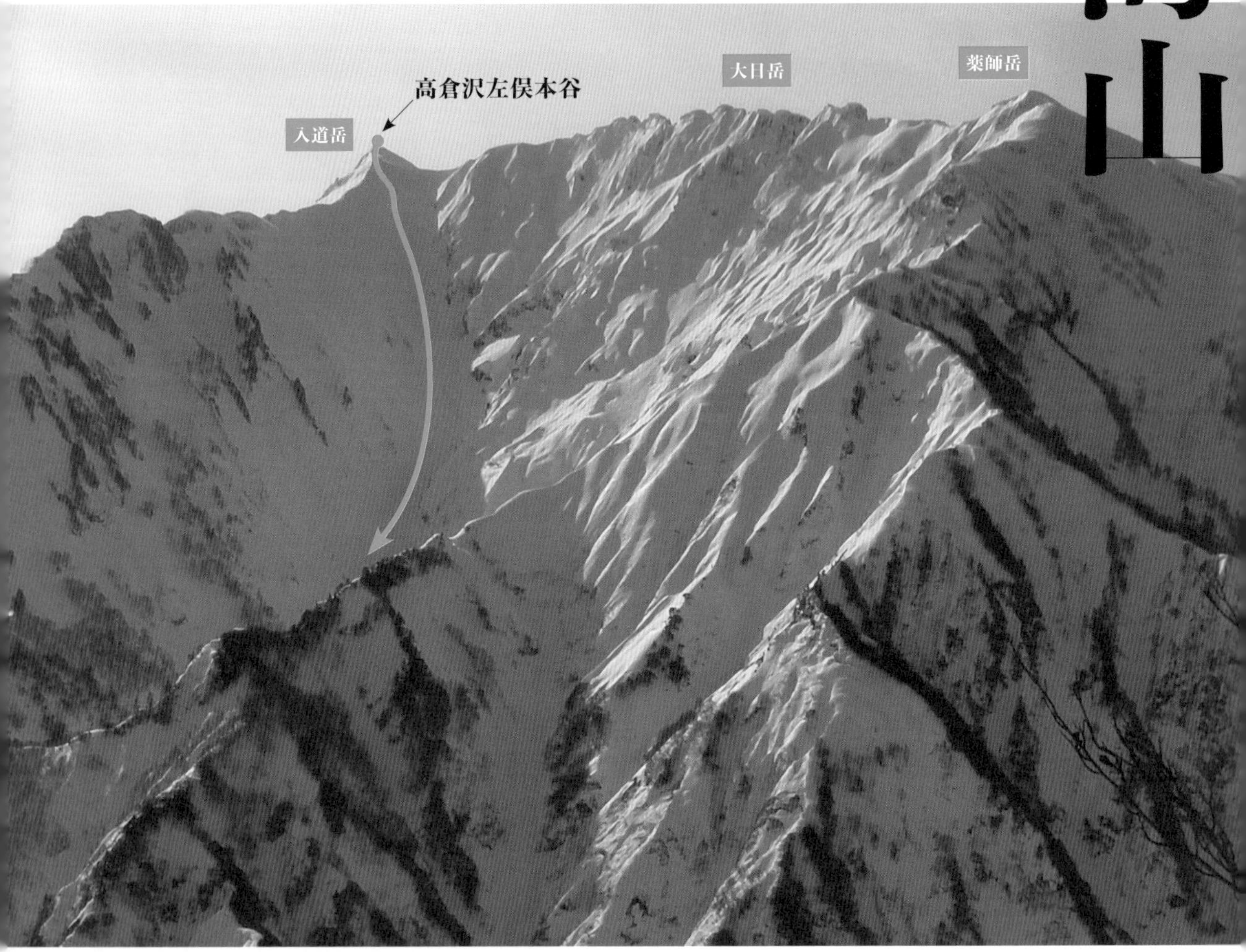

高倉沢左俣本谷

入道岳

大日岳

薬師岳

稜線の神生池付近で雪洞を掘る植竹淳

日程	2009年2月28日〜3月1日／1泊2日	
メンバー	三浦大介、植竹 淳、小川嘉博	
タイム	2/28	広堀川林道駐車場10:30〜阿寺山15:00〜
		三ノ池15:15（泊）
	3/1	三ノ池6:00〜八海山8:30－9:30〜
		高倉沢左俣滑降〜標高620m地点10:30〜
		水無川出合13:00〜荒山集落15:30

ルートグレード	
アプローチ	Ⅱ
滑降	S4

入道岳高倉沢左俣本谷

／冬期初滑降

越後三山の名峰でスティープを狙う

越後三山のスティープラインを考える上で、最初に目を引くのが八海山であろう。関越道六日町ＩＣ辺りから、八ツ峰の岩峰群を屹立させた南西面の威容を拝めるし、近くにスキー場もあってアプローチが容易である。

それもあって、ここ数年で南西面の入道沢、屏風沢左俣、北東面の高倉沢右俣などのスティープ系のラインが、比較的雪の落ち着いた3月に相次いで滑降された。

そのなかでも特に、新潟稜友会の八ツ峰の不動岳と七曜岳のコルから高倉沢右俣初滑降が光る。八ツ峰の北東面は、以前から自分も目をつけていた。なかでも最高峰の入道岳（１７７８ｍ）から大日岳の八ツ峰稜線付近の雪庇の弱点を狙い、高倉沢左俣へ落とすラインに滑降の可能性を感じていた。

そこで今回、スティープ系でいくつか行動を共にし、高倉沢右俣を滑った稜友会の小川さんと、スティープフリークの植竹君を誘い、1泊2日の雪洞泊計画で狙ってみることにした。

関越道の事故渋滞で出発が遅れ、広堀川林道の車止めを10時半にスタート。林道から北西尾根経由で軽いラッセルを交えながら、阿寺山まで快調に登る。１０００ｍ付近から上部は程よい傾斜と疎林で雰囲気もよく、阿寺山の厳冬期のパウダー人気もうなずける。

八海山南面の景観を楽しみながら、4ピッチで山頂に出て、三ノ池周辺の手頃な雪堤に雪洞を掘る。時間もあるので快適に作り上げ、各自持参したビールとうまいつまみで前祝いとする。

翌朝、6時発。天気は高曇り。稜線をシールで進み、五龍岳手前で板を担ぎ、アイゼン歩行に切り替える。雪は軽く潜る程度である。右に張り出す雪庇に注意しながら五龍岳を越えると、荒々しい水無川源頭の急峻な沢筋が姿を現わす。ここの滑降課題は最後まで残るであろう。

越後三山の中ノ岳、越後駒ヶ岳を右手に見ながら、最後のうねる斜面を登りきると入道岳山頂である。さっそく偵察に入る。本命の大日岳方面の稜線をチェックする。2月半ばの暖気で不安定な雪庇が落ちていることを期待したのだが、弱点は見いだせない。さらに上層の軟らかな雪の下には硬い融解凍結層があり、急斜面ではむき出しになっている可能性が高い。残念ながら大日岳稜線からの滑降はあきらめ、高倉沢左俣のコルから滑り込むことに決める。

9時半、山頂からコルまで少し滑り、偵察したポイントから高倉沢左俣へドロップする。出だしの傾斜は45度ほどだ。表面の雪はしっとりしたパウダーで、小気味よいショートターンが決まる。上部はデブリもほとんどなく、きれいな雪面を維持している。

2ピッチ滑降して、滑降予定であった大日岳から合流するルンゼを見上げると、部分的にアイシーな状態であった。やはり、本日はここを滑るコンディションではなかったようだ。今シーズンの寡雪も影響しているのだろう。

右俣を合わせるとデブリが現われた。さらに滑降すると下部は沢割れしている様子がうかがえる。昨年右俣を滑った小川さんに言わせると、はるかに雪が少ないようだ。ここは標高６２０ｍ地点のデブリの出た北面ルンゼを、アイゼンで高度差２００ｍ弱、1ピッチ登ってから、高倉沢右岸のやや傾斜の落ちるブナ林のラインを巻き下ることにする。これはうまくいき、水無川出合に13時に到着する。その後、対岸の林道に這い上がり、荒山集落へ下山した。

上越国境の標高２０００ｍ未満の中級山域で、好条件のスティープラインを捉えるのはなかなか難しいことを実感した山行であった。

18 荒沢岳

Mt.Arasawa_1969m

アプローチの尾根から見上げる荒沢岳蛇子沢左俣

中間部からの景色

蛇子沢左俣最上部の滑降

蛇子沢左俣

縁のない山

懸案の越後の怪鳥、荒沢岳。その北面には急峻なルンゼがずらりと並び、スティープフリークを刺激する。

30年以上前の１９８９年3月下旬に、所属するＲＳＳＡの土田次夫氏ら4人が蛇子（じゃこ）沢中俣を登って左俣を滑降し、荒沢岳に最初の足跡を印した。

以来、いつの間にかシーズンに数パーティは滑降する人気ルートになっているのだが、なぜか自身は未滑降である。「燈台下暗し」というわけではなく、パウダー滑降を狙ってトレースしていなかった、というのが正しい。

２００２年3月中旬、単独で尾瀬から縦走し、パウダーの平ヶ岳北面を滑り、荒沢岳までつなげるつもりが、なんとその北面で痛恨のルートミス。未知のＶ字谷、池ノ沢を滑降してしまい、中ノ岐（なかのまた）林道直前で無念の退却となった。それ以来、なぜかこの山には縁がない。

今シーズンも2週前のシルバーライン開通直後に来たのだが、銀山平（ぎんざんだいら）のゲート開け不発で無念の守門岳転進。それで今回の再トライである。

すでに雪質的にはそれほどの期待はできないが、まずはこの鬼門の山をトレースしようというモチベーションだけで出向いたのだった。

ところが前日、予想に反して朝までの降雪。出発が遅れ、１０２９ピーク経由の蛇子沢左岸尾根から荒沢岳に向かうも、蛇子沢二俣に下降してから、この時期の一般登高ルートの中俣の大滝を抜けたところで時間切れとなり、トレース付けだけに終わった。

その結果から、今年は寡雪で雪解けも早く、滑降予定の左俣の状況もわからないので、翌日は直接左俣を登高することにした。

早朝、夜明けとともに銀山平を出発。昨日のトレースを進み、蛇子沢二俣から左俣へ入る。ゴルジュ帯側壁からのブロック雪崩を警戒しながら、シートラーゲンを交えて比較的きれいな雪面をスピーディにシール登高する。

二俣から山頂まで約９００ｍの高度差があり、時間がかかる。最後はアイゼンで沢を真っすぐにコルまで登り、鎖場のある夏道沿いで山頂へ。しかし、なんとその直前で、中俣から登ってきたスキーヤーが真っさらの左俣上部斜面に飛び込み、楽しみにしていたファーストトラックを奪われた……。クッソォ〜！　最後まで荒沢岳には運がない。

山頂で三六〇度の大展望を楽しみ、気分一新。正午すぎ、山頂からドロップする。直下の急斜面はややスラフが出るが、上部の沢筋ではまずまずのプチパウダーが楽しめる。高度差３００ｍを滑降してから、登路沿いによい雪を選びながら二俣まで一気に板を走らせる。二俣から少し登り返して蛇子沢左岸尾根を滑降し、銀山平へ下山した。

雪質の予想、ブロック雪崩のリスクマネジメント、登高のライン取りは完璧だったし、宿題の蛇子沢をようやく初トレースできたので、よしとしよう。

とはいえ、ここはやはり、パウダー期の平ヶ岳から縦走して滑りたかったんだよなー、俺は。

ルートグレード	
アプローチ	Ⅱ
滑降	S4

日程	2021年4月11日
メンバー	三浦大介、松岡祥子
タイム	銀山平 5:30 〜蛇子沢二俣 7:30 〜荒沢岳山頂 11:30－12:00 〜蛇子沢二俣 12:30 〜銀山平 14:00

19 武能岳

Mt.Buno_1760m

マチガ沢下部林道から望む武能岳

武能沢

武能岳

→
武能沢中間部の広大な斜面の滑降

←
武能沢下部の滑降（バックは武能岳）

武能沢

上越国境の貴婦人を滑る

　武能岳は標高が1760mと低く、谷川岳を中心とした国境稜線の山と比べるとやや見劣りするが、マチガ沢滑降後の林道から拝む、純白のドレスをまとった美しい三角錐は「上越国境の貴婦人」と呼ぶにふさわしい。

　その東面に秘められた武能沢。写真家の菊池哲男氏が1990年代に初滑降。RSSAでも吉田豊氏が滑っているが、いまだにメジャー感はない。ここはぜひ、パウダーコンディションで滑降したいと長らくチャンスをうかがっていた。

　前日、これも課題であった鳥甲山東面の厳冬期初滑降（P74）に成功し、やや疲労感はあったが、「寒気の残るなかで高気圧に覆われる」という絶好の気象条件は見逃せない。秋山郷から車を飛ばし、宿題であった武能岳に狙いを定める。

　土樽から蓬峠に至る林道の車止めを7時半発。板はブラストラックのブレイザーを選択した。蓬峠に向かう昨日のトレースをたどる。前回のトライでは武能岳西尾根からのアプローチとしたのだが、リッジ上部の雪のコンディションが悪く、無念の敗退となった。

　そこで今回はスキー登高可能なラインとして、蓬沢1010m付近から稜線に上がる支尾根を選択した。ここは急がば回れのことわざどおり、上部までスキー登高が可能で、最後は担ぎになるが、結果的に労力少なく取付から2ピッチで稜線に上がることができた。

　こちら側から見る武能岳は大きい。踏み抜きに注意して稜線を進むと1時間で山頂に到着する。時刻は正午すぎ、やや風もあり、まだ厳冬の寒さである。

　武能沢のドロップポイントの偵察を行なうが、山頂から東面側はノールになっており、ダイレクトには入れそうにない。

　少し蓬峠方向に戻った地点で再度ロープを出してチェックすると、東面に張り出す小リッジから右手に落とす滑降ラインが判明した。見下ろすルンゼにはパウダーがたっぷり吹きだまっている様子がうかがえる。雪も安定しており、ザ・デイの予感がする。

　13時滑降開始。小リッジを小回りで雪質の最終チェック。すばらしい雪質である。リッジを少し滑ってから右のルンゼに落とす。すぐに日陰となり、最上級のパウダーコンディションのなか、スプレーを上げながら会心のターンを刻む。ラインは本流に合流して左に曲がり、その先に核心部の落ち込みがある。

　斜度45度弱の急斜面をミドルターンで一気に通過する。岩陰でピッチを切り、パートナーにコール。この先は真っさらのすばらしいオープンバーンが広がる。武能沢のど真ん中に、こんなにも広大なパウダーバーンが隠されていたとは！

　ここが武能沢のハイライトであろう。パウダーを貪るように縦横無尽にシュプールを付ける楽しさといったら……。

　下部はうねる沢筋にスキーを走らせてゆくと次第に辺りが開け、ついに湯檜曽川に飛び出した。

　標高差900mのすばらしいパウダーラン。いやー、今季最高の滑降になりました。武能沢にはスティープクラシックの三つ星ルートを差し上げたい。

ルートグレード	
アプローチ	I
滑降	S4+

日程	2014年2月24日
メンバー	三浦大介、松岡祥子
タイム	蓬沢林道駐車場7:30～支尾根取付地点9:00～稜線11:00～
	武能岳12:30－13:00～武能沢滑降～湯檜曽川出合14:00～土合橋15:00
	※電車で土樽へ戻り、車を回収

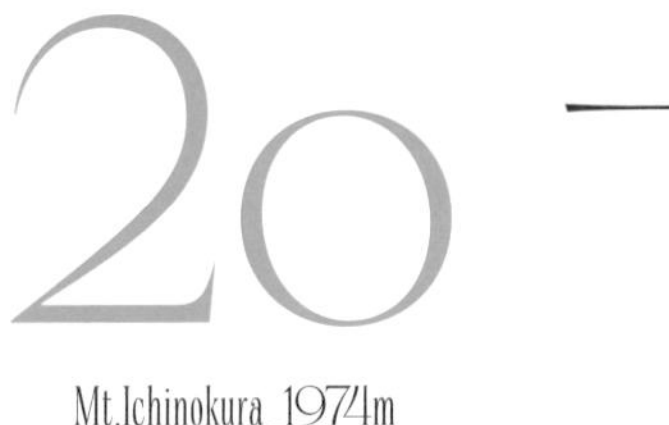

20 一ノ倉岳

Mt.Ichinokura_1974m

堅炭尾根

湯檜曽川一ノ倉沢出合付近からの堅炭尾根の遠望

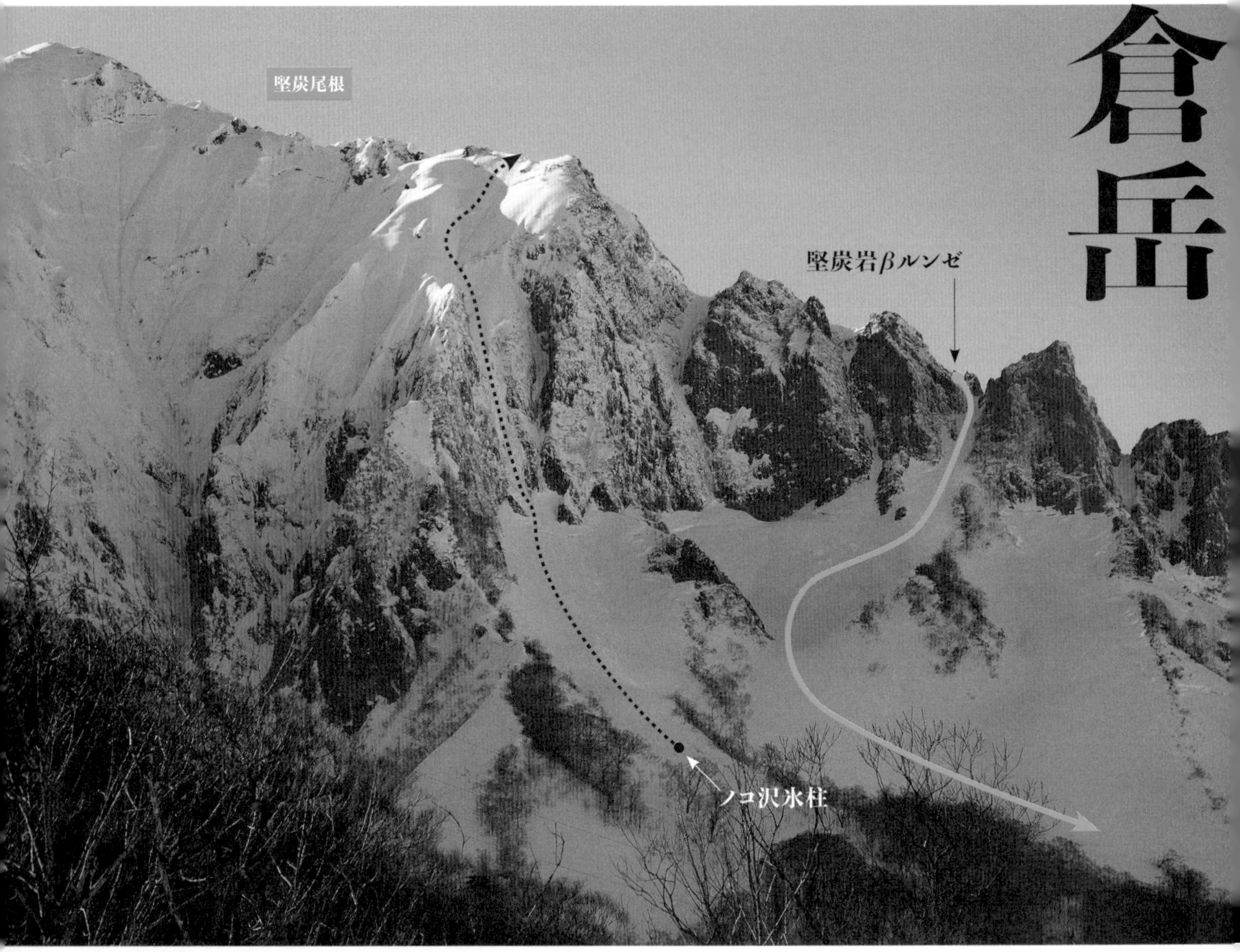

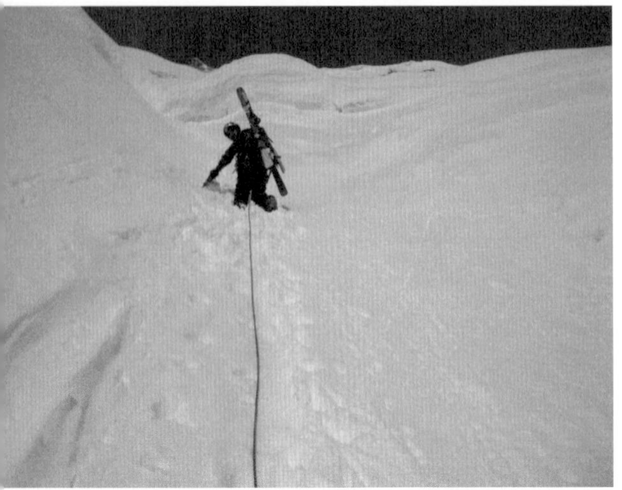

南米のペルーアンデスを彷彿とさせるノコ沢上部の登攀

日程	2006年3月5日
メンバー	三浦大介、佐藤嘉彦（ノコ沢氷柱登攀のみ）
タイム	駐車場2:30～湯檜曽川～幽ノ沢4:30～ノコ沢取付6:30～大滝登攀～上部雪壁～終了点10:00～堅炭尾根～βルンゼ入り口11:00～滑降～堅炭沢出合12:00～湯檜曽川～土合橋12:30～駐車場13:00

ルートグレード

アプローチ	Ⅳ（ノコ沢氷柱）
滑降	S5、R1

一ノ倉沢

谷川岳東尾根上部からの一ノ倉岳

一ノ倉岳

一ノ倉沢4ルンゼ

ルートグレード	
アプローチ	Ⅱ（βルンゼ）
滑降	S5+（RP）、R2

日程	2006年3月10日
メンバー	三浦大介（単独）
タイム	駐車場5:00～幽ノ沢展望台7:00～βルンゼコル9:20～一ノ倉岳10:30-11:00～4ルンゼ滑降～一ノ倉沢出合12:30～駐車場13:20

後日談

一ノ倉沢4ルンゼの初滑降は約20年前の佐田一郎氏。その後、スノーボードも含めいくらか滑られているようだが、まだ五指に余る程度であろう。傾斜は上部45度からF4の核心部55度。そして下部に待ち受けている大クレバスが、よりプレッシャーを与えている。さすが4ルンゼは本邦屈指のハードルートであった。

一ノ倉沢4ルンゼ単独初滑降を終えて

堅炭岩βルンゼ〜堅炭沢左俣／初滑降

谷川岳クライム&ライド1

充実した厳冬期パウダースキーが終わり、次なるテーマはわがホームグラウンド・谷川岳でのクライム&ライドである。

記録的な豪雪に見舞われた今シーズン。天神平の積雪量は3月上旬でも5mを優に越えているが、一方で2月半ばの暖気の影響ですでに大きなシュルントが開き、デブリも出ているという情報もある。谷川岳はどのような姿で自分を迎えてくれるだろうか。不安はあるが、百聞は一見にしかず。まずは現場に出向いてみるしか方法はない。

昨日は会の佐藤嘉彦君をパートナーに幽ノ沢3ルンゼを登攀後、パウダーの芝倉沢滑降で充実した。本日はノコ沢の大氷柱を登り、記録を見ない堅炭岩βルンゼの単独初滑降を狙う。

2時半、ロープウェイ駐車場を出発。昨日のトレースをたどり、湯檜曽川沿いにスキーを快調に飛ばして、幽ノ沢出合から展望台経由でノコ沢をめざす。

夜明けとともに青白く輝くノコ沢の立派な氷柱が目前に現われる。大きなシュルントを左から巻き、6時半、嘉彦リードで、つるべ式に登攀を開始する。

中央凹状からほぼ真っすぐに氷壁を登ってゆく。氷質は良好だが、傾斜があり、幽ノ沢3ルンゼよりこちらのほうが少し難しい。

ロープを50m延ばしてピッチを切る。次のピッチは、右手のルンゼ状から頭上の垂直の凹角を右に抜け出る。このムーブがVマイナスくらいか。途中で一発チリ雪崩を浴びたが、日の当たった部分の雪が落ちただけのようで、ひと安心。

2ピッチで氷を抜け、上部のルンゼの登攀に移る。頭上の雪のマッシュルームがアンデスのクライミングを彷彿とさせる。最後は左の石楠花尾根に合流して終了。時刻は10時。本日は気温も低く、頬に当たる風は冷たい。大休止して堅炭尾根を下降する。

待望のβルンゼの雪質は幸運なことに緩んでいた。アックスを腰に差し、パートナーに見守られながら11時にドロップイン。50度近くあるルンゼの幅は狭く、横滑りとプロペラターンのコンビネーションで落下してゆく。

中間部からは徐々に幅が広くなり、斜度も少し落ちるので連続ターンを決めることができる。羽が生えたごとく、宙に舞いながらエアターン。最後はシュルントを一気に飛び越えた。

ここからは右手の堅炭沢左俣を継続滑降する。ボウル状大斜面に飛び込むと前日同様、雪質はパウダースノーとなった。カービングのロングターンを描きながらフルスピードで滑り降りる。

堅炭沢は広く、適度な傾斜で雪質もよく、最高の気分で滑降ができる。最後は口笛を吹きながら右手の樹林帯を快適に滑り、虹芝寮に出てフィニッシュ！　βルンゼから堅炭沢左俣は最大50度、滑降高度差800mの滑降であった。

春の陽気の湯檜曽川をスキーで走らせながら、ファースト・ディセントの喜びをかみしめた。

露出感の大きいβルンゼの滑降

一ノ倉沢4ルンゼ

谷川岳クライム&ライド2

先週は谷川岳・幽ノ沢における2本のクライム&ライドをよい形で実施できた。この様子では、もうワンチャンスあるなと感じた。そこで急きょ休暇を取り、アタックすることにした。

駐車場を出発したのは5時、天候は予想どおりの曇り空である。駐車場裏から直接、湯檜曽川へ下り、河原沿いにスキーを走らせる。幽ノ沢出合から展望台基部までスキー登高し、その後はシートラーゲンする。

先週より雪解けが少し進み、沢筋も小規模な雪崩でやや荒れてきている。展望台に上がると、ガスで視界が利かない。予定していた堅炭岩滝沢の氷瀑登攀はあきらめ、βルンゼをピオレトラクションを交えたダガーポジションで登る。このルンゼの滑降も条件次第である。

忠実に堅炭尾根をトレースし、最後の広大なスロープを登って10時半に一ノ倉岳へ。視界はいくらかましにはなったが、本日は温めていた未知のラインにトライする条件にはない。サブプランではあるが、いまだ滑降できていない一ノ倉沢4ルンゼに狙いを定める。

山頂から一ノ倉尾根を少し下り、滑降地点で準備をする。登ってきた状況から判断して、スキーのエッジはなんとか引っ掛かるであろう。下部へ滑り込めばパウダーもたまっているのではないか……と期待をふくらませる。いつものようにアックスやスノーバーをすぐ取り出せる位置にセット。呼吸を整え、すり鉢状の斜面へと滑り込む。

雪質は硬いがエッジはかかる。出だしは比較的傾斜が緩く、ターンスペースも充分にある。横滑りを交えたジャンプターンの連続で、ガスに煙る大空間へと飛び込んでゆく。

ルートはルンゼ状となり斜度も増す。ターンするたびに表面の堅雪がカラカラと削れ落ちる。右の奥壁からの大斜面に合流すると、徐々に扇の要へ吸い込まれてゆく。確実に制御したターンを心掛け、二つのエッジに全神経を集中させる。漏斗の口はさらに狭まり、ついに核心のF4へと達した。ここは左右に岩が露出しており、白い帯の幅はスキーの板を横に向けられるギリギリのスペースだ。その直前でエッジ感覚の変化を感じ取った。

白い雪の下は氷である。斜度は部分的に60度に近く、微妙なエッジコントロールとウィペットポールを使ったスリーポインティングのテクニックでじわじわと横滑りする。早鐘のような胸の鼓動が聞こえてくる。ここを慎重にクリアし、右岩の下にわずかなスペースを見つけて、ひと息つく。これでようやく半分だ。この先、例の本谷バンドのクレバスがあるはずだが……。

傾斜はやや緩み、滑降スペースも広がる。右の3ルンゼデルタからの斜面を利用して快適に滑降する。さらに滑り込んでゆくと突然、視界から斜面が消えた！ クレバスだ！ それは横に真一文字、巨大な段差となって切れ落ちている。

さあ、どうする？ 迂回はできない。ここは懸垂下降しかない。すぐさまスノーバーを打ち込んで支点を作る。持参した30mロープをセットすると、なんとか届くような感じである。

スキーを履いたまま懸垂下降を開始。切れ目からは空中懸垂になった。下が見える……ロープは足りている！ 助かった。体を振りながら下部の段差へとそろりと降りる。見上げると、ここは8mくらいの雪の断崖になっていた。

ようやく緊張が解かれる。シビアな滑降であった。下部はいつの間にかガスが切れ、出合まで見下ろせる。

あとは周囲の景色を味わいながら、出合までゆっくりとシュプールを刻んでいった。

21 谷川岳

Mt.Tanigawa_1977m

マチガ沢上部の滑降ライン

❸ マチガ沢4ノ沢

マチガ沢の入門ルート。東向きで日陰も多く、雪質がいちばん安定しており、斜度は45度を超えない。「まずは4ノ沢から始めよ」というべき、マチガ沢を最初に把握するのに最適のライン。西黒尾根最上部の鉄柱のあるドロップポイントがわかりやすい。出だしは緩いが、すぐに吸い込まれるように核心ルンゼの急斜面となる。ここを抜けると本谷に合流し、雪質のよいところを選んで一気に滑降する。

ルートグレード	
アプローチ	I
滑降	S4

❷ マチガ沢本谷ダイレクト

トマノ耳から雪庇の弱点を見極め、下降してドロップポイントへ向かう。雪庇の大きいときはさらに左手からトラバースして滑り込む。本谷を直線的で豪快に滑降できる。右寄りに滑るとパウダーが温存されていることが多い。

ルートグレード	
アプローチ	I
滑降	S5−

❶ マチガ沢本谷（ノーマル）

4ノ沢の次に滑るべき本谷のノーマルライン。扇状斜面からすぐに落ち込むボトルネックが核心。右からのダイレクトラインに合流して一気に雪崩の危険地帯を抜ければ、本谷は広がり、縦横無尽にシュプールを付けることができる。

ルートグレード	
アプローチ	I
滑降	S5−

マチガ沢北東面の滑降ライン

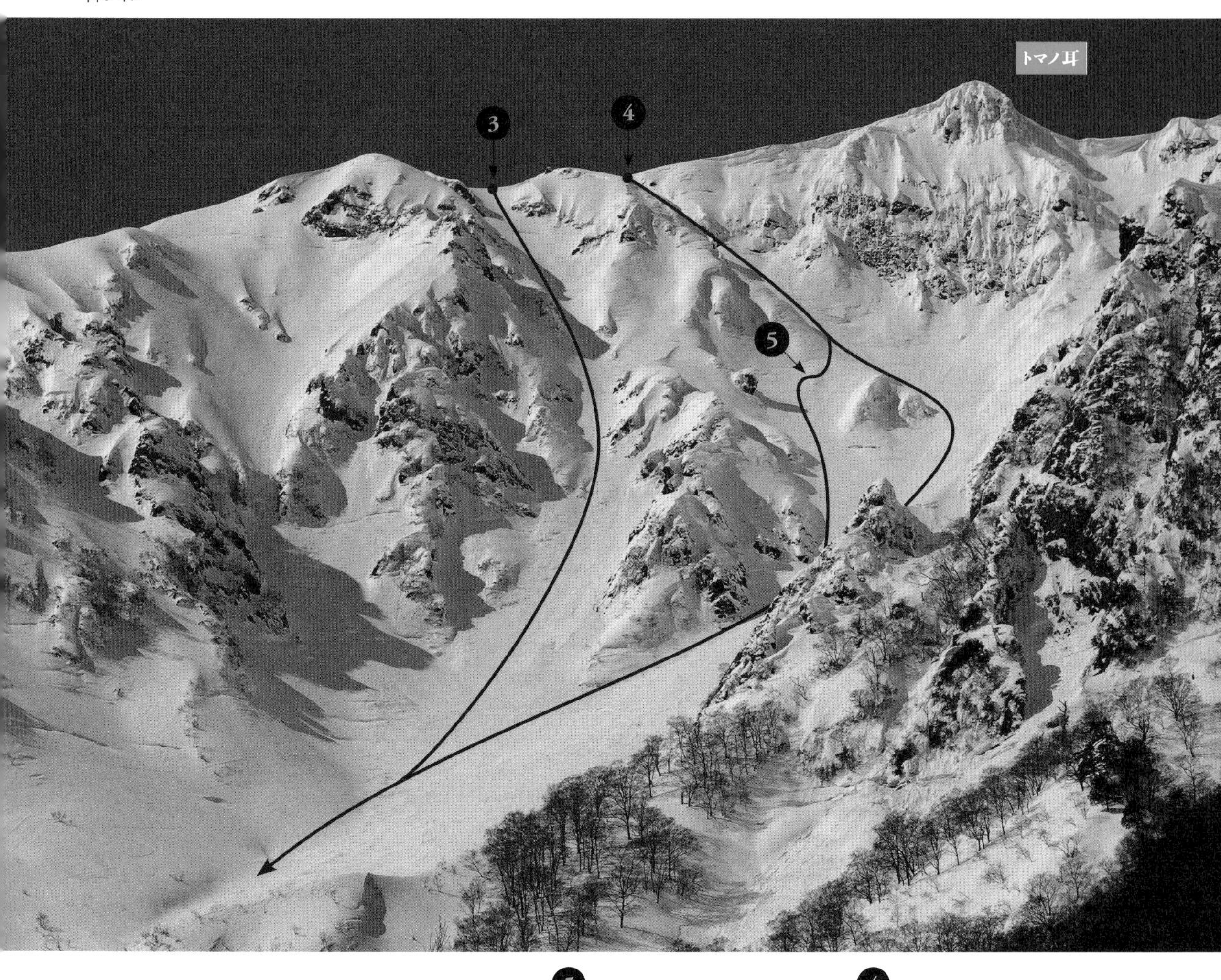

番外

西黒沢本谷

南面ゆえに雪質のチェックはマチガ沢以上に神経を使う。肩の広場の滑降で雪質を充分に確認してから落ち込むラインに身を委ねるが、ところどころに待ち構えるクラックには要注意。うまく滑るにはそれなりのライン取りのスキルが要求される。うねる沢筋に同期させたライディングができれば、大きな満足感が得られよう。

ルートグレード	
アプローチ	I
滑降	S4

5

マチガ沢3ノ沢

4ノ沢のドロップポイントの一つ下のやや急峻なルンゼ。急傾斜が比較的長く続き、中間部はアイシーなことも多い。ハードバーン対策も忘れずに。グレードはやや上がる。

ルートグレード	
アプローチ	I
滑降	S4+

4

マチガ沢4ノ沢～3.5ライン

4ノ沢の核心を過ぎてから右手の尾根に乗り上げ、台地状の大斜面を滑降するバリエーションライン。よい雪質が温存されていることが多い。

ルートグレード	
アプローチ	I
滑降	S4+

マチガ沢6ノ沢

マチガ沢最後の課題、6ノ沢へ

6ノ沢は、一般的にはマチガ沢本谷のドロップポイントから背面を裏側に回り込んでエントリーするのだが、東尾根を何度も登っている私にとっては、最終ピッチの雪壁の雪庇の切れ目からのドロップにこだわった。幾度もそのポイントに当たりをつけ、猿回しの要領で探るのだが、上からのドロップポイント確定は困難であった。

それならば、東尾根を登って滑ればよいのだが、6ノ沢はマチガ沢で唯一の南面向きラインであり、日当たりが良好で雪崩が出やすいのが最大の難点。よって日の出と同時に、遅くても午前中早いうちにドロップすることが必須である。そうこうしているうちに、ここもスノーボードチームにさらわれてしまった。まあ、それは必然であったかもしれないが……。

以前はマチガ沢で人に会うことはまれだったが、近年のパウダーブームで徐々に滑降者は増えてゆき、今では平日でも人に会わないことはないほどにまで増加している。ファーストトラックを信条とする自分としては、あまりいただけないことではある。

思えば、私が初めてマチガ沢をトライしたのが学生山岳部時代の１９８７年春。そのときは単独で4ノ沢を本谷合流点近くまで滑り、あまりの雪質の悪さに辟易して登り返したのだった。

そして2度目となるミレニアムの4月初旬、ようやく4ノ沢から本谷を滑降。以降、毎年のようにいろいろなラインから滑降を続け、現在に至っている。

＊

前夜、谷川岳ロープウェイ駐車場に入り仮眠するが、雪は一向に降りやまない。いつものヘッデンスタートをやめ、結局ロープウェイ始発での出発となった。本日のパートナーは須藤氏である。天神平からラッセルを交代しながら2ピッチで山頂へ。薄日でまだ気温も上がらず、登ってきた感じでは雪のコンディションは良好だ。

本谷のドロップポイントで荷を下ろし、ピッケルとアイゼンでトラバースラインから6ノ沢へのドロップポイントを探る。雪質はもちろん、パウダーで下地との相性もすこぶるよい。斜面裏側に回り込むと、オキノ耳（１９７７ｍ）直下の東南稜と東尾根の狭間に広がる魅力的なフェイスラインが俯瞰できる。

時間も押しているので、戻ってすぐにスタンバイする。スキートラバースで小リッジを回り込んでから、正午前に6ノ沢へドロップイン。トラバースから右下の日陰となる東南稜沿いにターンを刻む。予想どおりのナイスパウダーである。小フェイスの先から急に落ち込む凹状の核心部を一気に滑降し、オープンに飛び出す。バフバフのスティープパウダーラン。今冬最高のオーバーヘッドスプレーが上がる。

このまま真っすぐに滑降すると、日当たりのよい南面に突入するため、うまくスラフ処理をしながら右手のリッジを回り込み、狙っていた本谷側壁のスパインラインへと舵を切る。このライン取りはみごとに当たった！　すばらしいパウダーが温存され、急峻なスパインにへばり付いている。

抱え込みベンディングターンの連続で、スパインフェイスの粉雪を本谷に向かって蹴散らし、一気に落下してゆく。左右にスラフが流れるがお構いなしにスキーを加速させ、本谷を横断して右手のリッジに乗り上げる。須藤氏も機転を利かし追従してくる。

久しぶりにエキサイティングな滑降を満喫し、思わずガッツポーズが出る。あとは本谷を出合に向かって突っ走るのみである。

近くてよき山、谷川岳に乾杯！

マチガ沢6ノ沢核心部のオーバーヘッドスプレー滑降

6ノ沢スパインを滑降後、本谷に合流して

マチガ沢本谷中間部の快適クルージング

ルートグレード	
アプローチ	I
滑降	S5、R1

日程	2018年2月16日
メンバー	三浦大介、須藤正雄
タイム	天神平トップ9:00～谷川岳11:20－11:50～ マチガ沢6ノ沢滑降～マチガ沢出合12:30～ロープウェイ駐車場 13:30

22 俎嵓

Manaitagura

俎嵓南面の鷹ノ巣沢
全景

幕岩尾根～鷹ノ巣A沢

俎嵓

幕岩尾根を滑る須藤正雄

俎嵓の稜線で南面の滑降ラインを見定める

幕岩尾根〜鷹ノ巣A沢／上部新ライン

終わってはいない爼嵓

谷川本谷の源流部に屏風のようにそびえ立つ、旧谷川岳として知られる爼嵓。天神尾根を登るたびに目に飛び込んでくる荒々しい岩と雪の彫刻は、一度見たら目に焼き付いて離れない。そこにようやく、一本シュプールを刻むことができた。

いずれ滑ろう、とは思っていたが、雪のコンディションをつかむのが難しい南面であることに加えて、アプローチが遠い……。こんなどうしようもない理由を言い訳に爼嵓を後回しにしてきた。やはり、真剣に取り組む熱意が足りなかったのだと思う。

自身の『山ノート』を振り返ってみると、マチガ沢、一ノ倉沢、幽ノ沢という「谷川岳三部作」の文字が文面に躍っている。爼嵓を滑ることを決めたのが2011年の晩秋。それまでは幽ノ沢にこだわり過ぎていた。

谷川岳をホームグラウンドと自負しているおのれにとって、幽ノ沢はできうるかぎり、懸垂下降なしで美しく滑りたいという思いがあった。滑降ラインは一ノ倉沢4ルンゼを滑った06年時点で、すでに決めていた。

だがその後、毎年減少傾向にある降雪量とともに幽ノ沢の滑降チャンスを逃し続け、期待度は徐々に薄れてゆく。その代替として、浮上したのが爼嵓であった。

そして14年2月、ローカルのスノーボーダーたちが爼嵓ですばらしいライディングを見せてくれた。その滑降タクティクス、ライン、スキル、情熱には心から敬意を表したい。おかげで自分もようやく本腰を入れて、この課題に取り組むことになったのだから。

15年は稜線でのワッフ音に敗退。翌年は寡雪でチャンスはなく、そして今回のトライ。1月中旬からの大雪で積雪量は充分であったが、急激に降り過ぎたため、斜面の至るところにクラックが入ってしまった。

そういったベストとはいえないコンディションのなか、メンバーと幕岩尾根に絡めたラインをなんとか見いだし、曲がりなりにも鷹ノ巣A沢を滑降できた。

前夜、肩ノ小屋に泊まり、早朝3時にヘッデンで出発する。踏み抜きに注意しながら国境稜線を慎重に進み、オジカ沢ノ頭を経て、7時すぎには爼嵓へ至る。

山稜から入念に滑降ラインを偵察し、最終的に幕岩尾根から鷹ノ巣A沢に落とすラインを選択する。

8時半、ドロップポイントとなる幕岩尾根最上部の、クラックの走る急斜面をクライムダウンでクリアしてから、尾根右側面のビッグスロープにスプレーを飛ばす。

さらに巨大なマッシュルームに飾られた幕岩尾根上部の大滑降を堪能し、鷹ノ巣A沢に向かってスティープラインを落とす。最後はボトムラインを出合まで、板を一気に滑らせた。

会心のライディング、とまではいかなかったが、自身初の「爼嵓」を満喫し、岩と雪が織り成す絶景に感動すら覚えた。

しかし、これで爼嵓が終わったわけではない。いつか最高のコンディションで、最初に思い描いた理想のラインどおりに滑りきりたいと思っている。

ルートグレード	
アプローチ	II
滑降	S5－（DC）、R1

日程	2017年1月29日
メンバー	三浦大介、須藤正雄、松岡祥子
タイム	肩ノ小屋3:00～オジカ沢ノ頭5:00～爼嵓山稜7:00－8:30～幕岩尾根～鷹ノ巣A沢滑降～谷川本谷出合10:00～谷川温泉12:00

23 万太郎山

Mt.Mantaro_1954m

国境稜線から見た万太郎山北面の井戸小屋沢源頭

井戸小屋沢
万太郎山

井戸小屋沢のドロップポイント付近の稜線

オジカ沢ノ頭からの万太郎山

井戸小屋沢／初滑降

谷川で名ルートを発掘

谷川連峰・万太郎山の北東面には、秀渓で名高い井戸小屋沢がある。この周辺ではRSSAの佐藤徹氏が1985年に初トレースした、オジカ沢ノ頭から赤谷川源頭を滑降して万太郎山へ登り返し、西面の毛渡沢を滑降するすばらしいワンデイスキーツアーが知られている。

今回はそのバリエーションとして、万太郎山頂からほぼダイレクトに井戸小屋沢を滑降し、万太郎谷を経由して土樽へ至る新ラインの開拓を試みた。

雪の落ち着いてきた2001年3月中旬、RSSAの先人たちが長年トレースしてきた谷川岳エリアで、自身の温めてきた新たな課題を実行するチャンスが到来した。

谷川岳ロープウェイ始発に乗り込み、天神尾根から国境稜線をオジカ沢ノ頭へ進む。めざす先には懸案の井戸小屋沢を抱え込んだ、純白の万太郎山が美しくそびえる。やるぞ！　一人気合を入れる。

オジカ沢ノ頭から赤谷川源流へ滑降すると、周囲は一面の銀世界に包まれた。ここは「雪の砂漠」という表現がぴったりで、ファンタスティックな場所だった。傍らではミミズクが密やかにうたた寝をしている。あまりにも静かで、まるで月世界にいるような、魔訶不思議な感覚に酔いしれる。

正午には万太郎山頂に到着した。期待とは裏腹に、この日は南風が入り、気温が上昇する予報だったので、井戸小屋沢の滑降は半ばあきらめていた。しかし、11時ごろから日差しがなくなったのは本当に幸運であった。

2000年に滑降したマチガ沢同様、エントリーポイントを探すのには苦労した。結局、山頂直下より稜線上を大障子ノ頭方向にほんの少し戻った場所から、意を決し井戸小屋沢に飛び込んだ。

最上部のシュカブラ帯を丁寧にクリアすると滑らかな雪面が現われる。軽いジャンプターンの連続で、慎重に雪質をチェックしながら滑降する。堅雪ではあるがエッジはよく利いた。

急斜面から程なく左手の本流に滑り込む。沢は思ったより充分な幅があり、快適なミドルターンが決まる。周囲のアルペン的な雰囲気に包まれた、予想外にダイナミックなすばらしい滑降となった。

上部急斜面から核心部の大滝と思われる、ゴルジュ状の急峻な落ち込みへ突入する。金属的なエッジ音がルンゼ内にこだまし、削り取られる雪のシャワーがターンに絡み付く。ここは腕の見せどころ。ゴルジュを抜けると沢は大きく開け、リラックスして大斜面を大パラレルで滑降する。

二俣からは雪が腐りだす。下部は左右から多少のデブリがあったが、滑降を妨げるほどではない。曲がりくねる沢筋にスキーを走らせてゆくと、そこは見覚えのある万太郎谷の合流点であった。あとは初滑降の余韻に浸りながら、すでに滑降済みの万太郎谷にゆっくりとシュプールを刻んでいった。

今回の井戸小屋沢は、万太郎谷まで変化に富んだ高度差1000mを超える滑降ルートとなり、名ルートの発掘といえるものであった。

ルートグレード	
アプローチ	I
滑降	S4＋

日程	2001年3月20日
メンバー	三浦大介（単独）
タイム	天神平トップ8:00～肩ノ小屋 9:30～オジカ沢ノ頭10:30～赤谷川源流滑降～万太郎山12:00～井戸小屋沢滑降～万太郎谷出合13:30～土樽15:30

24 仙ノ倉山

Mt.Sennokura_2026m

万太郎山山頂からの
仙ノ倉山

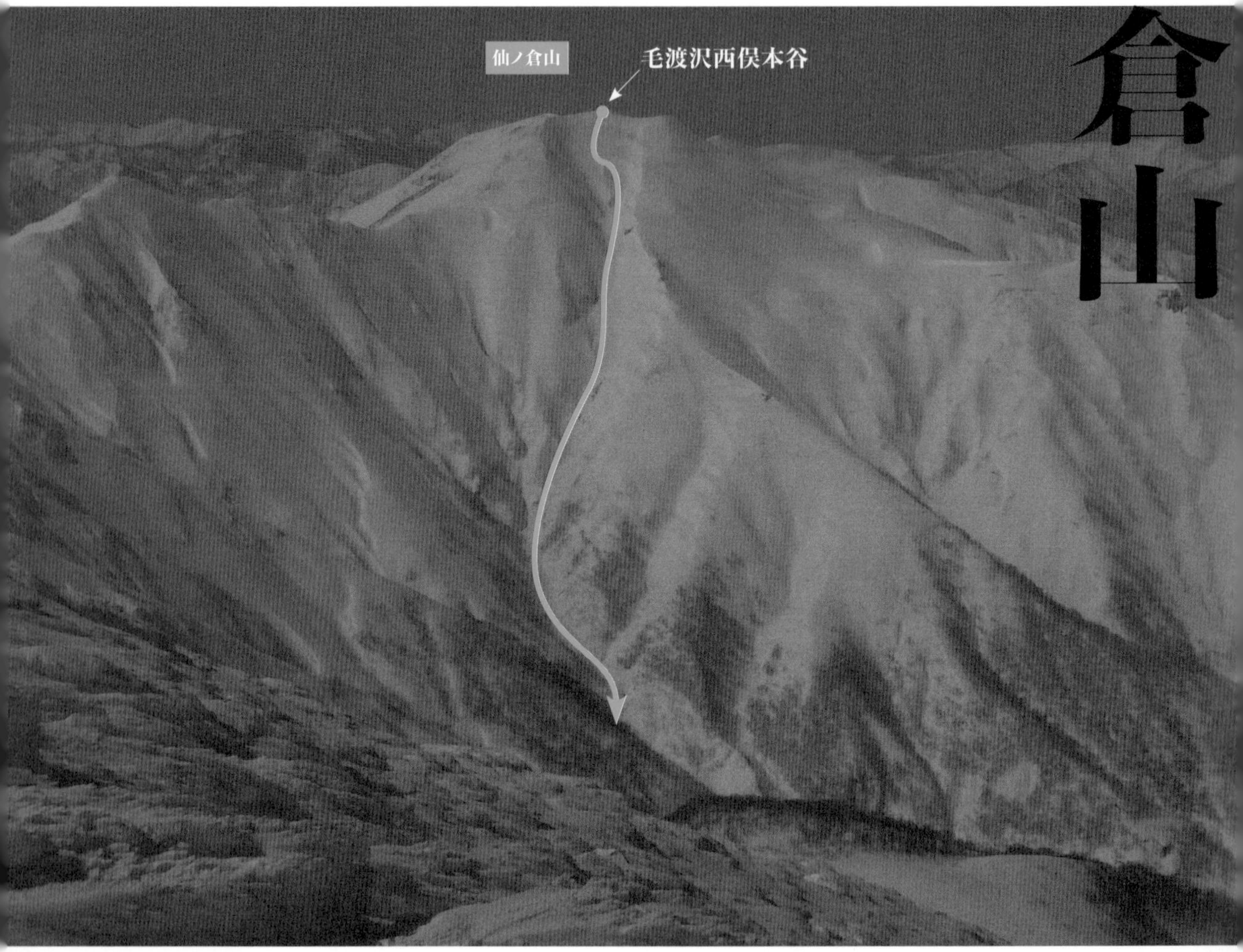

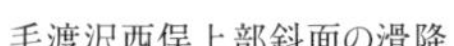

毛渡沢西俣上部斜面の滑降

毛渡沢西俣下部から上部を振り返る

毛渡沢西俣本谷

仙ノ倉山の巨大ルンゼを滑走する

上越国境の山には名山といえるものが多い。もちろん自身のホームグラウンドとして贔屓目に見ている面もあろうが、スティープ100選にも多数の山座がセレクトされている。そのなかでも谷川連峰の最高峰、標高2000mを超える仙ノ倉山は重厚で荘大な山容を呈する。

この仙ノ倉山東面を万太郎山から見ると、谷間に向かって直線的に落ち込む巨大なルンゼを確認できる。これが毛渡沢西俣本谷である。この沢には顕著な大滝はなく、傾斜もさほどではないが、山頂からダイナミックに落ちるさまは滑り手を魅了するに値しよう。

谷川岳のマチガ沢6ノ沢滑降後（P60）、冬型が強まり上越国境ではドカ雪が降った。当初は同じ上越国境で偵察済みのとあるスティープ課題を狙っていたが、雪の降り過ぎと、はっきりしない予報を鑑み、サブ案の仙ノ倉山の本ルンゼに行き先を変更したのだった。

平日のレギュラーパートナーである須藤氏と下山予定の毛渡橋付近に車を1台回し、7時に平標（たいらっぴょう）山登山口からスタートする。

定番のヤカイ沢から右手の支尾根を絡めて国境稜線へ登るルートで平標山に至る。雪は先週に比べ1m近く増加し、ようやく例年のハイシーズン並みになった。

高曇りのなか、平標山から稜線沿いに仙ノ倉山に達する。久しぶりの山頂であるが、そのどっしりと構えた山容には最高峰たる風格が感じられる。

目的の東面は実に広々とした、程よい傾斜のすばらしい大斜面となっており、一面が真っさらなパウダーに覆われている。下部には核心のボトルネックらしい落ち込みがうかがえる。雪質は正構造で安定している。

正午前、対面にはこれまたすばらしい大斜面をアピールしている万太郎山西面に向かって、西俣本谷の大斜面に飛び出してゆく。上越国境稜線付近特有のわずかに重量感のある、しかし決して不快ではない、最上級のパウダースノーを左右に飛ばしながら、ミドルターンで流れるようなラインを描く。

斜面中間部のノッチを左に乗っ越して核心部に入ると、ラインはやや狭まり、左斜面からいくらかの表層雪崩跡が確認できた。ここは一気にルンゼ状の核心部を通過する。

右手のエビス大黒（だいこく）ノ頭からの急峻なルンゼを合わせながら、下部の左右にうねる滑降ラインを存分に味わい、二俣まで滑り込む。ここまで標高差900m近い大滑降であった。

毛渡沢下部は特に問題になるようなところはなく、沢沿いにそのままスキーを走らせる。群大ヒュッテの手前の橋を渡り、林道をさらに滑って毛渡橋へ下山した。

今回の滑降で、毛渡沢上流部北面の高度差はさほどでもないが、見栄えのするルンゼやフェイスの存在を確認できた。次回は、その辺りを集中滑降したいと考えている。

ルートグレード	
アプローチ	I
滑降	S4－

日程	2018年2月23日
メンバー	三浦大介、須藤正雄
タイム	元橋7:00～仙ノ倉山10:30～ドロップ11:30～ボトム11:45～毛渡沢出合12:30～土樽13:30

25 平標山

Mt.Tairappyo_1984m

西ゼンの第二スラブ周
辺の核心部を滑降する

滑降アドバイス

全面パウダーコンディションでの滑降も経験したが、西ゼンはちょっとした核心部もあり、明朗で開放的な谷間でパウダー滑降が堪能できる、ストレスフリーの快適なルートであった。滑降後の毛渡沢下部がやや長いが、それを差し引いても充分に価値のあるスティープ入門ルートとして、ここに推薦したい。

番外

ヤカイ沢ダイレクト

シーズン初めのヤカイ沢上部は雪付きが早く、スティープ事始めによいラインである。ただし、南面ゆえの気温上昇やクラック、積層構造の多様性には要注意だ。ラインはいくつか取れるがダイレクトルンゼを直接落とすより、左右の尾根上を滑るのが雪崩に対してはベターである。条件がよければスラフ処理しながら、斜度40度超えの滑降を高度差500m以上楽しむことができる。積雪量が増えると傾斜は緩み、もはやスティープとはいえなくなる。

ルートグレード	
アプローチ	I
滑降	S4－

西ゼン

聞きしに勝る名滑降入門ルート

平標山は比較的アプローチしやすく、12月の早い時期から滑れる人気の山として古くから知られている。元橋(もとはし)の表玄関口から見上げる南西面のヤカイ沢上部は、シーズンインのスティープ始めとしては理想的な滑降ラインではあるが、南面ゆえの難しさもある。

平標山は滑降ラインが豊富な山で、神髄はやはり北面の仙ノ倉谷上流域の沢地形になろう。その一つである西ゼンは、1982年3月末にRSSAの佐藤徹氏が単独でトライ。締まったザラメコンディションのなか、核心の第二スラブ上部の壁は、雪付きのよい右側を階段下降でクリアして初滑降を遂げている。

対象的に、隣の仙ノ倉山北面に源頭をもつ東ゼンは核心の大滝が滑降可能なコンディションとなるのがまれで、このエリアに情熱を注いでいた同人の鷹觜健次(たかのはしけんじ)氏らによって、2015年3月21日に上部三ノ字沢から東ゼン大滝右岸を高巻く形で初滑降がなされた。

私も東ゼン大滝の滑降は狙っていたが、チャンスを得られぬまま今に至っている。一方、西ゼンに関しては同人が開拓したということもあり、ハイシーズンに一度は滑らなくてはと思いつつ先延ばしになっていたが、東ゼンの滑降狙いで出向いた際に、2度ほどサブ案という形で滑降することができた。

前週の武能沢はコンディションを当て、すばらしい滑降が楽しめたが、その後、気温が上昇し、春の陽気になった。週末は東ゼンを計画していたが、この条件では滑降はおぼつかない。その代替えとしてだが、西ゼンをやる機会が巡ってきた。周りにも思いのほか未滑降者が多く、4人で行くことになった。

車1台を下山口の毛渡橋に回し、8時に元橋からスタートする。昨日のトレースに明け方の新雪が少し乗る程度でラッセルもほとんどない。

ヤカイ沢下部から右岸の小尾根を経て、国境稜線に至るいつものルートで、山頂まで2時間40分で到達する。

天候はガスって寒いので、すぐに準備して滑降を開始する。視界の利かないなか、コンパスを振りながら尾根を回り込み西ゼン源頭に入る。

シュカブラの斜面を丁寧に滑ると、やや視界が開ける。雪のよい方向へ狙いをつけ、クラストとプチパウダーが交互に現われる30度程度の斜面を滑ってゆく。滑るに従い徐々に視界が開け、左の雪のたまっていそうな沢状に入ってパウダー滑降を楽しむ。

やがて核心部の滝に差し掛かる。ここはノール状になっており、脇から覗き込むと、急な落ち込みから下にすばらしい大斜面が展開している。斜度40度強の核心部をショートターンで快適にクリアし、大斜面をロングターンで一気に飛ばす。雪質も最高で、文句なしの大滑降が楽しめた。

あとは開けた沢に思い思いのターンを描けば、程なく仙ノ倉谷本流に合流。群大ヒュッテまでスキーを走らせ、傾斜のない長い林道にやや辟易しながらも、シールを使うことなく毛渡橋に下山した。

ルートグレード	
アプローチ	I
滑降	S4－

日程	2014年3月2日
メンバー	三浦大介、蒔田将弘、須藤正雄、松岡祥子
タイム	元橋8:00～平標山11:00-11:20～西ゼン滑降～毛渡橋14:10

26 苗場山

Mt.Naeba_2145m

神楽ヶ峰稜線からの苗場山東壁と北壁（その間の雪稜は北リッジ）

日程	2012年1月22日
メンバー	三浦大介、須藤正雄、佐藤康彦
タイム	かぐらスキー場トップ8:30～神楽ヶ峰9:30～ 苗場山のコル10:00～苗場山12:50－13:20～ 東壁滑降～棒沢1300m地点14:30～ かぐらスキー場田代エリア15:30

ルートグレード	
アプローチ	Ⅲ
滑降	S4＋

番外

小赤沢ダイレクトルンゼ

苗場山スキーの一般ルートである小赤沢ルート（秋山郷側）を登り、山頂台地から小赤沢源頭部の針葉樹灌木帯のやや急なルンゼ状を滑る。一般ルートのバリエーション。積雪が多くならないとブッシュは埋まらない。最上部はボコボコの斜面であるが積雪量が多く、パウダーコンディションであれば、そこそこの滑降が期待できる。

ルートグレード	
アプローチ	Ⅰ
滑降	S4－

東壁（棒沢左俣右沢源頭）

リッジクライミングと急斜面滑降で充実ルート

かぐらスキー場トップから神楽ヶ峰（2030m）の稜線に上がると、正面に巨大な航空母艦のような苗場山が忽然とその姿を現わす。船首の左手に見える顕著な三角斜面が棒沢左俣右沢源頭で、滑り手には「苗場山東壁」の名で通っている。

ここを最初に滑ったのは新井裕己君で、2008年1月半ばに東尾根からフェイスに滑り込むラインが引かれたが、山頂からのダイレクトラインは未滑降であった。われわれにとっても苗場山東壁は課題であり、今シーズンの多雪に期待して、そのダイレクトラインを狙ってみることにした。

始発のゴンドラとリフトを乗り継ぎ、スキー場トップを8時半にスタート。天気は高曇りである。昨日のトレースをたどって、難なく神楽ヶ峰山頂へ達する。正面には重厚な苗場山の山容を見る。対面する東壁の雪量は予想より少なく、山頂直下の核心部にあるブッシュ交じりのロックバンドは雪付きがやや微妙であった。

シールを外し、苗場山とのコルまで滑降する。雪質は新雪が程よく乗って、グッドコンディション。コルの少し先から標高差200mの雪稜となり、アンカーはブッシュを掘り出して使い、3ピッチの登攀となる。3人という人数、それにスカ雪と雪落としに時間を食い、山頂台地の一角に飛び出したのは12時半を回っていた。

辺りにはすでにガスがかかり始めている。すぐさまダイレクトラインへのドロップポイントを探るが、容易には見いだせない。核心部の雪付きが微妙で、時間も押しているので、残念だがダイレクトラインはあきらめ、初滑降と同様に東尾根からエントリーすることに決める。

フラットライトで斜面が見えにくいなか、13時に滑降をスタート。ショートターンで徐々に傾斜が急になるリッジ上を落としてゆく。東壁へつながるラインを左にサーチしながら滑ってゆくと、ロックバンドを少し過ぎた地点の急峻なルンゼ状から滑り込めそうである。ここをジャンプターンで慎重に落とし、東壁へと躍り出る。やや踏み込んでターンした途端、ビッグスプレーが舞い上がる。そう、東壁にはすばらしいパウダーが吹きだまっていた。

さらに壁の真ん中から現われるユニークな形状の幅広ルンゼに、会心のシュプールを描きながら一気に滑り抜け、出口を右に回り込んで仲間へコールする。スプレーを飛ばしながら、二人が軽快に滑り降りてくる。そこからは左手の本谷へ合流し、ボトムまで落として標高差500mの東壁の滑降を終えて、3人とも笑顔でがっちりと握手。あとは棒沢を1300m地点までパーティランし、250m登り返して、かぐらスキー場の田代エリアへ下山した。

今シーズンの多雪に期待して、上部ブッシュ交じりのロックバンドをダイレクトに突破する新ラインを狙ったが、思いのほか雪付きが甘く、目的は果たせなかった。2月の最大積雪時に来ればよかったのかもしれない。しかしながら、リッジクライミングと急斜面滑降のコンビネーションは、充実した一日をわれわれに約束してくれた。難しい条件のなか、うまく滑降できたことをうれしく思う。また来よう！

北リッジの雪稜登攀

27

Mt.Torikabuto_2038m

神楽ヶ峰稜線からの
鳥甲山東面の山容

赤嵓沢～黒木尾根

鳥甲山

ガスに煙る赤嵓沢最上部の滑降

日程	2014年2月23日
メンバー	三浦大介、須藤正雄
タイム	屋敷集落4:30～黒木尾根～稜線11:00～ 鳥甲山12:00－12:30～ 赤嵓沢1680m～黒木尾根～屋敷集落15:30

ルートグレード	
アプローチ	Ⅱ
滑降	S4+

赤嵓沢～黒木尾根／厳冬期初滑降

あのとき、ガスが晴れていたら……

2月のドカ雪三連発でついに秘境・秋山郷は雪に埋もれた。このときを待ちわびていた。今シーズンの目玉の一つ、鳥甲山東面の厳冬期滑降。記録はまだない。2月の最週末、トライするチャンスがようやく訪れたのだ。

相棒の須藤氏とタクティクスを考える。東面の情報は極めて少なく、われわれも初見参なので初日は偵察とトレース付け、2日目にアタックして滑降という計画を立てた。

本命は赤嵓沢の完全滑降。最悪でも赤嵓沢を中間部まで滑降して、右岸の黒木尾根への継続。苗場山から鳥甲山を見ると、山頂直下から正面に菱形状にカッコよく落ちるのが赤嵓沢であるが、下部の詳細は不明である。

土曜朝7時にＪＲ飯山線津南駅で氏と待ち合わせ、車1台で秋山郷に向かう。秋山郷につながる国道４０５号に入ると急激に積雪量が増加する。須藤氏曰く、ひと昔前は厳冬期に秋山郷へ車で入ること自体ままならなかったようだ。

本日お世話になる小赤沢の民宿にまずはあいさつに伺う。周囲の雪量は半端なく、まさに雪に埋もれた集落だ。「よく来た」と民宿の主人にコーヒーとパンをごちそうになる。最近は70cmの雪が3回降って、その後もさらに積もっているという。気温はずっと低いままだ。

ひと息入れてから偵察に向かう。中津川を対岸に渡って屋敷集落の林道の除雪地点に車を止める。思ったよりは雪崩の危険の少ない林道を軽いラッセル2ピッチで尾根末端に出る。

上部はガスに覆われている。右手から黒木尾根に取り付き、徐々に傾斜が増すブナの疎林のフルラッセルで標高１３５０ｍまで登り、本日はお開きとする。雪は新雪下の融解凍結層がやや気掛かりだが、さらにその下は正構造であった。登った分を滑降して宿に戻る。

翌朝4時半に屋敷の林道の車止めからヘッデンで出発。昨日のトレースをたどり、2ピッチで黒木尾根１３５０ｍ地点まで登る。そこからさらに傾斜の増した尾根にジグを切りながら、フルラッセルで登高してゆく。天気は回復傾向で時折、朝日が差し込む。

急斜面にはクラックや穴がありルートファインディングに神経を使う。この尾根は最大傾斜40度あり、雪が安定していないと雪崩のリスクが大きい。登るにつれ、左手に白嵓の、右手に赤嵓の雪襞の大屏風が迫ってくる。その狭間の黒木尾根の天国への階段をじわじわ登ってゆく。

11時にようやく稜線へ。稜線はガスで視界があまり利かない。最後は右手の赤嵓沢源頭を慎重に回り込んで登り、待望の鳥甲山頂に達する。滑降の準備をしてガス待ちをするが、12時半、痺れを切らし滑降を開始した。

稜線で雪質を最終チェックしてから、赤嵓沢源頭へドロップイン。斜度は40度強。あまり視界が利かないので小回りで抑えながら滑る。雪質は最高である。ピッチを短く切り源頭部の菱形ライン、高度差３５０ｍを滑りきる。

その先の落ち込みから核心部となるが、ガスはなかなか切れない。それどころか小雪も降ってきた（あとで調べると、上空を小さな気圧の谷が通過していたようだ）。ここまで来て本当に残念至極であったが、赤嵓沢下部の滑降を潔く中止し、黒木尾根にシールトラバースで出る。その後の黒木尾根の滑降が、いかにすばらしいものであったかは言うまでもない。

今回、赤嵓沢の完全滑降は果たせなかったが、上部ダイヤモンドラインから黒木尾根を滑降できたことは、よしとしなければならない。あのとき、ガスが晴れたらどうなっていたか……。それは誰にもわからない。

28 岩菅山

Mt.Iwasuge_2295m

登り返しの斜面から見た岩菅山の南面

岩菅山

南東シュート

※尾根の裏側を滑降

岩菅山ドロップポイントから滑降のタイミングを計る三浦大介

日程	2015年2月11日
メンバー	三浦大介、廣光佑亮
タイム	焼額山スキー場6:40～
	岩菅山10:00－11:30 ～奥ゼン沢～
	登り返してコル13:00 ～ハシゴ沢～スキー場14:30

ルートグレード	
アプローチ	I
滑降	S4＋

南東シュート（奥ゼン沢）／初滑降

初モノは一筋縄ではいかないものである

奥志賀の名山、岩菅山。その東面には知られざるスティープラインが眠っている。

岩菅山から北東方向に烏帽子岳まで連なる峰々の東側は急な崖となって魚野川へ落ち込んでいるが、標高２０００m付近には安山岩のロックバンドが形成されており、登り返しも困難なため、いまだ滑降を許してはいない。今回、東面滑降の手始めとして、岩菅山の南東面、奥ゼン沢源頭に狙いを定めた。

1月の最初のトライ時は、まだ積雪不十分で上部は視界も悪く、焼額山スキー場から山頂までの登高ラインの選定と東面の偵察に終始した。そして2回目の今回、パートナーは会の若手成長株のユースケ君である。

前日までの今季一番の寒気でスキー場の積雪は30cmアップし、すでに2mを超えて充分である。久しぶりに晴れたスキー場の駐車場を6時半すぎにスタート。駐車場の裏側の土手を滑って川を渡り、対岸の林道へ出る。林道を少し進んでから、前回と同様に右手の岩菅山西尾根に取り付く。

志賀高原特有の針葉樹に覆われた尾根上に、パワフルな若者ユースケと、こちらは新兵器ディナフィット・デナリで快調なラッセルワークを続ける。3ピッチで9時半には山頂直下の稜線へ飛び出す。稜線は風があり、雪庇の張り出しが大きい。

山頂に10時着。さっそくロープを出してドロップポイントを探すが、複雑に張り出す雪庇に苦労する。持参したロープが30mと短いこともあり、4度ほどビレイポイントを変え、ようやく弱点を見いだす。

覗き込む東面は、西面と対照的なカール状地形のすばらしいオープンバーンが広がっていた。雪質を調べると表面の新雪はスラブ化しておらず、下部は層状構造であるが接合はよい。ただし、カール内にはストーム中に出たと思しき、小規模のソフトスラブアバランチが見られる。本日は気温上昇が予想されており、警戒は怠れない。

11時半、山頂付近の雪庇を切り崩しドロップイン。スロープカットから入るが、雪質は安定している。広大なカール地形をフォールラインに向かって一気にターンを刻む。雪質はクリーミーパウダーで板がよく走る。すばらしい雪質である。

右手の台地状に乗り上げてピッチを切り、ユースケにコール。彼もシュプールをそろえながら、きれいに滑ってくる。

2ピッチ目は幅広の沢地形に沿ってノールの手前まで滑る。その先には地形図ではわからない急激な落ち込みがあり、慎重にターンしながら近づいていくと、奥ゼン沢本谷との合流点の滝のようだ。雪に覆われているが高度差10m以上で50度ほどの急斜面になっている。

雪質をチェックすると、幸運なことにクラストの上にパウダーが乗っている。しかし幅は狭く、スキーでギリギリ通過できる程度である。ここはウィペットポールを使った階段下降からペダルターンの連続でクリアする。

ユースケは途中で滑落したが、ボトムがスカート状なので問題なし。無事本谷へ合流する。それにしても初モノはやはり一筋縄ではいかないものである。

さらに本谷を１６７０mの二俣まで滑降してから登り返す。帰路は本谷のコルから裏側のハシゴ沢を滑降し、林道からスキー場へ戻った。

今回2度目のトライで、岩菅連山の知られざる東面スティープの一角を滑れて、満足のゆく山行となった。

29 黒斑山

Mt.Kurofu_2404m

浅間山からの黒斑山
東面シュート群

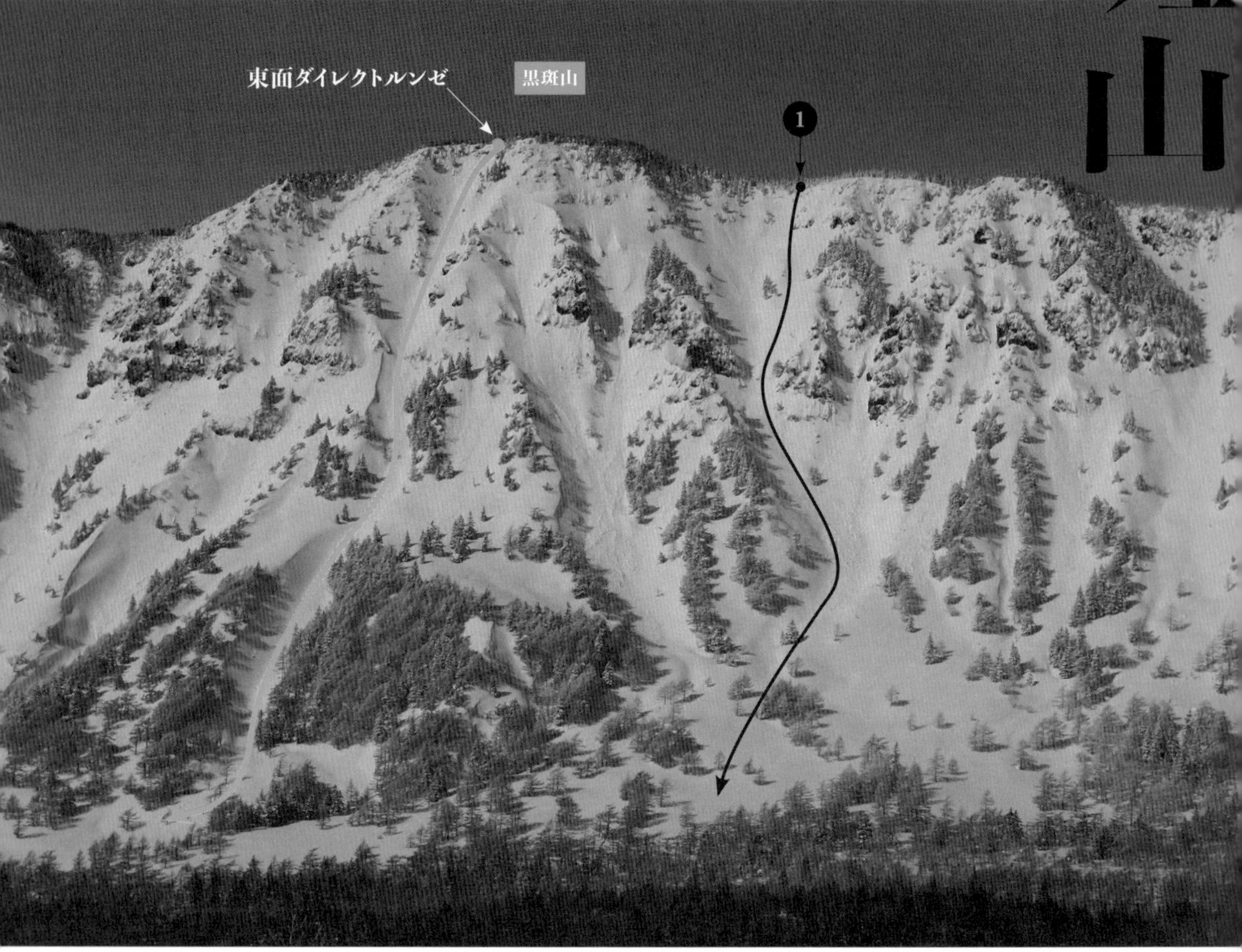

滑降アドバイス

黒斑山東面ルンゼ群は正面に浅間山を見据える最高のロケーションのなか、ショートスティープながらルンゼ滑降の醍醐味を味わえる好ラインである。ここは冬型でも滑降可能なことが多く、スティープラインの比較的少ない上信エリアとしては貴重な存在である。

番外
浅間山弥陀ヶ城岩ルンゼ

峠の茶屋から浅間山の東面を登り、外輪山の東前掛山2450m付近から南面に、弥陀ヶ城岩に沿って落ちるオープンバーンのすばらしいビッグシュートを滑る。南面なので雪質には充分な注意が必要だ。近年は下部のブッシュがひどくなり、1700m付近から登り返すことも視野に入れたい。

ルートグレード	
アプローチ	I
滑降	S4－

1 東面右ルンゼ

黒斑山山頂から少し北へ下ったところから東面に落ちる、ドロップしやすい幅広のシュート。積雪が少ないと核心部で左手の灌木を使っての懸垂下降となる。

ルートグレード	
アプローチ	I
滑降	S4－（RP）

東面ダイレクトルンゼ／厳冬期初滑降

上信エリアのスティープポイント1

浅間山カルデラの第一外輪山・最高峰である黒斑山の東面には、噴火による山体崩壊で形成された高度差400mほどの崩壊壁があり、積雪期には魅力的なシュート群が出現する。

浅間山本山のスティープ系では、RSSAの大門・佐藤ペアによる1992年2月の南面に落ちる顕著なハーフパイプ、弥陀ヶ城岩ルンゼの滑降が知られている。自身もトレースしているが、すばらしいオープンバーンの滑降ではあるものの、スティープ系としてはやや物足りなさを感じた。

そこで、本山域で短いながらも本格的なルンゼ滑降が楽しめそうなこの黒斑山東面に着目し、南岸低気圧での降雪直後に合計3回のトライを実施した。

2016年1月下旬の須藤氏との最初のトライでは、黒斑山山頂からのダイレクトルンゼは雪付きが甘く、北に少し下ったコルからエントリーしやすい右ルンゼを滑ったが、核心のボトルネックは埋まりきらずに懸垂下降を強いられた。

2月中旬の2度目のトライでは、積雪量は充分でダイレクトルンゼにドロップしたが、最上部で中規模のソフトスラブアバランチを誘発し、登り返しの敗退となった。

そして、翌年1月下旬。満を持して3度目のトライを敢行する。パートナーは松岡氏。車坂峠駐車場から以前と同様に、登山道をトーミの頭経由の2ピッチのシール登高で黒斑山山頂に達する。

降雪直後ということもあり、俯瞰するダイレクトルンゼの雪付きは最高である。ロープを出して入念に雪質をチェックする。新雪と旧雪の接合も問題なく、ゴーサインを出す。

正午すぎ、山頂から正面の浅間山に向かって飛び込むようにドロップイン。斜面左手の針葉樹のクリスマスツリーの間から、源頭部の真っさらな扇状斜面へ滑り込む。ドライパウダーが一気に舞い上がり、間髪を入れずにファーストターンを決める。抵抗感の少ない羽根パウのスプレーが飛び散る、最高のパウダーコンディションである。

急傾斜のオープンバーンを深回りのミドルターンで落とし、右手の小さな斜面に乗り上げて、合図を送る。松岡氏もドライパウダーを満喫しながら軽快なショートターンで滑降してくる。

2ピッチ目は核心のボトルネックに向けてダイナミックなシュプールを刻み、一気にゲートを通り抜ける。

その先のワイドで真っ白なハーフパイプの滑走路を、浅間山のお膝元まで滑り込んでフィニッシュ！ 3度目の正直でようやくベストコンディションを当て、滑降を成就できた。

その後、蛇堀川の登山道沿いにシュプールを印し、天狗温泉浅間山荘に下山した。

なお、本ラインの初滑降は浅間山荘のご主人の山崎さん。滑降後、赤褐色の天然温泉に浸かり、疲れを癒やしたい。時間があれば泊まって、氏の山スキー談義を聞くのもよいだろう。

ルートグレード	
アプローチ	I
滑降	S4

日程	2017年1月24日
メンバー	三浦大介、松岡祥子
タイム	車坂峠駐車場9:30～黒斑山11:30－12:30～ 東面ダイレクトルンゼ滑降～天狗温泉浅間山荘14:40

30 根子岳

Mt.Neko_2207m

根子岳南面大明神沢
上部の景観

大明神沢左俣
ダイレクトルンゼ

1

大明神沢ダイレクトルンゼに飛び込む

1

大明神沢左俣右ルンゼ

ダイレクトルンゼ滑降の前に雪質チェックを兼ねて、ぜひ滑りたい。タイトな出だしのスキーの先落としが核心である。またほかにもいくつかスティープ入門的なラインが取れるので、登り返してトレーニングするとよいだろう。

	ルートグレード
アプローチ	I
滑降	S4−

大明神沢左俣ダイレクトルンゼ／初滑降

上信エリアのスティープポイント2

冬型が続き日本海側は吹雪ということで、以前から気になっていた、長野のテレマーカー塚田ゆうじ氏の開拓した根子岳大明神沢源頭シュート群に、須藤氏と行ってみることにした。ここはさすがに自身のスティープリストにはなかったが、彼の報告を聞いて興味を抱いたのだった。

根子岳の登山口である菅平牧場で須藤氏と朝6時に待ち合わせる。20代前半のスキー指導員検定に励んでいたころ足しげく通った菅平であるが、その後周辺の山に来る機会もなく、久しぶりの訪問で妙に懐かしく感じる。

昨日のトレースが残る緩やかな大明神沢右岸尾根をシール登高して、2ピッチ足らずで山頂に到着する。俯瞰する大明神沢には雪がべったりと張り付いており、期待感が高まる。

山頂からの急峻なダイレクトラインはあとに回し、まずは四阿山側のリッジを少し滑って雪質を確かめる。樹林帯はさすがに菅平のドライパウダーで雪は軽い。

雪質のチェック後、1本目は右ルンゼに狙いを定め、ドロップ。狭い岩陰へ向かって板をフォールラインに直線的に落としてから右にミドルターンを決める。最上部は日差しの影響でややモナカ気味の雪質であった。

中間台地まで滑り、さらに右の本谷ルンゼを落とす。ルンゼ内にはドライパウダーがたまっており、快適にシュプールを刻む。須藤氏と交互に3ピッチで暖傾斜のボトムまで高度差300mを滑る。

ここから真ん中の尾根を稜線まで登り返し、2本目はさらに左寄りの地形を利用した楽しいライン取りで滑降する。

そして、さらに登り返して、最後は未滑降と思われる山頂からのダイレクトルンゼにトライする。45度オーバーの山頂直下のドロップシークエンスはなかなかにエキサイティングだ。

アルペン的な景観の本谷ルンゼに向かって気合のスキー先落とし。縦にスキーを踏み込み、一気にボトムまで突っ走る。

須藤氏もセンター120㎜のブラックダイヤモンドのメガワットでフォローし、滑降を堪能したご様子。下山は本谷ルンゼを1700m地点まで滑ってから、シールトラバースで右手の尾根を乗り越え、行きのトレースに合流した。

根子岳大明神沢ルンゼ群の滑降自体は標高差300mほどで、斜度も45～40度と小粒ではあるが、稜線から狭いルンゼを一気に落とす緊張感と、菅平特有のドライパウダーが魅力的な好ラインであった。浅間山の黒斑山東面とともに、上信エリアでは貴重なスティープポイントになると思われる。

ダイレクトルンゼ中間部のパウダー滑降

ルートグレード	
アプローチ	I
滑降	S4+

日程	2014年1月12日
メンバー	三浦大介、須藤正雄
タイム	菅平牧場7:10～根子岳9:30～大明神沢左俣滑降（3本）～本谷1600m地点右シールトラバース～菅平牧場14:00

Steep column

雪崩と滑落 2

滑落は2006年3月下旬、山岳専門誌『岳人』の取材時に起こった。黒部湖横断スキーの山行初日のスバリ岳山頂からの滑降中に新雪の下に隠れた硬い氷のバーン（snow-covered ice）に乗ってしまい、エッジが抜けて滑落。標高差150mほど落ち、運よく新雪の吹きだまりに突っ込んで停止したが、肋骨を折る事故を起こした。初滑降時はフル装備で滑降するスタイルであったが、このときは丸腰の状態で成す術なく氷上で滑落した。一度トレースしたラインの2回目ということと、気心の知れた仲間との山行でちょっとした油断が招いた結果であった。

滑落は個人の滑降スキルと外的な滑落要因で決まるものである。部分的な氷の急斜面を直滑降で滑るとか、崖や岩などのブランクセクションを「飛び」でクリアすることも可能性としてあるが、ラインの完璧なオブザベーションとサポート体制がないとなかなか突っ込むことはできない。

そのような場所ではどこかのポイントで、懸垂下降かクライムダウンを決断することになる。支点を作成し、スキー板からアイゼンへの履き替えが必要だ。それらをスムーズに行なうためには装備の扱い方や技術を習熟しなければならない。

本書で紹介したスティープラインで、自身も懸垂下降やクライムダウンを行なっている。急斜面の不安定な足場、危険な場所では素早く、確実に下降しなくてはならない。したがって、スティープラインに想定される場面に対応可能な事前のトレーニングや、対処できるアルパインクライミングのスキルが必要なことは言うまでもない。

雪崩と滑落のリスクに関係するヒューマンファクターとして思い出されるのは、フランスの山岳スキーレジェンド、ピエール・タデュディベルの「滑り急ぐ人は事故を起こしやすい」という言葉である。自然は人間の都合とは無関係に在る。ザ・デイの予想で山へ行ったとしても、実際に滑れるかどうかはわからない。

自身で厳選したミニマムギア（P208）のフル装備でドロップ。爺ヶ岳中央峰から東面小冷沢にて

常に「目的のラインが滑れれば儲けもの」くらいの気持ちのゆとりが、キャリアを長く保つために重要だと感じる。

その斜面が滑れるか否か……、これは永遠の課題であろう。少しでも不安を感じたらやめるべきだ。時には慎重過ぎて、目的のラインを滑り逃すこともあるが、予想と現状のすり合わせを重ねながら、自然を見る目を養い、山の声に耳を傾け、リスク対応への精度を上げていくことが肝要である。

自身がロングキャリアを積んでこられたのは、自分が滑降できるか否かコンディションの判断を見誤らなかったからだと思っている。技術を身につけ、経験を積み、チャンスを待つ。そして、適切な時期（雪のコンディション）に滑ることが大切である。そのためには自分を信じることと同時に自然に対して畏敬の念をもち、常に謙虚さが必要である。

あらためて、自戒の念を込めて。

頸城山塊

31 妙高山

Mt.Myoko_2454m

光善寺池下稜線付近
からの妙高山東壁

日程	2017年2月28日
メンバー	三浦大介（単独）
タイム	赤倉温泉スキー場トップ 9:00 ～
	前山 10:10 ～
	妙高山 12:30－13:00 ～
	中央ルンゼ滑降～
	標高 1700ｍ地点 14:00 ～
	前山コル 14:30 ～
	滝沢尾根滑降～
	スキー場 15:40

ルートグレード	
アプローチ	Ⅱ
滑降	S5－

② 東壁ランペルート

東壁の弱点を縫うようにつないだ好ルート。頂稜のスキーヤーズライト側から上部カールへドロップ。吹きだまった最上部はナイスパウダー。気持ちのよい斜面を滑走し右下に見える小ノッチへ向かう。ノッチから右手の急な「ランペライン」を落とし、崖の上部斜面へと躍り出る。さらに疎林斜面から今度は左手の崖下へ落とし、幅広ルンゼを継続滑降する。下部の崖は左手を迂回してクリアする。

ルートグレード	
アプローチ	Ⅱ
滑降	S4＋

① 北地獄谷左俣

山頂直下からリッジ沿いに急斜面を落とし、北地獄谷左俣の快適なワイドルンゼを滑降する。下部は右側壁をトラバースして、前山からの尾根を回り込みスキー場に戻る。なお、途中から前山のコルに登り返してもよい（ここは雪崩に注意）。

ルートグレード	
アプローチ	Ⅱ
滑降	S4－

東壁中央ルンゼ

妙高東壁白眉のラインを滑る

赤倉温泉スキー場から妙高山を間近に仰ぐと見える、双耳峰の大きな壁が東壁である。

頸城を愛した岳人、蟹江健一さんから課せられた妙高山東壁のスキー滑降。直江津雪稜会で登攀を極め、RSSAに入会してからは厳冬の火打山滑降にこだわった二刀流。自身と共通点のある数少ない同人の一人として、敬意を払う存在であった。

その東壁の白眉である中央ルンゼのコンプリート初滑降は、氏も所属していた地元アスターク同人の石野徳幸氏によって、2005年2月に成されたが、自分としてもこの課題をやらないわけにはいかなかった。

東壁への手始めとして08年1月下旬、所属する会の狭間栄治君と赤倉温泉スキー場から前山経由で登山道伝いに妙高山に登頂し、東壁南端直下のリッジ沿いから北地獄谷左俣を滑降した。

しかし、その後チャンスに恵まれず、本格的に手をつけたのが14年の3月初め。須藤氏と山頂に至り、頂稜から独特な地形の東壁上部カールへドロップして、最高点ピーク下部の顕著な崖を右へ回り込むように滑降する、通称「ランペルート」にシュプールを刻んだ。

これにより火打山（北西ルンゼ／P86）、焼山（北面中央ルンゼ／P88）と合わせて、頸城三山のスティープ三部作を達成した。

だが、自身には、もう一本滑らなくてはならぬラインがあった。東壁の真ん中に直線的に落ちる顕著なスティープライン、中央ルンゼである。厳冬期ラストチャンスの17年2月末日、ソロでこの滑降を狙った。

早朝、車を飛ばし赤倉温泉に向かう。ゲレンデトップから前山へ登り、めざす東壁をチェックする。中央ルンゼを稜線からダイレクトに落とすには最上部のブッシュ帯がややうるさいが、上部カール側の小さなパスから継続滑降ができそうである。

前山からは南面を右へトラバース気味に150mほど滑降してから尾根に登り返す。さらに登山道を進み、2300m付近からは板を担ぎ、雪質をチェックしながら新雪の急斜面を直登する。ここが雪崩れるようだと東壁の滑降はおぼつかない。

その先の岩稜を越えると待望の山頂である。山頂から見下ろす上部カールにはパウダーがたっぷり吹きだまっており、期待どおり雪量はシーズンのマックスに達した様子である。上部カールから中央ルンゼへ落とすパスラインの同定が問題であるが、上からなんとか見当がつけられそうだ。

13時、山頂から左に稜線を少し滑ってから上部カールにドロップ。ターンごとに舞い上がるスプレーの影が、スローモーションのようにスキーを追いかける。なんというすばらしい雪質！

妙高名物の上部カール滑降を堪能し、当たりをつけたパスラインの落ち込み付近まで滑り込む。これだ、つながっている！　見下ろすパスの先には中央ルンゼが確認できる。ここはかなりの急傾斜だが雪質は最高である。

ショートターンで絡み付くスラフを一気に蹴散らし、中央ルンゼへ飛び出す。眼下には一直線に続く、すばらしい巨大な急斜面滑走路が出現する。これぞ東壁白眉のラインだ。

スラフ処理をしながら会心のミドルターンで、高度差500mの大滑降を味わい尽くす。さすが頸城のジャイアント、標高2454mの妙高山東面にはしっかりとパウダーが温存されていた。中央ルンゼはコンディションをつかむのが難しく、変化に富んだ手応えのある最高級のスティープルートであった。

32 火打山

Mt.Hiuchi_2462m

焼山北面台地からの
火打山北西面

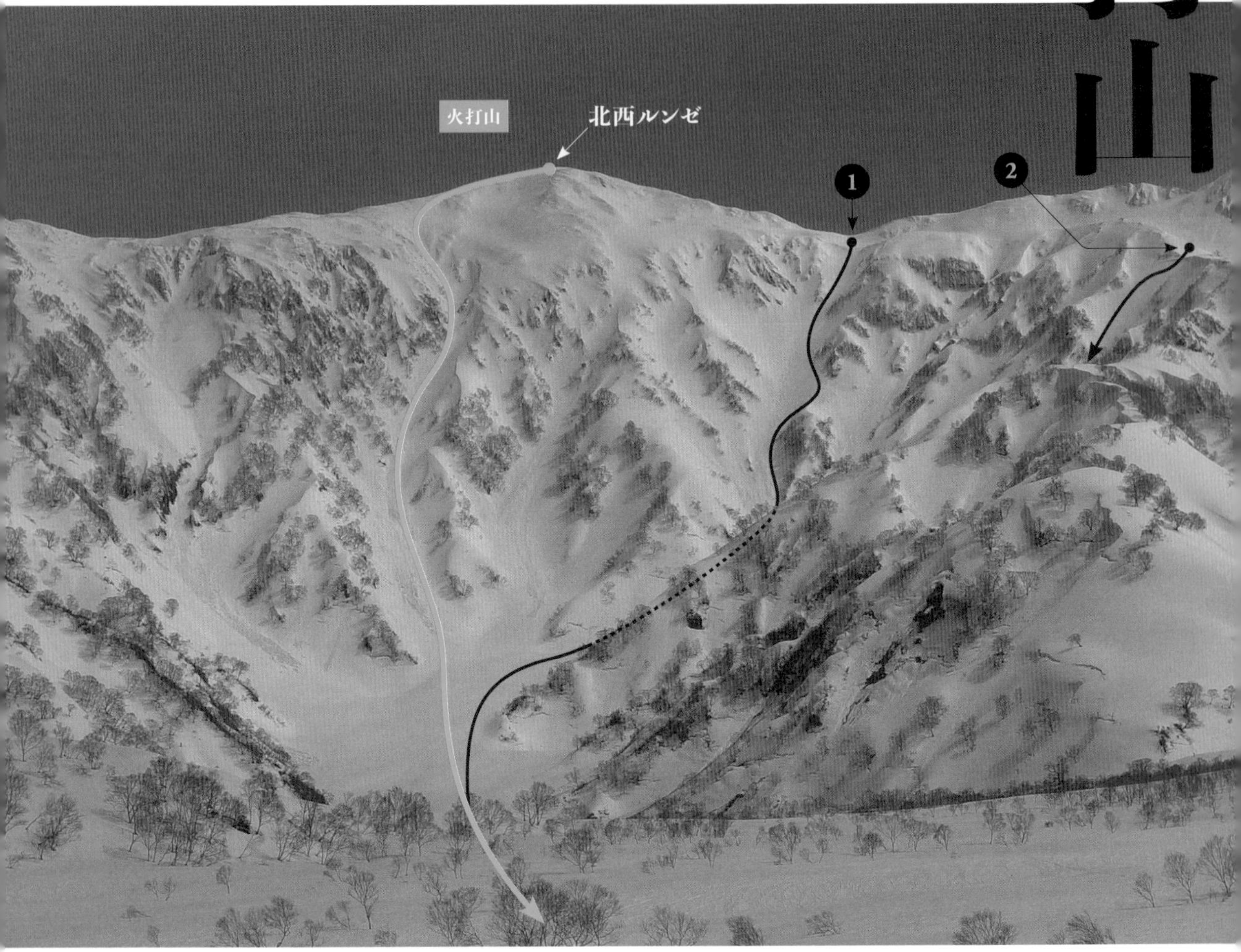

火打山
北西ルンゼ
1
2

影火打右ルンゼ下部
のパウダー滑降

② 影火打右ルンゼ

影火打北西尾根ルートの2170m地点北面の扇状地形からドロップする好ルート。雪が吹きだまりやすく、最上部から良質のパウダー滑降が期待できる。中間部にノッチがあり、その左側を滑るとよい。日陰になるラインを選べば、ボトムまで標高差800mのすばらしいロングパウダーランが待っている。

ルートグレード	
アプローチ	Ⅱ
滑降	S4

① 影火打中央ルンゼ

影火打北面の凹地から北面に落ち込む幅広のルンゼ。最上部は風の通り道で、条件によってはアイシーコンディションの厳しい滑降を強いられる。ここをいかにクリアするかが課題であるが、その先にはすばらしいパウダースノーのご褒美が待っていることが多い。ノドを抜けて、左手の小リッジを滑り、再度右手のルンゼに戻ってボトムまでのロングランを満喫できる。

ルートグレード	
アプローチ	Ⅱ
滑降	S4

北西ルンゼ

私のお気に入りの山

日本屈指の豪雪地帯にそびえる頸城山塊の盟主、火打山。特に糸魚川付近からの焼山と並び立つ、その壮大な眺めは圧巻である。

ちょうど、その正面に見える雪屏風が北西面で、山頂から滑るスティープラインとなると、やはり北西ルンゼが筆頭に挙げられよう。雪質としては影火打の北面ルンゼ群のほうがよいことが多いが、こちらは山頂から直接落とせるのが格別である。山頂付近は風の影響が強く、雪面はシュカブラで覆われ、いきなりパウダー滑降というわけにはいかないが、ルンゼ内に入れば比較的状態のよい雪がたまっている。

火打山の課題を最初に訪れたのは2012年4月中旬で、前日の降雪が幸いしてラストパウダーを楽しんだ。

早朝6時、笹倉温泉から最初の急なつづら折りを登り、長い林道沿いにラッセルして焼山北面台地に上がるのだが、右回り、左回りといくつかルートが取れる。

北面台地に出ると頸城ジャイアンツの焼山と火打山が迎えてくれる。この雄大で日本離れした景色も、ここならではのものだろう。

左手に進み、焼山からの押し出しである掘り込みの深い賽ノ河原を横断して、焼山を回り込んでゆくが、広大な北面台地では距離感がつかめずに時間がかかる。火打山の登りに使う影火打北西尾根ルートは、尾根に出るまでがやや急なルンゼの登高で雪質に気を使う。私はいつも途中からシートラ&アイゼンで登っている。

尾根に出て、ひと息入れる。あとは緩やかな尾根伝いにシール登高し、さらに影火打の北面をトラバースして、コルから最後の登りで火打山山頂へと至る。山頂で南の妙高山、乙妻山方面の大展望を楽しんだあと、13時に滑降へ移る。

最初は北尾根方向に、強風で形成されたシュカブラを避けながら新雪を拾って滑り、左から回り込むようにして北西ルンゼに入る。上部のパック気味のパウダーからすぐに雪質がよくなり、快適なショートターンを刻むことができる。途中2カ所ほど、斜度45度程度のボトルネックがあるが、左手の斜面を使って充分にダイナミックなターンが可能である。

中間部からは徐々に広がるラインに思う存分シュプールを描き、ボトムまでの標高差1000mの大滑降をシーズン最後のパウダーランで飾る。

隣の焼山とともに、笹倉温泉までの標高差2000mを一気に滑降できる場所は、日本山岳広しといえども、それほど多くはないだろう。広大な北面台地と周囲を取り囲む頸城の山々の個性的で独特な景色を愛でながら、すばらしいパウダー滑降を堪能できる火打山は、私にとって大のお気に入りの場所である。

火打山北西ルンゼの滑降

ルートグレード	
アプローチ	Ⅱ
滑降	S4+

日程	2012年4月15日
メンバー	三浦大介、須藤正雄
タイム	笹倉温泉6:00～北面台地9:30～火打山12:30－13:00～北西ルンゼ滑降～北面台地14:00～笹倉温泉15:00

33 焼山

Mt.Yakeyama_2400m

北面台地からの焼岳
北面の威容

焼山

北面中央ルンゼ

北面中央ルンゼ上部の滑降（左手が高松山、奥に見えるのは鉾ヶ岳）

北面中央ルンゼ／初滑降

「風の山」を2度初滑降

笹倉温泉から長い林道を経て北面台地を登っていくと、正面に焼山がいかにも活火山という感じで、いかつい重厚なドーム状の姿を現わす。

焼山の真ん中を大きく断ち割るように入る、一本の顕著なルンゼが目に留まる。これが焼山北面中央ルンゼであり、その中心には核心部の狭隘（きょうあい）なボトルネックの存在がある。

２００９年４月上旬、会の植竹淳君と、この中央ルンゼの初滑降にトライした。そのときはルンゼ右手の岩交じりのリッジ裏側にある急な雪溝をアイゼンで登ったが、上部はガスで視界が悪く、山頂まで行けずに２２６０ピークの先からルンゼにドロップしたのだった。

快適な幅広ルンゼの先に迫りくる、その核心部のボトルネックの幅はわずか４mほど。ここはハードクラストでターンもままならず、ほとんど横滑りでクリアしたのを覚えている。

次回はぜひ、パウダーコンディションで山頂から滑降したいと思い、チャンスをうかがっていたが、厳冬期の焼山は晴天でも強風のことが多く、さらに北面のスキー登高ラインにウインドスラブができやすいこともあって、２０００m付近からの敗退が幾度も続いた。

しかし、厳冬期の焼山の頂からこの中央ルンゼを完全滑降したい、という気持ちが勝り、21年2月下旬にパートナーは三上仁太君へと代わったが、ついに山頂から落とすことができた。

このときも北面の登りはウインドスラブを警戒して、ミニマムリスクのライン取りでクリアし、山頂はひどい風で這いつくばるようにしてなんとか登った。その甲斐あってか、中央ルンゼの滑降ラインは、ほぼ全面がパウダーで覆われていた。

上部セクションを堪能し、じわじわと核心部のボトルネックに近づいてゆく。12年前の滑降のことがまるで昨日のように思い出される。

そして、それはわれわれを最高のコンディションで迎えてくれた。得意の小回りをジャスト４ターン。余裕をもってクリアできた。

下部では薄いウインドスラブをたたいたが、全体的には上々の雪質で、山頂から笹倉温泉まで高度差２０００m近くに及ぶ大滑降を満喫し、積年の課題を成就した。焼山は、私の印象として「風の山」である。

厳冬期北面中央ルンゼの滑降を無事終えて

ルートグレード	
アプローチ	Ⅱ（厳冬期）
滑降	S4＋

初滑降	日程	2009年4月4日　メンバー　三浦大介、植竹 淳
厳冬期初滑降	日程	2021年2月28日　メンバー　三浦大介、三上仁太
	タイム	笹倉温泉駐車場 5:30 ～北面台地 9:00 ～焼山 12:00－12:30 ～中央ルンゼ滑降～笹倉温泉駐車場 14:30

34 昼闇山

Mt.Hirukura_1841m

東海谷山稜からの昼闇山頂稜付近

昼闇谷ダイレクト

昼闇山

1

昼闇山ダイレクト中間部のパウダー滑降

広大な昼闇谷カール状地形

1 東海谷山稜1640m側壁～昼闇谷

稜線の雪庇を飛び越え、傾斜の強い側壁を滑って昼闇谷に滑り込む豪快なルート。北東面で最高の雪質が温存されている。よく滑られている稜線上部からの一般ルートより傾斜は急である。

ルートグレード	
アプローチ	II
滑降	S4

昼闇谷ダイレクト／厳冬期初滑降

昼闇谷でパウダーを満喫

昼闇山――このなんとも不思議な山名の由来は、頸城の山をこよなく愛した登山家、蟹江健一氏をもってしてもわからずじまいだったそうだ。

だがその山名に反して、カール地形と見まがうような、昼闇谷北面の新雪煌めく底抜けの明るさといったらない。個性的な頸城の山のなかでも、積雪の豊かさと開放的な馬蹄形U字谷の景観が、近年特に山スキー人気の山となっている理由であろう。

しかし厳冬期の昼闇山は、そう簡単にスキーでは登れない。焼山温泉からアケビ平を経て昼闇谷左岸尾根をたどり、さらに右手の尾根と沢を回り込むように傾斜の緩いところを登って、海川右岸の東海谷山稜の鉢山とのコルの先に飛び出す。われわれが開拓したこのルートが、厳冬期での最良のアプローチであろう。

２０２１年2月下旬、ようやく厳冬期の昼闇山頂を落とせると思うと胸が高まる。前回は稜線に上がる手前でワッフ音を聞き、さらに標高１６００mの肩まで進んで、あきらめきれない若手にヒモ付きで北斜面でジャンプさせたら、案の定、大雪崩を誘発し退却したのだった。今回は新雪と旧雪の接合もよく、気温も低いグッドコンディションだ。

ガスが取れて快晴となった山稜を雪庇の張り出しに注意しながら忠実にたどり、最後は板を担いで12時すぎに山頂へ至る。

小広い山頂で大展望を楽しんだあと、頂稜の雪庇の切れ目から念願の昼闇谷ダイレクトルンゼにドロップする。出だしが核心で最大斜度50度。右手から雪庇下に飛び込み、壁に当て込んでビッグターンをかます。ここは度胸とスラフマネジメントが必要となる。

１ピッチ高度差１５０mの滑降で核心は終わり、ラインは開ける。陰で仲間を呼ぶ。さあ、あとは極上のパウダースノーを蹴散らしながら、昼闇カールを思う存分楽しもうじゃないか！　奇声を上げながら、今季で一、二を争うパウダーの大滑降をメンバー全員で堪能した。

日程	2021年2月27日
メンバー	三浦大介、須藤正雄、三上仁太
タイム	焼山温泉5:00～
	東海谷山稜1470m付近10:00～
	昼闇山12:30－13:00～
	ダイレクト滑降～焼山温泉14:30

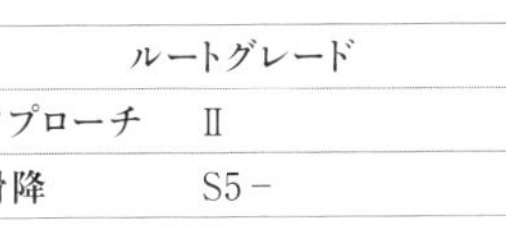

ルートグレード	
アプローチ	Ⅱ
滑降	S5－

山頂から北面カールにダイレクトにドロップする

35 雨飾山

Mt.Amakazari_1963m

登山道尾根（荒菅沢左岸尾根）から見た荒菅沢源頭

布団菱
雨飾山
荒菅沢

荒菅沢ドロップポイントにて下部を俯瞰する

日程	2015年3月28日
メンバー	三浦大介（単独）
タイム	小谷温泉5:30～P2東稜1500m付近乗越地点9:00～滑降～登山道尾根～笹平11:30～雨飾山12:30～荒菅沢滑降～大海川出合～小谷温泉15:30

荒菅沢中間部から、滑降したラインを見上げる

ルートグレード	
アプローチ	Ⅱ
滑降	S4

荒菅沢

歴史的ルートを一人旅する

頸城には個性的な山が多いが、この雨飾山もその一つであろう。前沢奥壁や布団菱岩峰などのアルペン地形に囲まれ、西海谷山稜の最高点として信越国境にそびえ立つ秀峰であり、冠松次郎や深田久弥ら、名だたる岳人たちに古くから愛されてきた。

その東面には冠松が初遡行した歴史的ルートの荒菅沢が存在するが、ここは滑り手にとっても魅力的なラインといえよう。

荒菅沢の上部は傾斜の緩いスラブ、そして沢身に大きな滝はないので、12月中旬から雪が吹きだまる。２００６年の早川康浩、深澤雄一ペアが実践したように、早い時期からの滑降が可能となる。しかし、厳冬期にスキーで登頂する場合のルート取りには細心の注意が必要だろう。

今回、自身が北アルプスの焼岳東面で実施した「ミニマムリスク」のルート取りで雨飾山に登頂し、荒菅沢の滑降を企てた。

15年3月下旬、ようやく雨飾山へ行く機会を得る。すでに先人により前沢奥壁の2本と荒菅沢にスティープ系ラインが引かれているが、やはり日本百名山で、敬愛する冠松の初遡行ルートともなれば、滑らないわけにはいかないだろう。条件次第では山頂からのダイレクトドロップも含め、降雪後の気温低めの日に単独でトライした。

小谷温泉手前のスノーシェッド付近に駐車し、林道をショートカットを交えながらシールで快調に飛ばす。しばらくして林道から離れて、大海川右岸を進み、地形図上でやや狭まった屈曲点の先にある、標高１１６０ｍ付近の右岸の緩い支尾根に取り付く。

ブナ林の中を東北東に地形を選んで登り、途中から南尾根Ｐ２（１８３８ｍ）から東に落ちる幅広の尾根１５００ｍ付近に出る。ここから裏側の荒菅沢の沢底に向かって標高差１００ｍ強、試し滑走して対岸に移る。ここでの雪質が山頂まで行けるか否かの判断材料になる。

再度シールを装着し、左岸尾根に向かって急斜面から緩い窪状を登ってゆく。滑降する荒菅沢はデブリもなく、真っさらできれいだ。尾根を登り、無木立の急斜度となる手前で板を担ぐ。やせた尾根を通過し、最後の急斜面を登りきると笹平に到着する。北面、海谷山塊の風景が目に飛び込んでくる。

雨飾山頂に向かって進みながら、右手の雪庇に覆われた荒菅沢のドロップポイントを確認する。急斜面を登ると自身初の雨飾山山頂である。見慣れない角度からの北アルプス北部の眺めが新鮮である。

小休止後、南稜沿いに少し下降し、ダイレクトルンゼを偵察するが、新雪が飛ばされ雪面は硬い。急斜面もクラストのままで、潔く滑降を断念する。登ってきた斜面は新雪がたまっていたのでそちらを滑ることにする。

スキーをセットし、いよいよピークスキーの開始だ。まずは最上部の急斜面を滑る。雪質はわかっているから思いきって飛び込める。45度の急斜面にリズミカルなショートターンを刻む。続いて荒菅沢へ右端のルンゼ状から滑り込む。雪質はよく走るクリーミーパウダーだ。右手に布団菱の岩峰群を見ながらのライディングは豪快かつ爽快の一言。幅広い大斜面を縦横無尽に滑降する。

下部は沢筋をそのまま大海川の出合まで滑降し、さらにパスカングを交えて川沿いに滑降する。行きの林道に上がるのを階段登高でがんばると、シールなしでそのまま下山できる。こうして高度差１１００ｍ、10時間の充実したラウンドトリップが終了した。

36 乙妻山

Mt.Ototsuma_2318m

三田原山付近から望む乙妻山北東面。山頂に突き上がる東大門沢源頭が見える

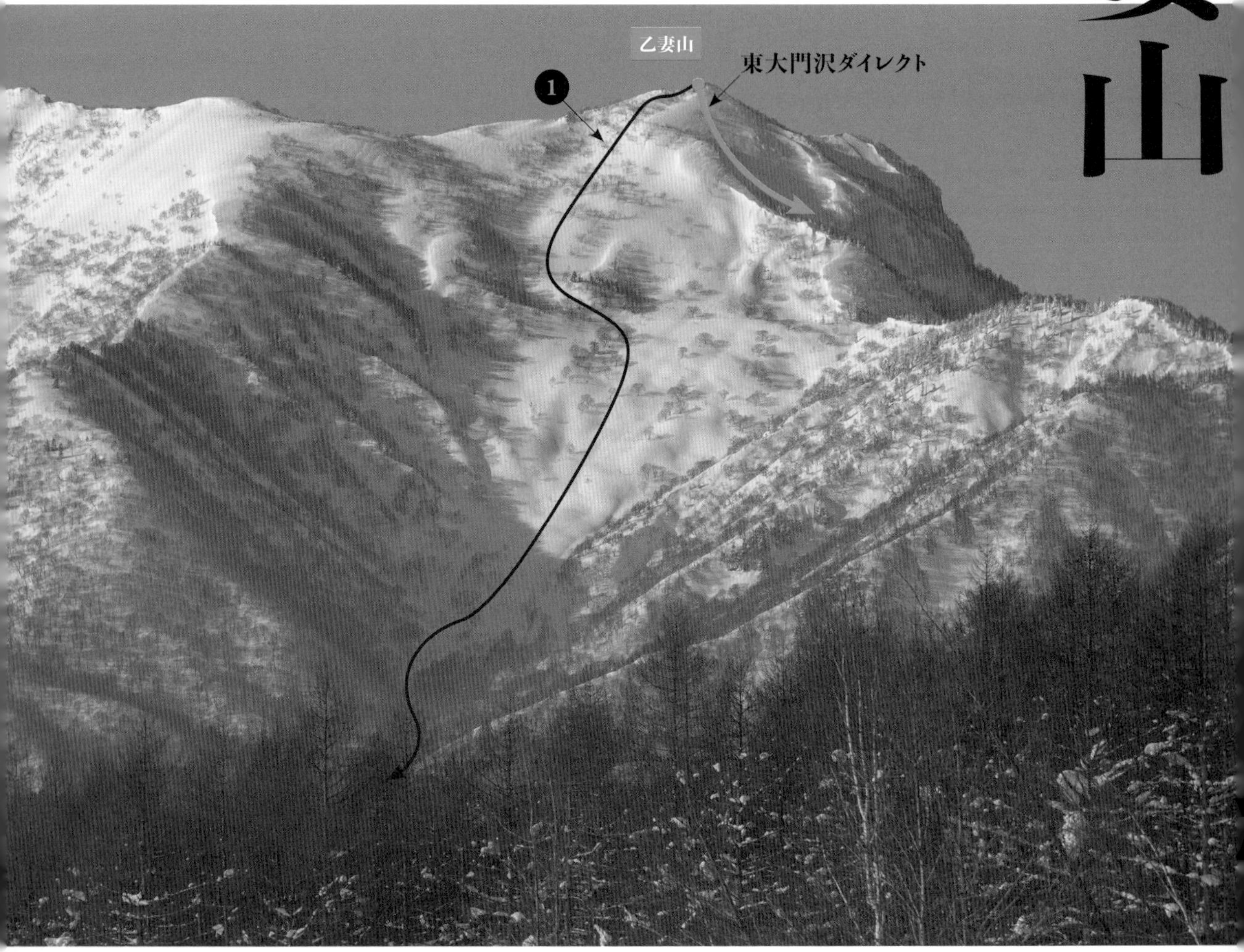

乙妻山

東大門沢ダイレクト

1

パウダー滑降の人気ルート、乙妻山北東面を堪能する

1 北東面ダイレクト

山頂から中妻山方面に稜線をほんの少し滑った地点から北東斜面を落とすライン。最初のピッチが急斜面なので、きちんと雪質を見極めてドロップする。あとは斜面を好きなように滑るが、左手のほうが疎林で滑りやすい。ボトムまで標高差800mの大滑降が満喫できる定番ルート。

ルートグレード	
アプローチ	I
滑降	S4－

東大門沢ダイレクト
／厳冬期初滑降

上級者向けの価値ある周回ルートを新規開拓

母校の山岳部の山荘がある関係で、2005年から15年まで毎年1月下旬の週末に「戸隠パウダーキャンプ」と称し、大橋登山口を拠点に戸隠表山から高妻山、黒姫山に至る広いエリアで、パウダー期に既存の滑降ラインの再トレースや新規開拓を実践してきた。その一つに乙妻山がある。

ここは以前からすばらしいブナの疎林の北東斜面の滑降が人気の山であったが、その北面の東大門沢に関してはアプローチの遠さと登り返しがあるため、厳冬期には記録を見なかった。だが、パウキャンで何度か乙妻山を訪れ、厳冬期の様子がわかるようになると、北面の東大門沢が妙に気になりだした。

そこで9回目のパウキャンの前日、元クライマーで体力とスピードのある会の松平氏を誘って行ってみることにした。

大橋登山口を7時にスタートする。いつものように佐渡山のコルを越え、高妻山稜線の2297ピーク、通称「中妻山」東面の梯子尾根を登る。最後の急斜面手前でいつもどおりピットチェックするが、顕著な脆弱性は見られない。上部急斜面を無事登りきり、稜線を進んで乙妻山に12時すぎに到着した。

小休止後、松平氏の確保で北面の小雪庇をスコップで切り崩し、北斜面に入る。出だしはノール状でやや急だが、ブッシュの少ない比較的スッキリした東大門沢が俯瞰できる。風紋の美しい雪のコンディションもよさそうで、エントリーを決める。

尾根状の小フェイスから左へ回り込むようにルンゼ状の東大門沢に入る。上部はややクラストしていたが徐々にパウダーとなる。核心は43度くらいだろうか。部分的に小さな雪崩跡が見られるが、ここをショートターンで切り抜けると沢筋は大きく広がり、快適な中回りターンに思わず雄叫びが上がる。

一気に板を走らせ、予定していた1700m地点まで滑降。時間も押しているので、すぐさま左手の支尾根を交代でシール登高し、小一時間で乙妻山北東尾根1989ピークへ出る。

ここからは勝手知ったる北東面の上質なパウダーを味わいながら継続滑降し、氷沢川から佐渡山のコルへ登り返して大橋に下山した。

北東斜面下部の地形を楽しむ

ルートグレード	
アプローチ	I
滑降	S4

日程	2013年2月1日
メンバー	三浦大介、松平盛亮
タイム	大橋7:00～中妻山11:30～乙妻山12:10－12:40～東大門沢滑降～1700m地点13:30～支尾根登高～乙妻山北東尾根P1989 14:30～東面滑降～氷沢川左岸～佐渡山のコル～大橋16:00

37 高妻山

Mt.Takatsuma_2353m

梯子尾根から見た高
妻山東面高妻沢源頭

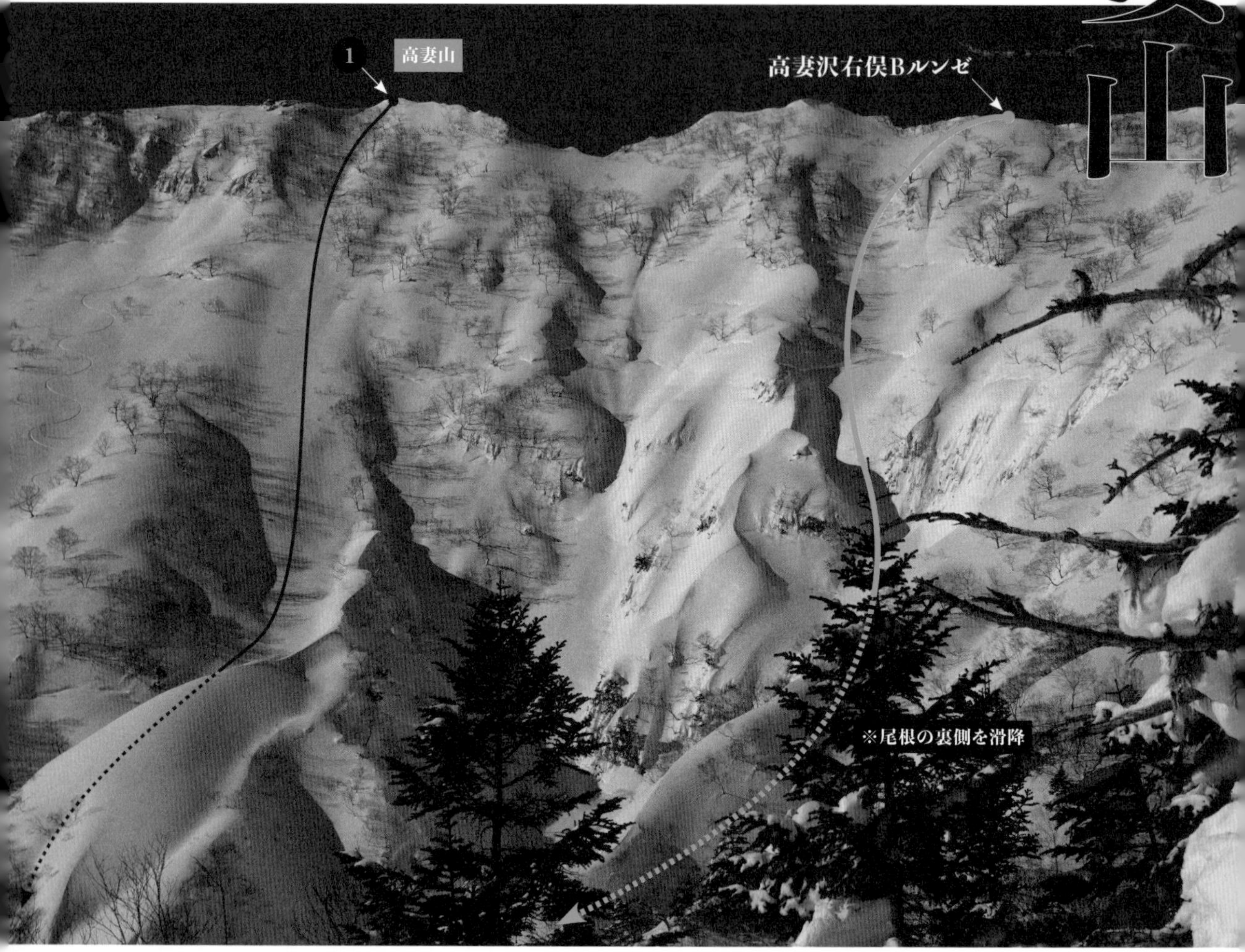

1 高妻山

高妻沢右俣Bルンゼ

※尾根の裏側を滑降

高妻沢右俣Bルンゼの上部を滑降する

1 高妻沢本谷ダイレクト

高妻山山頂から東面にダイレクトに落ちる幅広のＵ字状ライン。山頂直下はブッシュ交じりの急斜面で、これをクリアするとすばらしいオープンバーンが眼下に広がる。ここから二俣まで標高差550ｍの豪快な滑降が楽しめる。山頂からのおすすめのラインである。

ルートグレード	
アプローチ	Ⅱ
滑降	S4＋

高妻沢右俣Bルンゼ

／初滑降

高妻山東面のイチ推しライン

日本百名山で戸隠連峰の最高峰でもある高妻山。どこから眺めてもひときわ目を引くその気高くピラミダルな山容は、厳冬期には神々しいまでの輝きを放つ。ここは地理的に湾岸と内陸気候の中間に位置し、東面にはすばらしいドライパウダーが温存されている。

毎年主催する「戸隠パウダーキャンプ」で、このエリアの理解を深めながら、高妻山東面の扇状に展開する高妻沢源頭のバリエーションライン開拓のチャンスを虎視眈々とうかがっていた。

2013年2月1日に同エリアで実行した乙妻山北面の東大門沢滑降の成功（P94）に気をよくした私は、かねて目をつけていた高妻沢右俣Bルンゼを、会の若手、廣光ユースケ君と狙うことにした。

2日後の2月3日、佐渡山のコルから定番の梯子尾根を軽いラッセルで登る。前日に新雪が少し積もったようだ。

正午前に稜線に出る。中妻山（2297m）を越え、高妻山方面に少し進んだ先でドロップポイントを探る。灌木を支点にロープを使いながら稜線の小雪庇を崩し、東斜面に出て雪質を調べる。そこには予想どおりのすばらしいドライパウダーが吹きだまっていた。滑降ラインをチェックすると、ここから右へトラバース気味に滑って目的のルンゼに入れそうだ。

12時半、雪庇の切れ目からドロップイン。最初の斜面でギルランデ気味にスキーカットして、雪の反応を確かめる。いい雪だ！　ルンゼに入ると、すぐさま急傾斜となる。第一滝だ。傾斜48度のワイドスティープ。ここはスラフマネジメントしながらクリアする。左手の崖に回り込んでユースケにコール。彼もターンを刻みながら的確に急斜面を降りてくる。

3ピッチ目、ワイドルンゼのすばらしい雪質に流れるようにミドルターンを繰り出す。左に曲がると第二滝があり、これも丁寧に滑降する。そして最後はうねるラインに板を走らせ、本流につなぐ大斜面へと飛び出す。程なく二俣に達し、二人して初滑降を喜ぶ。この先は以前山頂から滑ったときにトレース済みである。

さらに少し滑降すると厳冬期でも一部顔を出している滝に出る。ここは左右どちらからでもクリアが可能である。あとは左岸伝いに滑って、氷沢川へ合流する。

このルンゼは2度滑ったが、早い時間帯からルンゼ右側が日陰となるため、ドライパウダーが温存されやすく、2回ともすばらしいルンゼ滑降を堪能できた。高妻山東面でイチ推しの好ラインである。

核心部を抜けて、ひと息入れる

ルートグレード	
アプローチ	I
滑降	S5－

日程	2013年2月3日
メンバー	三浦大介、廣光佑亮
タイム	大橋7:00～中妻山11:30～ドロップ地点12:10－12:30～高妻沢右俣B沢滑降～氷沢川出合14:00～大橋15:30

38 戸隠山

Mt.Togakushi_1904m

母校山岳部の戸隠山荘付近から見上げる九頭龍山東面ルンゼ群

九頭龍山

九頭龍山南東ルンゼ

ルンゼ中間部の開けた斜面の滑降

番外

P1888北東面大洞沢ルンゼ

大洞沢を一不動に登り、稜線をP1888まで進む。急な北面を滑ってから北東ルンゼを大洞沢へ落とす。北面ゆえ雪質は最高である。なお、東面にも小ルンゼがあるがブッシュですっきりせず、雪付きが甘いこともあって自身は未滑降である。

ルートグレード	
アプローチ	Ⅱ
滑降	S4

五地蔵山東面五地蔵沢

「戸隠パウダーキャンプ」では恒例となった五地蔵山の滑降ライン。P1347コルから五地蔵沢左岸尾根をスキーで登る。山頂から源頭の疎林帯に滑り込み、1800m付近の急斜面をやや右寄りに落とすが、このルートファインディングと滑降がポイント。下部はワイドな五地蔵沢の快適クルージングが楽しめる。

ルートグレード	
アプローチ	Ⅰ
滑降	S4－

九頭龍山南東ルンゼ

雪稜で名だたる戸隠表山を滑る

自身主催の「戸隠パウダーキャンプ」の10周年記念イベントとして、戸隠表山の九頭龍山東面ルンゼ群に狙いを定めた。できれば西岳の稜線から滑降可能なラインを見いだしたかったが、雪稜登攀で名だたる西岳周辺のガードは堅く、思うようなラインは描けない。その代替案が九頭龍山ルンゼであった。ローカルの滑降記録はあるようだが、詳細は不明だった。

２０１４年２月初め、戸隠キャンプ場から大洞沢を雪崩に警戒しながら一不動へ登る。途中の滝は左手を高巻く。稜線の途中からスキーをシートラ&アイゼンに替え、九頭龍山（１８８３ｍ）の頂へ。手前には滑り込みやすい大きなルンゼがある。先のルンゼも見に行くが、上部が急峻なスリット状を呈しており、あきらめて先ほどのルンゼを滑ることにする。

滑降準備をしていると、どこからともなくやってきたカモシカが、まさに滑ろうとするルンゼにドロップしていった。あっ……。スラフが流れるが、いい按配に新雪は安定しているようだ。

正午すぎ、気温はやや高めだが２番手の三浦が右手の急な側壁からドロップ。斜面にスラフが少し出るがまずまずのコンディションだ。両サイドを奇岩交じりのスノーリッジでガードされた幅広ルンゼに、流れるようにミドルターンを刻む。左に曲がると45度の核心部へ。右手の日陰の新雪を拾いながら軽快に滑降を続ける。

安全地帯でのリグループ後、さらにルンゼは大きな広がりを見せ、右手のオープンバーンを縦横無尽に滑降する。周囲には戸隠独特の奇岩が屹立し最高のロケーションだ。下部は沢筋に沿ってクルージングし、最後はなんと奥社までスキーを滑らせて遅い初詣と洒落る。

後日談

後日、前週にパタゴニアのスノーボーダー島田和彦氏のパーティが同ラインを滑ったことを知る。さらに、同年3月に自身が初完全滑降した、八ヶ岳赤岳東面の弓形シュート（P297）も島田氏が狙っていたらしい。よく気が合いますねぇ。

南東ルンゼ右手の稜線の急斜面からドロップする

南東ルンゼ上部を俯瞰する

ルートグレード	
アプローチ	Ⅱ
滑降	S4+

日程	2014年2月1日
メンバー	三浦大介、須藤正雄、松岡祥子
タイム	戸隠キャンプ場6:00～一不動9:40～九頭龍山11:50－12:30～南東ルンゼ滑降～奥社14:30

山岳スキーギアでいちばん迷うのがザックである。以前はそれほど気にならなかったが、年齢を重ねるにつれ、シンプルで軽く、板を背負ったとき適度に強度があり、バランスのよいものを選ぶようになった。自身の体形（170cm、やせ型）に合ったものがよい。

板の背負い方は着脱の早い斜め掛けが好み。足にテールが干渉するタイプは嫌いだ。バランス面からはA型背負いがよいので両対応がベスト。日帰り用ザックの容量は30ℓで、重量800gくらいが理想だが、現在はミレーのマトリクスシリーズを使っている。

Gear column / 1 / Backpack

泊まり用

日帰り用

泊まりのスキーツアーは1〜2泊を想定して山行を計画している。荷物の軽量化のため、春（残雪期）に山小屋の冬季小屋が使える場合は積極的にこれを利用する。

ツアー用ザックの容量は35〜40ℓくらいで、重さは1・2kgくらいが理想だが、気に入ったものはなかなか少ない。

現在はパタゴニアのディセンジョニスト（旧モデル）をツアー用として使っている。中に荷物が入るので、多少薄い生地でも最低限背当てがしっかりしていれば、パッキングのテクニック次第で板付けの使用にも耐えられる。

北アルプス北部①

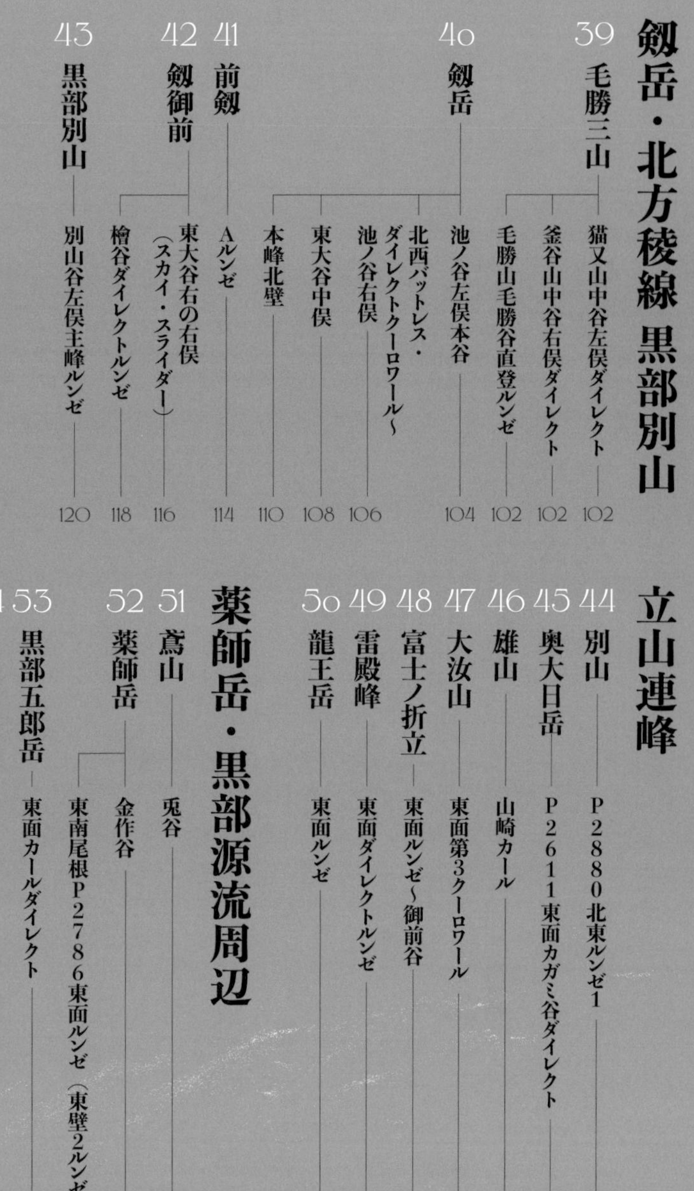

剱岳・北方稜線　黒部別山

立山連峰

薬師岳・黒部源流周辺

39 毛勝三山

Kekatsu Sanzan

唐松岳稜線から毛勝三山を望む

猫又山

中谷左俣ダイレクト

釜谷山

中谷右俣ダイレクト

毛勝山

毛勝谷直登ルンゼ
※裏斜面を滑降

日程	2005年5月28～29日／1泊2日	
メンバー	三浦大介（単独）	
タイム	5/28	林道ゲート7:00～猫又谷～猫又山11:30～中谷左俣滑降～二俣BC14:00～中谷右俣～釜谷山16:30～東面～中谷右俣滑降～BC 17:00（泊）
	5/29	BC6:20～毛勝山9:30－10:00ダイレクトルンゼ～毛勝谷滑降～堰堤11:00～片貝第四発電所12:00

ルートグレード

猫又山中谷左俣ダイレクト	アプローチ　I	滑降　S4－
釜谷山中谷右俣ダイレクト	アプローチ　I	滑降　S4－
毛勝谷直登ルンゼ	アプローチ　I	滑降　S4－

←猫又山山頂で剱岳をバックに

猫又山中谷左俣ダイレクト／釜谷山中谷右俣ダイレクト／毛勝谷直登ルンゼ

残雪の毛勝三山を思う存分滑降する

いつかは行かなくてはと思いつつ、二の足を踏んでいた遼遠なる名峰、毛勝山（２４１５ｍ）。5月の連休に剱岳山頂から望んだ、あの真っ白な毛勝三山の雄姿が忘れられず、今シーズンのスキー納めとして、ついに訪れることになった。

今はなき、山屋ご用達の急行「能登」に前夜乗り込み、魚津で下車。予約していたタクシーで猫又谷林道ゲートまで運んでもらう。

快晴のなか、すぐに広大な猫又谷のシール登高が始まる。ほとんど一直線に猫又山（２３７８ｍ）のコルまで続く、長大な雪渓をガシガシと登ってゆくのだが、先に見える猫又山はなかなか近づいてはこない。

じりじりと陽光が照り付けるなか、4時間かけてようやく肩まで登り、稜線をたどって最初のピークである猫又山に11時すぎに到着した。背後にはゴールデンウィークに滑った剱岳の池ノ谷右俣が大きくせり上がって迎えてくれる。

【猫又山中谷左俣ダイレクト】

お目当ての猫又山東面・中谷左俣は上部が広々した顕著なU字状の谷で、雪質は面ツルのザラメ雪で最高の状態だ。傾斜も程よく、残雪期の急斜面入門に最適といったところだ。

11時半、扇状大斜面から快適なザラメ雪を蹴散らし、U字谷をダイナミックに１４４８ｍの二俣まで滑降する。新緑が顔を出している二俣の脇に、今宵の寝床用にツエルトを張り、余計な荷物をデポして、本日2本目の獲物を狙いに釜谷山（２４１５ｍ）へ向かう。

【釜谷山中谷右俣ダイレクト】

中谷の右俣から上部は左俣に入ってコルまでシールで登る。さらに稜線を釜谷山山頂まで進む。

すでに西日に照らされた山頂から、硬くなりかけたザラメ雪を蹴散らしながら、東面をダイレクトに落とす。１本目とは微妙に異なるザラメの感覚を足裏で味わいながら、左俣上部から登高ラインに合流して二俣まで滑降する。

本日は高度差１０００ｍ級の滑降を2本堪能できて充分に満足した。下部の側壁から流れる融水をたっぷり汲んで幕場に戻る。夜は一人、酒をチビチビやりながら、今年初めての小さい焚き火を楽しんだ。

【毛勝谷直登ルンゼ】

翌日も快晴である。中谷右俣を中間部までシールで登る。途中からは右手の毛勝山との稜線上２１６６ピークのコルに向かう、急なルンゼをシートラ＆アイゼンで登ってゆく。コルからは再度シール登高で毛勝山山頂に至る。

山頂からの滑降ラインとしては、剱岳の開拓期の重鎮である佐伯邦夫氏らの滑った東又谷があるが、この時期はさすがに下部の三階棚滝付近は雪切れだろう。もう一つの定番ラインである毛勝谷へのダイレクトラインを選択する。

ドロップポイントをチェックすると、山頂からまだ充分にルンゼ状の雪の帯が毛勝谷までつながっている。

雪が緩んできた10時に滑降を開始。急斜面を小回りで快適にクリアし、広大な毛勝谷へ飛び出す。雪面はまだ転石もほとんどなく、きれいである。ザラメ雪の滑降を堪能しながら片貝山荘に下山して、今シーズンの滑り納めとした。

初めての毛勝であったが、主要な谷をチェックでき、次につながる山行となった。帰路は地元の方のご厚意で送っていただいた。感謝申し上げる。

40 剱岳

Mt.Tsurugi_2999m

番外

三ノ窓～池ノ谷左俣

剱岳池ノ谷を滑降する場合のノーマルルート。三ノ窓からの出だしがやや急だが、その後は剱岳髄一の険谷である池ノ谷のすばらしいU字峡の大回廊をクルージングする。下部ゴルジュの通過ができない場合は、小窓尾根下部のP1614付近まで登って尾根を巻き下る。白萩川は雪が少ないと徒渉があるが、特に問題なく下れる。

ルートグレード	
アプローチ	I
滑降	S4－

小窓～西仙人谷

西仙人谷は池ノ谷左俣よりやや広めで、同様なU字峡の大回廊の中を快適に滑降できる。出だしが核心でやや傾斜がある。時期が遅いと中仙人谷と東仙人谷の合流点はデブリで荒れているので要注意。

ルートグレード	
アプローチ	I
滑降	S4－

滑降した剱岳池ノ谷左俣の景観

日程	2005年4月24日
メンバー	三浦大介（単独）
タイム	雷鳥荘6:00～別山乗越8:00～長次郎谷出合8:30～長次郎谷左俣のコル12:00～剱尾根ノ頭コル13:00～池ノ谷左俣本谷滑降～池ノ谷出合14:00～馬場島14:30

ルートグレード	
アプローチ	II
滑降	S5、R1

後日談

「剱岳のパイオニア」として知られる佐伯邦夫氏に、今回滑降したルンゼの名称を伺ったところ、それは「池ノ谷左俣本谷」であるとの回答を得た。規模や高度を考慮すると、本谷と呼ばれるに足る資質は充分あると思われる。

池ノ谷左俣本谷／初滑降

池ノ谷スキー滑降1

岩と雪の殿堂、剱岳。登山家・高須茂氏は剱岳をもって「立山連峰のクライマックスはどこから眺めても剱岳である」と評したが、山岳スキーヤーにとっても、剱岳はどこを滑ってもすばらしい滑降が味わえる名峰である。

その剱岳を巡るルートには、アルピニズム色の濃い滑降ラインが多く存在する。特に西面の池ノ谷側には、長次郎ノ頭から落ちる左俣本谷と山頂直下からの右俣という、厳しくも美しいスティープラインが存在する。2005年シーズン、雪の落ち着いた4月半ばから5月初めにかけて、この魅力的な池ノ谷のスキー滑降に単独で挑戦した。

＊

2日前に立山では季節外れの大雪が降った。温めてきた池ノ谷左俣の新ルート、剱尾根のR0（仮称）のパウダー滑降の期待を胸に、6時に雷鳥荘を出発する。昨日の鬱憤を吹き飛ばすような雲一つない快晴のなか、雷鳥沢をシール登高する。別山乗越に着くと真っ白な剱岳が目に飛び込んでくる。みごとなバージンスノーの剱沢の滑降を堪能しながら高度差800mをノンストップで長次郎谷出合まで飛ばす。

出合からシールを貼り、新雪に覆われた長次郎雪渓を登高する。日が当たりだすと側壁の急斜面から表層雪崩が発生するが、大きなものはなく、本谷の雪は安定している様子である。

周囲の大景観を楽しみながら、3ピッチで長次郎のコルに正午着。コルからはアイゼンで長次郎ノ頭へと向かう。反対の小さなコルから北東面を覗き込むと、R0と思われるすばらしいルンゼが下方に続いているのが確認できる。

直下は非常に急峻であるが、下部に続く45度程度の大きなボウル状の急斜面は新雪で覆われ、部分的に美しいシュカブラを形成している。周囲の岩壁は回廊のように屹立し、アルペン的な様相を呈している。

アックスをハーネスのホルダーに差し込み、準備万端でドロップポイントに立つ。出だしは部分的に氷化しており非常にシビアである。しかし、アイスバーンはそう長くは続いていないようだ。今の自分の技量、経験のすべてを考慮し、滑れると判断する。気持ちを落ち着かせ、タイミングを計る。五感すべてを2本のスキーエッジに集中させ、スタートを切る。

サーッという金属音と同時に急峻な氷の滑り台の滑降が始まった！　エッジがかろうじてかかったところで気合のペダルターン。微妙なエッジコントロールとバランス感覚で左右数回ターンを繰り返したのち、白い新雪の帯に突っ込む。これで最大の難所は突破した。

カラカラの喉に雪の塊を放り込み、気持ちを落ち着かせる。日本海からの強風をまともに受ける剱岳西面の滑降は甘くはない。しかし、今回の大雪がアイスバーンを埋め、なんとか滑れる状態にしてくれたのも事実である。

ここからは新雪を丁寧に拾って、慎重かつ豪快にジャンプターンを決めながら高度を落とす。剱尾根と池ノ谷尾根に挟まれた白い大空間で演じるソロ・スキーダンシング。ルンゼ下部に至って雪質はようやく軟らかくなってくる。池ノ谷左俣に合流してひと息つく。コルからの高度差は450m。剱岳西面のコアな場所に、これほどまでに立派なルンゼが眠っていたとは正直驚きであった。

新雪は左俣にたっぷりたまっていた。雪煙を巻き上げながら、深いU字峡へダイナミックにシュプールを描き込む。池ノ谷ゴルジュも少し荒れてはいたが、充分に滑降が可能であった。白萩川を経由して、馬場島まで滑り込んだ。

40-2 剱岳

Mt.Tsurugi_2999m

剱岳西面（北西バットレスと池ノ谷右俣上部）

剱岳

北西バットレス・ダイレクトクーロワール〜池ノ谷右俣

池ノ谷右俣の滑降をうかがう

池ノ谷左俣との合流地点で右俣を振り返る

日程	2005年5月5日
メンバー	三浦大介（単独）
タイム	剱澤小屋6:00〜剱沢滑降〜 平蔵谷出合6:20〜 平蔵のコル9:20〜 剱岳10:00－10:40〜 北西バットレスクーロワール〜 池ノ谷右俣継続滑降〜 二俣11:30〜 白萩川〜馬場島13:00

ルートグレード	
アプローチ	Ⅱ
滑降	S5、R1

北西バットレス・ダイレクトクーロワール〜池ノ谷右俣／上部新ライン

池ノ谷スキー滑降2

剱澤(つるぎさわ)小屋を6時出発。前回とは打って変わってハードバーンの剱沢をスピーディに滑降し、平蔵谷(へいぞうたん)出合からシール登高する。途中から効率を考えシートラーゲンし、3ピッチで平蔵のコルまで登る。コルからは登山道の鎖場を登りだすが、ここは右のルンゼから巻くことが可能であった。最後の雪稜を登りきると今回の山行のクライマックス、剱岳山頂にたどり着く。

ここまで7日間かけて新穂高(しんほたか)温泉から長躯、北アルプスの急斜面をつないだ「北アルプスオートルート・スーパー」のルート取りでスキー縦走してきた。ここは念願の池ノ谷右俣滑降を成功させ、フィナーレを飾りたい。

山頂からダイレクトに右俣への滑降可能性を探るため、山頂祠の下から入念にチェックする。しかし、山頂直下の北西バットレスはすでに岩がかなり露出し、雪が下まで完全につながっているラインは見つからない。

少しずつ早月(はやつき)尾根方面に下りながら様子を見ていくと、別山尾根の分岐点直下からバットレスに囲まれた幅広の白いルンゼが、右俣に向かって一直線に落ち込んでいるのがわかった。雪質をチェックすると、思いのほか硬くはない。よし、ここにしよう。

のちに検証したところ、このラインは北西バットレスの右端にあたるクーロワールであった。この時期、山頂にいちばん近いエントリーポイントになろう。

全装備で本ツアー最後のドロップポイントに立つ。はるか彼方に池ノ谷の白い谷底がちらつき、高度感が凄まじい。

ラインを慎重に見極め、飛び込むタイミングを計る。呼吸を整えた次の瞬間、大空間に身を躍らせた。強いエッジングで雪面を切り裂き、雪質の感覚をつかむ。ザーッと滑り込んでからフォールラインに向かって、最初のターン。ややエッジが暴れるが、コントロールの限界ではない。そう、雪質は緩めのクラストである。

適度な緊張感とすばらしい開放感のなか、鳥のように舞いながら急峻な白いクーロワールの帯に連続ターンを決める。

獅子頭(ししがしら)からの扇状の大斜面に合流すると、雪質はさらに緩んでくる。ここまで来るとリラックスしてスキーを走らせることができる。程なく、左手に漏斗の入り口が見えてきた。下部は大滝になっているので右に見える小さなインゼルを乗り越えて、反対側の急なルンゼへ滑り込むのが正しいラインだ。これはクラシカルな池ノ谷右俣の初登ルートでもある。

バットレス下部岩壁の縁に沿って落ち込むルンゼ内には、極上ザラメのすばらしい滑降が待っていた。右からのバットレス沢を見送ると核心部は終わる。

快適な滑降は右俣本谷に入ってからも延々と続き、右俣奥壁、中央ルンゼなどのすばらしい景観を楽しみながら、春風を切って滑り降りる爽快感といったらなかった。何度も敗退した末に訪れた最高の舞台で、滑降をきっちりとメイクできた喜びをかみしめる。

左俣を合わせてからさらに滑り降りると、登山者の3人組に出会う。池ノ谷ゴルジュの様子を聞くとまだ充分に通過できるという。これで時間の心配もなくなった。あとはここまでの長い道のりを振り返りながら、馬場島に向けてゆったりとスキーを滑らせた。

北アルプスの王者の威厳を示す、剱岳の池ノ谷に今季2度トライした。左俣と右俣のいずれもオリジナルを含む、すばらしい滑降ラインが引けたことに大きな充足感を覚え、剱岳をあとにした。

40-3 剱岳

Mt.Tsurugi_2999m

室堂乗越付近から望む剱岳東大谷の全景

東大谷中俣

剱岳

中俣のドロップポイントの景観

日程	2006年6月4日
メンバー	三浦大介（単独）
タイム	剱御前小舎6:00～剣山荘～剱岳山頂直下10:00～獅子頭のコル10:40－11:15～東大谷中俣滑降～立山川12:45～稜線15:30～室堂16:00

ルートグレード	
アプローチ	Ⅱ
滑降	S5、R1（落石）

東大谷中俣

滑降魂を刺激する谷

　近代アルピニズムの主役を担った剱岳にあって、西面に位置する東大谷はマイナーな存在だ。東面の明朗で堅牢な岩壁群とは対照的に、そこにあるのは鋭い陰影を放つ裏風景。今にも崩れ落ちそうなピナクルを屹立させたリッジと、その狭間に切れ込むルンゼには「荒涼とした美」が存在する。積雪期になると、急峻なルンゼは天に昇る白蛇の如く、妖艶な雰囲気を醸し出す。最も山頂近くに突き上げる「中俣」は、特に美しく、スキーヤーの滑降魂を刺激してやまない。

　中俣は1995年の残雪期に原伸也氏らにより初滑降されているが、以降滑降した者は極めて少ない。これは西面特有のコンディション判断の難しさや落石、クレバスなどの危険性からであろう。しかし、ここを滑ってみたいと思うのは、スキーアルピニストとしての宿命であろうか。

　2006年6月初め、扇沢から始発のアルペンルートで室堂入りする。9時半に剱御前小舎に向けて、室堂を出発。雷鳥沢へ滑り込んでから室堂乗越へ登り返す。稜線からの剱岳山頂直下に、めざす中俣の白い帯がはっきりと確認できる。ルンゼには雪渓の狭いくびれがあるものの、ラインを遮断するような巨大クレバスは見当たらない。雪面も比較的きれいで、落石の心配もそれほどではないようだ。

　翌朝、雪が少し緩んでから出発。剣山荘までスキーで滑り込み、小屋裏からスキーを担いで別山尾根を忠実にトレースする。前剱の急斜面はダガーポジションが快適だ。鎖場を過ぎ、岩稜をたどると早月尾根の分岐に出る。山頂は割愛し、早月尾根上部を慎重に下降して、獅子頭のコルへ。ここが中俣のエントリーポイントだ。

　覗き込む中俣上部は傾斜50度くらいあるが、雪面はきれいである。雪質をチェックすると表面の雪はすでに緩んでおり、充分にエッジが利きそうだ。大きく深呼吸して11時15分、中俣へとドロップ。強いエッジングで雪質を確認後、最初のジャンプターン。雪は硬めだがエッジは利く。次は連続ターンだ。ＯＫ！　雪質の状態を逐次確認しながら確実にターンを決めてゆく。

　最上部の急斜面セクションを慎重にクリアして、左の小インゼルにいったん上がる。スキーを脱いで下部の状況を再度確認する。この先ルンゼの傾斜は多少緩むが、それでも斜度40度を超えるみごとなV字状ルンゼが果てることなく下方へ続いている。アイスバーンとなった上部ノド部を慎重にクリアし、上部二俣を合わせて中間部へと滑り込む。小石を避けながら、主にジャンプターンで滑降する。

　いつの間にか下からガスが湧いて視界が10ｍくらいに狭まる。数ターンしては状況を確認し、小さい亀裂や雪面の凹凸をうまく避けながら、根気よく滑ってゆく。ラインの真ん中にたびたび縦溝が出てくるが深いものはない。中間部のゴルジュ核心部は幅2ｍくらいのスノーブリッジになっていた。ここは階段下降でクリア。

　さらに滑降を続けると、いよいよ昨日双眼鏡で見たクレバスに差し掛かる。直前まで慎重にターンを刻み、クレバスを注意深く観察する。幸いなことに亀裂は長いものの浅く、左にはブリッジがある。慎重に横滑りしてから斜滑降でブリッジを渡る。あとは下部滑降を残すのみだ。

　この先でルンゼ幅はやや広がるが、傾斜はまだ緩まない。左右には不気味なシュルントが口を開けているので確実なショートターンを心掛ける。ルンゼが大きな広がりを見せると、程なく三俣である。ここでようやく緊張が解かれる。最後は開放感あふれるトレインを立山川まで一気に滑り込み、ルンゼ滑降の神髄といえる東大谷中俣の滑降を無事終了した。

40-4 剱岳

Mt.Tsurugi_2999m

八ッ峰から見た剱岳
北壁（滑降当日）

剱岳北壁の滑降を無事終えて（バックは北壁）

日程	2007年5月3日
メンバー	三浦大介（単独）
タイム	真砂沢下部BC 5:00 〜長次郎左俣のコル 10:00 〜 剱岳 11:00 − 12:00 〜北壁滑降〜 剱沢 13:30 〜剱澤小屋 15:00 〜剱沢〜BC 17:00

ルートグレード	
アプローチ	Ⅱ
滑降	S5+、R1

本峰北壁

剱岳の急斜面集中滑降

２００７年シーズンは後半に充分な降雪があり、ゴールデンウィークの剱岳周辺は例年にも増して雪量が豊富であった。それに期待して9日間、主に真砂沢出合下部にベースを張り、前半は会の仲間と3人で、後半は単独で、クライム&ライドを含めた剱岳の急斜面集中滑降を行なった。

初日は雪で停滞。4月29日は前剱Aルンゼ、30日は源次郎尾根をI・II峰コルまで登り、平蔵谷S字雪渓ルンゼをクライム&ライドする。5月1、2日は悪天で停滞し、3日からは単独で、まずはRSSAの加藤雅昭氏がミレニアムのゴールデンウィークに初滑降して以来、7年間記録のない剱岳北壁を狙う。

5時発でベースキャンプから長次郎谷を登る。放射冷却により雪質はカチカチのクラストで板は担ぎとなる。8時すぎに日が当たりだすと同時に雪も緩み、シール登高を開始。北壁を偵察しながら左俣をつめる。あわよくば新ルートをと思い、左ルンゼもインスペクションする。

長次郎のコルからはアイゼンで急雪壁を登り、なだらかな尾根をたどると剱岳山頂である。さっそく北壁の雪質のチェックを行なう。すでに上層の雪は安定している。

懸案の滑降ラインであるが、やはり初滑降ラインがいちばんスムーズであり、下方の左ルンゼにこだわる必然性を感じない。南面のダイレクトルンゼと比較すると北壁のほうが傾斜はきつく、核心部の斜度は50度を間違いなく超えるだろう。

いつものようにアックスをハーネスホルダーに差し、バイルとスノーバーを即座に取り出せる位置にセット。新呼吸をして滑降開始だ。まずは北壁側に大きくワンターンし、雪質の最終確認を行なう。問題はなさそうだ。

稜線沿いに直下のコルまで滑降し、いよいよ北壁へとドロップする。軽いジャンプターンで始動すると、雪は軟らかめでスキーがやや沈むが、スラフが出ないのはうれしい。

それにしても、このロケーションのなんとすばらしいことか。美しい八ッ峰を正面に見据え、眼下には複雑なスノーリッジが飛び出した急峻な北壁。その間隙からはるか下の長次郎谷へと吸い込まれそうになる。

上部雪壁の傾斜はすぐに強まった。フォールラインに向かって大空間に何度か身を躍らせると、いよいよ核心のルンゼが見えてくる。その急峻なことよ。間違いなく55度はあるだろう。

アドレナリン全開でワンターン、ワンターンとペダルターンの連続で核心部へ近づいてゆく。落差の大きいターンでは転倒につながりかねないため、素早く短い正確なターンが要求される。

ノドの手前でハードクラストになり緊張が高まる。ここは繊細なエッジコントロールが求められる。ロシニョールのB2、166㎝はベストチョイスだったが、それでもルンゼ幅はターンするのがやっとのスペースだ。ターンごとにスキーのテールが雪面に当たる。気合の連続ターンで最狭部を無事クリア。最後は右の広いスペースに向かって、ダイナミックに飛び込む。OK、核心部は終わった。

ここからラインは左に曲がり、ノーマルな幅広ルンゼとなる。さあ、あとはリラックスして合流点までシュプールを刻むだけだ。すこぶる快適な滑降で長次郎左俣へと滑り込み、北壁の滑降を終える。

剱沢出合に着くと喉はカラカラで無性にビールが飲みたくなり、剱澤小屋まで登る。うっかり財布を忘れてしまったが、佐伯の親父さんは黙ってロング缶を差し出してくれた。

Column

剱岳東面滑降ルート

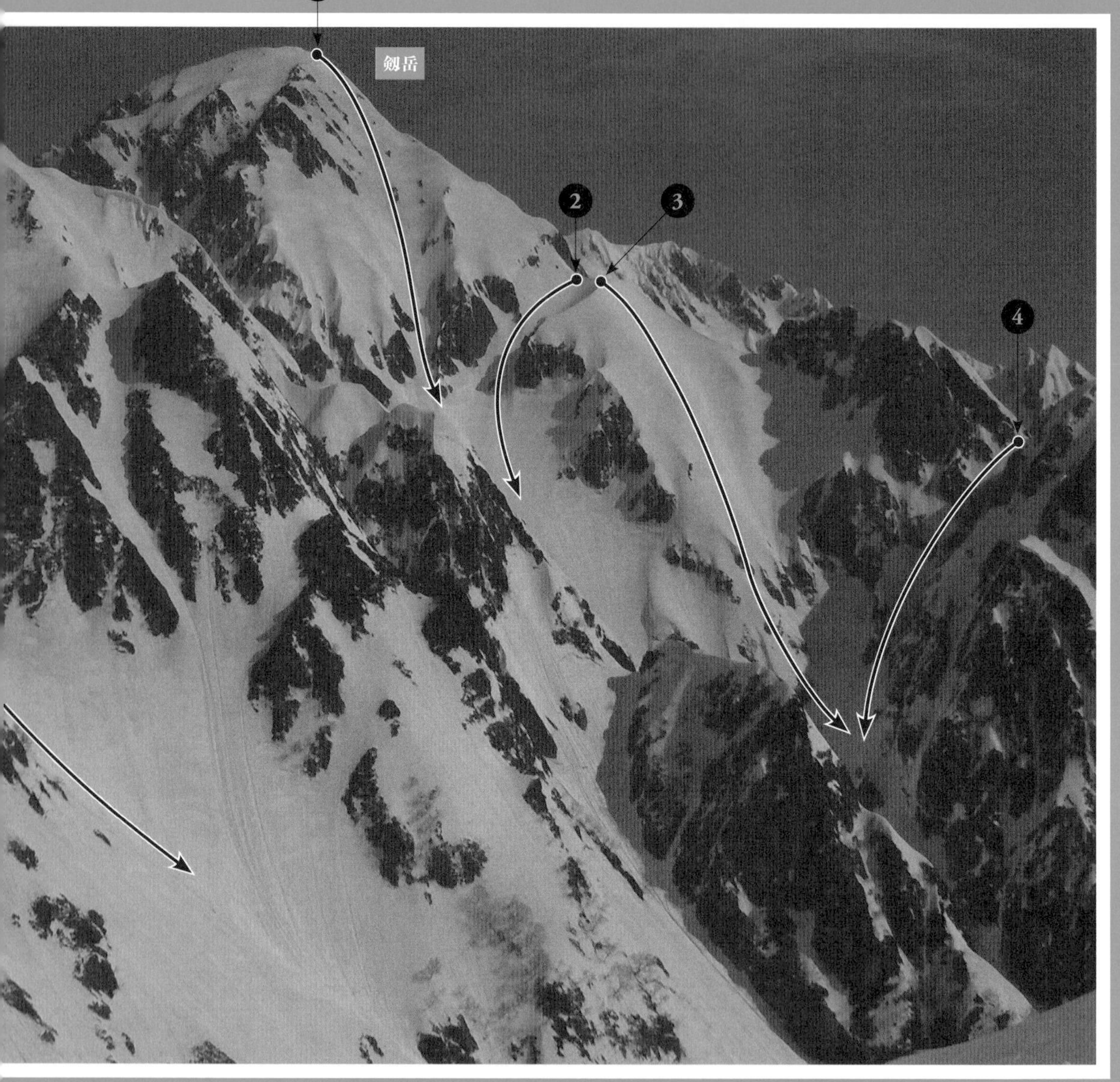

東面スティープスキー概要

剱岳東面（南東面）は基本的に早くから日が当たるため、斜面のコンディションは気温上昇と日差しの影響を強く受ける。目的のラインの日照状況を把握し、適切なコンディションで滑ることが重要。晴れた日の翌朝は放射冷却で雪面はカチカチだが、日が当たると同時に雪が緩みだすので、そのあたりを計算に入れながら、ドロップポイントに達することが必要である。

一般的な滑降時期はアルペンルート開通後の4月中旬～5月下旬（年によって5月中旬）。4月中は新雪滑降もまれにあるが、通常はザラメコンディションの滑降となる。さらに、この時期の降雪には充分留意したい。特に降雪後の急斜面は、その後の好天の気温上昇と日差しで必ずといってよいほど雪崩が起きる。ただし、この時期の積雪は一日置くと安定することも多い。技術的には急斜面ハードバーンの滑降スキル、湿雪スラフ処理、クラック対応（ジャンピング）などが必要となる。

剱岳東面（南東面）は明朗闊達なスティープラインが多く存在する

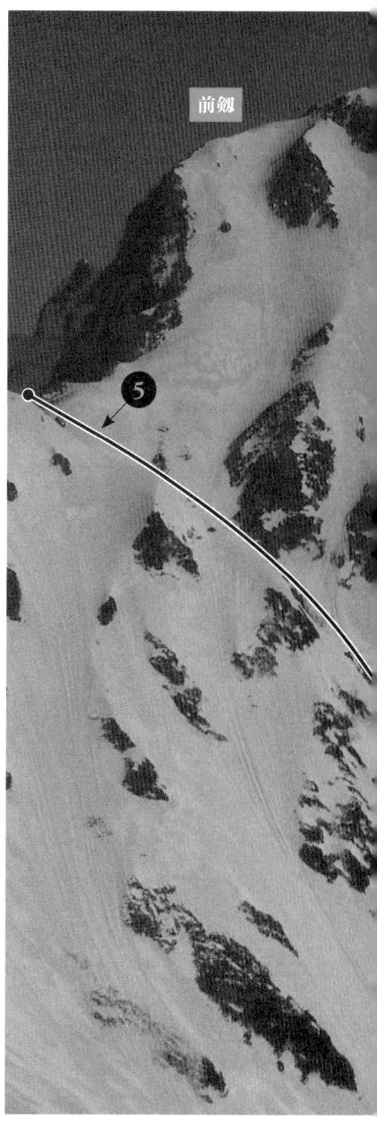

❶ 平蔵谷ダイレクトルンゼ

今や剱岳滑降の代名詞的な存在となった平蔵谷ダイレクトルンゼだが、インディアンクーロワールから源次郎尾根上部の急斜面の登りも含め、充分な経験を積んでから実践したい。自身はここを3度滑降しているが、その都度、雪の状態は異なり、多様な滑降技術を必要とする。スラフ処理とノド部下のクラックに要注意。

ルートグレード	
アプローチ	Ⅱ
滑降	S5－

❷ 平蔵谷 インディアンクーロワール

これだけを滑る目的で来る可能性は低いが、源次郎尾根Ⅱ峰のコルからのエスケープなどに使うことができる。コルから落ち込むルンゼ内の雪質はアイシーな部分があるので注意が必要だ。

ルートグレード	
アプローチ	Ⅰ
滑降	S4

❸ 源次郎尾根 Ⅱ峰カイトフェイス

源次郎尾根Ⅱ峰の平蔵谷側に、独立したカイト形状の傾斜の強い斜面がある。北米のグランド・ティートンにある有名なオッターボディー（カワウソ）を連想させるフェイスで、インディアンクーロワールのコルからドロップする。ダイナミックな急斜面にシュプールを描き、下部のタイトなルンゼを通過してS字雪渓に合流する。

ルートグレード	
アプローチ	Ⅱ
滑降	S4＋、R1（下部岩）

❹ 平蔵谷S字雪渓ルンゼ

源次郎尾根Ⅰ峰とⅡ峰のコルから平蔵谷側に滑降するルンゼ。下部にS字状の雪渓が遅くまで残るのが名前の由来である。コル直下は非常に急なので少しクライムダウンしてから滑降する。源次郎尾根のクライム&ライド時に滑降。ルンゼらしい景観が楽しめる。

ルートグレード	
アプローチ	Ⅲ（源次郎尾根）
滑降	S4（DC）

❺ 武蔵谷

武蔵のコルから滑ればビギナー向けのショートルンゼ。前剱の南面からつなぐことも可能だが、雪面がクラストしていることが多く、シビアな滑降を強いられる。

ルートグレード	
アプローチ	Ⅰ
滑降	S4－

番外

源次郎尾根Ⅱ峰コル～長次郎雪渓

源次郎尾根Ⅱ峰コル付近から左の長次郎谷側にも滑降できるルンゼがある。傾斜もきつくなく、問題なく滑降して長次郎雪渓に合流する。

ルートグレード	
アプローチ	Ⅱ
滑降	S4－

←平蔵谷ダイレクトルンゼの滑降

41 前剱

Maetsurugi_2813m

滑降翌日の前剱Aルンゼを望む（最上部にシュプールが見える）

前剱

Aルンゼ

※尾根の裏側を滑降

前剱Aルンゼ最上部の滑降

日程	2007年4月29日
メンバー	三浦大介、狭間栄治
タイム	雷鳥沢3:30～別山乗越5:45－6:00～
	剱沢滑降～源次郎尾根取付ルンゼ下（デポ地）
	7:00～平蔵谷途中往復～剣山荘11:00～
	前剱13:00～Aルンゼ・武蔵谷滑降～
	デポ地15:00～真砂沢出合下1680m地点BP 16:30（泊）

ルートグレード	
アプローチ	Ⅱ
滑降	S5－

Aルンゼ

剱岳周辺クライム&ライド合宿

2007年のゴールデンウィーク。山岳会の剱岳合宿に、クライム&ライドのスキー隊3人で参画する。

前日、吹雪の室堂入り。なんとリングワンデリングのオマケ付きで、雷鳥沢キャンプ場泊。

翌日3時半出発。悪天は去った。

本日は源次郎尾根を登り、条件がよければ剱岳山頂から北壁滑降の予定である。新雪はキャンプ場で10～20㎝あり、発泡スチロールのようなあられ交じりで雪崩に不安がある。

シールの軽いラッセルで雷鳥沢を登る。新雪に覆われた立山、奥大日岳の美しい夜明けは、早起きのご褒美だ。途中でアイゼンに履き替え、6時前に別山乗越へ達する。同時に白銀の美しい剱岳が顔を出す。雪は例年になく非常に多い。

これは楽しめるぞ!

期待どおり剱沢はバージンのパウダーだった。ご機嫌なシュプールを描き、あっという間に源次郎尾根取付まで滑る。すぐに取付のルンゼの雪質をチェックするが、案の定よくない。上部の雪壁も不安材料だ。仕方なく登攀は明日に延期することに決める。

余計な荷物をデポし、まずは本峰を踏もうと平蔵谷を登りだす。しかし、1ピッチも進むと日の当たる左側壁から小雪崩が出始める。本谷の雪質も部分的に発泡スチロールが吹きだまっているところがあり、ここも危険と判断。踵を返して出合までスキーで戻る。

ひとまずコーヒーを沸かし、作戦タイム。まだデブリの出ていない、前剱Aルンゼに狙いを定める。

剱沢を剣山荘へ向かってシール登高する。一服剱の手前でアイゼンに替え、前剱への急雪壁に2ピッチほどロープを延ばす。

前剱山頂には13時到着。見下ろすAルンゼの雪面は真っさらで両サイドをうねるリッジに囲まれ、すばらしい様相を呈している。急激に落ち込む屈曲点から先は見えないが、滑り応えは充分にありそうだ。

大休止後、ロープを使いピットチェック。いくつか弱層はあるが、優しく滑ればOKだろうとの判断を下す。フリートレックの萩原は滑降にやや不安があるので、武蔵谷を滑降して剱沢で落ち合う約束だ。

14時、山頂から前剱Aルンゼにドロップ。少し表面がパックされた新雪だが、今回のギアは新兵器のロシニョールのB2。中回りターンで雪面を舐めるように滑降できる。小さくカール状になったところでピッチを切り、上にいる狭間へ声をかける。

この先、核心の屈曲点まではかなりの傾斜だ。左の側壁に回り込んで落ちるようにターンする。ターンごとに湿雪のスラフが流れ落ちる。屈曲点は狭いので今度はフォールラインを横切り、大きく右側へとトラバースしてルンゼ状に出る。ここで狭間に2度目のコール。彼はフォールラインに沿って滑ってきた。

右のルンゼのさらに右に大きなスペースがあり、剱沢との合流点も見下ろせるのでリラックスして滑降ができる。その右斜面をウェーデルンで軽快に滑降して剱沢へと飛び出す。狭間も続いて滑ってきた。Aルンゼは標高差700mの立派なルンゼ滑降であった。

平蔵谷出合で萩原と合流。デポを回収後、フィルムクラストした剱沢にご機嫌なシュプールを刻み、水が取れる真砂沢出合下1680m地点に幕営した。

42 剱御前

Tsurugi-gozen_2777m

立山川中間部から剱御前の北側P2630を望む

東大谷右の右俣

P2630

東大谷右の右俣の上部から立山川を俯瞰する

日程	2006年5月6日
メンバー	三浦大介（単独）
タイム	剱御前小舎7:30～平蔵谷出合（デポ回収）～黒百合のコル～エントリーポイント11:30～東大谷右の右俣「スカイ・スライダー」滑降～立山川～馬場島13:00

ルートグレード	
アプローチ	I
滑降	S4＋

東大谷右の右俣（スカイ・スライダー）／初滑降

「天上の滑走路」を初トレース

ミレニアムのゴールデンウィークに実践した薬師岳金作谷からの黒部川上ノ廊下スキー横断（P143）以来、上ノ廊下における次のテーマとなっていたのがスゴ沢から廊下沢出合の横断だった。

2001年度から挑戦して3度敗退、06年のゴールデンウィークにようやくこれを成功させた。豪雪の年だったため、スゴ沢上流部に巨大なスノーブリッジが架かり、徒渉なしで横断することが可能であった。

今回のツアーラインは、新穂高温泉から三俣蓮華岳を経て、黒部源流から東沢谷へ入り、赤牛岳口元ノタル沢から中ノタル沢を継続滑降して上ノ廊下を横断（P160）するという、北アルプス最深部の黒部川横断の新ラインで、実にファンタスティックなツアーラインであった。

パートナーの狭間君はその後、御山谷から黒部湖へ下山し、私はそのまま立山・剱岳へとツアーを継続した。

その最終日にフィナーレとして、黒部川白竜峡横断時に目をつけていた剱御前から東大谷右の右俣を狙ってみた。このラインは通称「スカイ・スライダー」と呼ばれ、立山川から剱岳方面を見上げたとき、最初に目に入る顕著な「天上の滑走路」である。

朝、剱御前小舎を出発。昨日の剱岳大脱走ルンゼ滑降時、平蔵谷出合にデポした荷物を回収するため、剱沢をひと滑りする。黒百合のコルに登り返し、剱御前方面へ登って最初の標高2670mの小ピークへ。ここから西に一つ離れたピークへ急なクライムダウンを交えて進む。

この標高2630mピークが東大谷右の右俣「スカイ・スライダー」へのドロップポイントである。滑降ラインはピークから北西方向へ、直線的に中俣の合流点まで標高差940m落ち込み、傾斜は最大45度、平均38度の堂々たるシロモノである。

11時半、ピークから高度感のある源頭の大斜面にドロップ。雪質は今回の平均的なコンディションでやや腐り気味ではあるが、幅広のルンゼはストレスをまったく感じずに滑降ができる。ラストランなので丁寧なスキー操作を心掛け、ターンを味わうように滑る。ルートは右へ左へとカーブし、それが程よいアクセントになっている。

中間部の核心の狭いノド部はショートターンで一気に通過。下部もデブリのないすばらしい滑降を堪能し、最後は中俣へ合流してルンゼ滑降を終える。

この滑降は自身の東大谷の初トレースでもあった。ツアーのフィナーレにふさわしい、剱岳から立山川へ至るバリエーションとして価値あるルートを開拓できて満足する。

あとは通い慣れた立山川の景色を愛でながらクルージングして、馬場島へと向かう。馬場島では桜が満開で、遅い山里の春を感じられた。

立山川から剱御前の北側P2630を望む

42-2 剱御前

Tsurugi-gozen_2777m

正面に剱岳を見据え、カガミ谷ルンゼに飛び込む廣光ユースケ

番外

権右エ門谷

室堂乗越から別山乗越に向かう稜線上部の、白ウラ谷の支尾根を挟んで一つ手前の広い沢筋を滑るライン。いくつかドロップポイントがある。稜線から立山川1800m地点まで滑降できる。中間部の沢筋は広く、快適な滑降が楽しめる。

ルートグレード	
アプローチ	I
滑降	S4－

P2792～白ウラ谷

剱御前の南峰P2792から、西面のルンゼ状の白ウラ谷を一気に落とすルート。ピークからのダイレクトは雪付きが甘いので、別山乗越まで滑ってから、右手に回り込むようにして稜線最上部に出てドロップする。ほぼ一直線に檜谷合流点まで高度差900mのルンゼ滑降が堪能できる。

ルートグレード	
アプローチ	I
滑降	S4

檜谷ダイレクトルンゼ／初滑降

剱御前西面の未滑走ラインを狙う

豊富な積雪量だった2007年ゴールデンウィークは、山岳会の仲間と剱岳集中滑降を実施し、前剱Aルンゼ（P114）や平蔵谷S字雪渓ルンゼ（P113）、剱岳北壁（P110）など満足のいく成果を得られた。

そして、本日が合宿の最終日である。帰りがけの駄賃に、剱御前西面の記録を見ない檜谷（ひのきだん）を狙うことにした。

予定より遅くなり、真砂沢ベースキャンプを5時発。昨晩の放射冷却はそれほどでもない。剱御前からのエントリーは10～11時を予定しているので、そのころには西面の雪も緩んでいてほしいと願う。

3ピッチで剱澤小屋の佐伯の親父さんに先日のビール代を返し、ネクターで一服。別山乗越へと向かう。

タイムリミットの10時すぎ、剱御前小舎の方のご厚意に甘え荷物をデポし、稜線をシールで剱御前へ。ガスは晴れてきて、しばらくは視界が利きそうだ。

予定しているラインは、剱御前三角点ピーク（2777m）の北端から北西方向に落ちる急峻なルンゼを檜谷へとつなぐものである。しかし、偵察してみるとそこは崖になっており、滑降は難しいことがわかった。

その代わり西面側には二重山稜のようになった間に幅広の真っ白いルンゼがあり、下部へきれいに下りているのが確認できた。ルンゼの先に尾根が見えるが、その先は不明である。地形図で判別すると2450m付近からノッチを右に越えて、檜谷へ継続滑降できそうである。このラインに決める。

10時40分、滑降スタート。最初は小尾根状斜面から右へ回り込み、すぐに広いルンゼへ進入する。ルンゼの斜度は40度程度だが、西面の雪面はやや硬めだ。丁寧なエッジングで快適な連続ターンを刻む。雪面は溝がなくフラットで広々としており滑りやすい。

程なくノド部へ。ここはやや急だ。抜け口に小さな亀裂があったが問題はない。飛び出たところは標高2450m地点のやや幅広の尾根上であった。

ここから選択肢は二つある。一つはこのまま左のルンゼを継続するもの。下部は落ち込んで見えないし、途中、等高線が急なところには小氷瀑があるかもしれない。もう一つは右の尾根を越えて檜谷へ続くルンゼを滑降するものだ。今回は迷わず後者を選んだ。

檜谷へ続くルンゼ上部の最大斜度は50度ほどあるが、檜谷本流が下方に見えるので威圧感はない。ルンゼに飛び込み、数回のペダルターンで傾斜を落としたあと、快適なジャンプターンで滑降する。下部は湿雪となるが、デブリの少し残る檜谷に滑り込む。

見上げる檜谷上部はデブリでやや荒れていた。このルンゼを滑降して正解だった。おかげで剱御前から絶妙なライン取りで、檜谷へと変化に富んだ新ラインを開拓することができた。

立山川の合流点まで滑り込んで充実のフィナーレを迎える。その後、剱御前小舎に戻ってデポを回収するが、本日の帰京は無理と判断。雷鳥沢を滑って雷鳥荘に泊まり、翌日下山した。

ルートグレード	
アプローチ	I
滑降	S4+

日程	2007年5月5日
メンバー	三浦大介（単独）
タイム	真砂沢BC5:00～剱澤小屋8:30～剱御前小舎9:30－10:00～剱御前10:40～新ルート～立山川出合11:30～稜線13:00～剱御前小舎14:40－15:20～雷鳥沢～雷鳥荘16:30（泊）

43 黒部別山

Mt.Kurobe-bessan_2353m

赤沢岳西尾根から望
む黒部別山

剱岳

別山谷
左俣主峰ルンゼ

池ノ平山

黒部別山

別山谷左俣の滑降に
成功し、黒部川出合
で喜ぶメンバー

別山谷左俣主峰ルンゼ／初滑降

黒部別山東面の初滑降へ

喜びや感動の余韻が残る山行というものは、常に格別の山行であったといえるだろう。２００３年の3月に実施した黒部川S字峡スキー横断もその一つで、それまでに行なったいくつかの黒部スキー横断のなかでも、最もロジカルですっきりしたラインを引けたことに大いに満足した。

しかし、それは黒部のほんの一部分でしかないこともわかっていた。やはり、真の核心部といえる十字峡～白竜峡～大ヘツリ周辺でのスキー横断をやらねばならない。それには、あの黒部別山東面を滑降するほかはない。S字峡を終えたあとで、しばらく影を潜めていた大きな野望が今はっきりと姿を現わし、実行の決断を迫るのであった。

翌04年は、その地固めともいえる小スバリ沢からの黒部湖横断と、針ノ木谷からの黒部川横断を成功させ、核心部へ踏み込む自信をさらに深めた。そして今冬、この黒部別山からの黒部川白竜峡横断を最大の目標に据え、周到に準備してきた。メンバーは会の亀岡岳志氏に加え、雪黒部に精通し、最近は滑り系も得意としているサンナビキ同人の服部文祥氏と梶山正氏に参加を求めた。

久しぶりに冬らしい冬となった今シーズンも3月に入り、いくらか天候が落ち着いてきた。そして予定していた3月の連休は、またとないような絶好のコンディションになった。いよいよこの冒険的ともいえる究極の黒部スキー横断を実行するチャンスが到来したのである。

3月19日（土）晴れ

連休初日の早朝、上市駅でメンバーと待ち合わせするが、亀岡が夜行に乗り遅れ、県警のいる馬場島で待つことにする。11時すぎ、待望の氏が到着。荷分けを済ませてから、いよいよ山へと向かう。

立山川に入るとすぐにラッセルが始まるが、昨日の降雪は思いのほか少なく、くるぶし程度のラッセルで快調に進む。

下部のゴルジュ帯は支流からのデブリがいくらか見られるものの、大きなものはない。トップを交代しながら先へ先へとスキーを滑らせる。毛勝谷を過ぎると谷は開け、眩いばかりの純白の稜線めざしてハイピッチでトレースを延ばしてゆく。

上部の登高は沢筋を避け、カガミ谷右岸尾根に取り付く。この尾根は灌木があり、比較的傾斜も緩いが部分的にアイスバーンになっており、クトー性能の差が顕著に出る。17時、２２６０ｍ付近に適地を見つけ幕営する。

3月20日（日）晴れ～高曇り～雪（夕方～夜半）

翌朝6時発。ひと登りで２４１０ｍ地点の稜線に飛び出す。視界が開け、白銀の立山連峰が視界に飛び込んでくる。別山乗越に着くと、剱岳からの生一本の強風に飛ばされる。くぼ地では強風を避けながら素早くスキーをセットし、剱沢の滑降が始まる。

雪質は、ややウインドパックされてはいるものの、まずまずのパウダースノーである。荘厳な冬景色の劔岳東面に向かって、広大な白いキャンバスに縦横無尽にシュプールを描く。予定していた1642m地点までの高度差1100mのパウダー滑降を堪能する。

再度シールを貼り付けると、いよいよ黒部別山への登高が始まる。ハシゴ谷乗越の一つ上のコルへ向かう、緩やかな沢沿いにルートを取る。背後には八ッ峰Ⅰ峰が鋭くそびえ立つ。

コルからは、ヤセ尾根の登高となる。部分的に現われる段差ではスキー着脱を強いられるが、3時間かけて黒部別山の山頂の一角に飛び出す。

稜線からは巨大なマッシュルームに飾られた別山東面リッジ群が一部俯瞰できるが、黒部川の谷底を直接見ることはできない。雪庇の張り出した幅広の稜線を黒部別山主峰（2353m）の手前のコルまで進む。いつの間にか天候は高曇りに変わっていた。

さっそく50mロープを使って下部の様子を見に行く。滑降予定の別山谷左俣主峰ルンゼの上部はすり鉢状に開け、ルンゼ内の雪面は比較的きれいであるが、核心部は確認できない。周囲にはルンゼを取り巻くようにキノコ雪の雪稜が幾重にも落ち込んでいるが、不安定なものはなさそうだ。

ピットを掘り、弱層の確認を注意深く行なう。重い新雪50㎝の下にアイスバーンが存在するが、上層との接合はよい。全員一致でゴーサインを出す。しかし「行ける」とはわかっていても、これはやっぱり冒険だな、と思うのも事実である。久しぶりに胸を締め付けられるような緊張感を味わう。

「さあ、行くよ」。メンバーが見守るなか、三浦が先頭でスキーを下に向ける。スロープカットからターンを一度ためらい、キックターンでもう一度カット。大丈夫、行けるな。次の瞬間、小リッジから急峻な左側の主峰ルンゼへと滑り込んだ。背後にスラフが流れる気配を感じるが、間髪入れずにターン。軟らかいがやや重いフィーリングの雪質だ。深回りターン連続で左手の灌木の下でピッチを切る。上の仲間にコールすると、ようやく気持ちが落ち着いてくる。

メンバーも一人ずつ慎重にターンを刻んでくる。上部の傾斜は45度ほどだろうか。ここから比較的安全なポイントをつなぎながら滑降を続ける。ラインは次第に右の扇形斜面へと入り込み、ノドに向かって徐々に傾斜が強まる。お互いに注視しながら、慎重にゆっくりと漏斗の先へとシュプールを刻んでゆく。

しばらくすると急斜面に雪崩溝が入るようになってきた。部分的に雪の色が半透明に変わっている。アイスバーンである。それを避けるように右脇の軟雪へとラインを求める。

いよいよ核心部、漏斗の先が見えてきた。それは右にカーブを描き、急激に落ち込んでいる。先頭の梶山が漏斗の先まで滑降し、スキーを脱いで偵察する。ゴルジュ内部には滝があるようだ。ここは滑降を中断し、アイゼンとアックスのクライムダウンとする。やはりすんなりとは滑降を許してくれない。

滝は2段で15mほどの氷雪壁になっていた。さらにスキー装着可能な地点まで、50m程度クライムダウンを行なう。左側には2年前に服部らが初登した中尾根ドームが手に取るように見えている。

スキー滑降を再開すると、斜面は大きく開けるが、雪面は小

左俣主峰ルンゼの核心部のクライムダウン

さなデブリとアイスバーンで荒れてきた。比較的きれいな雪面を選びながら滑降が続く。左俣本流を合流するとさらに谷は広くなり、いったん雪面もフラットになった。皆ここぞとばかりに奇声を上げて豪快なシュプールを刻む。

しかし、それも束の間の喜び。右からR3を合わせると、辺り一面がデブリの嵐になった。部分的に板を外しながら右脇をなんとか通過し、デブリ地帯を越える。すると眼下には、雪に埋まった黒部川の白い竜が大きく横たわっていた。それに向かい最後のシュプールを刻む。

ついに山岳スキーヤーの誇りと喜びをかみしめる瞬間がやってきた。標高差１３００ｍ、黒部別山東面初滑降の成功である。時刻はすでに15時半。滑降に丸3時間を要した。4人とも笑顔でがっちりと握手を交わす。

しかし「事」はまだ終わりではない。これから先、黒部川から無事に脱出しないと生還できないのだ。この日の高曇りはわれわれにとって、黒部の神からの最高の贈り物であった。計画ではここから赤ムケのルンゼを登り、岩小屋沢岳北西尾根に這い上がるつもりであったが、今、雪黒部の神髄ともいえる下ノ廊下上流部の遡行を躊躇する理由はない。

雪黒部の玉手箱のふたはついに開けられた。最大の難所となる白竜峡から大ヘツリ間は完全に雪で埋まり、大廊下を形成する岩屏風に雪はほとんど付かず、本流にはデブリによって形成された大きな雪のうねりが存在していた。

大ヘツリ周辺のルンゼ群の威容と大タテガビンの鶏冠状の雪岩稜、そして、新越沢の一条滝の優美な氷瀑……、雪黒部核心部の稀有な景観に感嘆しながら遡行を続ける。

やがて小雪が降りだし、辺りは雪黒部にふさわしい水墨画になった。16時すぎ、メルヘンの雰囲気漂う、ハンノ木平付近に幕営適地を見つける。黒部川の名水で乾杯、そして残り酒で別山東面初滑降を祝う。夜間、夕方から降りだした雪によるものだろうか。雪崩らしい爆風をテントに受け、現実へと引き戻される。

3月21日（月）晴れ

3日目、外は快晴であった。新雪は20cm程度積もったようだ。ラッセルで黒部川をさらにさかのぼる。鳴沢を右岸に見送ると視界が開け、左から内蔵助谷が合流する。右岸へスノーブリッジを渡り、赤沢出合まで進んだ安全地帯で小休止する。

本日は気温が上昇しそうな気配だ。すでに周囲で小規模な雪崩が始まった。赤沢を少しつめ、左の急斜面をキックステップで高度差150mばかり登り、赤沢岳西尾根に取り付く。景色もよく、登るにつれ右手には赤沢岳猫ノ耳の岩峰群、背後には滑ってきた黒部別山、そして剱岳が顔を覗かせる。

交代でラッセルを続けるが、標高が上がると雪は深くなり、スキー登高に切り替える。しかし、尾根はヤセ気味で細かいジグを切らねばならず、スピードは上がらない。1時間150mのペースでようやく2200mの森林限界に出る。時刻は15時半。途中で板を担ぎ、稜線に出たときにはすでに日が傾いていた。

時間は待ったなしだった。すぐにエントリーポイントを探りたいが、赤沢岳の手前からは入れない。夕暮れが迫るなか、山頂を越えて50mほど下降するとそれらしきポイントへ出る。ロ

別山谷左俣主峰ルンゼの滑降

ープを使いチェックすると、飛び込めそうだ。

日暮れ寸前で最後の大滑降を開始する。出だしの急斜面は50度あるだろう。深回りでターンすると雪質はモナカ雪のハードバーンであった。表面をバリバリと割りながら連続のジャンプターンでグングンと高度を下げる。ここはもう少しエントリーが早かったら最高の雪質であったろう。皆、ダイナミックなジャンプターンを決めてくる。

滑降前に相談していたラインは左のルンゼだったのだが、なんとなく右へと滑りやすい扇形斜面に入ってしまう。この先、ルートはゴルジュ状に落ち込んでいる。どうやらミスをしたようだ。ここは安全第一で登り返す。一つ右の尾根まで100mほど登り返すとすでに辺りは真っ暗。だが幸運なことに、月明かりでだいたいの状況は把握できる。

ビバークポイントを尾根上に確保し、さらに上部へ偵察に行くと現在位置がはっきりした。この尾根沿いに下り、急になる手前で左に出れば、当初のラインで針ノ木雪渓に降りられそうだ。はたして下部を確認しに行くと、案の定、左に落ちるルンゼから白く続く谷底が月明かりで見渡せた。メンバーを呼び、下降再開。出だしは急なので20mの懸垂下降。あとはクライムダウンで安全地帯まで一気に下降する。

ようやくホッとひと息である。ここからはスキーを装着し、ヘッデンと月明かりを頼りに慎重に滑降する。幸運なことに雪面はきれいで、目が慣れてくると連続ターンも可能であった。幻想的な月夜のスキー滑降。黒部スキー横断のフィナーレにふさわしい、実にファンタスティックな演出であった。22時前、無事扇沢に到着し、黒部別山東面初滑降の幕が下りた。

黒部川出合でガッツポーズの筆者

日程	2005年3月19～21日／2泊3日	
メンバー	三浦大介、亀岡岳志、服部文祥、梶山 正	
タイム	3/19	馬場島11:20～立山川～
		カガミ谷右岸尾根2250mBP17:00（泊）
	3/20	BP6:00～別山乗越8:00～
		剱沢～黒部別山取付地点9:00～
		別山主峰のコル12:00－12:30～
		主峰ルンゼ滑降～
		別山谷出合15:30～
		ハンノ木平BP16:30（泊）
	3/21	BP 7:00～
		赤沢岳北西尾根取付地点9:30～
		赤沢岳17:20－17:50～
		東面滑降開始～
		ルートミス100m登り返し～
		下降20:30～扇沢21:50～
		林道ゲート23:40

ルートグレード	
アプローチ	Ⅲ
滑降	S5（DC）、R2

44 別山

Mt.Bessan_2880m

別山東面の遠望（手前が真砂沢）

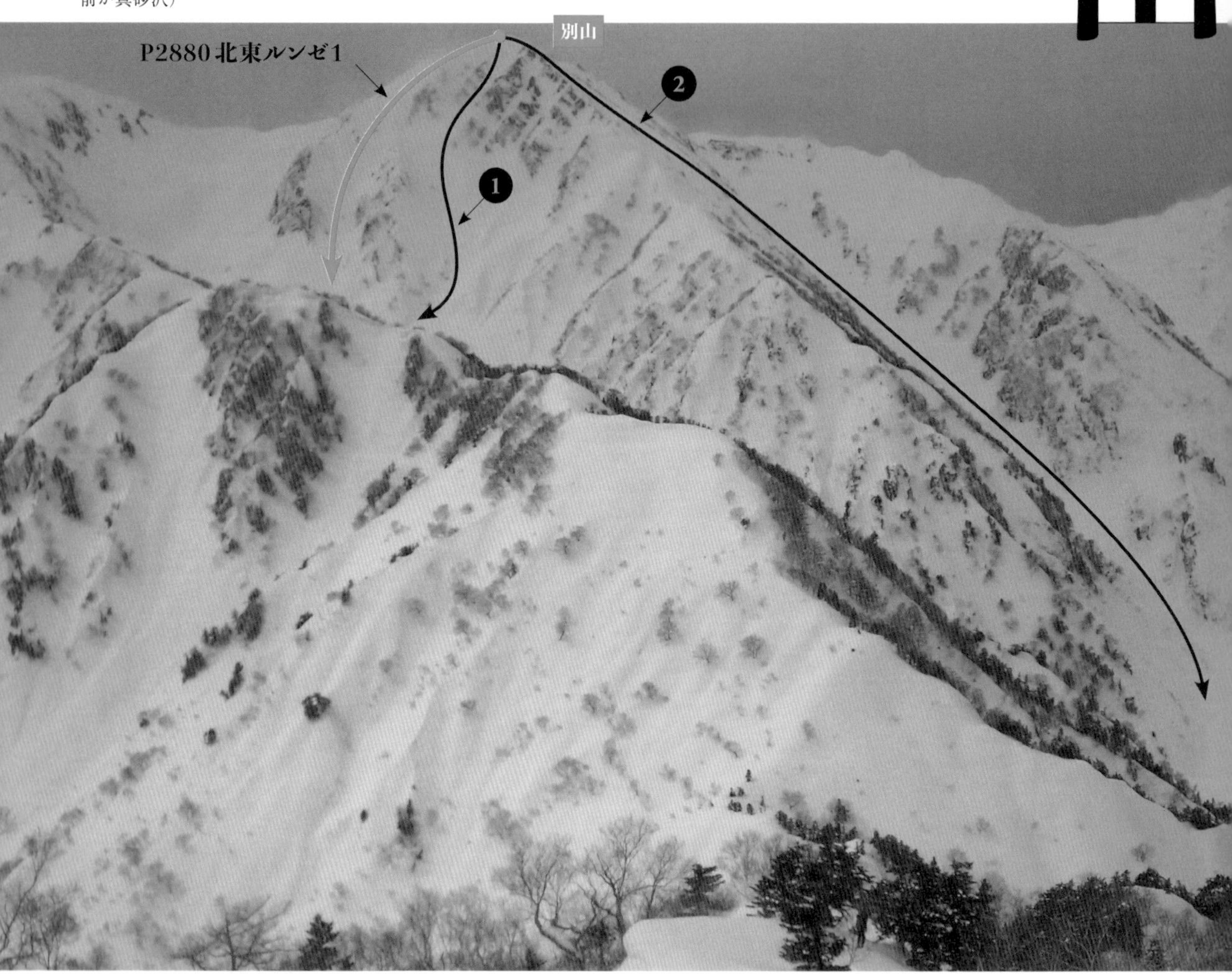

番外

北面ダイレクト

別山の北面には、短いが三田平（みた）に向かって落ちる、ちょっとした急斜面がある。北面なのでハードバーンのことも多く、翌日の劔岳滑降に向けてよいトレーニングである。また、劔岳東面の偵察にもなる。

ルートグレード	
アプローチ	I
滑降	S4－

② 別山沢

別山沢は最初に滑降すべき好ラインである。別山北峰先端から北方向に露出感のあるルンゼが落ちている。スラフ処理をしながら核心である最初のノド部をクリアすれば、あとはラインに沿って豪快にターンをつないでゆく。中間部からは廊下状の地形を楽しみながら、劔沢まで板を走らせる。

ルートグレード	
アプローチ	I
滑降	S4－

① P2880北東ルンゼ2

P2880からの北東ルンゼ1の南側に並行して、顕著なルンゼが真砂沢に向かって落ち込んでいる。最初はリッジ状からドロップするがルンゼは次第に広がり、ルンゼ1と同様に快適な大斜面が、真砂沢まで標高差700mほど続く。

ルートグレード	
アプローチ	I
滑降	S4

P2880北東ルンゼ1／初滑降

同志の死の悲しみを超えて

2008年シーズンの厳冬期パウダー三昧が終わり、かき入れ時の3月は北アルプスの霞沢岳八右衛門沢の滑降（P256）や、今や年中行事となった、黒部川スキー横断の鳴沢からの下ノ廊下単独横断の成功（P196）と続いた。また、4月には槍ヶ岳天上沢（P212）、五竜岳武田菱でのクライム&ライド（P188）と、今シーズンも一定の成果を上げつつあった。

ところが武田菱滑降の翌週、同ルートでA君遭難の悲報が入る。同じ志をもつ者として気持ちは大きく沈んだ。

ゴールデンウィーク前半は涸沢入りの予定だったが、さすがに山に入る気が失せ、自身のスキーについて振り返る。海外の先鋭とされた山岳スキーヤー、アレックス・ロウ、ハンス・サーリ、ダグ・クームスらの死は確かにある。しかし、思う。スキーアルピニズムの先に、決して死があってはならないと。

結局、前半は穂高岳の岳沢スティープクラシック・前穂高沢を彼への追悼滑降とした。

そして、陽光を浴びた白い雪稜と澄んだ青空とは対照的に、重い気分でゴールデンウィーク後半の剱岳行きとなった。

初日、室堂から剱御前小舎へ登り、稜線をたどって別山の北峰（2880m）へ至る。目的の北東面を偵察するとダイナミックで広大なルンゼが真砂沢方向へと落ち込んでいる。

この北東ルンゼ群は真砂沢の右俣ともいうべきもので、高度差も本谷まで750mとスケールがあり、周囲のアルペン的景観もすばらしく、見過ごすわけにはいかない。偵察すると顕著な二つのルンゼで構成されていることがわかった。今回は規模の大きい北側の北東ルンゼ1を滑ることに決める。

ドロップポイントから急斜面に飛び込んでターンすると表面の湿雪が雪崩れるが、ルートは広いので気にせず豪快に滑降できる。傾斜は最大40度ほどで、周囲の岩峰がよいアクセントになっている。パートナーの狭間君と交互に撮影しながら快適に滑降する。

下部はザラメでスピーディなターンを決める。最後はルンゼ状を滑って真砂沢へと合流。さらに真砂沢のフラットなバーンを大パラレルで飛ばし、剱沢出合まで滑降した。その後、剱御前小舎まで長い登り返しに耐え、ビールで喉を鳴らして一日を終える。

翌日は昨年の源次郎尾根のクライム&ライドの続きで、前回滑った平蔵谷からS字雪渓ルンゼに取り付く。急なノドからはロープを出し、スタカットで登る。源次郎尾根に飛び出すと気温は上がり、雪はグサグサで悪く、ロープの出しっぱなしとなる。

懸垂下降したⅡ峰のコル先のピークでタイムアウト。曲がりなりにもこれでスキーを担いで源次郎尾根を完全トレースしたことになる。そこからフラットな長次郎谷側ルンゼを剱沢出合まで滑降する。

最終日は剱御前西面の典型的なルンゼである白ウラ谷を滑って、ゴールデンウィーク後半の短い山行を終えた。

ルートグレード	
アプローチ	I
滑降	S4

日程	2008年5月3日
メンバー	三浦大介、狭間栄治
タイム	室堂9:30～剱御前小舎～別山北峰（2880m）13:00～北東ルンゼ1～真砂沢14:00～剱御前小舎17:00

45 奥大日岳

Mt.Okudainichi_2611m

室堂乗越付近からの
奥大日岳

日程	2016年4月16日
メンバー	三浦大介、廣光佑亮、服部知尋、松岡祥子
タイム	室堂 10:00 〜
	室堂乗越 11:00 〜
	奥大日岳 P2611
	東面 12:30 − 13:30 〜
	滑降〜
	カガミ谷 1900m地点 14:30〜
	稜線登り返し 15:30 〜
	雷鳥荘 16:30

ルートグレード	
アプローチ	I
滑降	S5−

番外

P2511カガミ谷左ルンゼ

室堂乗越の稜線P2511から乗越寄りに落ちる顕著なルンゼで、シーズン初めの11月後半に滑降した。上部の雪付きはやや甘かったが、ノールのあるスティープなルンゼで、いきなり本番チックな滑走が楽しめる。カガミ谷の2000m地点まで高度差500m滑降し、登り返しは立山川左端のいちばん傾斜の緩いルンゼを登って、稜線のP2390に至り、そこから雷鳥沢に下山する。

ルートグレード	
アプローチ	I
滑降	S4

P2511カガミ谷右ルンゼ

室堂乗越の稜線P2511から奥大日岳寄りに落ちる入門的なルンゼライン。奥大日岳東面の偵察で滑るのによいだろう。

ルートグレード	
アプローチ	I
滑降	S4−

P2611東面カガミ谷ダイレクト

自分もあのような滑降をしたい

今、手元に、２００２年11月、奥大日岳東面のカガミ谷をパウダーで滑ったプロスキーヤー児玉毅(こだまたけし)氏の写真がある。自分の知るかぎり、これがパウダー期最初の滑降記録であり、彼の初期のベスト滑降の一つだと評価している。

撮影したのはスポーツ写真家として著名な渡辺正和氏。斜陽の光と影の絶妙なコントラストのなか、最高の雪質にシュプールを刻む氏の滑降の瞬間を切り取った傑作である。

以前、立山でタケちゃんと飲んだときに、このときの話を聞かせてもらった。二人きりで撮影に来て、運よく絶好のコンディションで滑降できたこと。渡辺氏のこだわりで光が最高の陰影を作り出すまで、ドロップポイントで長く待たされたこと。そして、滑ってからの登り返しのラッセルがきつく、日が暮れてしまったこと、などなど。

自分も、あのような滑降をしたい。あわよくば黒部スキー横断のフィナーレで。そう思いながら3月下旬に何度かこの場所にやってきたのだが、雪庇の大きさや天候の悪さなどを言い訳に滑降のチャンスを逃してきた。しかし、スティープ１００選にここを外すことはありえず、まずは4月のアルペンルート開通直後に滑ろうということになった。

16年は雪解けが早く、まだ滑れる状態にあるかが不安である。アルペンルート開通と同時にメンバー4人で扇沢の始発で室堂入りし、10時に出発する。遠目に見る東面の最上部にある通称「おにぎり岩」はすでに黒々としている。

室堂乗越経由で稜線に出ると、東面の全景が露わになる。雪庇は小規模で、直下の急斜面には小さなクラックも見えるが、全体的に雪面はきれいでなんとか滑れそうである。

奥大日岳２６１１ピークに12時30分着。さっそく東面のドロップポイントを探る。ハイマツを掘り出して支点とし、ロープを出して雪庇工作を行なう。切り取った雪庇の切れ目から見下ろす斜面の雪面は、フラットでエッジも利きそうだ。

13時半、三浦トップでドロップ。雪庇の切れ目から斜め下方に飛び込み、横滑りから素早く山回りターンを決める。雪面はやや硬めだがエッジは利く。

ウィペットポールのない左手が山側となるので、腰からアックスを抜き取り、制動を利かせながらターンできるスペースまで階段下降する。

程なく、右にペダルターンを決め、雪庇を背負いながら間髪を入れずに連続ターン。空中を舞い降りるような落差のあるターン感覚が心地よい。この辺りの傾斜は48度である。表面の硬いザラメ雪をカラカラと落としながら、小回りでリズムよくスキーの先を落とし込む。

下部の顕著なクラックを気合で飛び越えると核心が終わり、傾斜がやや落ちて徐々にすばらしいザラメバーンとなる。ここぞとばかりに雄叫びを上げながら、小リッジ沿いに快適にミドルターンを刻む。メンバーも慎重に上部急斜面を滑降し、クラックをクリアした。

2ピッチ目はスキーヤーズレフトのラインを選択。今シーズン最高の極上の面ツルザラメバーンにスキーが止まらない！　各自、好きな分だけ滑降する。その後、稜線に登り返し、仲間の待つ雷鳥荘で祝杯を挙げた。

近年、11月の立山では年々減少する積雪量により、コンディションを当てるのが難しくなってきている。今後、児玉氏が滑降したときのような、豊富な積雪量で、最高のライディングのできるチャンスに巡り合うことができるだろうか……。

46 雄山

Mt.Oyama_3003m

雄山山崎カールの全景

1

西面ルンゼ

雄山神社脇から西面に直線的に落ち込むルンゼライン。11月だと最上部は雪付きが甘いこともある。山頂から滑れるので山崎カールに次いで人気の高いルート。最上部はダイレクトにルンゼに入るラインとスキーヤーズライトから回り込むラインとがある。どちらも露出感があり、幅広のルンゼ内は40度強の傾斜が比較的長く続く。下部に行くほど雪がたまるが、風の影響を受けやすくパックパウダーのことも多い。並行して隣にも同じようなルンゼが走っている。

ルートグレード	
アプローチ	I
滑降	S4

番外

サル又のカール

雄山の東面、サル又のカールに滑り込むライン。神社前からドロップし、正面フェイスを滑ってから、左手のルンゼ状に入る。すぐに眼下にはサル又のカールが広がる。東面ゆえ、積雪量は多いが、日差しが当たるのが早いのでコンディションに留意する。アルペンルートが開通する4月半ば以降は、さらに御前谷を滑降し、2170m付近から右へ大トラバースして支尾根を二つ越え、黒部平に滑り込むのが定番である。なお、11月は滑降後、登り返しとなるので、積雪の安定性には充分な注意が必要だ。

ルートグレード	
アプローチ	I
滑降	S4

雄山南面

南面ゆえ、フラットなザラメコンディション時には最高の滑降が味わえる、立山で一、二を争うオープンバーンのビッグスロープ。御山谷ボトムまでの高度差500mを、風を切って一気に滑り落とす、その爽快感といったら筆舌に尽くし難い。立山エリア広しといえど、これより右に出るザラメバーンを私は知らない。

ルートグレード	
アプローチ	I
滑降	S4−

山崎カール

いまだ課題が残る山崎カール

立山の山崎（やまさき）カールは実にすばらしい滑降ラインである。それは好ラインひしめく劔・立山エリアのなかでも屈指の存在感を示す。

北西向きであるがゆえ、稜線直下は風の影響を受けて雪面が硬いことも多いが、モレーン基部からの絶妙な傾斜の立ち上がり具合と、顕著なリッジに囲い込まれた懐の深さにより、強風で運ばれた雪がたっぷり吹きだまる条件がそろう。稜線から少し下がれば、申し分のない雪質の広大なオープンバーンが出現する。

日本最高所の登山拠点である室堂とともに、日本の山岳滑降のランドマークといえよう。

私自身、何度滑ったかはすでに忘れてしまったが、初冬や残雪期といずれも楽しい思い出ばかりである。いくつか記憶に残る滑降を振り返ってみよう。

＊

最初に滑ったのは1990年代初めで、自身20代半ばのころ。勤務先の会社の山岳部時代である。あのときは2度目の山スキーブームと重なり、山岳部の仲間とあちこちによく出かけた。

ゴールデンウィークに劔・立山でスキー合宿を行なった際、仲間とガスのなかスキーでジグを切りながら、山崎カールをダイレクトに雄山まで登り滑った。最後の急斜面に亀裂があったのを今でもはっきりと覚えている。

滑降は視界が利かないこともあり、露出感に惑うことなく、急斜面のザラメ雪に、当時のフリッチのプレート式の最新ビンディングとディナスターのバーチカルのセットで、ダイナミックなターンを刻み、滑降成功をビールで祝った。

次に印象深いのは2004年の3月。針ノ木岳小スバリ沢から黒部ダムを渡った4度目の黒部スキー横断で、前回はスルーしてしまった雄山に登り、絶好の条件下で、山頂からバージンの山崎カールに会心のシュプールを描いたときだろう（P201）。ノンストップでボトムまで滑降する間に、歓喜の雄叫びを上げ続けていたことを昨日のように思い出す。

そして、恒例の11月の立山。チャンスがあれば必ずや雄山に登り、山崎カールを落とした。最上部は雪が硬いことも多く、その都度ドロップポイントは変わったが、稜線から少し滑ればいつも文句なく最高の雪質、最高の滑降が待っていた。

その滑り込むラインに山崎カールのシンボル「ローソク岩」は外せない。これを絡めて思いどおりのラインが描ければ、立山に来た甲斐があるというもの。温泉後のビールがうまいのだ。

＊

とはいえ、まだ課題は残っている。実は厳冬期はまだ滑っていない。金沢の早川康浩氏が実施して以来、流行りになった立山ワンデイスキーでの、厳冬期の山崎カール滑降が自身最後の課題である。

最近、温暖化の影響で11月の立山は雪が少ないし、アルペンルートが開通している間に初冬の立山が滑れなくなる日も近いかもしれない。そのときは必然的に立山ワンデイスキーの価値が上がってくる。近い将来、滑降できる日を心待ちにしている。

ルートグレード	
アプローチ	I
滑降	S4

日程	2015年11月29日
メンバー	三浦大介、須藤正雄
タイム	室堂8:00～一ノ越10:00～浄土山11:00～一ノ越～雄山13:00－13:30～山崎カール滑降～室堂15:00

大汝山

47

Mt.Onanji_3015m

スバリ岳稜線から立山
東面を望む

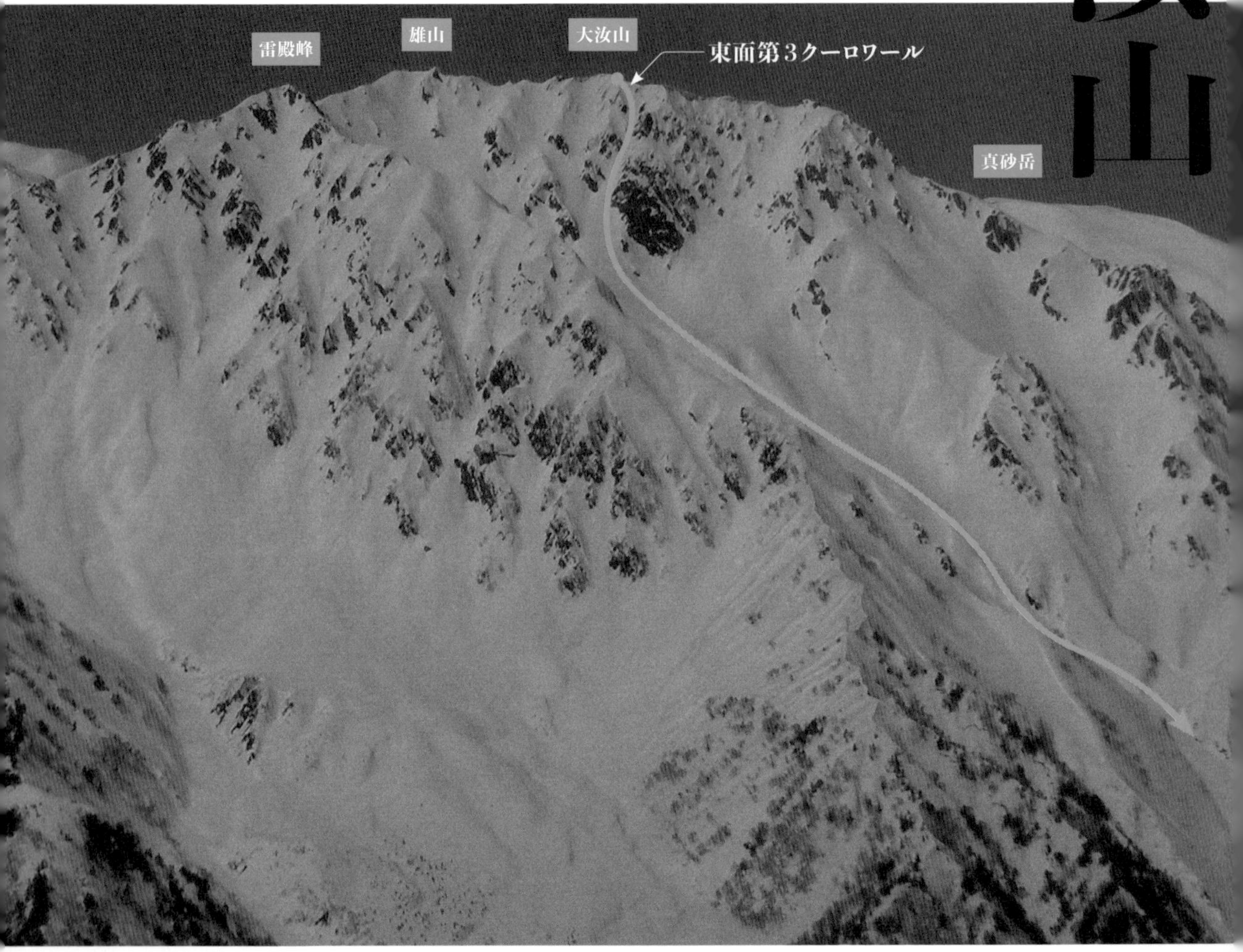

雷殿峰
雄山
大汝山
東面第３クーロワール
真砂岳

東面第３クーロワールを俯瞰する

滑降したクーロワールの全貌

東面第3クーロワール／初滑降

立山東面の最も急峻なライン

2005年のゴールデンウィークは、昨年に引き続いて、オリジナルな滑降主体のラインで穂高岳から剱岳までの主脈をつなぐ、「北アルプスオートルート・スーパー」後半部をトレースした。

今回は新穂高温泉から入山し、双六岳から黒部源流域の山々を回り込んで主脈に沿って北進し、薬師岳を経て、5日目の夕方に立山の十字路である一ノ越まで到達。夜は久しぶりの快適な広い山小屋でゆっくりとビールを飲み、熟睡し、疲労は回復した。

遅い朝食後、さっそく板を担いで雄山から大汝山へ登る。本日は立山東面をつないで、剱澤小屋までの行程である。狙うは以前、雪の状態が悪く敗退した、立山東面では最も急峻な滑降ラインである。

大汝山山頂から東面を覗き込むと、左下に岩稜沿いに吸い込まれそうなクーロワールが落ち込んでいた。これが、立山の最高点から直接滑り込める目的のラインのようだ。位置からして大汝山東面第3クーロワールとでも呼べばよいだろうか。雪の状態はよさそうだ。

10時に山頂から稜線沿いに滑りだし、雪庇の間からドロップする。出だしの斜度は50度ありそうだ。ジャンプターン気味にショートターンを刻みながら、ラインに入っていく。前回と違ってスラフも出ず、最高のザラメコンディションである。核心の狭隘なノド部が見えるが、安定した雪質の斜度45度のクーロワールスキーイングを満喫する。

ノドをクリアするとラインは一直線にサル又のカール（P130）に続いている。ここから雪質はやや腐り気味になり、ターンごとにザラメがずり落ちる。しかし、慣れてくれば楽しい滑降である。

下部はデブリで多少荒れていたが、そのままカールへ滑り込む。カールの底からさらに御前谷をゆったりとクルージング。室堂周辺の喧騒に比べて、立山東面は静かである。そのまま2100m地点まで滑降する。

ここからシールを付けて、わずかな登り返しで丸山中央山稜2279mピークのコルまで上がる。さらに内蔵助平の手前までひと滑り。登り返しの内蔵助カールは表面がみごとなフィルムクラストになっており、滑降欲をそそるが先を急ぐ。直接、真砂岳へ登り返し、強風の稜線をシートラーゲンで別山へと向かう。

別山に着くと、今回の最終目標の剱岳が全容を現わす。岩がやや目立ってきてはいるが、まだ残雪はたっぷりである。

別山山頂からは北面ダイレクトを三田平へ向かって滑降する。かなりの急斜面であるが、雪も程よく緩み、快適なザラメバーンを飛ばし、そのまま剱澤小屋へと滑り込む。

まだ15時前ではあったが、ビール片手に剱岳を眺めながら、明日の本番に備えて英気を養うことにする。

はたして、翌日は念願の剱岳池ノ谷右俣の滑降を無事成功させ、馬場島に下山して、「北アルプスオートルート・スーパー」の完成を一人静かに祝ったのだった。

ルートグレード	
アプローチ	I
滑降	S4+

日程	2005年5月4日
メンバー	三浦大介（単独）
タイム	一ノ越8:00 ～ 大汝山9:30 ～東面第3クーロワール滑降10:00 ～ 丸山中央山稜10:30 ～内蔵助平11:00 ～真砂岳13:30 ～ 別山14:00 ～北面滑降～剱澤小屋14:40

48 富士ノ折立

Fujino-oritate_2999m

スバリ岳稜線から立山
東面を望む

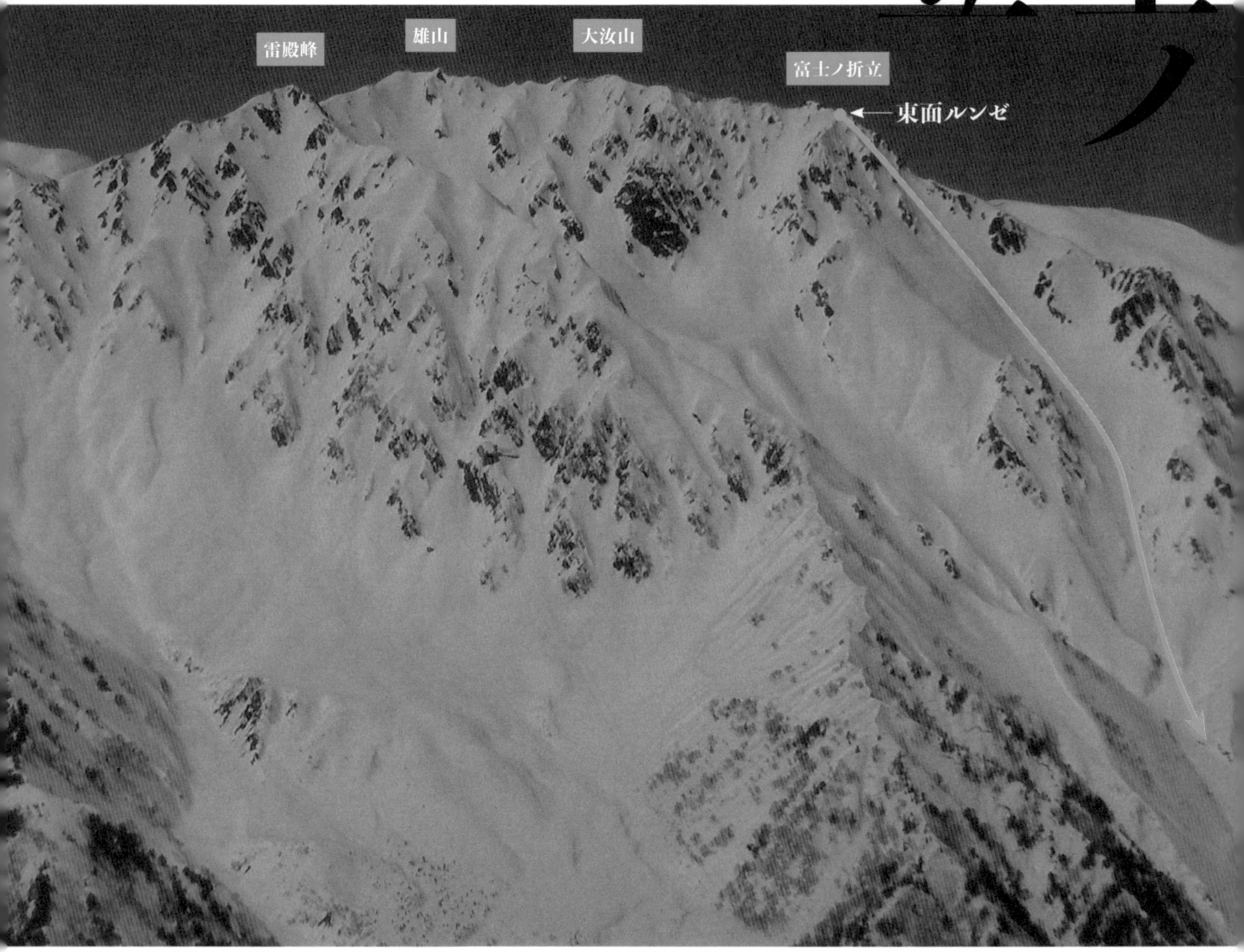

雷殿峰
雄山
大汝山
富士ノ折立
←東面ルンゼ

番外

北面ルンゼ～P2725東面

富士ノ折立の北面を見ると、ドーム頂稜から2本の顕著な雪の帯が内蔵助カールに向かって下りている。これが北面ルンゼで通常は幅広のほうのルンゼを滑る。午前中はハードバーンのことが多いが、雪が緩めば別山北面同様のすばらしいルンゼ滑降が堪能できる。さらに内蔵助カールから丸山中央山稜P2725東面への継続滑降をおすすめしたい。この大斜面は雄山南面と並び、標高差500m以上の極上ザラメ滑降を満喫できる、立山の最高傑作だ。

ルートグレード	
アプローチ	I
滑降	S4

西面ルンゼ

西側にも顕著なルンゼが存在する。上部はアルペン的景観のなかにきれいに落ち込むルンゼ状で、中間部は広がりを見せる。さらに下部はゲートをクリアして雷鳥沢に滑り込む、標高差700mの変化に富む好ルートである。

ルートグレード	
アプローチ	I
滑降	S4

東面ルンゼ～御前谷／初滑降

2007年の滑り納めに初滑降

立山本峰・三座の一つである富士ノ折立は、神を祭った雄山（3003m）や最高峰の大汝山（3015m）に比べて、標高は3000mに届かず、一見地味な存在である。

しかし、急斜面フリークにとっては大変興味深い山で、囲まれる4つの全斜面に味のある滑降ラインが存在する。その筆頭が丸山中央山稜と第4尾根に挟まれた東面であろう。ここは一般ルートから見えにくい場所にあるためか、滑降記録は未見であるが、御前谷の右俣源頭といえるロケーションから二俣までの、標高差1000mの変化に富んだラインはすばらしい大滑降が期待される。

2007年は当初から北アルプスを主戦場にスティープ三昧のシーズンを送り、それなりの成果も上がった。だが、いまだ豊富な残雪を誇る立山エリアを見過ごすことはできない。板納めを兼ねて、以前から気になっていた、この富士ノ折立東面に狙いを定めた。

すでに6月に入ったが、ピーカンザラメのラストチャンスだとの触れ込みで、マニアックなルンゼ滑降を得意とするパートナーの狭間君を誘い出す。

6月最初の週末、アルペンルートの始発で室堂入りし、一ノ越から立山主稜線を縦走。13時には富士ノ折立に到着する。クレバスの多い切れ落ちた南面を慎重にトラバースして、ピーク東端に進む。

東面を覗き込むと予想以上の絶景が目前に飛び込んでくる。顕著なルンゼラインは2本あり、北寄りの丸山中央山稜脇のほうがドロップしやすく、アルペン的岩稜に囲まれた、急峻ですばらしいルンゼがカールボトムまで落ち込んでいる。雪面はクラックのないフラットなザラメコンディションである。よし、これを滑ろう。

13時半、狭間君に持参したビデオ撮影を託し、GO！の合図で滑降を開始する。小回りターンで急峻なザラメ斜面を快適に滑り降りる。サーサーというザラメを滑る摩擦音が辺りにこだまする。リズミカルな連続ターンでどんどん落下してゆく。

岩陰でピッチを切り、今度は選手交代で狭間君に先に滑ってもらう。彼も忍者のように左右に飛び跳ねながらダイナミックに滑ってゆく。

首尾よくルンゼを抜けて大斜面に飛び出した彼の後ろ姿を追いながら、御前谷二俣まで、今シーズン最後のザラメ滑降を満喫した。

その後、サル又のカールを登り返し、雄山から山崎カールを滑降して、雷鳥荘に下山。翌日はまだ自身未滑降であった剱岳のインディアンクーロワール（P13）を滑り、シーズンの板納めとした。

立山稜線から富士ノ折立に向かう

ルートグレード	
アプローチ	I
滑降	S4

日程	2007年6月2日
メンバー	三浦大介、狭間栄治
タイム	室堂9:30～一ノ越10:40～富士ノ折立13:00－13:30～東面ルンゼ滑降～御前谷二俣13:40～雄山登り返し16:00～山崎カール滑降～雷鳥荘17:00

49 雷殿峰

Raiden-Peak_2930m

スバリ岳稜線から立山
東面を望む

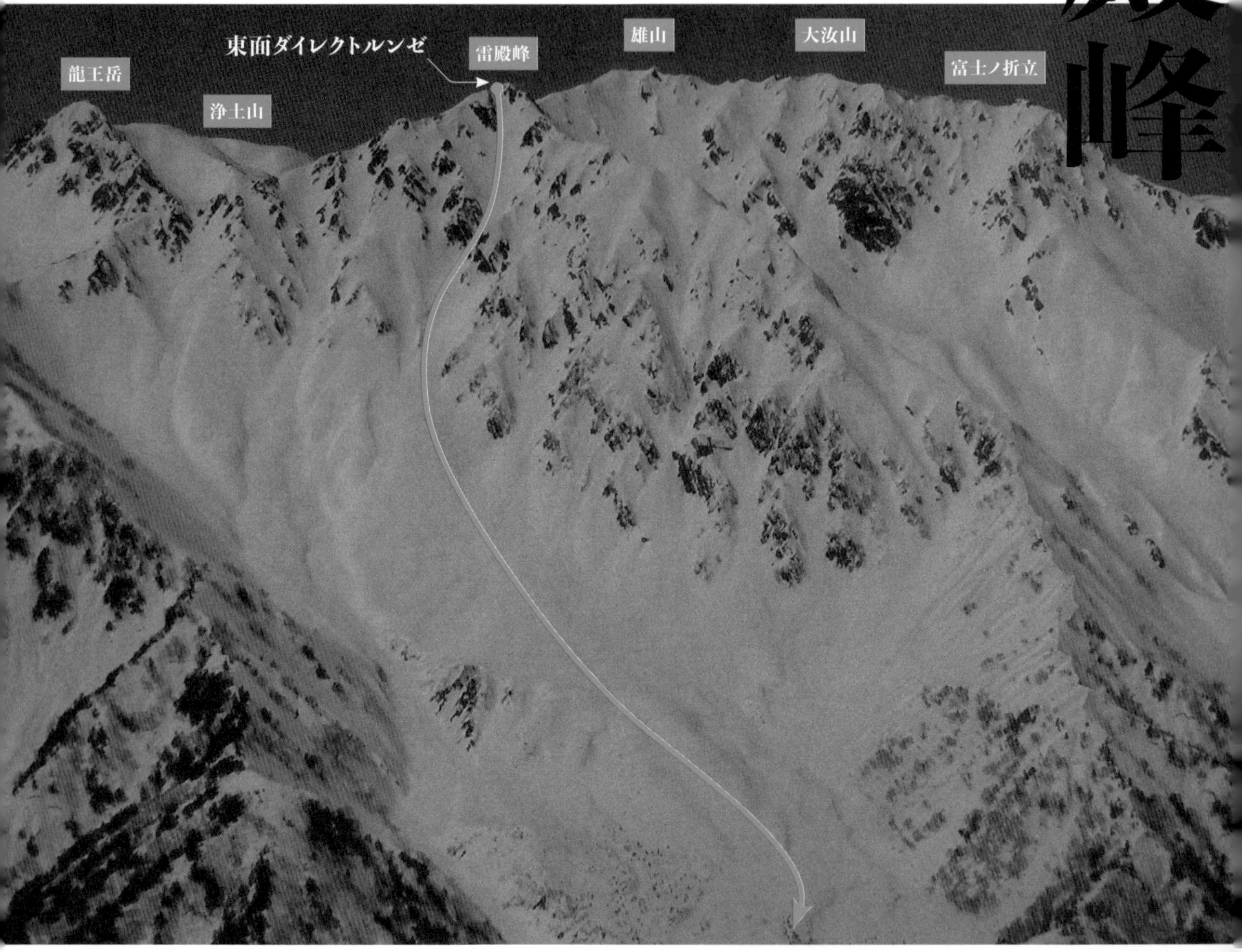

龍王岳
浄土山
東面ダイレクトルンゼ
雷殿峰
雄山
大汝山
富士ノ折立

東面ダイレクトルンゼ
上部の滑降

東面ダイレクトルンゼ／初滑降

美しく煌めく、トライアングルフェイス

　長年滑ってきた劔・立山連峰のスティープラインの滑降もすでに後半戦に入った。寡雪で懸念された2012年シーズンのゴールデンウィークであったが、幸いにも剱岳源次郎尾根Ⅱ峰平蔵谷側のカイトフェイス（P113）の滑降を含む、いくつかの印象的なラインを滑れた。

　その一つが、雄山からサル又のコルを挟んで、吊尾根でつながる雷殿峰である。東面には怪鳥が翼を広げたような、美しく煌めくトライアングルフェイスが存在する。

　黒部川スキー横断時に後立山稜線から幾度となく対峙したこのフェイスは、ぜひ滑らなければと思いつつ、先延ばしになっていた。メジャーエリアにありながら、なんとなく行きづらく、また見えづらくもあるためか、今まで滑ったという話は聞こえてこない。今回はこのフェイスの真ん中にあるダイレクトルンゼを狙う。

　雷鳥荘を6時半に出発。一ノ越経由で雄山から稜線をたどり、10時に雷殿峰へ至る。東面ということもあり、雪の状態にやや不安があったが、山頂から覗いてみると雪面はずいぶんとスムーズで、斜度も思ったほどはきつくない。こいつは行けるなと感じ、ピーク直下のドロップポイントへと向かう。

　雪質は案の定、程よい硬さのザラメである。眼下には斜度40度程度の面ツルバーンが、「どうぞ滑ってください」と言わんばかりに広がっている。

　無風快晴の申し分のないコンディションのなか、10時半にドロップ。上部は広大な扇状の急斜面が続く。雪はよく走る最高のザラメコンディションで、快適なミドルターンを刻むことができる。

　右にカーブした先の核心部には雪崩溝が見えるが、その左側に充分な滑降スペースがある。傾斜は最大45度で、先は末広がりとなり、すでにボトムも見えている。ここを快適なショートターンでクリアするとオープンスロープへと飛び出す。

　下部はやや雪が腐ってきたが、まだそれほどデブリで荒れてはおらず、狙いどおりの大回りターンで思い描いたシュプールを刻む。

　黒部平の先も雪の状態がよく、そのまま黒部湖畔まで樹林帯に板を滑らせ、山行を締めくくった。

　立山からの下山は一ノ越からのトラバースラインで東一ノ越経由が一般的であるが、上級者にはぜひこのラインをおすすめしたい。ただし、東面であるがゆえ、午前中早い時間帯での滑降は必須である。

東面ダイレクトルンゼ下部の滑降

ルートグレード	
アプローチ	I
滑降	S4+

日程	2012年5月1日
メンバー	三浦大介（単独）
タイム	雷鳥荘6:30～雄山9:00～雷殿峰10:00－10:30～黒部湖畔12:00～黒部ダム駅13:00

50 龍王岳

Mt.Ryuo_2872m

雄山山頂から望む三山

黒部五郎岳　薬師岳　獅子岳　五色ヶ原　鬼岳　龍王岳

1　2

龍王岳
東面ルンゼ

② 獅子岳北東ルンゼ

獅子岳の頂稜の北端から北東方向に落ち込む、両サイドをリッジに挟まれた顕著なルンゼ。出だしのルンゼ核心部に快適にターンを刻み、中間部から右に緩やかに曲がりながら、そのまま沢地形を御山谷2000m地点まで落とす。滑り応えのあるライン。

ルートグレード	
アプローチ	I
滑降	S4−

←11月の龍王岳東面ルンゼのスティープ滑降

① 獅子岳東面ルンゼ

獅子岳の三角点から東面に落とす広いオープンライン。右手に回り込んでから落とすほうが傾斜は緩い。ザラメのオープンバーンに、自由自在にシュプールを描くことができる。最後は北東ルンゼと同じ地点で御山谷に合流する。

ルートグレード	
アプローチ	I
滑降	S4−

東面ルンゼ

御山谷右岸三兄弟を滑る

浄土山とザラ峠の間に連なる、龍王岳、鬼岳（2750m）、獅子岳（2714m）は仲のよい三兄弟のように、御山谷の右岸に一列に行儀よく並んでいる。

これらの小ピークは初・中級の山岳滑降者にとって有意義な練習場を提供してくれる存在だが、龍王岳を除いて、その立ち位置にやや難がある。特に11月は日も短く、鬼岳や獅子岳と遊ぶ時間はなかなか取れないだろう。しかし、4月のアルペンルート開通以降であれば3ピークともに、その存在価値を発揮できよう。

2011年の11月下旬、初日に雪質を把握し、2日目に龍王岳の東面ルンゼを滑降した。ショートスティープであるが、シーズン初めは最上部が45度オーバーの急傾斜となり、斜面に飛び込むようなペダルターンのドロップシークエンスが楽しめる。

さらにルンゼ中間部には岩が露出しており、アクティブなショートターンでリズミカルな切り替えが必要になる。ルンゼを抜けると、オープンで快適なパウダーバーンが御山谷まで続いている。

私は以前、やはり11月に龍王岳の初級バリエーションである東尾根（永嶋尾根）を登ったことがある。4ピッチ程度の短いルートであるが、なかなかよい雪稜ルートであった。

これを登って東面ルンゼをクライム&ライドなんていうのも、初冬のトレーニングにアリかと思うが、いかがでしょう？

三兄弟の残り2山について、ここで触れておく。

【鬼岳】真ん中の鬼岳はあまり取り柄のない山だが、西面の国見谷の滑降ゲートとしての価値は充分にある。

鬼岳の北のコルからが西面滑降の一番の弱点であり、黒部スキー横断で御山谷を登って、このコルから国見谷経由で湯川谷を滑り、立山駅へ下山というルートの入り口としての役割がある。

また、4月のアルペンルート開通後に、ここから国見谷を滑って、ザラ峠へ登り返して室堂に戻ってくるという、ワンデイ周遊にも最適である。

ちなみに、私はまだ国見谷を滑っていないが、黒部スキー横断の後半にぜひ滑りたいと思っている。

【獅子岳】そして獅子岳であるが、これは意外と立派な山で、御山谷側に二つ、よい滑降ラインが存在する。北東ルンゼと、東尾根を挟んで反対側の東面ルンゼで、ともに700mの高度差で御山谷まで続いている。

＊

春の立山で朝の早い時間帯に山頂まで登り、雪の腐らないうちに滑れば、静かで豪快なザラメ・ライディングを満喫できること請け合いである。ぜひ、試されたし。

春の獅子岳東ルンゼの滑降

ルートグレード	
アプローチ	I（初冬期）
滑降	S4+

日程	2011年11月26日
メンバー	三浦大介、松岡祥子
タイム	雷鳥荘7:00～一ノ越9:00～龍王岳10:30－11:00～東面ルンゼ滑降～一ノ越12:30～雄山13:30～西面ルンゼ滑降～室堂15:30

51

Mt.Tonbi_2616m

兎谷の氷瀑を懸垂下降する

黒部川を横断し、台地で幕営する

日程	2004年4月3～5日／2泊3日
行程	日向山ゲート～扇沢～針ノ木雪渓～針ノ木峠～針ノ木谷滑降～黒部川横断～ヌクイ谷～鳶山～兎谷滑降～湯川谷～立山駅
メンバー	三浦大介、牧野総治郎、亀岡岳志
タイム	兎谷滑降 4/4　ヌクイ谷出合BP7:00～稜線11:00～鳶山のコル12:30－13:00～兎谷滑降～湯川谷1320m台地16:30～有峰トンネル林道多枝原谷付近BP18:00(泊)

ルートグレード	
アプローチ	II
滑降	S4+（RP15m氷瀑）

兎谷／初滑降

最後は「道迷い」のオマケ付き

あの黒部川の究極の核心部に突入する前に、もう少し周辺の地固めをしておこうと思ったのは、私の臆病な性格のなせる業だろうか。

それにしても、前週の針ノ木岳小スバリ沢からの2度目の黒部湖横断（P201）は、実にすばらしいスキーツアーであった。その際、今シーズンはもうワンチャンスあると感じた。次にやるなら、クラシカルな針ノ木谷から平（だいら）での横断だろう。

しかし、最近頻繁にトレースされているザラ峠越えではあまりにも芸がない。そこで横断後にヌクイ谷を登高し、主稜線の鳶山から西面の立山カルデラ・湯川（ゆかわ）谷へ落ち込む未知の険谷・兎谷（うさぎ）の初滑降を狙うことにした。同行者は、昨年2003年にS字峡横断を共にした亀岡岳志氏とRSSAの重鎮・牧野総治郎氏である。

深夜発の「ムーンライト信州」に乗り込み、早朝、大町入りする。花冷えで肌寒く、小雪が舞っている。タクシーで日向山（ひなたやま）ゲートまで移動し、6時にスキーを担いで林道を歩きだす。1週間で周囲の雪解けがだいぶ進んだ様子だ。

カーブの手前で雪道に入り、いつものようにシール登高を開始する。1ピッチで扇沢へ。針ノ木雪渓の末端から亀岡氏と私でトレースを付けながら進む。時折、突風が吹き付け、真冬の寒さに凍える。

マヤクボ沢を分けると雪が深くなった。最後は小雪庇の弱点を登り、正午すぎに針ノ木峠へ出た。稜線は風が強く、視界もよくないので予定していた蓮華岳（れんげ）からの滑降をあきらめ、針ノ木谷へ直接滑り込む。雪質はアイスバーン、モナカ、新雪とめまぐるしく変化する。中間部に入るとすでに流れが顔を出している部分がある。

南沢合流付近で徒渉を行なう。黒部川に近づくにつれ、谷は徐々に割れてくるが、スノーブリッジをうまく使ってスキーを走らせる。

ついに視界が大きく開け、ダムの底を這うように流れる黒部川にぶつかる。雪解け水が流れの勢いを増している。幅も15mはあろうか。小雪降るなか、それぞれのスタイルで徒渉するが、やや濡れる。予定どおりヌクイ谷出合で幕とする。

翌日起床すると、テントにパラパラと雪がはじける音がする。これでは兎谷の滑降はおぼつかないかと不安になるが、新雪は15㎝程度であり助かった。

登り返しのヌクイ谷は広々した谷で、左右からの雪崩に注意さえすれば、比較的登高向きの谷といえる。上部二俣を左に取り、最後の急斜面を慎重にラッセルすると待望の稜線である。稜線は強風だったが、なんとかスキー登高で鳶山手前のドームへ。到着すると即座に鞍部から兎谷を探る。視界は悪いが、この条件ならば滑れると判断する。

13時、三浦先頭でドロップイン。直下はすり鉢状でアイスバーンの急斜面になっており、ところどころ露岩が出ている。横滑りとジャンプターンを駆使して、これをクリアすると、徐々に斜面は新雪に覆われてきた。

この先は核心部のノドとなり、雪崩を

警戒しながら一人ずつ滑り降りる。新雪のスラフがターンごとに落ちるが、下層は安定している様子で、大規模な雪崩はないと判断する。

ノド部を通過するとカール状の大斜面が視界いっぱいに広がった。あいにくガスがかかり視界が充分でないのが残念だが、この時期としては極上というべきパウダー滑降だった。周囲のアルペン的大景観も実にファンタスティックである。

北西面ではあるが、切れ込みの深い谷との読みは大当たり。少し高度を下げると予想以上にすばらしい雪質が温存されていた。待ってました！とばかりにお互い前後しながら、自由奔放に豪快なシュプールを刻み込む。

やがて谷はゴルジュ帯に突入する。水音の気配を感じると露出したナメ滝が出てきた。これは右側を難なくクリアして、次の段差へと向かう。すると、そこで斜面はプッツリと終わり、目の前に大きな空間が広がった。大滝の出現である。

スキーを外し、ロープを使って降り口まで下降する。なんとオーバーハングの氷瀑が落ちているではないか。両サイドも険しく、高巻きは困難である。ここは懸垂下降と判断。持ってきた30mロープいっぱいで届くか不安ではあったが、セットしてみると半分の15mで事足りた。各自スリングで作った簡易ハーネスで慎重に懸垂下降する。すんなりと初滑降を許さないのが未知の谷のゆえんである。

この先、兎谷に悪場はなく、高度差1200mの滑降を無事終えた。そして湯川谷本谷との合流を済ませると、あとは林道沿いにスキーを進めればよいと全員が思っていた。次々と現われる巨大堰堤を難なくクリアして、1320m地点のトイレの建屋ある台地に到着。しかし、この先で「道迷い」をしてしまったのだ……。

結局、この日は多枝原谷へ大きく迂回する別の林道をたどり、夕暮れ前の18時、早々にビバークを決める。無線を数回試みて、ようやく地元の無線家とつながった。会に下山の遅れを伝えてもらい、事なきを得る。

最終日、天候は回復し、紺碧の空に白屏風のようにそびえる立山カルデラがすばらしい。さあ、下降再開だ。

有峰トンネル入り口から北に湯川谷まで滑降し、湯川谷左岸の斜面を下った。あとはほぼ谷沿いに開かれた林道に沿って滑降すればよい。この先、立山駅まで迷うようなところはなかった。

兎谷上部のパウダー滑降

薬師岳 52

Mt.Yakushi_2926m

温泉沢上部から黒部川を隔てた薬師岳東面を望む

番外

北薬師岳P2832～スゴ一ノ谷左俣

2005年GWの「北アルプスオートルート・スーパー」の際に滑ったライン。立山の国見岳から薬師岳方面を望むと最初に目に入る美しい三角形の大斜面がこれである。最大傾斜は40度強であるが、スゴ乗越小屋への登り返し地点まで、高度差1180mの大滑降が楽しめる。P2832から見下ろすとすばらしい扇形の大斜面が下方まで続いており、GWなら申し分ないザラメ滑降を満喫できよう。

ルートグレード	
アプローチ	I
滑降	S4−

1 東南尾根東壁4ルンゼ

2010年GWに薬師岳から黒部川奥ノ廊下スキー横断の際に滑降した、東壁四稜と五稜の間の急峻なルンゼ。このときの本命は東壁2ルンゼだったが、下部の状態が読めずに断念し、P2786から東南尾根稜線の雪庇の弱点を探しながら滑降を続け、P2650直下から東面4ルンゼにドロップ。最大傾斜45度、黒部川出合までの高度差900mのアルペン的なルンゼ滑降を堪能した。

ルートグレード	
アプローチ	II
滑降	S4

金作谷／初完全滑降

北アルプス中央部横断スキー

1999年ゴールデンウィークに黒部源流からのビッグスリー（鷲羽岳・水晶岳・赤牛岳）の滑降（P156）に気をよくしたわれわれは次のステップとして、翌2000年に薬師岳金作谷から上ノ廊下を横断して赤牛岳・水晶岳の中央山稜を突破、真砂岳五郎沢を滑降して高瀬川に至るという北アルプス中央部横断スキーの実践を企てた。

初日、飛越トンネルの手前1kmからスキーで登高を開始。軽量化を図っているとはいえ、テント泊5日間分のザックはずっしりと重く肩に食い込む。夜行疲れもあって、なかなかピッチが上がらず、6時間かけて北ノ俣岳山頂にたどり着く。

太郎平小屋に滑り降りるパーティを見送り、薬師沢二俣をめざす。新雪が少し積もったのと午後の気温のせいで雪質は最悪のモナカ雪である。重荷でターンするとスキーが雪にめり込んでしまう。悪雪にたまらず、東面2450m地点の平らな尾根上で行動を打ち止めにする。

翌日、朝起きるとガスで視界はない。今シーズンの多雪や昨日の雪の状態を考えると、金作谷への迂闊な行動は危険である。予定を変更し、本日はここをベースに薬師岳への偵察に充てることにする。

ゆっくりと朝食を済ませ、ガスの切れた9時に左俣滑降を開始。朝は雪が締まり、身軽なこともあってすこぶる軽快にターンが決まる。上々の大斜面をあっという間に滑降し、薬師沢二俣へ滑り込む。

ここからシールで太郎兵衛平方面へ沢沿いに進み、しばらくして2448ピークから派生する左手の尾根に上がる。広い尾根上をジグザク登高して稜線に出る。稜線はまだガスっていて風も強く寒い。薬師沢右俣側の雪庇に注意しながらクトーを利かせ、さらに登高を続けると薬師岳山頂に達した。

東面の雪質チェックを兼ねて、中央カールに滑り込む。雪質は程よくクラストしており、ご機嫌なターンが決まる。さらに下部まで滑り、登り返しで右の尾根に回り込み金作谷カール側を覗き込む。中央カールより傾斜は急であるが、雪質は似たようなものだろう。核心部のカール下部、ゴルジュ付近の状態はわからないが、遠く出合の上ノ廊下は雪で埋まっているようだ。これなら行けるな……、期待が大きくふくらむ。不要品を山頂にデポする。

帰路は東南尾根分岐からダイレクトに薬師沢右俣に滑り込む。上部は快適な大斜面にシュプールを刻む。さらに滑降を続け、多少割れてきた狭い谷間をへつり下る。最後はスキーを担いで小さく巻くと二俣である。そこから幕営地へと登り返した。

いよいよ待ち望んだ金作谷完全滑降と黒部川上ノ廊下横断の時がやってきた。今日は全国的に移動性高気圧に覆われ、快晴である。朝から太陽が眩しく照りつける。水晶岳、三俣蓮華岳、黒部五郎岳の朝焼けに燃える大パノラマを満喫しながらテントを撤収する。昨日と同様なコース取りで9時半、再度薬師岳山頂に到着する。

未知への緊張感が高まるなか、10時に金作谷の滑降を開始する。雪質をチェッ

日程	2000年5月3～7日／4泊5日
行程	北ノ俣岳～薬師岳金作谷～黒部川上ノ廊下横断～赤牛岳・水晶岳の中央山稜～真砂岳五郎沢滑降～高瀬ダム～七倉
メンバー	三浦大介、井内健太
タイム	薬師岳金作谷滑降
	5/5　北ノ俣岳東面2450m地点BP5:00～薬師沢左俣滑降5:30～薬師岳 9:30～金作谷カール滑降～上ノ廊下横断10:30～薬師見平14:00～赤牛岳北西尾根2350m地点BP 15:30（泊）

滑降してきた金作谷をバックに薬師見平に立つ井内健太

クした3ターン目で停止し、重いザックをカール底へ転がす。

雪質はすでに軟らかく、気温は予想より上昇しているようだ。これは急がなくては！　転がるザックを追いかけるように、軽快な小回りでカール底まで滑り込む。カール内は昨日の中央カールとは違い、異様なまでに生暖かい大気に包まれ、雪崩の危険を感じる。ここに長居は無用だ。

中央のインゼルの左側へ斜滑降で入ると、いよいよ核心部ノドの滑降となる。

ここで金作谷の全貌が明らかになる。ノドは意外に広いルンゼ状で45度程度の急斜面がはるか下まで続いている。途中、左に屈折する辺りから左右からのデブリが確認でき、下部もかなり下までデブリに覆われている。再度ザックを転がし、腐れ雪を落ちるようなジャンプターンでぐんぐんと高度を下げる。

程なくデブリ帯に突入。比較的きれいな斜面を選んで滑降する。左右の尾根からは今にも落ちそうなキノコ雪が垂れ下がる。休む暇もなくザック転がしと斜滑降を交えた滑り込みを続けること30分、ようやく安全地帯に逃れてひと息入れる。見上げる金作谷はデブリで荒れ果て、ものすごい形相である。ともかく「おめでとう、金作谷完全滑降成功だ！」と同行の井内君と健闘を称え合う。

金作谷出合の黒部川上ノ廊下は予想どおり雪で埋まり、簡単に渡ることができた。問題の登り返しであるが、読図どおりに出合から少し下流の大斜面を登って左の小沢へ入り、さらに左手の樹林の尾根に上がれば薬師見平に飛び出した。突然展望が開け、対岸にたった今滑ったばかりの金作谷の全景が露わになる。それにしてもすごいところを滑ってきたものだ……井内君と顔を見合わせる。

さらに赤牛岳北西尾根の2350m地点まで登ったところで本日はお開きとする。北アルプスのど真ん中での大景観を満喫しながら、残り酒で祝杯を挙げる。

その後、2日間かけて赤牛岳東面から東沢谷をベースに、水晶岳東面カールをスキー往復。最終日は真砂岳から五郎沢を滑降、湯俣岳に登り返して竹村新道から高瀬川林道をつなぎ、18kmを歩いて七倉へ下山した。

これにより「北アルプスオートルート・スーパー」に、薬師岳から上ノ廊下横断という新たなラインを加えることができた。

ルートグレード	
アプローチ	I
滑降	S4

東南尾根P2786東面ルンゼ（東壁2ルンゼ）／初滑降

黒部川「立石奇岩」に降り立つ

未知の香りが残る貴重なエリア

黒部川奥ノ廊下左岸、薬師岳東面第二稜と東南尾根2786ピーク（東面第二稜ノ頭）から末端にかけて囲まれた薬師岳東壁（仮称）は、主稜線から外れた位置にあるため記録はほとんどなく、未知の香りが残る貴重なエリアである。

黒部川から標高差約1000mを一気に立ち上がる複雑な雪岩稜には登攀意欲をそそられるし、その脇に食い込むルンゼには滑降意欲を駆り立てられる。

今回は前年（2010年）の偵察を踏まえ、本命の2786ピークからダイレクトに黒部川に落ち込む2ルンゼの滑降と、立石（たていし）奇岩での黒部川スキー横断を狙った。

初日は定番の飛越林道から北ノ俣岳に登り、太郎平小屋に泊まる。翌日、小屋から薬師峠まで滑降し、峠からシール登高を開始する。登るにつれ徐々に展望が開け、薬師平から稜線に出ると黒部源流から南は槍・穂高岳、北は大日岳と三六〇度の大パノラマが開ける。

雪質が硬くなる避難小屋手前の急斜面で板を担ぎ、アイゼン登高に切り替える。薬師の山頂は割愛し、避難小屋から東南稜に入る。東面カールに張り出す雪庇に注意しながら稜線を進み、2786ピークに至る。

このピークから薬師東面第二稜の稜線には雪庇がなく、目標の2ルンゼへのエントリーが可能だ。天気は薄曇りで、雪の状態も絶好のコンディション。滑降ラインは最上部の扇状斜面から左にカーブしながら、幅広のルンゼ状となって黒部川へ落ち込んでいるようだ。今年の残雪量から推測するに、黒部川出合から3ルンゼ出合のスノーブリッジまで左岸トラバースも可能と判断し、ゴーサインを出す。

11時半、ピークから2ルンゼへとドロップ。真下にある小リッジまで雪質をチェックしながらシュートターンで滑降し、そこから右手の扇状斜面に飛び込む。45度の急斜面は比較的きれいで、落ちるような連続ターンでスピーディに滑降。頭上の雪庇から逃げるように高度を下げると、やがてルンゼは大きく広がる。滑りやすい雪面を選びながら中回りで滑降を続ける。下部はデブリで多少雪面が荒れてくるが、滑降を妨げるほどではない。

下部ゴルジュ帯に滑り込むと、眼下に雪解けの黒部川の碧い奔流が見えてくる。黒部川直前はデブリで覆われており、一部スキーを担いで下降。出合の少し上流には奥黒部のシンボル「立石奇岩」が俯瞰できる。

最後は右へトラバース気味に滑降。立石奇岩対岸の黒部川に降り立ち、黒部のおいしい水で2ルンゼ初滑降に乾杯する。

この先、昨年の偵察どおり黒部川左岸の段丘をトラバースし、3ルンゼと4ルンゼの押し出しのスノーブリッジに降り立つ。このスノーブリッジで黒部川を渡り、対岸の斜面をシール登高で第二薬師見平（仮称）へ至る。

さらに左上気味に登り、雲ノ平から北に延びる尾根上2060m地点へ。寒気の影響で雪が降りだすが、反対側の斜面を岩苔小谷と温泉沢の出合までトラバース気味に滑降する。

出合からは岩苔小谷を徒渉し、温泉沢が左に曲がった少し先の右岸にある、高天原山荘の温泉跡地にツエルトを張る。左岸の谷の脇にはわずかながらも温泉が湧いている。土木工事で小さな温泉だまりを作り、温泉と酒で薬師東壁2ルンゼの滑降と立石奇岩での黒部川初横断を祝った。

その後、2日間で水晶岳西面ルンゼを滑降し（P158）、双六小屋経由で新穂高温泉に下山した。

東南尾根P2786東面
ルンゼにドロップする

ルートグレード	
アプローチ	Ⅱ
滑降	S4+、 R1（雪庇）

日程	2011年5月2〜5日／3泊4日
メンバー	三浦大介、須藤正雄、松岡祥子
タイム	薬師岳東南尾根東壁2ルンゼ滑降〜黒部川立石奇岩で横断
	5/3　太郎平小屋6:30〜薬師東南尾根P2786 11:00〜 立石奇岩12:30〜温泉沢BP16:00（泊）

53 黒部五郎岳

Mt.Kurobe-goro_2840m

東面カールからの黒部五郎岳

黒部五郎岳

ピナクル

東面カールダイレクト

1

東面カールの滑降

1 東面ピナクルルンゼ

山頂から稜線を少し小屋側に滑ってから現われる顕著なピナクルのコルから、東面カールに落ち込む幅広のルンゼで、短いが斜度がある。雪面はきれいなことが多く、カールボトムまで快適な滑降が楽しめる。

	ルートグレード
アプローチ	I
滑降	S4－

東面カールダイレクト

スティープラインの最終滑降へ

北アルプスの黒部源流中心部にそびえる黒部五郎岳の東面には、アルペン的で壮大なカール地形が際立ち、「いつかは滑りたい」と思わせる魅力であふれている。

2004年と05年のゴールデンウィークには「北アルプスオートルート・スーパー」と称して、穂高岳から剱岳まで急斜面滑降主体で北アルプス主脈をつなげた。その際、黒部五郎岳は顕著なピナクルルンゼをカールに向かって滑降したが、1996年にRSSAの牧野総治郎氏が初滑降した山頂直下のダイレクトルンゼは、雪庇が大きく滑降できなかった。

近年はこのラインもポピュラーになってきてはいるが、自身にとっても外すわけにはいかず、100選のラストスティープとして2022年のゴールデンウィークに再訪することにした。

飛越林道から入山し、中日を黒部五郎岳の滑降に充てた2泊3日の行程で、ベースは赤木沢（あかぎ）出合に設ける。久しぶりに訪れた黒部源流は周囲を名峰に囲まれ、雄大で優しく、北アルプスの桃源郷であることを再認識させられた。

今シーズンは厳冬期の降雪が多かったわりには、3月以降、急激な高温で雪解けが早く、赤木沢はすでに沢登りができるのでは?という状態であった。

朝は雪が硬いので、ベースをゆっくり出発して11時に黒部五郎岳山頂に到着、目標の滑降ラインの偵察を行なう。昨日の朝まで新雪が少し積もったが、急斜面ではすでに小さな表層雪崩の跡が見られる。案の定、全体的に雪量は少なく、わずかな期待のあった山頂から岩の間へ滑降する別ラインの雪はつながっていなかった。

一方、牧野ラインは前日のシュプールが残る幅広ルンゼで、下部は左右どちらにも降りられるので、湿雪スラフマネジメントもしやすいと判断し、滑降を決める。

12時にドロップ。最上部の雪質はまずまずで、プチスプレーの上がる連続ターンで快適に滑降するが、それも束の間、中間部からは昨日のシュプールで雪面が荒れており、左右に残る比較的きれいな雪面を拾って我慢の滑降となる。

それでも長年の滑降経験で培った技で、この時期にありがちな湿雪スラフをうまくかわしながら、セーフティなライン取りでカールボトムまでの標高差200mを無事滑りきった。

ボトムでカール北側の別ラインから滑るパートナーを待つ間、たった今滑ったライン右の急斜面から中規模の自然雪崩が起こった。気温も上がり、ギリギリのタイミングだったようだ。

その後、カールを右手に回り込んで反対の稜線から再度山頂へ登り返し、今度は往路の西面バーンを滑ったが、こちらのほうが滑りやすく、中間部からはすばらしいザラメバーンを堪能してベースまで戻れた。

*

これにて足掛け30年にわたった、トータル100座・260本のスティープラインの滑降を無事終了した。黒部源流で冷やしたビールでささやかな祝杯を挙げ、達成の感慨に浸った。

ルートグレード	
アプローチ	I
滑降	S4

日程	2022年5月4日
メンバー	三浦大介、松岡祥子（別ライン）
タイム	黒部源流赤木沢出合BC8:30 ～ウマ沢のコル11:00 ～ 黒部五郎岳山頂12:00 ～東面カールダイレクト滑降～ 2450m地点～ 東側稜線～山頂～ウマ沢右岸台地～赤木沢出合15:00

54 三俣蓮華岳

Mt.Mitsumatarenge_2841m

スゴ乗越からの春の三俣蓮華岳

三俣蓮華岳

東面2段カール～樅沢右俣ルンゼ ※裏斜面を滑降

1

厳冬期の三俣蓮華岳山頂

1 北西面カール～下部ルンゼ

三俣蓮華の北面にはリッジを挟んで左右に二つの大きなカール地形が存在する。どちらも滑っているが、左の北西カールから黒部源流までのラインが、上部は広大なカールの滑降、下部は急なルンゼ滑降と変化に富み楽しい。ここは2004年と05年GWの「北アルプスオートルート・スーパー」の際に2度滑ったが、いずれも快適なザラメ滑降を堪能した。黒部源流下流は五郎沢出合まで問題なく滑れるので、黒部五郎岳にもスムーズにつなげられよう。

ルートグレード	
アプローチ	I
滑降	S4－

東面2段カール〜縦沢右俣ルンゼ／厳冬期初滑降

三俣蓮華厳冬期初滑降を狙う

三俣蓮華岳は黒部源流の周囲の山に比べて、とりわけ高いわけでもなく、三国境にあるという点を除いて、目立つ山ではない。しかし、山頂から3方向へ直接滑り込める3つの大カールを有するという点で、滑り手にとっては利用価値の高い、優れた山である。

私は1999年のゴールデンウィークに黒部源流ベースでのスキーツアーの成功以来、次の課題として、厳冬期の黒部源流スキー滑降を視野に入れていた。一方、歩きでは99年から2003年の年末年始に、会の冬合宿で都合3回にわたり、奥ノ廊下で1週間を超える黒部横断山行を実践し、厳冬期の状況をしっかり把握したことも自信になった。

厳冬期黒部源流スキー縦走の試みの1回目は、シーハイルの堀米修平氏をパートナーに、01年の年末に新穂高温泉から入山したが弓折岳の手前で予想外の降雪に敗退。2回目は04年の暮れ、単独で打保から飛越林道経由で北ノ俣岳まで登ったが、やはり悪天で退却した。

それ以降、厳冬期の黒部源流行は私の継続テーマとなり、何度か計画するが最低でも2日、できれば3日の好天が必要とされる行程ゆえ、チャンスはなかなか訪れず時は過ぎてゆく。

そうこうしているうちに14年の暮れ、前出の堀米パーティが黒部源流の三俣蓮華岳を厳冬期に滑ったという報告が入る。ついにやられたか!と思ったが、状況を知る者としては、よくぞやったとも感じた。

そして、こちらもなんとか3連休を捻出した18年1月下旬、パートナーを須藤正雄氏として3度目の挑戦の機会を得る。ただし、好天が期待できるのは2日間のみ。初日に双六冬期小屋に入り、2日目に可能であれば三俣蓮華岳を越え、厳冬期の記録を見ない鷲羽岳を登滑降して小屋へ戻り、3日目に下山する計画とした。

初日、6時半に新穂高温泉を出発し、ラッセルのほとんどない左俣林道を快調に飛ばす。抜戸岳東面沢筋からのデブリ丘を順調にクリアし、弓折岳への登りは雪崩のリスクのある大ノマ乗越を避け、鏡平経由で尾根末端から忠実に登る。下部の急斜面は板を担いで登り、途中からシール登高に切り替える。

鏡平手前の急斜面は左から雪崩に警戒しながら巻き登る。雪深い鏡平に出て、少し下ってから今度は右手の小広い尾根を忠実に登って、待望の弓折岳山頂に出る。時刻はすでに14時半。すぐに反対側の斜面へドロップ。程よい傾斜で最高の雪質だ。スプレーを上げながら一気に双六谷ボトムまで滑降する。途中、流れが出ている箇所で水をたっぷり汲み、ハイペースで登り返し、夕暮れ前に双六冬期小屋に入る。

翌朝、小屋6時発。正面には白銀の鷲羽岳が美しく輝く。天候は薄曇りで日差しもあるが、さすが厳冬期の寒気は厳しい。最初から板を担いでアイゼンで登る。

双六岳のカールを巻くように最短ルートで三俣蓮華岳をめざす。最低コルから稜線通しに登るが、徐々にガスが出て風も強まる。左手には黒部五郎岳の雪の城塞がガスの切れ間に見え隠れする。9

ルートグレード	
アプローチ	II（厳冬期）
滑降	S4

日程	2018年1月19〜20日／1泊2日	
メンバー	三浦大介、須藤正雄	
タイム	1/19	新穂高温泉6:30〜弓折岳14:30〜双六小屋16:00（泊）
	1/20	双六小屋6:00〜三俣蓮華岳9:00−9:30〜縦沢右俣滑降〜2050m地点10:30〜双六小屋13:00〜弓折岳14:40〜新穂高温泉16:30

時に三俣蓮華岳山頂に到着する。

周囲はすでにガスで覆われ、天候はなかなか回復しそうにない。寒気が厳しく、ツエルトでのガス待ちも困難だ。

ここは潔く鷲羽岳をあきらめ、三俣蓮華岳山頂から滑降することを決断する。滑降の準備をするが素早くやらないと手が凍傷になりそうだ。滑降ラインは東面2段カールから、傾斜の急な樅沢の右俣(弥助沢との境界の沢筋)へとつなぐ予定である。

9時半に山頂をスタート。東に張り出した小リッジを少し滑ってから、右手の東面カールにドロップする。ガスの切れ間にラインを見定め、すかさずショートターンを刻む。交互に見える範囲で滑降すると、すぐに2段目の樅沢右俣源頭部のカール縁に出る。しばらく視界が開け、ホッとする。

カールにはたっぷりと軽いパウダーが吹きだまり、最高のコンディションである。歓声を上げながらミドルターンを決め、カールにスプレーを舞い上げる。

滑るにつれてラインは徐々にルンゼ地形へ変わり、斜度も急になる。ここからが核心部である。ラインは二つあり、リッジを挟んで左手のやや幅広のルンゼを選択する。ルンゼに飛び込むと末広がりの樅沢ボトムが見える。切り替えの早いショートターンで一気に滑り抜ける。

その先の斜面は大きく広がり、あとは弥助沢出合の下部2050mまでロングターンで快適にクルージングしてフィニッシュ! 須藤氏とハイタッチ。ガスのなかスムーズなライン取りで、高度差800mのパウダー滑降を実践できて大満足であった。

ここからはモミ沢との間の広い尾根を的確なルートファインディングで登り、トラバースルートに合流して小屋まで戻る。時刻は13時とまだ早いのでデポを撤収後、さらに昨日のトレースをたどって弓折岳まで登り返し、山頂から南東斜面を大滑降して新穂高温泉へ下山した。

鷲羽岳までは到達できなかったが、念願の厳冬期黒部源流行で三俣蓮華岳東面を最高のスノーコンディションで滑降し、充実の山行であった。

滑降してきた樅沢右俣ルンゼをバックに

後日談

下山後、堀米パーティの滑降ラインを再確認したところ、それは南東斜面の樅沢本流であって、東面を滑ったわれわれのラインとは別モノと判明。厳冬の三俣蓮華岳は二番煎じではあったが、滑降ラインが彼らと違ったことで、少し気分をよくした自分がいた。

朝日に輝く厳冬の双六岳のトラバース

ガスで煙る三俣蓮華岳東面2段カールに飛び込む

55 鷲羽岳

Mt.Washiba_2924m

↑
登り返しから見る鷲羽岳と弥助沢

日程	2010年5月1～4日／3泊4日
行程	薬師東壁ルンゼ～奥ノ廊下スキー横断
メンバー	三浦大介、須藤正雄
タイム	5/3　温泉沢出合BP5:00～岩苔乗越9:30～鷲羽岳11:00～鷲羽池～弥助沢滑降～モミ沢出合12:30～双六小屋14:30～双六谷2100m台地BP15:00（泊）

ルートグレード	
アプローチ	Ⅱ
滑降	S4

番外

西面ダイレクト

山頂西面から黒部源流に向かってダイナミックに落ち込む、高度差500mの大斜面を攻略する。1999年GWの黄昏時に滑降したが、茜色に染まり硬くなりかけた雪の大斜面にエッジで切り込みながら、左右に飛び移る忍者のようなスキーダンシングを続けた記憶が残る。雪が緩む午後に滑るのがよいだろう。

ルートグレード	
アプローチ	Ⅱ
滑降	S4

祖父岳東面ダイレクト

1996年GWに自身が初めて黒部源流を訪れた際に初滑降した記念すべきライン。当時、源流を挟んで鷲羽岳と対峙する祖父岳東面のダイレクトラインは未滑降であった。こちらも源流に飛び込むような高度差400mを超える滑降が魅力である。「黒部の父」として知られる冠松次郎が古希で訪れた祖父岳は、北面にも短いながらよいカール地形があり、黒部源流滑降の入門として優れた山の一つである。

ルートグレード	
アプローチ	Ⅰ
滑降	S4－

南面鷲羽池～弥助沢ダイレクト／初滑降

10回目の黒部スキー横断

黒部源流の雄、鷲羽岳は百名山であり、男性的で豪壮な三角錐の山体が特徴的。南面に火口湖である鷲羽池をゆったりと抱えて、北アルプス中央部に鎮座している。

この名峰は１９８０年代半ば以降の黒部源流スキー開拓期に、ＲＳＳＡを含む数パーティに滑られてはいるが、じっくりベースを構えて滑られたことはなかった。

その辺の状況を踏まえ、１９９９年ゴールデンウィークに、会の仲間と黒部源流をベースに1週間をかけて水晶岳と赤牛岳を含めた黒部源流ビッグスリーの滑降を行なった。その際、鷲羽岳は東面カールと西面ダイレクトを滑ったが（Ｐ１５６）、山頂から見下ろした純白に輝く鷲羽池が印象深く、次は南面にラインを引きたいと強く思った。

しかし、ゴールデンウィークは優先すべき課題が山積みで、長らく果たせずじまいであった。そして、ようやく２０１０年に薬師岳から黒部川奥ノ廊下を横断し、黒部源流へと至るツアーに、この宿題を組み入れることにした。

初日は定番の飛越林道から北ノ俣岳へ上がり、太郎平小屋に泊まる。久しぶりに対面する黒部源流の山々はまだ真っ白である。山は寒く、こたつにビールで入山祝いをする。

翌日から寒気が抜け、天候は安定する。小屋を7時半発。すでに雪は緩んできている。南東稜の分岐にスキーをデポし、薬師岳をピストンしてから稜線をたどる。

薬師岳第二稜ノ頭からは、雪庇が大きく張り出す稜線を２６５０ピークへと向かい、直下の切れ目から東面4ルンゼを滑降する（Ｐ１４３）。斜度は最大45度。雪質はやや不安定でスキーカットで湿雪のスラフが出る。二人で交互にスラフをやり過ごしながら、アルペン的な雰囲気のなか、高度差９００ｍを黒部川へ向かって快適に滑り込む。

奥黒部の主、立石奇岩とクマのお出迎えを受けたあと、黒部川をスノーブリッジで渡り、対岸の針葉樹林帯を快適に登高する。さらに尾根の反対側を岩苔小谷と温泉沢の出合まで滑降して、15時にツエルトを張る。

3日目、11年ぶりの鷲羽岳滑降の時を迎える。早朝出発。岩苔小谷を飛び石伝いに渡り、温泉沢をシール登高する。高天原山荘経由で岩苔乗越までシールで進み、そこからは板を担いで、アイゼンで稜線を鷲羽岳へ向かう。稜線はアイシーな岩稜帯となり気を使う。

ついに念願の鷲羽岳山頂に11時着。山頂から三六〇度の絶景を楽しみ、いよいよ積年の宿題、真っ白な鷲羽池へ向かってスキーで飛び込む。傾斜はちょうどよく、すこぶる快適な滑降で純白の池の中へ吸い込まれてゆく。

この平らな天上の別天地から弥助沢へのドロップポイントを探る。岩稜の隙間を見つけ、急峻な弥助沢へと継続滑降する。核心の最上部をショートターンでこなし、その先のすばらしい一枚バーンに大パラで会心のシュプールを描く。モミ沢出合まで滑り込んでリラックス。さらにモミ沢を登って、双六小屋から双六谷へと滑降。最初の谷割れが出る２１００ｍ付近の右岸台地にツエルトを張った。

最終日は秩父（ちちぶ）平へ登り返し、抜戸岳から杓子平経由で穴毛（あなげ）谷を滑降して、念願の鷲羽岳南面ラインを含む、記念すべき10回目の黒部スキー横断を無事終了した。

56 水晶岳

Mt.Suisho_2986m

稜線から望む水晶岳

日程	1999年4月29日～5月5日／6泊7日
行程	黒部源流～鷲羽岳・水晶岳・赤牛岳の滑降
メンバー	三浦大介、牧野総治郎、大久保鉄男、井内健太
タイム	水晶岳東面中央ルンゼ滑降
	5/3　黒部源流2400ｍBC6:00～水晶小屋8:30～水晶岳9:45－10:10～東面中央ルンゼ滑降～東沢谷10:30～水晶小屋13:00～BC15:00(泊)

ルートグレード	
アプローチ	Ⅱ
滑降	S4

❶

北峰東面カール

北峰から水晶岳最大の東面カールに滑り込むライン。中間部からの広大な斜面では、快適なザラメ滑走を堪能できる好ルート。

ルートグレード	
アプローチ	Ⅱ
滑降	S4－

東面中央ルンゼ／初滑降

黒部源流ビッグスリー滑降

1999年のゴールデンウィークは黒部川源流をベースに鷲羽岳と、まだ山頂からの滑降を許していない、北アルプス最深部の水晶岳と赤牛岳を周回するビッグスリー・スキーワンデリングを実施した。

初日、新穂高温泉から大ノマ乗越経由で双六谷へ滑降し、谷をつめ上がって双六小屋に投宿。翌日、双六岳のトラバースラインから丸山沢（地形図では樅沢中俣）を弥助沢出合まで快適に滑降し、さらに弥助沢を登高して三俣山荘北側の稜線2536mコルに出ると、黒部源流の山々が迎えてくれる。コルから源流へと滑降し、ダケカンバが生える2400m地点の快適な小台地にベースキャンプを設営する。

ひと休みして正午すぎ、まずは空身で黒部源流の雄・鷲羽岳をめざす。目的はまだ滑降記録のない東面カールである。ワリモ岳とのコルをめざしてシールで登るが、上部は急で板を担ぐ。

コルから稜線をたどると待望の鷲羽岳山頂である。北ア中心部からの絶景は申し分なく、見下ろす東面にはすばらしいカール地形が広がっている。

時間が押しているので、すぐさま斜面に飛び込む。すでに雪は緩み、最高のザラメバーンである。広大な白いキャンバスに思いのままシュプールを描き、2段カールの底まで滑降して、山頂に登り返すとすでに16時。夕日を浴びながら茜色に染まる西面の大斜面をダイナミックに滑降し、ベースへと戻る。

3日目は長躯、高天原経由で温泉沢左俣から北アルプスのど真ん中に鎮座する名峰・赤牛岳を陥れ、念願の赤牛沢の初滑降に成功するが、帰路でビバークとなり、ベースに戻ったのは4日目の午前9時半であった。この日は仮眠後、祖父岳北面カールを滑った。

そして5日目、6時に出発。天気は下り坂ではあるが、予定どおり最終課題の秀峰・水晶岳へ向かう。岩苔乗越からシートラ&アイゼンで水晶小屋を過ぎ、気を使うミックスのヤセ尾根を無事クリアして山頂に到着する。

双耳峰のコルからエキサイティングな東面の中央ルンゼを偵察する。ガスで下部は見えないが、雪質は軟らかめで安定しており、ルンゼ内もターンできる充分な幅が確認できる。よし、これなら滑れるな。

視界が開けてきた10時すぎ、三浦先頭で滑降開始。最初のうちはクリーミーな雪質で快適なターンを楽しめたが、ルンゼ内に突入すると硬い縦溝が入り、傾斜も徐々に増してくる。アルペン的な岩稜の狭間で、ワンターンずつ確実なジャンプターンを繰り出す。突然ガスが晴れ、ルンゼに続くはるか下のカールまで一気に視界が開ける。なかなかの高度感である。

最大傾斜45度の核心部を過ぎると、ルンゼは広がりを見せ、程なくカールへと合流する。カールには面ツルザラメのすばらしい大斜面が待っていた。各自奇声を上げながら豪快なロングターンを刻み、東沢谷へと滑り込んで初滑降を印した。

その後、水晶小屋に直接登り返してベースに帰着。翌日は雪で停滞し、最終日に往路をたどって新穂高温泉に下山。7日間の充実した黒部源流スキーツアーを終了した。

稜線を水晶岳に向かう

56-2 水晶岳

Mt.Suisho_2986m

水晶岳西面の景観

日程	2011年5月2～5日／3泊4日
メンバー	三浦大介、須藤正雄・松岡祥子（別ライン）
タイム	温泉沢BC～水晶岳南峰西面ルンゼ滑降
	5/4　温泉沢BC9:00～温泉沢～稜線12:30～水晶岳山頂14:00～西面ルンゼ滑降～岩苔小谷～高天原～温泉沢BC16:00（泊）

ルートグレード	
アプローチ	Ⅱ
滑降	S4+

温泉沢の露天掘りに浸かる

南峰西面ルンゼ／初滑降

薬師岳東壁2ルンゼからの継続ツアー

北アルプス中央部、黒部源流の奥座敷に周辺山域の最高峰として君臨する水晶岳は、私のお気に入りの山である。

東面に気品あるカール地形を内包する一方、西面は「黒岳」と呼ばれるがごとく、荒涼とした急峻なルンゼ地形が見られる。それぞれに個性的で魅力のある滑降ラインを創り出しているが、この峻嶺はどこから登るにしても遠く、滑降のチャンスを得るのは容易ではない。

水晶岳を初めてスキーで訪れたのは1999年のゴールデンウィークで、7日間の日程で黒部源流にベースを構え、その双耳峰東面の中央ルンゼに初シュプールを印した。

翌2000年には薬師岳金作谷から黒部スキー横断の際、東沢谷から東面カールの登滑降など、黒部源流周辺のスキーを重ねるたびに、水晶岳西面の黒々とした岩がちの、雪付きの悪いルンゼが気になっていたが、ようやくその長年の課題にトライするチャンスが訪れた。

11年のゴールデンウィーク山行の2日目に、薬師岳東壁2ルンゼを滑降して立石奇岩で上ノ廊下を横断したわれわれは（P146）、その晩、高天原の温泉沢にツエルトを張った。

翌日はここをベースに水晶岳西面を滑降する計画である。日帰り装備で9時にベースを出発し、雪に埋もれた温泉沢を登高する。三俣を真ん中の沢へ入り、傾斜が強くなったところでアイゼンに切り替える。背後には、昨日滑降した薬師東壁の全貌が露わになる。

稜線直下の急なアイスバーンを登りきると裏銀座方面の展望が開けた。マイナーなエリアだが、三ツ岳から野口五郎岳にかけての西面カールは充分滑降が楽しめる。

稜線を2904ピークまで進むと水晶岳が威風堂々とした姿を現わす。以前滑った東面には雪がべったりと付いている。

稜線をほぼ登山道沿いにたどり、北峰手前のコルで大休止する。ここで西面への滑降ラインを探る。岩苔小谷側斜面をトラバース気味に進むと、右へ落ちるルンゼが滑れそうである。時間も押しているので須藤・松岡両氏はこれを滑ることに決める。自分はさらに山頂から懸案の西面ルンゼ滑降を狙う。

コルからの急斜面を登ると水晶岳北峰に到達。第一候補であった南峰との間の急なルンゼは、最上部の雪付きが甘く、今日は見送る（このルンゼは17年ゴールデンウィークに、ぶなの会の松平・喜寅ペアが初滑降）。

南峰を越えた地点にあるもう一つのルンゼに期待をかける。俯瞰するとなんとか滑れそうである。南峰直下から急斜面をトラバースし、岩のくぼみにできたわずかなスペースで滑降準備をする。この辺りの雪質は硬いが、下部に行くにつれ、雪は緩むと予想する。

14時半、滑降をスタート。出だしは45度を超える岩交じりのハードバーンで、確実なターンが要求される。軽いジャンプターンで岩の隙間を抜けると、程なくラインは右へ曲がり、岩稜に囲まれたルンゼ滑降となる。次第に雪質は緩み、最高の滑降条件に変わる。

中間部からはルンゼも広がり、前方には岩苔小谷のボトムが見えだす。歓声を上げながらザラメ雪を豪快に飛ばす。岩苔小谷に飛び出ると、すでに滑降を終えた仲間が出迎えてくれた。彼らのラインも快適だったようだ。

その後、岩苔小谷を滑降し、高天原経由で温泉沢のベースへと帰幕する。掘り出した温泉に浸かりながら、残り酒で今回のツアー2本目の初滑降を祝った。

57 赤牛岳

Mt.Akaushi_2864m

獅子岳からの赤牛岳
北面

口元ノタル沢
赤牛岳
水晶岳
野口五郎岳
真砂岳
祖父岳

赤牛岳山頂にて

日程	2006年4月29日～5月6日／7泊6日
行程	新穂高温泉～赤牛岳～上ノ廊下横断～立山～劔岳
メンバー	三浦大介、狭間栄治
タイム	口元ノタル沢（右俣）滑降
	5/1　東沢谷BP8:30～赤牛岳12:00～ 口元ノタル沢1765m付近BP13:10（泊）
	5/2　1765m付近BP14:00～中ノタル沢源頭17:00～ 滑降～黒部川の中州BP18:00（泊）

ルートグレード	
アプローチ	Ⅱ
滑降	S4

口元ノタル沢（右俣）／初滑降

4度目の正直

赤牛岳は１９９９年ゴールデンウィークの黒部源流ベースの周回ツアーで赤牛沢を、翌２０００年ゴールデンウィークには薬師岳金作谷からの黒部横断で東面から東沢谷へ滑ったが、もう一つ滑りたいラインがあった。それは北面に落ちる口元ノタル沢である。

ここを初滑降したのは01年のＲＳＳＡの堀晴彦パーティで、東沢谷ベースでの周回で達成している。その後、05年に同じくＲＳＳＡの牧野総治郎氏は同滑降後、薬師見平経由の廊下沢出合で上ノ廊下を横断して北上した。

私もミレニアムの薬師岳金作谷からの上ノ廊下スキー横断以来（Ｐ１４４）、次のテーマとして口元ノタル沢から中ノタル沢を継続滑降して、スゴ沢出合で上ノ廊下を横断するという、北アルプス最深部のおける中央突破の可能性を狙った。しかし、01年から3度試みたが成就できず、今回06年が4度目の挑戦となった。

ルートは新穂高温泉から赤牛岳経由の中央部突破で黒部横断後、主稜線を谷渡りで立山・剱に至り、馬場島に下山する新たなツアーラインの開拓である。

入山3日目の朝、東沢谷の幕営地に張ったゴアテントをたたく雨はようやくやんだ。本日も天候は芳しくないが、ガスが上がったのを見計らって8時半に赤牛岳へ出発する。

東沢谷２０５０ｍ付近から東面の枝沢を登高し、急斜面から最後は稜線２７４２ピーク北側のコルに出て、主稜線を赤牛岳山頂へ達する。山頂は風が強く視界が利かない。記念撮影を済ませ、滑降の準備をする。

口元ノタル沢へのエントリーポイントを探すが、北面はガスで視界が利かず、稜線は一部雪庇でガードされている。偵察しながら北西尾根を少し滑ると、ドロップポイントが見つかった。スロープカットでは湿雪のロールケーキが急斜面を転がってゆく。雪崩に気を使いながら。パートナーの狭間氏と交互に滑走を行なう。

少し滑ると視界が開けてきた。右下方にはデブリも見えるが、目の前には大スロープが広がり、パラレルターンで豪快に滑降する。今回のツアーでは悪雪滑降は当たり前になった。しかし、どんなコンディションでも「上手に楽しく滑る」ことが一流の山岳スキーヤーには求められるのだ。

ノド状の急斜面はジャンプターンでクリアする。谷底に滑り降りると、辺りは新しいデブリで荒れていた。昨晩の大雨の影響だろう。デブリ帯を越えると、ようやく快適なザラメ斜面へと変わる。さらに下部を予定の１７６５ｍ地点まで滑降する。

まずは念願の口元ノタル沢を無事滑降できてひと息つく。雨がまたぽつぽつと落ちてきた。大雨に備えて本日はここで幕営とする。水は下手の滝の脇からなんとか汲むことができた。夕方からは激しい雷雨に襲われる。

昨晩の雷雨は激しかった。今後の雪の状態、そして黒部川の増水に不安が募る。昼すぎにようやく天候が回復し、行けるところまでと準備して出発する。

口元ノタル沢出合は横断が困難なので、左岸を登り返すのだが、昨日目をつけていた、地形図で口元ノタル沢の「ル」の字のルンゼをシールで登り始める。しかし、すぐに急峻になり50ｍほどキックステップで登るが、その上はシール登高できて助かった。

天候はガスで、霧雨が衣類を濡らす。２０００ｍ台地までいったん上がる。地図上ではここから２０００ｍコンタラインを右に大トラバースできそうであったが、急斜面の回り込みがうまくゆかず、時間を食う。

ようやく青空が見え始める。やや登り気味に中ノタル沢方面へとトラバースを続ける。針葉樹の林間から黒部川が見え隠れするが、横断ポイントは探れない。黒部川をどこで渡るか……。思案の結果、スゴ沢と廊下沢の二つの選択肢が取れる中ノタル沢出合をめざすことにする。

対面の廊下沢で位置を測りながら、17時に中ノタル沢の支流源頭付近へ達する。斜陽を浴びながらシールを外し、支流から急斜面を強引にトラバースして、中ノタル沢へと滑り込む。黒部の懐、中ノタル沢もなかなか立派な谷であった。

これを慎重に滑降すると、いよいよ悠久の黒部川が見えてきた。出合の広河原付近は一面雪に覆われ、黒部川は埋まっているように見える。

しかし、近づくとやはり流れは出ていた。少し下流の中州まで進み、幕場を確保してから横断ラインの偵察を行なう。廊下沢方面へはどうしても激流の徒渉が必要となる。大雨で濁り、増水した水流はかなり手ごわそうだ。

一方、スゴ沢へはさらに一つ上流の谷からデブリの押し出しにより、黒部川に立派なスノーブリッジが架かっていた。ここを横断しトラバースすれば、容易にスゴ沢に入ることができそうである。明日、早朝の減水時に廊下沢方面の横断がダメな場合はこちらかな、と思う。いずれにせよ横断成功が確実のものとなり安堵する。残り酒で黒部の水割りを作り、横断の前祝いをする。

その後、スゴ沢への横断を実行し、主稜線を谷渡りしながら立山から剱岳へとつなげ、最後は東大谷の新ルートを滑降して馬場島に下山。4度目の挑戦、都合8日間のスキーツアーで、念願の赤牛岳経由の中央部突破での黒部横断に成功した。

中ノタル沢からスゴ沢への黒部川横断

番外

赤牛沢(右俣)

1999年GWに黒部源流から赤牛岳を周回した際に滑降したが、赤牛岳の初滑降ラインと思われる。右俣の上部は適度な傾斜と広さの快適なザラメバーンが続く。帰路は高天原経由となる。

ルートグレード	
アプローチ	Ⅱ
滑降	S4－

赤牛岳東面

山頂から東面を南下する方向にややギルランデ気味に滑降しながら、二つ目の顕著な支尾根の2500m地点のピークをめざす。ピークを越えて、沢状を東沢谷まで滑降する。露出感のある東面は最高のザラメフラットバーンで楽しめる。

ルートグレード	
アプローチ	Ⅱ
滑降	S4

中ノタル沢

この沢自体を目的に来ることはないと思うが、赤牛岳から口元ノタル沢を滑降してから薬師見平をめざし、そこから中ノタル沢を滑降する。短いながらも、さすがに黒部の懐に位置するなかなか立派な谷であった。

ルートグレード	
アプローチ	Ⅱ
滑降	S4－

赤牛岳頂稜からドロップする狭間栄治

中ノタル沢出合付近の黒部川

Gear column / 2 / Avalanche gear

いまさら三種の神器（ビーコン、ショベル、プローブ）の説明はいらないだろう。これらも高性能化と軽量化の方向にどんどん進化している。

どの製品を買うかはお金との相談になる。自身の現在の装備は、ビーコン／マムート・バリーボックス、プローブ／ピープス・カーボン、ショベル／アルバ・ウルトラである。

ビーコンはアンテナの性能、複数埋没の探索精度、使いやすさなど、最新の特集記事を読んで、自身に適したものを買うのがよい。ただし、事前に使い方を理解しておかないと、いざというとき役に立たない。

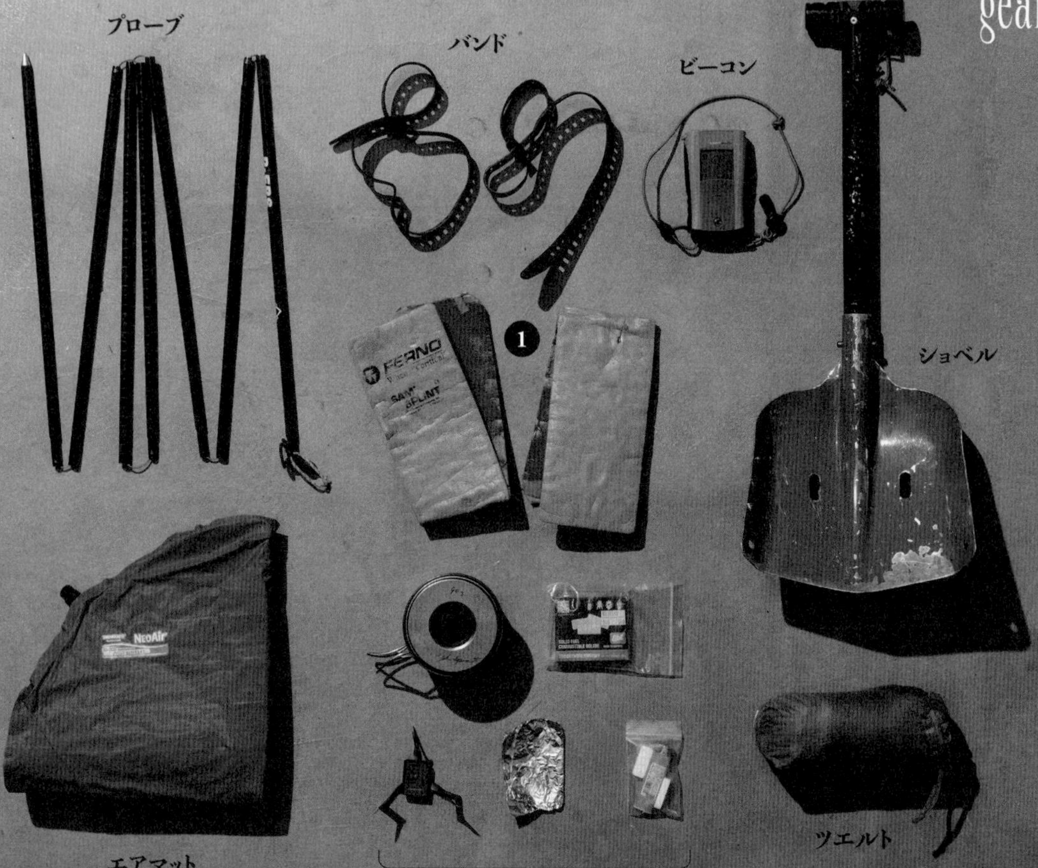

プローブ
バンド
ビーコン
ショベル
❶
エアマット
ツエルト
❷

❷ 湯沸かしセット（雪洞ビバーク用）

予期せぬビバークで一夜を明かすには、やはり最低限の温かい飲み物は必要だろう。ビバークセットは各自工夫していると思うが、自分は最低限のものを持参している。ツエルトと写真の湯沸かしセットである。チタン製のミニコッヘルに、固形アルコールのエスビットを台座とセットで。そのほか、下に敷くアルミ箔、飲み物、ライターなど。簡単な雪洞を掘って中に入り、ツエルトで入り口をふさぐ。ザックに腰を掛けて、温かいスープを飲めばホッとひと息。これで一夜くらいはなんとかなる。また、雪中ビバークを一度くらい経験しておくと自信がもてる。

❶ サムスプリント

スキーでのケガは靭帯損傷など、膝を痛めることが多い。このサムスプリント（人工副木）と長めのスキーバンド2本を使って、膝を固定する。これを使えばなんとか自力下山できる可能性が高まる。軽いのでパーティに一つは携帯したい。

北アルプス北部 ②

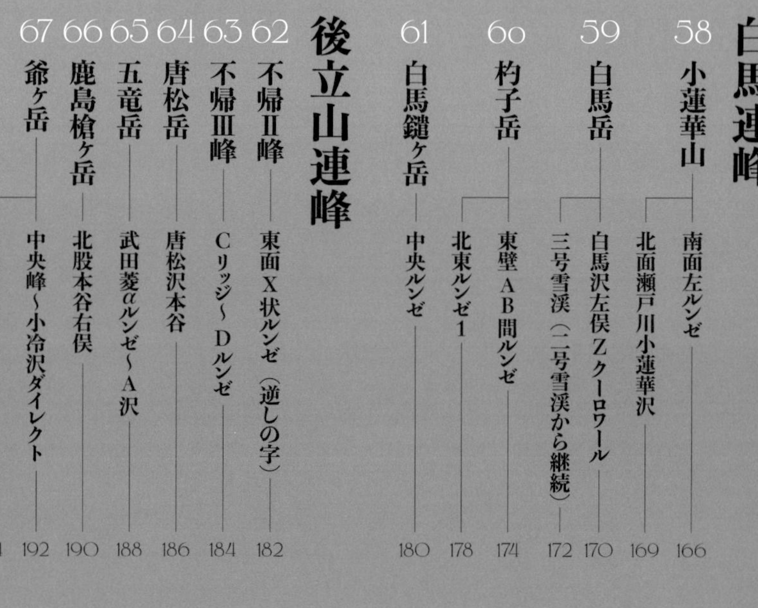

白馬連峰

後立山連峰

針ノ木岳周辺

小蓮華山

58

Mt.Korenge_2766m

小蓮華山 南面

八方尾根から小蓮華山南面を望む

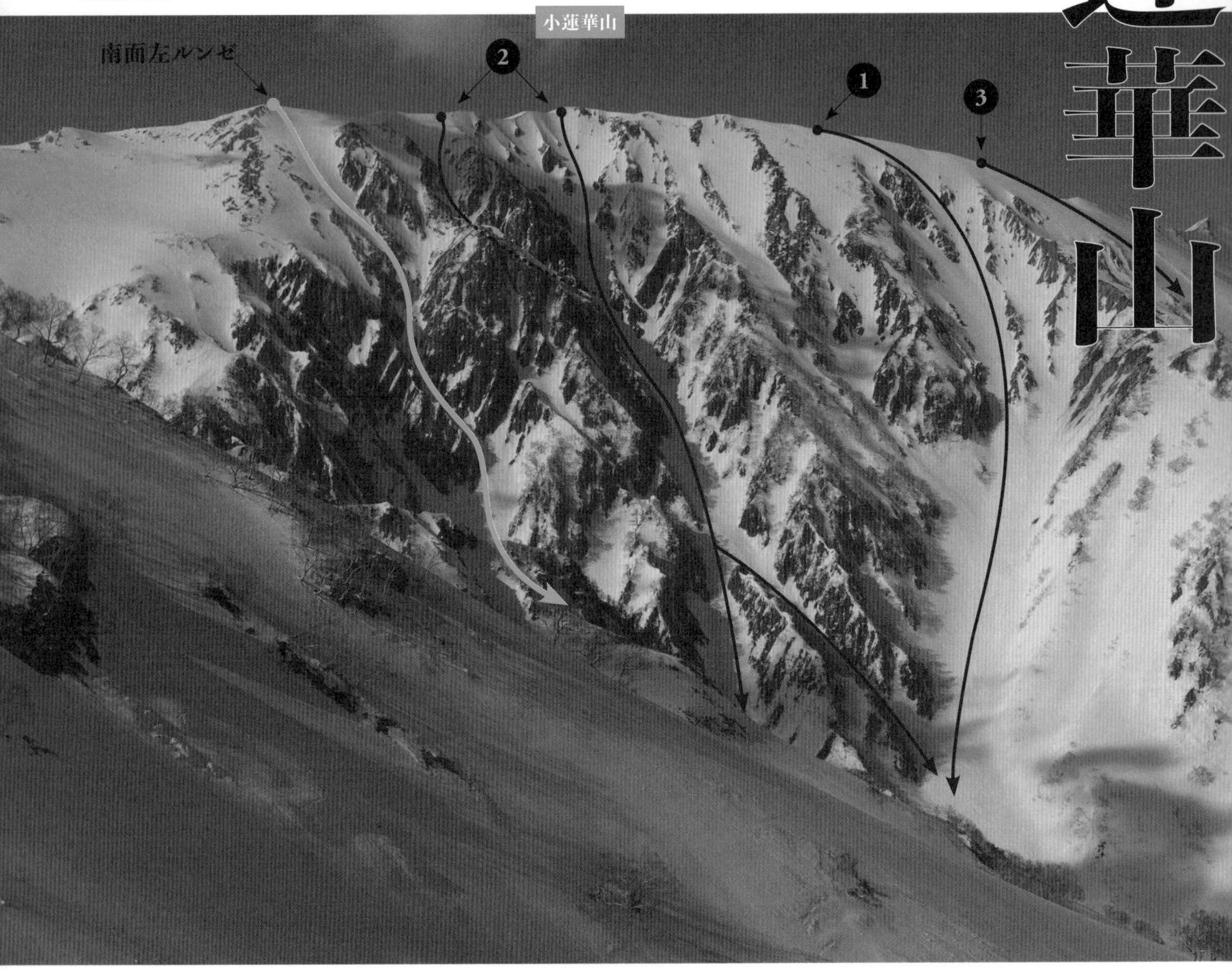

1 小蓮華沢ダイレクト

小蓮華尾根のクライマーズレフト側に広がる大きな扇形の沢筋で、ルートは直線的でパウダーコンディションをつかめばダイナミックですばらしい滑降が楽しめる。適度なセーフポイントがありピッチが切れるので、最初に南面を滑るのにおすすめのライン。

ルートグレード	
アプローチ	I
滑降	S4

2 直登ルンゼ（逆Y字）

小蓮華山ルンゼ滑降の代名詞的存在で最も人気があるライン。山頂からダイレクトに滑り込む直線的な幅広のルンゼで滑りやすいが、南面ゆえ雪質変化も大きい。最上部が核心で斜面が硬いこともある。自身は2度ほど滑っているが、まだ最高の条件で滑れたことはない。

ルートグレード	
アプローチ	I
滑降	S4+

3 金山沢ダイレクト

南面の小蓮華尾根のクライマーズライト際に走る、金山沢へと稜線からダイレクトに落ちるルンゼ状のライン。上部が45度くらい急傾斜であるが、滑降するにつれて斜度は徐々に緩み、ルンゼも広がりを見せて滑りやすくなる。下部で金山沢の一般ルートと合流する。

ルートグレード	
アプローチ	I
滑降	S4

小蓮華山南面くの字ルンゼに滑り込む（バックは杓子岳）

3

くの字ルンゼ

直登ルンゼの隣、スキーヤーズライト側のルンゼ。中規模の扇状急斜面から始まり、途中で左に曲がる変化に富んだラインが楽しめる。中間部で直登ルンゼに合流する。

ルートグレード	
アプローチ	I
滑降	S4+

南面左ルンゼ

小蓮華山南面ルンゼ群コンプリート

白馬沢の支流にあたる小蓮華山の南面は滑降に適したルンゼの宝庫だ。向かって右から小蓮華沢、同バリエーション、直登ルンゼ（逆Y字）、くの字ルンゼ（下部は直登ルンゼに合流）、そして左ルンゼの合計5つの顕著なスティープラインが存在する。

このなかでは、くの字ルンゼと左ルンゼのラインは直線的でなく、上部から核心部が見通せないこともあって滑られるのはまれだが、内容は変化に富み、ほかのルートに劣らず充実していておもしろい。

特に白馬沢右俣の右沢にあたる左ルンゼは核心部がやや複雑で、滑れるか否かも含めて興味を抱き、過去何度か試みたが果たせずにいた。

2013年4月下旬、その左ルンゼ上部にシュプールを確認する。メジャーな場所だけに滑られている可能性はあると思っていたが、少し残念でもあった。しかし、手を付けた課題は最後までやり遂げるのが信条である。

今シーズンは残雪も豊富であったので、ゴールデンウィーク明けの週末に再度トライすることにした。

前日の大雨で雪の状態に不安があったが、今季のラストチャンス、出かけないわけにはいかない。早朝、自宅から車を飛ばして猿倉入りし、7時半にスタート。今回は白馬尻から登ったことのない小蓮華尾根をアプローチに取る。

雪の緩んだ急斜面を登って尾根に出る。尾根上はすでに雪の消えているところがあり、カンバの木の生えたヤブ尾根を登って中間部の雪田に至る。さらに急な尾根を登ると次第にもろい岩交じりの雪稜となり、最後の急斜面は右にトラバース気味にアイゼンを蹴り込んで稜線に出る。

小蓮華山山頂を通り過ぎ、100mほど進むと右手に緩斜面が広がるドロップポイントに到着。時刻は12時半。少し下って雪質をチェックするが、フラットザラメの最高のバーンが広がっている。

13時にドロップ。ファーストターンして雪質をチェック。エッジは表面のザラメ下の硬いバーンを捉える。

緩斜面が終わると、ノールの先からは斜度45度オーバーの急峻なルンゼ滑降となる。ターンごとに湿雪スラフが出る。ここはワンターンずつスラフ処理をしながら、左右のスペースをうまく使って滑る。この先はいよいよ核心のクランクセクションに突入する。

左からの狭いブッシュ交じりのルンゼと合流して、右に曲がると中間部に岩の小インゼルがある。ここは雪面がやや荒れているが、スペースのある右側をショートターンで切り抜ける。さらにラインは大きく左に曲がり、目前にオープンバーンが広がる。

最後は開放感を味わいながら、大回りで会心のシュプールを描き、白馬沢右俣へ合流点してフィニッシュする。

左ルンゼはルンゼらしい、変化に富んだライディングが味わえる好ルートであった。

その後、南面で自身最後の課題であった、くの字ルンゼも無事滑降し、小蓮華山のルンゼ課題をすべて終了した。

ルートグレード	
アプローチ	I
滑降	S4+

日程	2013年5月12日
メンバー	三浦大介（単独）
タイム	猿倉7:40～白馬尻から小蓮華尾根～稜線12:00～小蓮華山12:30～南面左ルンゼ滑降～白馬沢右俣13:40～猿倉15:00

北面瀬戸川小蓮華沢／初滑降

北面の小蓮華沢滑降

新潟県の最高峰にあたる小蓮華山。滑降ラインでは、八方尾根からもよく見える南面の白馬沢支流の直登ルンゼや小蓮華沢の人気は高いが、北面の瀬戸川源頭にも同名の小蓮華沢があり、興味を惹く魅力的なラインが山頂まで延びている。

瀬戸川は1998年4月に、船越ノ頭の隣にある2612ピークから北面の沢筋を滑降し、出合から下流へと継続滑降して蓮華温泉までつなげたことがあったので、状況はすでに把握している。

今回は、いまだ記録を見ないこの北面の小蓮華沢を瀬戸川出合まで滑降し、上流を三国境まで登り返して白馬岳を越えて山荘に泊まり、翌日さらに白馬沢左俣を滑るツアーを企てた。

パートナーは会の若手のホープ、佐藤勝君である。彼の父親はRSSAの大先輩の佐藤徹さん。英才教育を受けてスキー技術は達者だが、一人前の山岳スキーヤーとなるには、まだ多くの実践経験が必要である。このツアーは彼にとってよいトレーニングの場となるであろう。

当日、朝寝坊をして猿倉を10時に出発する。猿倉林道から大雪渓を横切って白馬沢へ入り、山頂への最短距離の小蓮華沢を直登する。急傾斜になる手前で板を担ぎ、落石に注意しながら核心部の急な小ゴルジュを通過する。最後は雪壁を登って稜線に飛び出した。

小蓮華山山頂に15時に到着。目的の北面を俯瞰すると、はたして小蓮華沢の真っさらな一枚バーンが下方へと長く続いており、滑降意欲が高まる。

時間も押しているので、休む間もなく山頂からドロップ。コーンスノーを蹴散らして快適なシュプールを刻む。斜度はそこそこではあるが、雪の状態がすこぶるよく、ショートターン主体のリズミカルでご機嫌なスキー滑降を満喫する。

勝君も歓声を上げながら、親父譲りのダイナミックなスキー操作でガンガン飛ばしてくる。

谷間を左に大きく回り込むと、やがて両岸を岩壁に囲まれたゴルジュ帯へと入り、周囲のみごとな景観を楽しみながら滑降を続ける。さらに大きく開けた谷底へ快適にスキーを走らせ、瀬戸川出合までの高度差1120mの大滑降を堪能する。

谷底からはシールを装着し、雪に埋まった瀬戸川を上流へと向かう。特に問題になる箇所もなく、三国境までの長い道のりを黙々とシール登高する。三国境に18時着。さらにスキーを担いで稜線をたどり、白馬岳山頂を越えて山荘には19時半に到着した。

翌日は予定どおり、再度白馬岳山頂に登り、稜線から白馬沢左俣の新ルート（P170）を首尾よく滑降して、猿倉に下山した。

小蓮華山北面を俯瞰する

ルートグレード	
アプローチ	I
滑降	S4－

日程	2005年5月21日
メンバー	三浦大介、佐藤 勝
タイム	猿倉10:00～小蓮華沢直登～小蓮華山15:00～北面小蓮華沢滑降～瀬戸川出合15:40～三国境18:00～白馬山荘19:30（泊）

59 白馬岳

Mt.Shirouma_2932m

白馬沢上部の代掻き
馬周辺の景観

番外

白馬沢左俣本谷(ノーマル)

白馬岳本峰のベストスティープ。ドロップポイントはいくつかあるが、雪庇の大きさと直下の斜面コンディションに左右される。特に山頂ドロップの可否は主稜最後の雪壁の雪質に大きく依存する。通常は山頂から100mほど三国境側に進んだ、雪庇のない中央尾根の手前からドロップする。扇状の大斜面から徐々に核心部のノドに吸い込まれるが、ノド付近は斜面が荒れていることが多いので、手前から右手の小尾根を乗り越えて、迂回するように滑るラインが一般的である。スラフ処理と雪庇崩壊のリスクを考え、コンディション把握とともにスピーディに滑る技術が必携である。最大傾斜は47度。

ルートグレード	
アプローチ	I
滑降	S5−

1

白馬沢右俣

稜線の小蓮華山のP2719付近から南面に滑り込む。最初の緩斜面までの1ピッチ目で雪質を把握してから、右手の沢筋へ入る。白馬沢のスティープ入門として知られるが、代掻き馬をバックに滑る中間部はそれなりの傾斜があり、緊張感をもって臨むことができる。白馬岳東面の雄大な景色を堪能しながら、標高差1200mを大滑降できるすばらしいルートである。通常3月いっぱいはパウダー滑降が楽しめよう。

ルートグレード	
アプローチ	I
滑降	S4

白馬沢左俣Zクーロワール／初滑降

若手のトレーニング滑降に

春の雪解けに伴い、白馬沢の上部には有名な「代掻き馬(しろかきうま)」の黒い岩肌が浮かび上がるが、よく見るとその前足の先に白く細いZの文字が見える。

ここは以前から目をつけていた白馬沢左俣の支流にあたる新ラインで、三国境の少し上から東南東に落ちる顕著なクーロワールが、ちょうど代掻き馬の前足の先に創り出す核心のクランク部であり、その先は白馬岳北尾根の右稜と左稜との狭間へとつながる滑降ラインとなっている。

昨日は会の後輩の若手、佐藤勝君と小蓮華山から北面の小蓮華沢を瀬戸川出合まで首尾よく滑り、そのまま三国境に登り返して、白馬山荘に宿泊した（P169）。本日は、午後には雨の予報のもと、昨日の小蓮華山への登りがてらに偵察した、このZクーロワールの一本を狙う。

朝食を済ませ、山荘を7時に出発する。白馬岳山頂を越え、エントリーポイントを探しながら稜線を下降する。標高2850m地点、山頂から二つ目の扇状地形が滑降地点のよい目印となる。

8時に滑降をスタートさせる。上部はザラメの大斜面で快適な滑降である。左下方向にギルランデ気味にスキーを走らせてゆき、途中からクーロワール状の沢筋に入る。

ラインは徐々に傾斜を増し、核心部直前には50度の急斜面となり、ラインは右に直角に向きを変えて、Zポイントへと吸い込まれていく。ここは予想どおり、幅5mほどの雪の白い帯でつながっており、デラパージュとジャンプターンで滑降する。

ルートはすぐに左に折れ、同時に視界が一気に広がって、はるか下方の左俣合流地点まで見渡せる。ここはちょうど白馬沢北尾根の右稜の縁にあたる場所で、右手にも左稜が走り、独立した空間になっている。

ところどころに散乱する転石をうまく避けながら、荒れた洗濯板のハードバーンにダイナミックなロデオ・ライディングを決める。

エキサイティングな滑降を楽しみながら続けると、程なく左俣へと合流して新ラインの滑降を無事終了する。さらに大雪渓の出合まで滑り込み、猿倉には10時に帰着した。

白馬沢左俣Zクーロワールは、上部大斜面からZ状核心部に吸い込まれるように落ちる刺激的なライン。一見不合理なところに合理性を求めるおもしろさが存分に味わえる、標高差1400mの変化に富んだ好ラインであった。

白馬沢左俣Zクーロワールを滑降する佐藤勝

ルートグレード	
アプローチ	I
滑降	S4+

日程	2005年5月22日
メンバー	三浦大介、佐藤 勝
タイム	白馬山荘7:00～白馬岳山頂～稜線2850m地点8:00～ 白馬沢左俣Zクーロワール～白馬沢出合9:00～猿倉10:00

59-2 白馬岳

Mt.Shirouma_2932m

白馬岳東面大雪渓側の景観

三号雪渓中間部の滑降

日程	2016年4月2日
メンバー	三浦大介、須藤正雄
タイム	二俣5:40 ～大雪渓～ 山頂12:30 ～ 二号雪渓ドロップ13:30 ～ 三号雪渓～ 大雪渓合流14:20 ～ 二俣15:30

ルートグレード	
アプローチ	I
滑降	S5－

❶ 二号雪渓

白馬岳の看板スティープ。出だしの急斜面をいかにクリアするかが核心である。上部のタイトなルンゼピッチを抜ければ、あとは広く開けた斜面を自由に滑ってゆく。下部はやや地形が複雑になるが、そのまま落とせば問題なく大雪渓へと合流する。シーズン後半まで滑降できるラインである。

ルートグレード	
アプローチ	I
滑降	S4+

三号雪渓（二号雪渓から継続）

メジャーでマイナーな三号雪渓

２０１６年3月最後の週末は杓子岳に行ったが、そのときに白馬岳三号雪渓の雪面が思いのほかきれいである、という事実を見逃さなかった。

三号雪渓の滑降記録を見たのは１９９０年代末の残雪期の大橋真氏のものと記憶しているが、そのラインは二号雪渓からの継続滑降によるものであった。

その後、２０００年代に入って数パーティに滑降されたが、ドロップポイントまで行くのが厄介なこともあり、滑降はまだ五指に余るくらいではないかと思われる。

大学山岳部時代から白馬岳主稜を何度も登っている自分にとって、ここを滑るならやはり山頂直下の雪壁から二峰の最終テラスを経由して、三号雪渓へと滑り込むのが美しいラインだと思う。これを実行するため、何度か山頂に通ったが、いつも雪壁は固く閉ざされていた。

4月初め、先週の偵察以降、穏やかな日が続いていたので状態はよいだろうと判断し、須藤氏を誘う。

5時半に二俣を出発。林道を快調に飛ばし、猿倉に7時着。さらに大雪渓を黙々と登高する。途中、三号雪渓下部をチェックするが、まだデブリもなくきれいである。大雪渓上部は程よい硬さの下地の上に新雪が少し乗り、条件はよい。最後の急傾斜もシールのみでこなし、葱平（ねぶかっぴら）へ上がる。さらに1ピッチで山頂に12時半に到着する。

さっそく、ロープを使って主稜の最終ピッチを覗き込む。雪壁はすでに日陰となっており、少しクライムダウンするが雪面はストックの先が入らないくらい硬い。今回もダメかな……。

白馬沢寄りもチェックするがこちらは雪庇の張り出しが大きく、工作には時間がかかりそうだ。須藤氏と相談して、プランBの二号雪渓経由に切り替える。

ドロップポイントをチェックすると、こちらも出だしはクラスト気味の急斜面だがエッジは利きそうである。その先のラインには新雪のきれいな斜面が俯瞰できる。よし、行こう！

13時半、二号雪渓にドロップ。急斜面をペダルターンでこなし、ライン中央に躍り出る。スラフが少し出るが、雪質はプチパウダーで快適なショートターンが決まる。

やや狭まる核心部を一気に抜け、さらに大斜面を少し滑ってから、左手の三号尾根に向かって大トラバースをかける。

三号尾根上の緩斜面へ乗り上げて、高度差30mほど階段登高すると、目的の三号雪渓への踏み替え地点に出る。当初の狙いであった主稜の二峰ピナクルから流れ落ちるすばらしいカール状大斜面が露わになる。ここだな。

急斜面をトラバース気味にエントリーして、フォールラインを一気に落とす。すでに日陰に入った面はクラスト気味のパウダー、日当たりのよい面はしっとりしたパウダーで、まずまずのコンディションだ。中回りターンでカールを飛ばし、広々としたスケールの大きい三号雪渓に流れるようなシュプールを描いてゆく。

ラインは主稜と三号尾根の狭間を、左右に大きく曲折しながらうねるように落下するが、それと連動させてダイナミックに板を走らせる。ライン右脇にはすばらしいパウダーが温存されており、思わず歓声が上がる。

最後は面ツルフラットバーンを大雪渓へと滑り込んでフィニッシュ！　山頂からのエントリーはできなかったが、メジャーでマイナーな三号雪渓を上々のコンディションで落とせたので、大満足であった。

60 杓子岳

Mt.Shakushi_2812m

杓子岳東壁の全景

杓子岳

東壁AB間ルンゼ

1

東壁マイナールンゼを滑降する

1

東壁マイナールンゼ

東壁の向かっていちばん右の入門的なスティープライン。花崗岩の城塞に囲まれたアルペン的なワイドルンゼで、最大斜度43度の快適な滑降を楽しめる。

ルートグレード	
アプローチ	Ⅱ（北東ルンゼ3）
滑降	S4－

東壁AB間ルンゼ

杓子岳の歴史的なスティープライン

白馬三山の一つである杓子岳。山麓からも望める東壁は、屏風のようにそびえ立つ花崗岩のバットレスと、そこに張り付く雪の幾何学的なコントラストがキュビズム絵画のような立体美を創り出す。それはスティープに魅せられた滑り手の滑降意欲をそそり、この個性的な東壁にシュプールを刻むことは、スキーアルピニストとして当然の使命であろう。

そして、この壁のスキー滑降に考えを巡らせるとき、二つの重要な記録が浮かび上がる。

一つは日本山岳スキー界のレジェンドで、登攀と滑降を極めた降籏義道氏が、1980年代半ばの5月中旬に仲間と実践した白馬三山東面の急斜面連続滑降である。氏が著した『実戦山スキー』（1987年／山と溪谷社）の冒頭の手記に杓子岳東壁滑降のくだりがある。

白馬岳主稜を登ってそれを皮切りに、今やスティープの代名詞的存在の二号雪渓を滑降。その後、杓子尾根を登り返し、東壁AB間ルンゼの滑降を行なった。しかし、表雪雪崩と核心部のクラック処理に思わぬ苦戦を強いられる。そして最後は、白馬鑓ヶ岳の中央ルンゼで締めくくる。この一連のスティープ滑降に刺激を受けた輩も多いことだろう。当時20代前半だった私も、その一人である。

時は進み、道具と技術の進歩、そして雪崩への理解が進んだことでパウダー期滑降のチャンスが芽生える。

2004年、地元白馬のLANDMADEチームがハイシーズンに最高のパフォーマンスを発揮した。このなかのベストが石川哲也氏によるスノーボードでの杓子岳東壁滑降である。雪庇の唯一の弱点となるB尾根最上部からドロップし、BC間ルンゼへつなげるロジカルなラインをオンサイトで滑りきった。当時、北岳バットレスを滑り、剱岳、穂高岳、谷川岳とコアなアルパインエリアにスティープラインを求めて彷徨っていた自分も大きな刺激をもらった。

その後、この魅力的な東壁は絶対に滑らねばと思いつつも、ほかの初滑降ラインを優先したことでずいぶんと後回しになってしまった。

それらが一段落した10年3月半ば。ようやく、この積年の課題を決行する機会が訪れた。降雪後、半日おいての安定した好天。初滑降以来となるであろう東壁のパウダー滑降をめざし、私は単独で双子尾根を登っていた。

二股からの長い林道と猿倉からのラッセルを黙々とこなし、双子尾根に取り付く。上部は板を担ぎ、アイゼンとダブルアックスで登高する。そして、あと少しでジャンクションピークに達しようとしたその刹那、わずかなワッフ音と同時にリッジ最上部の雪がブロック状に割れ、こちらに向かってスローモーションのように落ちてきた。その圧力に押し込まれそうになったが、とっさに体を反転させ、アックスを雪面にたたき込んで体勢を確保して事なきを得た。

ブロックは両サイドに崩れ落ち、大きな雪崩を起こした。リッジ上の薄い表層部がトリガーとなって誘発した、典型的なウインドスラブ・アバランチであった。体を反転させた際にアイゼンでふくらはぎを負傷したため、そこから下山せざるを得なかった（P36コラム参照）。

そして、14年シーズンは3月中盤から東壁一本に集中する。

最初のトライは3月23日、2回目は3月29日で、いずれも二股から大雪渓アプローチで杓子岳に向かうが、初回は強風で稜線まで達せず。2回目は杓子岳山頂に至るも直下の雪の状態が悪く、コルから杓子沢へのエスケープ滑降となった。

3回目のトライは直前の降雪と好天が期待されたエイプリルフール。須藤氏と二人で今度は偵察しやすい、大雪渓側杓子岳北東ルンゼ3のアプローチで山頂をめざす。

意外なほどに堅雪の北東ルンゼ3に戸惑いながら、ジャンクションピークへ登る。ピークの東面側には新雪が張り付いていたが、すでに正午すぎ。時間切れで山頂には届かず、杓子尾根上部からA尾根の手前のマイナールンゼ（仮称）を滑降した。

4回目は4月12日。除雪された猿倉林道から大雪渓経由で山頂まで登るが、最上部の雪の状態がまたしても悪く、中止とする。

そして翌週の4月19日、ハイシーズンは過ぎたが、今季5回目のラストチャンスに懸ける。大雪渓を登ってゆくと葱平手前の急斜面でガスが抜け、杓子岳の天狗岩峰が顔を出す。新雪はクラスト面に程よく乗り、旧雪との結合はよい。

正午、今季3度目の登頂を果たす。即座に荷物を放り出し、杓子尾根最上部の雪壁をクライムダウンして直下のドロップポイントへ向かう。この2畳ほどの小さなテラスに今まで幾度足を運んだことだろう……。

学生時代からお世話になっている風化した大岩でアンカーを取り、東面にロープを垂らして雪質をチェックする。ややクラストした下層の上に新雪が程よく張り付き、エッジは利きそうだ。見下ろすAB間ルンゼも雪面は比較的きれいである。OK、今度こそ大丈夫だ。

20分後、一眼レフを構える松岡氏の合図で滑降のスタートを切る。最上部の傾斜は50度。白馬村まで望めるこの露出感がたまらない。

横滑りでエッジのグリップをチェックし、大空間に飛び込むように最初のペダルターンを決める。スラフはそれほど落ちない。よし、行ける！ 次はダイナミックに連続ターン。左下に見えるA尾根最上部のノッチに向かい、舞い落ちるようなターンを繰り返す。

ノッチから見下ろす東壁AB間ルンゼは比較的ワイドなルンゼであるが、気温上昇とともに東壁最上部から小さな落石が起こり始めていた。タイムリミットは近づきつつあるが、これまでの経験で「今はまだ大丈夫だ」と判断する。

確信をもってAB間ルンゼへドロップ。出だしから45度オーバーのエキサイティングな滑降になる。スラフ処理をしながら、右ラインの面ツルバーンに会心のターンを刻む。徐々に迫力のB尾根側壁が迫り、斜度も50度に近づく。ここからは五感をフルに使うシビアな滑降となる。

3ピッチ目はオープンの急斜面を攻め、右下の崖を回り込み、ひと息つく。滑降ラインを観察すると、二人が落としたスラフにより、フォールラインにはすでに縦溝ができ始めている。

4ピッチ目の狭まったノド状の急斜面をショートターンで一気にすり抜け、右の岩陰に再度回り込む。見下ろすルンゼ出口はすでにスラフで荒れ、滑れそうにない。

ここは偵察時にチェックした右手のB尾根下部を乗り越すラインを選択。ルンゼ右寄りに板を踏み込みながら、ギルランデで加速し、急な側壁トラバースから一気に小尾根を乗り越え、反対のBCルンゼ側に飛び出す。うまくいった！ ここは高度感もあり、今回の滑降のポイントであった。

最後は広々したBCルンゼのオープンバーンを、ロングターンで一気にカールボトムまで滑り込む。ついに念願の東壁滑降の成功であった。

杓子よ、長い間いろいろと楽しませてもらった。どうもありがとう！

東壁Ａルンゼの滑降

日程	2014年4月19日
メンバー	三浦大介、松岡祥子
タイム	二俣5:00～猿倉7:30～ 大雪渓登高～ 杓子岳12:00－12:30～ 東壁滑降～ 双子尾根樺平14:30～ 長走沢～ 猿倉15:30～二俣17:30

ルートグレード	
アプローチ	Ⅰ
滑降	S5、R1

←
杓子岳山頂直下の急斜面を慎重に落とす

杓子岳

60-2

Mt.Shakushi_2812m

杓子岳北面の景観

日程	2014年5月4日
メンバー	三浦大介、須藤正雄、松岡祥子
タイム	猿倉4:30 ～大雪渓登高～
	葱平8:10－9:00 ～杓子岳山頂10:20 ～
	北東ルンゼ滑降11:00 ～
	大雪渓12:00 ～猿倉14:00

ルートグレード	
アプローチ	Ⅰ
滑降	S4+

❷ 北面ルンゼ

山頂から北面を覗き込むと、扇状の急峻な斜面が葱平に向かって落ちている。下部にあるノドが核心で、短いながらも全体的にダイナミックで豪快な滑降を楽しめる好ルート。

ルートグレード	
アプローチ	Ⅰ
滑降	S4－

❶ 北東ルンゼ2

ジャンクションピークから杓子尾根を高度差100mほど先に進んだ地点の北東面に落ちるルンゼ。北東ルンゼより少し短いが、幅広で快適な滑降が楽しめる。最大斜度は45度。

ルートグレード	
アプローチ	Ⅱ（双子尾根）
滑降	S4

北東ルンゼ1

杓子岳の最も美しい斜面を滑降

杓子岳がいちばん美しく見える面といえば、それは北東斜面ではないだろうか。三角形の頂稜を天に突き上げ、左には杓子尾根が、右には天狗菱の岩稜がバランスをとりながら鋭くせり上がり、気品と豪快さを兼ね備えている。

そして、その中心に真一文字に美しく落ちるのが北東ルンゼ1だ。東壁同様、ここを滑るにも結構な時間を費やした。北東ルンゼ自体のドロップポイントにたどり着くのにはそれなりの困難さが伴うこと、北東面であるがゆえ、雪質が硬く、シビアなコンディションも多いからである。

2014年4月に東壁AB間ルンゼの滑降(P174)に成功したわれわれは、ゴールデンウィークに杓子岳の最後の課題として、この北東ルンゼにトライした。

早朝、猿倉を4時半にスタート。大雪渓を快調にシール登高する。デブリは少なく、雪もフラットで登高がはかどり、葱平に8時すぎには達する。さすがに雪がまだ硬いので、小一時間ツエルトをかぶり時間をつぶす。

その後、いつもの大岩経由の最短ルートで稜線に上がり、登山道沿いに登って、10時すぎには杓子岳山頂に到着した。

北東ルンゼへは一段下の2畳テラスから東面の急斜面を滑り、左手の杓子尾根に回り込んでドロップするので、テラスからの出だしが事実上の核心部になる。ここはテストも兼ねてロープを使い、トップの須藤氏はビレイドスキーイングで滑降してもらう。ラストの三浦はロープを回収後、フリーで滑降して北東ルンゼのドロップポイントまで進む。

見下ろす北東ルンゼは、大雪渓まで一直線で落ち込んでおり、露出感は大きい。出だしは幅広で40度程度の斜面から始まるが、雪はやや硬めである。左手の日当たりのよい斜面を選びながら、深回りのミドルターンをつなげて快適に滑降する。

程なく落ち込みのある45度の核心部セクションに入る。これを慎重にクリアし、下部の荒れ気味の斜面を避け、右手の小リッジを越えてフラットなオープンバーンに飛び出した。

このすばらしい大斜面に歓声を上げながら、自在なシュプールを描いて大雪渓へと合流し、杓子岳最後の課題を無事に終了することができた。

北東ルンゼ1を滑降する須藤正雄

61 白馬鑓ヶ岳

Mt.Hakubayari_2903m

白馬鑓ヶ岳東面の景観

番外

北面上部コル〜杓子沢

白馬鑓北面の最上部はハードバーンのことが多いので、稜線を少し下降してからのドロップが一般的である。上部扇状大斜面を滑り、中間部からやや幅が狭くなったルンゼ状の核心部を丁寧にクリアして、杓子沢へ合流する。北面ダイレクトのサブ的なルート。

ルートグレード	
アプローチ	I
滑降	S4−

北面ダイレクト〜杓子沢

見栄えやスケールでは中央ルンゼに一歩も二歩も譲るが、滑降の難しさからいえばこちらに分があると思う。風にたたかれた北面のハードバーンの厳しさと露出感の強さがその理由である。2018年の夏に膝の大ケガをして、翌年の北アルプス復帰戦に選んだのがこのラインだった。最上部のハードバーンに耐えて、どれだけ直に落とせるかが問題で、中間部には露岩も待ち構えている。左に逃げれば傾斜は緩むが、滑降の見極めが絶対条件となるのは言うまでもない。

ルートグレード	
アプローチ	I
滑降	S4+

中央ルンゼ

白馬鑓スティープクラシックス

白馬鑓ヶ岳の中央ルンゼは、麓から見える白馬三山の風景のなかでもシンボル的な存在である。シンメトリーの三角鑓の先からダイヤ型の大斜面を経て、花崗岩の岩稜に挟まれたルンゼへと流れる美しいラインは、滑り手にとって憧れの存在であろう。

自身の知る最初の記録は杓子岳でも触れたが、1984年残雪期の降籏義道氏らの白馬三山東面連続滑降である。その後、記録的には99年3月末の澤田・亀岡パーティによるクライム&ライドでの成功を経て、徐々に地元白馬のニューウエーブ・ライディングの流れに乗り、一般化された感がある。

私も中央ルンゼは早くから自身のスティープリストに載せていた。黒部／奥利根の両横断スキーが一段落した2005年3月下旬に、大学の後輩の佐藤ウマ氏と共にパウダー滑降狙いで、最短ルートの湯ノ入沢から白馬鑓温泉経由でトライした。だが、鑓温泉直下の雪崩により断念。

その後、とりあえず残雪期に一度滑っておこうと思い、同年ゴールデンウィーク明けに、二号雪渓との継続で狙ってみることにした。

夜明け前に準備して、猿倉を4時に出る。林道から大雪渓へとシールを走らせる。ゴールデンウィーク明けの大雪渓はフラットで登りやすく、ペースが上がる。葱平への最後の急斜面をクトーで登り、白馬岳山頂に10時に到着する。

二号雪渓の雪はすでに緩んでいて、最初の核心部の急斜面は横滑りからジャンプターンで難なくクリア。雪が豊富に残る上部ルンゼをショートターンで快適に滑降し、下部のザラメバーンはギルランデを交えた大中小回転の総括滑降で味わい尽くす。ほとんど止まることなく大雪渓に飛び出して、第1ラウンドが終了。

五月晴れのなか、持参したビールとチーズにカニ缶、フランスパンの洒落た昼食で、ひと息入れる。

第2ラウンド開始。大雪渓を葱平に再度登り返して、今度は左に舵を切る。途中から板を担いで稜線に出て、杓子岳はトラバースラインでパスし、コルまで進む。さらに最後のきつい登りに耐え、予定どおり14時前に白馬鑓ヶ岳山頂へ。

山頂に人影はなく、鑓温泉への斜面にはいくつかシュプールが残るが、中央ルンゼは皆無であった。14時20分、ドロップイン。快適なフラットザラメの大斜面へ縦横無尽にシュプールを刻む。適切な斜度の大斜面滑降が比較的長く続き、思わず表情が緩む。

これでもかというほど滑ってゆくと、いよいよ核心のノドへと吸い込まれる。最大斜度は47度くらいか。両サイドから迫る岩稜に緊張感が高まる。雪面は少し荒れていたが雪付きは問題なく、舞い落ちるような連続ジャンプターンを確実に決めて通過する。

広がったルンゼの先には鑓温泉からの横断シュプールが見える。あとはリラックスしてザラメ雪を蹴散らすのみ。その後、小日向山のコルへ登り返し、猿倉まで腐れ雪をすっ飛ばして下山。残雪期ではあるが、2本のスティープクラシックスを滑れた一日となった。

ルートグレード	
アプローチ	I
滑降	S4+、R1（落石）

日程	2005年5月8日
メンバー	三浦大介（単独）
タイム	猿倉4:00～大雪渓登高～白馬岳山頂10:00～二号雪渓滑降～大雪渓11:00～稜線～白馬鑓ヶ岳山頂14:00～中央ルンゼ滑降～小日向山のコル16:00～猿倉17:00

62 不帰Ⅱ峰

Kaerazu II-Peak_2614m

不峰Ⅱ東面キャットフェイスの景観

日程	2007年1月21日
メンバー	三浦大介（単独）
タイム	八方池山荘8:30～唐松岳11:30～不帰Ⅱ峰（南峰）13:00-13:40～東面X状ルンゼ滑降～唐松沢14:20～二股15:30

ルートグレード	
アプローチ	Ⅱ
滑降	S5、R1

1

北峰東面ダイレクトルンゼ

「ゴーストレート」の名で知られる、北峰（2578m）からX状ルンゼの合流点まで一気に落ち込む直線的なライン。上部ルンゼの出口に岩があり、スラフ処理の失敗などによる滑落には充分注意する必要がある。ルンゼは日陰になる時間帯が早く、パウダーが温存されることが多い。私が滑ったときは、上部はすばらしいパウダーで、核心を抜けて開けてからは、やや荒れたバーンであった。小リッジを挟んでスキーヤーズレフト側の斜面もよく滑られているが、こちらは日当たりが良好でコンディションに留意したい。

ルートグレード	
アプローチ	Ⅱ
滑降	S5、R1

東面X状ルンゼ（逆しの字）

魅力的なキャットフェイスを滑る

不帰Ⅱ峰東面は、１９９６年3月の舎川朋弘（とねがわともひろ）氏の南峰（２６１４ｍ）からのスキー滑降以来、継続的に雑誌やビデオで紹介され、今や網の目のようにラインが引かれ未知性はないが、上級者のよきテストピースとしての地位は確立されている。

腕に自信のある滑り手にとって、八方尾根から間近に対峙できる、あの挑戦的なキャットフェイスにシュプールを付けないわけにはいかないだろう。自身も幾度か試みていたが、条件が合わずに未滑降であった。

２００７年シーズンは1月に断続的な冬型で降雪が続き、唐松岳や不帰周辺はすでにハイシーズンの装い。Ⅱ峰にも滑降者が出ているとの情報を得ていた。

そして、晴天に恵まれた1月下旬の週末。自身もチャンス到来と見て現地入りする。土曜にはコンディション把握も兼ねてⅢ峰へ登り、Cルンゼのバージンパウダーを快適に滑降しながら、念入りに周囲の雪質チェックを行なう。その結果、Ⅱ峰東面もグッドコンディションであるとの期待が高まった。

翌日、ゴンドラの始発で再度八方尾根を登ってゆくと、すでにキャットフェイスにシュプールが一つ見える。昨日稜線で会ったポンツーン氏のものだろうか。尾根上部では知り合いの新潟稜友会の小川さんに会った。彼も条件次第ではⅡ峰を狙っているようだ。

昨日のトレースをたどって、Ⅱ峰へ13時に到着する。予定したドロップポイントで掘り出したハイマツを支点にロープを使い、めいっぱい下降して入念にピットチェックする。層間の接合はよい。よし、今回は行けるな。

豪雪の昨年3月にシーハイルの堀米氏と来たときは、フェイスの胸の張り出しが大きくて、滑降ラインが判別できずにAルンゼを滑降したのだった。今回もノール形状だが、下部のセンターリッジが見えるのでラインはわかりやすい。

スタンバイ後、確信をもってドロップ。上部の出だしは40度弱で滑りやすい。ノールに入ると雪質はやや深めのパウダーとなり、ミッドファットのスキーでは沈みがちだ。K2のアパッチチーフのほうがよかったかな……。

徐々に傾斜を増すキャットフェイスを、本谷へ向かってダイブするように連続ターンで果敢に攻める。スラフが少し出るので、左手の浅い溝を挟んだ小リッジを絡めながらターンをつなぎ、X状ルンゼの入り口につながる凹状の核心部へ迫る。斜度は体感で50度オーバーであるが、距離が短いのでプレッシャーは少ない。しかし雪の付きが若干甘く、ターンスペースもないので横滑りを強いられる。

ここを慎重に抜けて、右下のセンターリッジのコルに向かって豪快なジャンプターンで滑り込む。コルからセンターリッジ沿いに滑ることも考えたが、クリフ下部の状態に不安があったので、確実なX状ルンゼを選択する。ルンゼ内の雪質はややパックされていた。

突然、別ラインからエントリーしたと思われる小川氏の起こすスラフが左壁から落下してくる。ここに長居は無用だ。急なルンゼ内をショートターンで一気に滑り降りる。

北峰ルンゼとの合流点からは右の開けたルンゼを選択し、唐松沢の合流点まで滑り込んでフィニッシュする。

久しぶりによい緊張感で滑降することができた。すでにⅡ峰に未知はなく、ラインを選べば極端な難しさはないが、滑るか否かの判断にはかなりのものが要求される。開拓者の舎川氏に感謝したい。

63 不帰Ⅲ峰

Kaerazu Ⅲ-Peak_2630m

不帰Ⅲ峰東面の景観

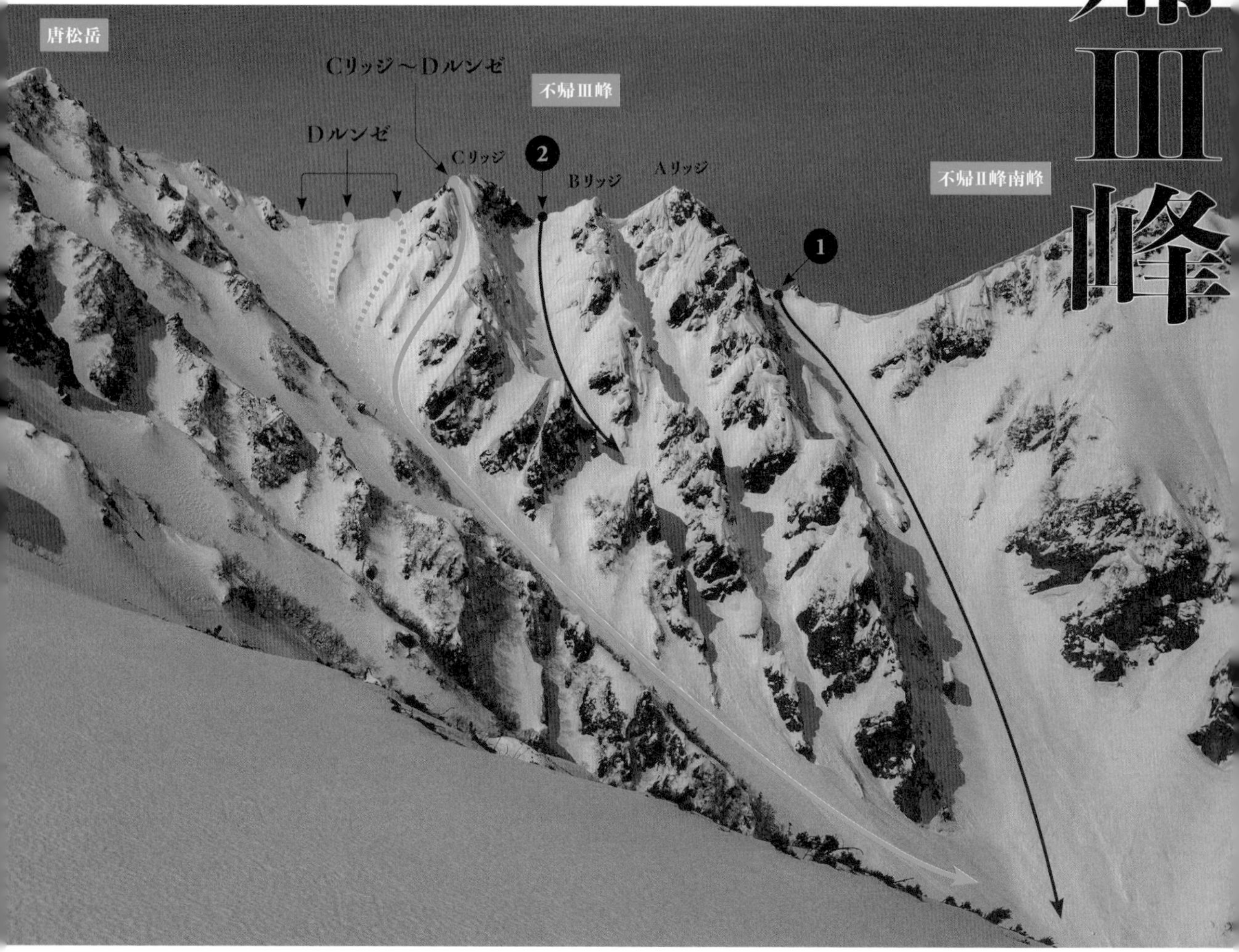

唐松岳
Cリッジ～Dルンゼ
不帰Ⅲ峰
Dルンゼ
Cリッジ
2
Bリッジ
Aリッジ
不帰Ⅱ峰南峰
1

不帰Ⅲ峰Cルンゼの核心部を俯瞰する

2 Cルンゼ

不帰Ⅲ峰の各ルンゼのなかでもおすすめのライン。CリッジとBリッジとの広い安定したコルがドロップポイントで、右手の岩にリングボルトが打ってある（要確認）。一人でもこれをビレイ点として雪質チェックができる。ラインは比較的幅広のルンゼ状で、スラフを避けるスペースも充分にあり、快適に滑降できる。最大斜度は45度。

ルートグレード	
アプローチ	Ⅰ
滑降	S4+

1 Aルンゼ

A峰と不帰Ⅱ峰との大きなコルがエントリーポイント。これ自体を目標に滑ることはないと思うが、不帰Ⅱ峰のコンディションに不安がある場合などの、エスケープルートとしての価値は充分にある。傾斜はCルンゼに比べて、やや弱い。

ルートグレード	
アプローチ	Ⅱ
滑降	S4−

Cリッジ〜Dルンゼ

不帰Ⅱ峰への前哨戦に

不帰Ⅲ峰東面の各滑降ラインは短いながらも、それぞれに特色がある。継続滑降する唐松沢を含めれば、大滝手前までの実質高度差は1300mとなり、充実した滑降が約束されている。さらに斜面の向きや高度、位置の関係から多様性はあるものの、類似したコンディション下にあると予想されるⅡ峰への前哨戦として、その利用価値は高い。

なかでもⅢ峰Cリッジラインは、山頂からリッジに沿って急峻な滑り台となって直接D沢へ落ち込んでおり、一度は滑りたいと思わせる好ラインである。

2017年3月、RSSAに入会したての新人・伊藤裕規君を誘って、課題の不帰Ⅲ峰Cリッジへ向かう。

前日までの弱い冬型で程よく積もった新雪と、冷え込みの残る無風快晴のスキー場トップを9時に出発する。軽いラッセルを交えながら、大きいストライドでシールを走らせ、通い慣れた尾根道をどんどん進んでゆく。雪質はよく、本日はザ・デイとなる予感がする。

八方尾根最上部をシートラ&アイゼンで登っていると、早くもDルンゼから先行パーティの雄叫びが上がる。スプレーを上げながら、快適に滑降してゆく姿が見える。

稜線から唐松岳山頂を越えて、Dルンゼのコルから最初のピークである不帰Ⅲ峰Cリッジに正午に到着。松本クライミングメイトにも所属して、アルパインクライミングもやっている伊藤君にシッティングビレイを頼み、ロープを使ってドロップポイントをチェックする。

滑降予定の滑り台上部はすでに日陰に入っており、雪面はフラットで安定した新雪に覆われている。こいつはもらったな。最上部を滑り込みやすいように整え、滑降準備をする。

12時半、三浦トップでドロップイン。最上部は幅が狭く、斜度は40度後半で岩も出ており、少し横滑りしてからダイナミックにジャンプターンを決める。スラフは少し出るが下層は安定している。間髪を入れず、ベンディング系小回りの連続ターンで、スラフと一緒に落ちるようにリズミカルに板を滑らす。

ラインは徐々に広がり、右に大きくカーブを描いている。その滑り台に沿って、こちらも徐々にターン弧を大きくしていき、最後はバンクを舐めるように右へ大きく当て込んで日の当たるオープンバーンへ躍り出る。下方にDルンゼの合流点が見えている。板を踏み込んで、数ターンで合流点まで一気に滑る。

伊藤君に笛でコールする。しばらくして彼はスラフを落としながら、ワンターンずつ慎重に板を回して滑ってきた。

オープンに出るとお気に入りの使い込んだ4FRNTの長い板で、飛ばしながら大回りでこちらに突っ込んでくる。グータッチを済ませ、言葉を交わす。「短いけど、ドロップシークエンスはなかなか楽しめたね」と私。「いやあ、結構おもしろかったです」と彼。お互い初顔合わせにしてはよい出来栄えだったろう。

その後、Dルンゼを交互に滑降し、広大な唐松沢をパーティランで快適にクルージングしながら、二股へと下山した。

ルートグレード	
アプローチ	I
滑降	S5-

日程	2017年3月25日
メンバー	三浦大介、伊藤裕規
タイム	白馬八方尾根スキー場トップ9:00〜八方尾根〜不帰Ⅲ峰12:00-12:30〜Cリッジ滑降〜唐松沢〜二股14:40

64 唐松岳

Mt.Karamatsu_2696m

唐松岳へ稜線直下の
八峰尾根を登る

唐松沢上部ルンゼの滑降

番外

Dルンゼ

唐松岳山頂から急斜面をピッケル&アイゼンで下降した、広いコルがエントリーポイント。不帰Ⅲ峰寄りの斜面からが、雪庇もなく滑降しやすい。最初の急斜面が核心部で最大45度。左に緩やかにカーブすると唐松沢本谷への視界が一気に開ける。左手から不帰Ⅲ峰のルンゼと右手から唐松沢を合流してから、幅広の本谷を雪質のよいラインを選びながら滑降する。中間部から谷はさらに広がり、自由に滑降できる。下部の南滝はシーズン初めと終わりは右岸を高巻く。唐松岳稜線からの最もポピュラーな入門ライン。

ルートグレード	
アプローチ	I
滑降	S4

唐松沢本谷

シーズン初めの調整で滑りたい一本

日本に唐松岳ほど山スキーに適した、便利で貴重な山はないのではないかと思う。その大本はなんといっても八方（はっぽう）尾根の存在だろう。双耳峰にもとれる、唐松岳頂上山荘のある東峰から、東に長く末広がりで大きく張り出した緩やかな基幹尾根。そこから延びる多数の支尾根と、尾根の左右に落ちる滑降ラインの数々。

アプローチにスキー場が使え、尾根道はスキー登高しやすい。沢筋に滑り降りても、それをたどればすぐ町に出られる。厳冬期でも天気がよければそれほど苦労なく山頂に立てるし、稜線から滑降したあとでも、日が暮れないうちに戻れる。こういった場所は、ほかになかなか見つからないだろう。

唐松岳の代表的な滑降ラインを一つ挙げるとしたら、やはり唐松沢本谷を推したい。吊尾根の真ん中から落ちるロケーション、アルペン的雰囲気、適度な斜度と雪質。下部まで含めると標高差1300mにも及ぶ滑降距離。そのいずれを取っても申し分ない。

冬の訪れが早ければ12月中旬から滑降が可能なため、終了後の無名（むめい）沢出合からの登り返しを厭わなければ、シーズン初めの調整の最終仕上げとして、隣のDルンゼとともに非常に有用な存在である。

自身も何度かシーズン初めに滑っており、うまく滑れれば、よいシーズンを過ごせそうな期待が大きくふくらむ。

ここを自身がパウダー期に滑ったのはいつごろか調べてみると、Dルンゼが2005年1月末、唐松沢が翌年3月下旬であった。当時持っていたいちばん太い板であるセンター100㎜、181cmのK2アパッチチーフで滑った。

Dルンゼは会の杉山雅彦氏と共に滑降した。唐松岳と不帰Ⅲ峰のコル手前の雪庇のない斜面からドロップし、最上部のコンディションはウインドローディングのパックパウダーであったが、中間部からは、広々したラインのパウダー滑走が堪能できた。

唐松沢本谷を滑降したのは、3月の降雪直後だった。コルで雪の状態を丁寧に調べ、ドロップ。スラフチェックを兼ねて、右手の小尾根に当て込むように滑り、後ろを振り返って確認後、フォールラインを落とす。

内容は最大斜度45度弱の幅広のルンゼ滑降で、周囲のアルペン的風景を楽しみながら快適に滑ることができた。

途中、リグループできる岩陰がいくつかある。ルンゼ内は部分的に風の影響があり、一度パウダーとなっても油断せずに滑降しなくてはならない。Dルンゼとの合流点までルンゼの実質高度差は400m程度なので、基本的には2ピッチくらいで一気に落とすのが、唐松沢の滑降スタイルである。

唐松沢上部ルンゼセクションを終え、本谷へ飛び出す

ルートグレード	
アプローチ	I
滑降	S4

日程	2006年3月26日
メンバー	三浦大介、狭間栄治
タイム	白馬八方尾根スキー場トップ9:00～稜線13:00～唐松沢コル13:30～唐松沢滑降～南滝14:30～二俣15:30

65 五竜岳

Mt.Goryu_2814m

遠見尾根からの五竜
岳東面

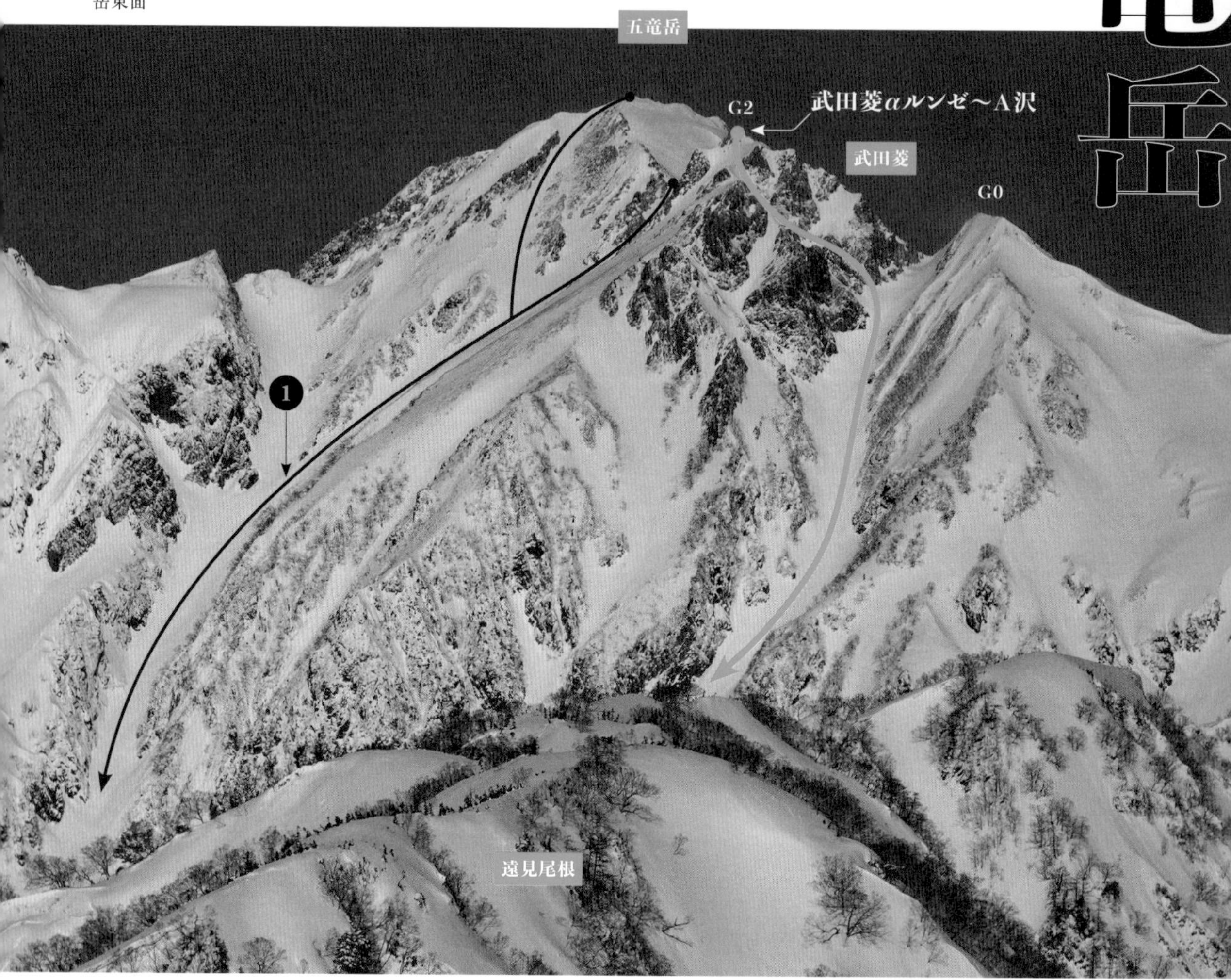

日程	2008年4月13日
メンバー	三浦大介、小川嘉博
タイム	西遠見山BC4:40～G0稜～ G2の頭9:00～直下～武田菱αルンゼ～ A沢～シラタケ沢10:00～遠見尾根～ スキー場トップ13:00

ルートグレード	
アプローチ	Ⅲ（G2中央稜）
滑降	S5−、R1

1 東面B沢

シラタケ沢の右俣に相当するB沢は、鹿島槍ヶ岳の大展望とすばらしい大斜面滑降が満喫できる好ルートである。山頂からと、手前のコルからの2カ所のドロップポイントがある。後者は2013年4月初めに滑り、上部はパウダーで快適だったが、下部がモナカ雪でおもしろくなかった。次は厳冬期に山頂からと思い、何度かトライしたがまだ果たせていない。一度は1月にワンデイで白馬五竜スキー場の下から山頂まで、会の仲間4人とフルラッセルでたどり着いたが、時間的に余裕がなく、稜線を滑って戻った苦い思い出がある。いずれまたトライしたいと思っている。

ルートグレード	
アプローチ	Ⅱ
滑降	S4（コルから）

武田菱αルンゼ～A沢／初滑降

武田菱の急峻なルンゼを滑る

白馬五竜スキー場から五竜岳を見上げたとき、真っ先に目に飛び込んでくるのが武田菱の紋所であろう。凝視すると、４つの菱形の間に、複数の急峻なルンゼが食い込んでいるのがわかる。

２００７年４月に西遠見山ベースで、仲間とＧ２中央稜を登り、この武田菱を滑る計画を実行したが、Ｇ２の頭（２７３０ｍ）に出た途端に雪が降りだし、なんとか五竜岳山頂は踏んだが、そのまま稜線を滑降するにとどまった。

そして、翌年はＧ０稜を登って、再度武田菱の滑降を狙う。初日は昨年と同様にスキー場トップから西遠見山の幕場までの気楽なアプローチである。メンバーも前回と同じ、「戸隠パウダーキャンプ」でおなじみの新潟稜友会の３人と、わらじの仲間の矢本氏の計５人である。遠見尾根を３ピッチのスキー登高で幕場に到着し、早めにテントに潜り込んで宴会を始める。

翌日、４時半発で三浦と矢本でシラタケ沢へ下降してＧ０稜を登り、稜友会は一般ルートで山頂ピストン後、Ｇ２の頭で合流する計画である。Ｇ０稜は簡単な雪稜で、ロープをほぼ使わずに、沢への下降を含めて3時間ほどで終了する。

9時少し前に五竜岳山頂を往復した稜友会のメンバーと落ち合い、Ｇ２の頭から急な雪壁を30ｍほどクライムダウンして、αルンゼのドロップ地点に向かう。

スタンディングアックスビレイを稜友会の須藤さんに頼み、ロープを出して三浦がαルンゼの下見に入る。45度の急斜面はかなりクラストしており、雪面はフラットでなく、ガタついているところも多い。天候はあいにくの曇り空で、日差しで雪が緩むのは期待できそうにない。ロープいっぱいの50ｍを降りてから、さらにもう一本ロープを足して、γルンゼの分岐を確認。こちらはさらにハードクラストしていた。

検討の結果、私と稜友会の小川さんとで、比較的短い距離でA沢に合流できるαルンゼの直線的なラインを落とし、ほかのメンバーは雪壁を登り返して、稜線を少し下ったコルからA沢を滑ることに決める。

10時に三浦先頭でαルンゼにドロップイン。最上部はカリカリのクラスト斜面である。ターン落差をミニマム制御したダブルストックのペダルターンで、ワンターンずつ急斜面を慎重に降りてゆく。中間部からやや雪面が緩んでくるが、気の抜けない滑降は続く。

γルンゼの分岐点を過ぎると急な落ち込みが現われる。この核心部を気合のジャンプターンでクリアすると、足元にA沢が見えだした。岩陰に入り、小川さんに笛で合図する。下部はようやく雪面が緩み始め、快適にターンが決まりだす。程なくA沢に滑り込んで緊張が解かれる。

ちょうどほかのメンバーも合流してきた。小川さんは上部をほとんど横滑りでやり過ごしたようで、最後だけはストレスを発散すべく、すっ飛ばしてきて豪快に転んでいた。あとは、モナカ雪気味のA沢を全員で悪態をつきながらなんとか滑り倒して、シラタケ沢に合流。西遠見山に登り返し、テントを撤収してから遠見尾根をスキー場まで滑降し、無事山行を終えた。

目的とした電光型のα／γルンゼは滑れなかったが、２年連続の悪条件のなか、今回はαルンゼをなんとか滑降できて充実感が得られた。

後日談

同2008年の3月に本田大輔氏らがα／γルンゼを滑降していたことが雑誌『岳人』に紹介された。記録的には、彼らが五竜岳武田菱の初滑降と思われる。

66 鹿島槍ヶ岳

Mt.Kashimayari_2889m

鹿島槍ヶ岳南面北股
本谷源頭の景観

南峰
鹿島槍ヶ岳
北峰
北股本谷右俣

赤岩尾根上部をトレースする

番外

鹿島ウラ沢

2003年3月の黒部川S字峡横断の際に初滑降した西面に広がる一大斜面。上部は北西尾根沿いに滑ってから中間部は左手のルンゼ状を滑降し、下部はオープンバーンを滑る。最上部はクラスト、途中からプチパウダー、下部はモナカ雪と変化に富んだ滑降を堪能した。傾斜は最大でも40度ほどである。黒部川S字峡横断時に滑降するのが適している。

ルートグレード	
アプローチ	Ⅱ
滑降	S4−

北股本谷右俣／初滑降

美しい双耳峰の鹿島槍南面の新ラインを初滑降

　あの峻烈な鹿島槍北壁に挑戦する前に、まずは北股本谷を滑っておく必要があろう。RSSAの先達による、1989年4月の布引（ぬのびき）沢滑降時の雪庇崩壊による大雪崩の記録があるように、チャンスをつかむのが難しい本谷周辺であるが、吊尾根からダイレクトに落ちる大斜面は滑り手を魅了してやまない。

　今回は雪が比較的落ち着き、冷え込んだ日を狙って、記録を見ない北峰から北股本谷右俣へのラインをトライしてみた。

　大谷原ゲートより大冷沢（おおつべた）左岸林道を徒歩で歩きだすが、程なく雪付きは充分になり、スキーを履く。西俣出合でクトーを装着し、西沢を快適に登高する。

　デブリ地帯を過ぎ、2000m地点から赤岩（あかいわ）尾根上部に突き上げる小ルンゼを、板を担いでアイゼンで登る。尾根に出ると対面に鹿島槍ヶ岳の美しい双耳峰が姿を現わす。滑降を予定している北峰（2842m）からの本谷右俣のラインを凝視するが、雪面はきれいで、ラインもきちんとつながっているようだ。

　赤岩尾根上部の雪稜を通過し、稜線を雪庇に注意しながら南峰まで進む。南峰を慎重に下降し、コルからサブの本谷右俣への滑降点をチェックする。さらに北峰直下まで登ると、赤岩尾根から偵察していたドロップポイントと思われる雪の急斜面上に出る。

　覗き込むと、落ち込む先に核心のクーロワール入り口付近が見える。ここだな。雪質は軟らかいザラメ雪で滑降しやすそうだ。目と鼻の先の北峰山頂は割愛し、滑降を決める。

　15時すぎ、右俣の大斜面へと飛び込む。すぐに傾斜は強まり、ターンをするのに戸惑うような急斜面を気合の連続ペダルターンで滑降する。若干斜度が落ちてくると、ジャンプターンに切り替える。まさに鳥が舞うがごとく、落ちるようなターンを繰り返す。やがて幅広の大きなルンゼ状から、徐々に核心部へと吸い込まれていく。

　赤岩尾根からチェックした「獅子の雪型の尾」の核心部を覗き込む。そのゴルジュ状に狭まった核心部の全貌はわからないが、岩肌が少し見え、嫌な予感がする。ここはゴルジュの左手にうまい具合にインゼルがあり、それに向かって左へギルランデで滑る。

　踏み替え点から左側の斜面を覗くと、こちらは急な大斜面がはるか下の本谷ボトムまでつながっているのが俯瞰できる。しかし、すごい高度感である。この急斜面を本谷基部へ向かって、真っすぐにジャンプターンを確実に繰り出す。途中の岩が露出した崖の部分は右側から回り込んでクリアする。振り返ると例の核心部はやはり狭く、滑らなくて正解だった。

　しばらくしてデブリ帯に突入するが、ブロックは比較的軟らかいのでそれほど苦労はしない。程なく左俣との合流点へ。こちらは凄まじいデブリである。右俣の滑降で正解だったようだ。

　デブリ帯を抜け出ると、真っさらなバーンが北股本谷全体に広がった。あとはリラックスして、西俣出合まで大回りで板を走らせた。

ルートグレード	
アプローチ	II
滑降	S5−

日程	2001年4月21日	メンバー	三浦大介（単独）
タイム	大谷原6:15～西俣出合7:30～赤岩尾根上部 11:00～冷池山荘12:00～鹿島槍ヶ岳南峰14:00～鹿島槍北峰直下15:00-15:15～北股本谷右俣滑降西俣出合16:15～大谷原16:45～鹿島槍ガーデン釣り堀17:30		

67 爺ヶ岳

Mt.Jii_2670m

小冷沢下部から滑降した中央峰東面フェイスを振り返る

爺ヶ岳中央峰

中央峰～小冷沢ダイレクト

小冷沢三ノ沢

小冷沢二ノ沢

雪庇を崩して最上部の雪質をチェックする

番外

白沢天狗尾根～矢沢

2005年2月に大学の後輩の佐藤竜哉君と1泊2日の雪洞泊で実施した、爺ヶ岳の厳冬期初滑降ルート。爺ガ岳スキー場から白沢天狗尾根経由で山頂に至り、稜線を滑って、コルから矢沢へと落とし込むライン。登りの大半でスキーが使え、矢沢ではダイナミックなワイドルンゼの滑降が楽しめる。

ルートグレード	
アプローチ	I
滑降	S4−

中央峰〜小冷沢ダイレクト／初滑降

今では最も滑られている人気ルート

爺ヶ岳は2005年2月半ばに、低気圧が日本海に入った疑似晴天の間隙を突いて、山頂から白沢天狗尾根経由で矢沢を滑り、厳冬期初滑降を果たした。

だが、本来の計画では中央峰（2670m）からダイレクトに小冷沢に落ちるフェイスを狙っていた。このフェイスは長野からの県道31号で白馬村へ向かう途中で最初に望める、後立山連峰のなかでも最も印象的な美しいフェイスである。

07年3月には東尾根から狙ったが予想外の悪天で敗退。2年越しの09年3月半ばに、単独で再トライすることにした。

早朝、矢沢林道を6時に出発し、左岸の支尾根から東尾根に上がる。途中までシールで登り、ヤセ尾根になったところで、アイゼンにダブルアックスでわずかに残るトレースをたどる。対岸には小冷沢を隔てて、目的の中央峰の美しい東面フェイスが姿を現わす。雪面はきれいで、雪庇もそれほど大きくなく、状態はよさそうだ。

東尾根の核心をクライムダウンとトラバースでやり過ごし、はやる気持ちを抑えきれずにハイスピードでリッジ登高を続ける。白沢天狗尾根と合流してからは、なだらかな尾根をたどる。最後の斜面手前で小冷沢へ落とすサブの滑降ラインを確認して、山頂には14時に到着する。

さっそく東面のドロップポイントを探る。左手の雪庇の弱点からすんなりドロップできそうだ。少しクライムダウンしてチェックするが、雪は安定しており、眼下にはすばらしい大斜面が広がる。

14時半、東面フェイスに念願のドロップイン。雪質はクリーミーなプチパウダーでスラフも出ずに滑りやすい。深回りのターンでワンターン、ワンターンと斜面を愛でるように、丁寧なベンディング系のスキー操作を続ける。途中から右手の小冷沢への合流パスを確認しながら滑降し、適当なところから沢筋へと合流する。

小冷沢は大量な積雪により、地図で見るより広大なU字谷と化しており、どこでも好きなように滑降できる。下部には少しデブリが出ていたが、緩斜面になるまでスムーズに滑降。念願の滑降成功を喜びたいが、まだ下部の処理の問題が残っていた。

この先、沢をさらに進むと大きな堰堤にぶつかるが、下降路はすぐにはわからない。時間も押しているので、1290m地点から東尾根の最低コルまで登り返して、反対の谷を下ることにする。谷筋はやや悪いところもあったが、なんとかクリアして鹿島集落に抜けることができた。さらに矢沢林道まで歩き、18時半、無事山行を終了した。

下山後に確認したところ、大町山の会の柳澤昭夫氏らが4月に滑った記録以外は見当たらなかったので、今回が冬季初滑降と思われる。

後日談

2017年3月に仲間と同ルートをより好条件下で再び滑ったが、実にすばらしいルートであると再認識した。今では爺ヶ岳で一番人気の滑降ルートになっているようである。

ルートグレード	
アプローチ	Ⅱ（東尾根）
滑降	S4+

日程	2009年3月21日
メンバー	三浦大介（単独）
タイム	矢沢林道ゲート6:00〜東尾根P1767 10:00〜爺ヶ岳14:00〜小冷沢滑降〜1290m地点登り返し16:30〜東のコル〜鹿島集落〜矢沢林道ゲート18:30

爺ヶ岳

67-2

Mt.Jii_2670m

爺ヶ岳北峰西沢奥壁
の威容

日程	2017年3月19日
メンバー	三浦大介、須藤正雄、松岡祥子
タイム	冷池山荘9:30～左リッジ頭11:00～
	西沢奥壁ドロップ12:30～西俣出合14:00～
	大谷原林道ゲート16:00

ルートグレード	
アプローチ	Ⅱ
滑降	S5－、R1（雪庇）

番外

赤岩尾根～西沢

赤岩尾根稜線基部から直接西沢に入るラインと、尾根最上部からスキーヤーズレフトの斜面を高度差100m滑って、赤岩尾根を右に回り込んで西沢に入るラインの二つが取れる。いずれも西沢のオープンバーンにつなげるまでの上部セクションが核心。西沢は快適に滑れる。

ルートグレード	
アプローチ	Ⅰ
滑降	S4－

北峰西沢奥壁左リッジ～Ｃ沢／初滑降

後立山のいぶし銀・爺ヶ岳

爺ヶ岳北峰（2631ｍ）の北東面に展開する西沢奥壁。厳冬期のそれは、張り巡らされた雪庇とキノコ雪に飾られ、怪鳥フェニックスが翼を広げるかの如く、大冷沢西沢源頭に鎮座している。開拓期こそいくつかの雪稜ルートが登られたが、現在は静寂のなかに沈んでいる。

前週の中央峰東面小冷沢の再滑降時（Ｐ192）の偵察で、その弱点として左リッジの頭付近の小雪庇が候補に挙がっていた。一方、隣にそびえる後立山連峰の盟主・鹿島槍ヶ岳にも東谷奥壁というやり残した課題を抱えていた。

ここは2003年の黒部川Ｓ字峡スキー横断時に、鹿島槍からの本命の滑降ラインであったが、当日の南峰到着が予想以上に遅れ、サブの鹿島ウラ沢に変更したのだった。この3月の連休も鹿島槍東谷奥壁をメインの計画に掲げ、サブは爺ヶ岳西沢奥壁と考えていた。

晴天の初日、大谷原林道を歩きだし、大冷橋の先からシール走行で西俣出合まで進む。今回は西沢の雪の安定度はいいようだ。実は先週も仲間4人で東谷奥壁滑降を狙ったのだが、降り過ぎた雪で西沢を中退。冒頭に述べた爺ヶ岳中央峰東面の小冷沢に転進したのだった。

サブで滑降予定の西沢奥壁をチェックしながら、デブリのない広々とした西沢を快調に登る。奥壁は案の定、雪庇とキノコ雪のリッジに守られ弱点は見られないが、左リッジからの継続滑降を予定していたＣ沢下部の状況は確認できた。

徐々に傾斜が増す辺りで赤岩尾根2278ピークのコルへとスキーの先を向ける。この一帯は雪崩に要警戒の場所だ。

尾根に出ると白く輝く鹿島槍ヶ岳が目に飛び込んでくる。板を担ぎ、ラッセルで急斜面を抜ければ稜線はすぐそこだ。その先の冷池山荘の冬季避難室にツエルトを張る。

翌日、夜明け前に出発。予報に反して外は小雪が舞い、新雪もいくらか積もっていた。夜が明けると春雷が鳴り響き、一時荒れ模様となる。上空を弱い気圧の谷が通過しているようだ。天候がいつ回復するかわからず、残念だが南峰直前で撤退を決断する。

冷池山荘に戻り、2時間ほど待機すると天候はやや回復してきた。「よし、サブ案の爺ヶ岳の西沢奥壁をやろう」

雪庇に注意しながら稜線を小一時間進み、左リッジの頭付近に出る。ＧＰＳで位置確認し、松岡氏に先のピークで指示してもらいながら須藤氏と雪庇工作を行なう。30分ほどで穴を開け、左リッジを確認。ブッシュをアンカーに懸垂下降でリッジに降り立つ。ガスでやや視界は悪いが、落ち込むＣルンゼの状態はよさそうだ。

正午すぎ、松岡氏のシャッター音を合図にドロップイン。位置は奥壁のほぼ中央。スパインにキノコ雪がプチプチと張り付いた奥壁の独特の雰囲気のなか、雪庇を背負いながらファーストターン。表層の新雪がやや流れるが滑るにつれ、すばらしい雪質となる。くの字に折れる標高差200ｍ下のセーフポイントまで一気に板を走らせる。

次のピッチは西沢合流点までのロングラン。徐々に開ける扇状トレインに吹きだまるドライパウダーを堪能する。そして、最後は広大な西沢の大滑降で締めくくる。鹿島槍の東谷奥壁は滑れなかったが、結果的には西沢奥壁という、滑り手にとって事実上の空白地帯に初トラックを刻むことができて大満足であった。

この後、翌週末にかけて鹿島槍東谷奥壁が兼岩一毅氏らにより初滑降された。滑降ラインはわれわれが考えていたのと寸分違わなかった。滑降の成功を素直に祝福したい。

68 赤沢岳

Mt.Akazawa_2678m

鳴沢からの黒部横断後、立山へ向かう途中から振り返る赤沢岳西面

日程	2008年3月22日
メンバー	三浦大介（単独）
タイム	日向山ゲート3:30 ～扇沢5:30 ～
	マヤクボのコル 10:00 ～
	赤沢岳 13:30-13:50 ～鳴沢滑降～
	黒部川出合 15:20 ～
	内蔵助谷出合中州 16:30（泊）

ルートグレード	
アプローチ	Ⅱ
滑降	S4＋、
	R1（下部V字谷）

番外

赤沢

2005年3月の黒部別山からの黒部横断時にフィナーレとして滑降した（P120）。赤沢岳山頂からスバリ岳方向に少し下った地点から、東面の急斜面へドロップ。左手の幅広のルンゼ状を深回りで滑降し、核心部の落ち込みに出るが、ラインを読みきれずに一度センターリッジまで登り返して逆側の斜面を滑った。通常の登りである針ノ木雪渓から滑降ラインをよく見定めておけば問題なく滑降できよう。最大斜度45度。

ルートグレード	
アプローチ	Ⅱ
滑降	S4

鳴沢本谷

黒部川中流域、未知のエリアを滑る

後立山連峰の西面、黒部川中流域の沢筋は、滑降系山屋にとって未知の香りが強く残るエリアとして知られている。いずれも黒部川までの高度差は１３００ｍを超え魅力にあふれるが、西面という位置的な問題のほかに、急峻さや大滝の存在など、考慮すべきポイントは多い。

さらにそれらは地形的性質上、必然的に黒部川横断スキー途上で滑降されるべき課題となっている。

黒部川鳴沢出合でのスキー横断は、ミレニアムの4月上旬に澤田実氏と亀岡岳志氏パーティが初トレースしたが、自分としても課題の横断ポイントであった。そこで雪の安定する3月連休を利用し、単独で鳴沢からの黒部横断スキーを試みた。

前々日の降雪が懸念され、入山を一日見送って、その日は大町に投宿。翌早朝3時のタクシーで日向山ゲートまで行く。

いつもどおり林道の最初のカーブでスキーを着け、扇沢まで沢沿いに進む。雪のやや少ない扇沢からすぐ左手の沢沿いにシール登高する。針ノ木雪渓にはデブリは皆無で、非常によい状態である。快調に飛ばし、扇沢から2ピッチでマヤクボ沢出合へ至る。先行のトレースは針ノ木峠方向にジグを切っていた。

出合でピットチェックするが積雪は安定しているようだ。それでも単独行なので、雪面に衝撃を加えないように慎重に登る。1ピッチでなんとかがんばって上部カールの安全地帯へ抜ける。そこから30分の登りでマヤクボのコルへと到達。見下ろす黒部湖はまだ真っ白である。

稜線でアイゼンに替え、スキーを担ぐ。スバリ岳を越え、屏風尾根ジャンクション手前で再びシールを付け、大スバリ沢側の急斜面をトラバースで進み、２４９４ピークからは雪庇に注意して、赤沢岳に達する。見下ろす鳴沢は純白の大斜面がはるか下方へと続いている。

14時前に滑降を開始する。山頂から北西稜を少し滑り、右のボウル状大斜面へと飛び込む。ややパックされた雪は滑降するにつれ、すばらしいパウダーとなる。

上部大斜面からやや左に方向を変え、幅広のルンゼ状急斜面を滑降する。ここまで雪面はきれいで快適に滑降できたが、右から沢を合わせるとソフトデブリが少し現われる。側壁からの雪崩を警戒しながらショートターンで素早く滑降してゆく。一度、日の当たった右斜面から小規模の雪崩が発生した。

正面に丸山東壁と大タテガビンの大岩壁を見ながら緩斜面を過ぎると、ラインは右に大きく曲がり、問題の大滝上に出る。下部は切れ落ちているが、すでに滝下が見えているので威圧感は少ない。

左手のインゼル状の小尾根を慎重に滑降し、大滝を斜めからチェックすると一部流れは出ているが、脇の雪を拾って滑降できそうだ。核心部はウィペットポールを使ったスリーポインティングと横滑りでクリアし、無事滝下へと降りる。

そして最後の難関、Ｖ字危険地帯へと突入する。ここは左右側壁からのデブリで荒れている。タイミングを見計らいながらスピーディに通過すると、待望の黒部川下ノ廊下に至る。シールを付けてブリッジを渡り、黒部川左岸を上流部へと進む。内蔵助谷出合手前の雪崩に対して、比較的安全な中州を一夜の宿とした。

翌日は内蔵助平から真砂岳へ至り、大走りを滑って室堂乗越付近に登り返し、立山川から伊折集落へと下山。通算8回目の黒部川スキー横断を無事単独で成功させた。

69 スバリ岳

Mt.Subari_2752m

針ノ木岳周辺の後立山主稜線西面の景観

赤沢岳

鳴沢本谷（P196）

大スバリ沢右俣ダイレクト

小スバリ沢右俣（P201）

蓮華岳

スバリ岳

針ノ木岳

※尾根の裏側を滑降

大スバリ沢下部をパウダー滑降する小玉健彦

スバリ岳山頂での小玉健彦

大スバリ沢右俣ダイレクト／初滑降

初の黒部湖スキー横断

黒部横断山行の一環として、後立山越えからの黒部湖スキー横断を計画した。凍結した黒部湖を徒歩で横断した記録は過去にいくつかあるが、スキーで横断した記録は未見である。

長野側から黒部湖を横断して富山側に下山するには、針ノ木岳～赤沢岳の稜線から滑降するしか方法はない。そのなかでも可能性の高いラインとして、大スバリ沢右俣が候補に挙がった。下部の大滝の処理が問題ではあるが、それほど大きくはないのでなんとかクリアできると推測された。

パートナーは、2000年同時期に赤沢岳の鳴沢を滑降して、黒部スキー横断に成功した澤田実氏。雪質が安定し、黒部湖の横断が可能な時期を見計らってトライすることにした。

数日間の好天が予想された01年4月初めの早朝、夜行列車を大町で降りてすぐにタクシーで日向山ゲートに向かう。扇沢へ続く道路はすでに除雪してあり、スキーをザックに着けて歩きだす。カーブの手前でスキーを着け、シールで沢沿いに延びる林道を進む。

扇沢からは左岸を沢沿いに登高する。純白の針ノ木雪渓を快調なペースで進む。雪質はザラメ化には程遠く、表面がほんの少しクラストした深雪に近いもので、スキーでも15cm程度のラッセルになる。

時間短縮のため、途中からマヤクボ沢をつめてコルに上がる。中間部の急斜面は雪質が深雪で軟らかく、多少雪崩の不安を感じる。今回は各自、ビーコンとスコップを携帯している。右手の灌木の生えた尾根上を絡めて登高し、上部カールに出る。気温と雪質のせいかシールに雪がへばり付くのが気になった。

マヤクボのコルに12時半着。期待と不安を胸に稜線の反対側を覗き込む。黒部湖はまだ真っ白な雪に覆われている。岸との接線の具合や、横断予定の対岸のタンボ沢出合辺りを観察する。岸沿いの斜面では、雪が大きな亀の甲羅状になって割れているが、遠目からは這い上がれそうである。

コルからはスキーを背負い、アイゼンとピッケルで細い岩場交じりの稜線を15分ほど登り、待望のスバリ岳山頂に飛び出す。さっそくザックを置いて、滑降を予定している大スバリ沢右俣を偵察する。西斜面の雪の付き具合はそれほど悪くなく、扇状の大斜面がはるか下まで続いている。

13時すぎ、雪煙の舞うアルペン的な雰囲気のなか、三浦トップで山頂からまずは稜線沿いの斜面に飛び込む。雪質はよい。さらに一段下がったところから沢の大斜面へと滑り込む。上部の100mほどはクラストと新雪が交互に現われ、ブッシュや小岩も露出しており、やや滑りづらい。

しばらくして、真っさらなバーンが広がると、いよいよダイナミックなスキー滑降が始まる。雪質は表面が少しクラストしているが深雪である。二人とも幅広のカービングの板を使用しているので、軽快なウェーデルンで雪上浮遊が楽しめる。中間部からは手頃な斜度で、ところどころにダケカンバの生える広々とした

ルートグレード	
アプローチ	II
滑降	S4+

日程	2001年4月5日
メンバー	三浦大介、澤田 実
タイム	日向山ゲート6:10～扇沢8:00～マヤクボ雪渓10:30～マヤクボのコル12:30～スバリ岳13:10～大スバリ沢大滝上14:45～大滝下16:00～出合16:30～黒部湖横断～タンボ沢出合17:00（泊）

雰囲気のよい斜面を快適に滑降する。

本流に合流して圧巻の奥壁をバックに板を走らせてゆくと、谷はゴルジュ状になり、その先で斜面が急激に落ち込んでいる。近づくと水の落ちる音がする。大スバリ沢大滝の出現である。ここは手前の右岸ルンゼ状の急斜面をスキーを担いで巻き下るが、急峻で難儀する。最後はスキー板を下に放り投げてクリアした。

大滝下からは傾斜の緩い斜面を滑降し、最後の樹林帯を抜けると真っ白な黒部湖が眼前に現われた。時刻は16時30分。夕暮れまで多少余裕はあるが、側壁の亀甲羅状のブロックに意外と厚みがなく、嫌な感じである。ブラックダイヤモンドのスキーストックのリングを外し、氷の厚さ、強度チェックを注意深く行なう。

再凍結する早朝横断が安全だと思うが、行けないこともない。澤田氏が本日中の横断を強く希望したので、行くことに決める。

ストックで厚さをチェックしながら慎重に進む。最短距離で真っすぐに横断してから、対岸沿いにスキーを進める。タンボ沢出合へ上陸するところに亀裂があるが、スキーなので問題なくクリアする。これで今回の核心部はすべて突破した。

タンボ沢を少し登って適当な台地を幕営地とする。流れが一部顔を出しており、水には事欠かない。ツエルトを張り、大スバリ沢右俣の初滑降と黒部湖スキー横断の成功を缶ビールで祝う。

翌日は東一ノ越（ひがしいちのこし）経由で一ノ越へ至り、雷鳥沢へ滑降。さらに室堂乗越（むろどうのっこし）へ登り返し、新雪の立山川を滑降して馬場島（ばんばじま）から伊折へと下山した。

スバリ岳稜線から黒部湖を俯瞰する

凍結した黒部湖を早朝に横断する

後日談

大雪直後の2009年3月下旬に、会の若手の小玉健彦君と立山雄山から山崎カールの滑降を加えて、本ラインを再トレースした。新雪のラッセルに時間がかかり、2泊3日の行程になったが、大スバリ大滝は左手の尾根を乗越して滑る新ラインを開拓。3日間パウダー三昧の、すばらしい9回目の黒部スキー横断であった。

針ノ木岳

70

Mt.Harinoki_2821m

針ノ木岳西面の威容。滑降した小スバリ沢右俣をバックに

核心部の大伽藍を滑る

小スバリ沢右俣上部を滑る米沢武久

小スバリ沢右俣／初滑降

黒部湖に封印された不遇な谷

2001年に大スバリ沢右俣から黒部湖スキー横断を行なった際（P198）、登り返しのタンボ沢から望んだ、針ノ木岳西尾根から小スバリ沢右俣へ落ちる一筋の白いラインに、滑降の可能性を感じた。

小スバリ沢は黒部湖に封印された不遇な谷で、特に右俣は沢登りの遡行図もない未知なる谷であった。この魅惑の谷を滑降し、黒部湖横断の新しいラインを引きたいという思いは、時の経過とともに高まり、ついに今シーズン、会の若手テレマーカーの米沢武久君とトライすることにした。

前夜に大町入りし、早朝にタクシーで日向山ゲートまで運んでもらう。除雪された道をしばらく歩き、つづら折りになる手前でシールを付けて扇沢への沢沿いの道に入る。雪量は例年の7割程度である。扇沢から針ノ木雪渓に入り、締まった雪質にシールを利かせる。左右の沢からの大きなデブリ跡は見られない。順調に登高し、マヤクボ沢へと入る。

ここから上部台地までは傾斜が増し、雪崩に対して充分な注意が必要である。今回は左寄りのルートを採用し、台地に上がる。そこから最後の斜面を少しラッセルして登りきると待望のコルに達する。

少し風はあるが天気は快晴。期待と不安をもって対岸を俯瞰する。今回もOKだ。黒部湖は予想どおり白く雪で塗られている。湖の横断ポイントである小スバリ沢出合と御山谷出合を凝視する。付近雪面は前回と同様に大きな亀裂が入っているが、状態は悪くない。

稜線上はアイゼンを付けてシートラーゲンする。針ノ木岳山頂までは、ほぼ夏道沿いに登る。小スバリ沢側のトラバース部分で2ピッチほどロープを出せば、程なく山頂である。

大展望を満喫してから、西尾根を岩稜伝いに下降。岩峰を一段下へクライムダウンして、小スバリ沢側への急なミックス斜面を、ロープを使ってつるべ式に下降する。この辺りは雪付きが悪い。

さらに大きな岩峰を回り込めば、標高2670mのドロップポイントに到達する。覗き込む右俣源頭部は開けた扇状を呈しており、そこから急斜面が下方へと落ち込んでいる。

アックスをハーネスに差し込めば準備万端。いよいよ念願の滑降開始である。斜滑降で斜面に入り、慎重にワンターン。雪はやや重く、上部に10㎝程度の新雪が乗っている。ターンすると新雪がスラフとなって崩れるが、全体的には落ち着いており、大きな雪崩の危険は感じない。よし、行ける。滑降を見守る米沢君にもゴーサインを送る。

小スバリ沢は大スバリ沢でも見られたように、谷中にところどころダケカンバが生えている。それをポイントにして交互にスキー滑降を行なう。左から沢が合流すると大斜面になり、快適な新雪滑降へ。

なにかと敬遠されがちな西面であるが、沢の中はやはり別モノ。吹きだまった軽い新雪がしっかりと温存されていた。

高度差300mほど滑降すると谷は狭まり、右に折れ曲がる。手前には斜度50度弱のクラストした急斜面があり、気合

ルートグレード	
アプローチ	Ⅱ
滑降	S4+

日程	2004年3月27日
メンバー	三浦大介、米沢武久
タイム	日向山ゲート5:30 ～扇沢7:20 ～マヤクボ沢出合9:40 ～
	マヤクボのコル11:30 ～針ノ木岳頂上13:50 ～
	西尾根2670m地点15:20 ～小スバリ沢滑降～黒部湖畔17:10（泊）

のジャンプターンで抜ける。やがて谷は中間部のゴルジュに突入し、その先は急激に落ち込んでいる。大滝である。

視線の先にはテカテカのアイスバーンが見える。さあ、どうしたものか……。よく観察すると両脇の新雪を拾って、なんとか滑れそうである。ここもジャンプターンとデラパージュですり抜ける。右には小さなインゼルがあり、米沢君にはそっちを迂回して滑るように指示する。

この先は右からの支流を合わせ、広大なU字峡に変わる。紺碧の空に、周囲には花崗岩の大障壁が立ちはだかる。ここには日本離れしたすばらしい渓谷美があった。核心を抜けたこともあり、二人とも奇声を上げ、黒部湖目がけて大パラレルでかっ飛ばす。

左俣と合流すれば、さしもの小スバリ沢も傾斜が緩む。すでに日陰となってクラストした谷を抜けると、急に視界が開け、真っ白な黒部湖が眼前に現われた。わずかに顔を出した谷の流れの脇にツエルトを張り、充実した一日が終わった。

小スバリ沢右俣は、針ノ木岳西尾根上部から黒部湖畔まで高度差1250m、テクニカルで変化に富んだ、実にすばらしい滑降ルートであった。

翌日、首尾よく凍結した黒部湖を横断し、タンボ沢から東一ノ越経由で雄山山頂へ至り、山崎カールから立山川へとつないで、前回と同様に1泊2日で2本目の黒部湖スキー横断ラインを引くことに成功した。

小スバリ沢右俣下部をテレマークターンする米沢武久

春の針ノ木岳マヤクボルンゼの滑降

番外

マヤクボ沢ダイレクトルンゼ

針ノ木岳山頂からリッジ沿いに針ノ木峠方向へ少し滑り、ピークの肩からマヤクボ沢にダイレクトに落ち込む急峻なルンゼ。出だしはノール状で下部が見えない。ドロップするとすぐに45度の急傾斜になり、幅広のルンゼをマヤクボ沢の中間台地へ向かって舞い落ちるようにダイナミックに滑降する。台地からさらにマヤクボ沢下部の広いすり鉢地形状を針ノ木雪渓まで滑る。斜面が荒れている場合は、稜線をもう一段下がったところから急斜面を落とすこともできる。いずれも好ラインである。

ルートグレード	
アプローチ	I
滑降	S4

71 蓮華岳

Mt.Renge_2799m

針ノ木本谷下部を滑降しながら初景色を堪能する

番外

大沢左俣

右俣より少しグレードが高い。4月半ば、ガスで視界の悪いなか、蓮華岳山頂から急斜面にダイレクトにドロップ。雪面を凝視しながら深回りのショートターンでじっくり滑降する。中間部の大滝は右トラバースで一本右のルンゼをつないでクリアする。ここが核心部で斜度は45度。あとは徐々に広がる沢地形を味わいながら滑降し、針ノ木雪渓へ合流する。

ルートグレード	
アプローチ	I
滑降	S4+

大沢右俣

蓮華岳滑降の看板ルート。4月の扇沢オープンから6月初めまで滑れ、オープン直後はパウダー滑降も楽しめる。われわれが滑ったのはその時期で、小雪の降るなか、コルから扇状斜面にドロップ。ラインは沢状ではあるが、小広く、ストレスをまったく感じさせない程よい傾斜のオープンバーンが続く。中間部に2カ所ほど斜度42度程度にやや狭まるが、問題なく快適に板を滑らせる。左俣と合流すれば、最後の広大な緩斜面を滑って針ノ木雪渓に合流する。

ルートグレード	
アプローチ	I
滑降	S4

針ノ木本谷／初滑降

未知なる針ノ木本谷滑降

針ノ木雪渓の右岸に壮大な山容を構える蓮華岳の北面には、入門的な急斜面ルートとして大沢右俣と左俣の存在が知られている。しかし、蓮華岳の南西面に展開する針ノ木谷の本流を滑ったという話は、いまだ聞かない。

その理由として、4月のアルペンルート開通以降では、上部斜面は西風と日差しの影響をまともに受けて砂地が露出していること、滑降後のルートとして予想される黒部川はすでに雪解けで増水して徒渉が困難なこと、などが挙げられよう。

そこで今回は3月に、自身まだ未トレースであったクラシカルな平(だいら)での黒部湖横断計画に、蓮華岳からこの未知の針ノ木本谷の滑降を加えることにした。

夜行バスで早朝5時に大町温泉郷へ到着。予約しておいたタクシーで日向山のゲートまで運んでもらう。

最初は道路を兼用靴で歩き、いつものカーブ手前でシールを付け、谷沿いを進む。雪量は例年より少ないが、針ノ木雪渓下部の赤沢付近には、通常この時期にはない大きなデブリがあった。3月前半の高温によるものだろう。先行する会の松平パーティのトレースがある。彼らはスバリ岳から黒部湖横断を予定している。

マヤクボ沢出合を分け、軽いラッセルで針ノ木峠へとジグを切って登ってゆく。急斜面となる上部はシートラ&アイゼンに替え、最後は雪庇の弱点を乗り越えて13時すぎに峠に飛び出す。

久しぶりに真っ白な劔・立山連峰、薬師岳が迎えてくれる。大休止してから稜線を蓮華岳へと向かう。最初のピークは左を巻き、あとは稜線通しに登る。

山頂直下で滑降予定の針ノ木本谷を偵察する。稜線付近の新雪は風に飛ばされ雪面はクラスト気味だ。上部の傾斜はさほどなく、中間部に落ち込みがある様子だ。山頂からのラインはカリカリなので、ピークを踏んでから少し下降して滑降準備をする。

14時50分、滑降開始する。傾斜の緩い大斜面の、雪のよい箇所を選びながら快適に滑降してゆく。すぐに軽いパウダーになり、正面に北葛(きたくず)岳、七倉(ななくら)岳、船窪(ふなくぼ)岳の北アルプス主脈のマイナー三山を見ながら滑降を続ける。途中、遠方に槍ヶ岳を発見し、感動する。

核心部の落ち込みまで、慎重にターンを刻みながら近づいてゆく。見下ろすとなかなかの急斜面である。ここは左の斜面をトラバースしてから、急峻なルンゼ状にショートターンを刻んでクリアする。すぐ下で2754ピークからのルンゼラインと合流。こちらもよさそうに見える。

あとは開けた沢筋にスキーを走らせれば、程なく針ノ木谷に合流し、少し先で流れを見つけ幕場とする。

未知の針ノ木本谷は上部の大斜面を滑りながら、見慣れない山の景色を味わえた。また、中間部にはスティープセクションもあって、初モノらしい緊張感をもって滑降できた。

この後2日間かけて、予定どおり平で黒部湖を渡り、中ノ谷からザラ峠越えのラインで湯川(ゆかわ)谷から立山駅までトレースし、12回目の黒部スキー横断を無事終了した。

ルートグレード	
アプローチ	I
滑降	S4

日程	2013年3月15日
メンバー	三浦大介、松岡祥子
タイム	日向山ゲート5:50 ～針ノ木峠13:10 ～蓮華岳14:50 ～
	針ノ木本谷滑降～針ノ木谷幕営地16:00（泊）

Gear column / 3 / Ski gear

すべての山行での滑降を一本のスキーで済ませる、という考え方も好きだ。昔は自分もそれでやってきた。しかし、今は欲張りになってしまった。板は3サイズのスキー＋ツアー用をそろえている。パウダー用にロッカーのあるセンター120㎜、オールラウンド用にキャンバーの入った張りのあるセンター100㎜、春のアイスバーン用にセンター92㎜のメタルサンド。そして、ツアー用の軽量タイプ。シールはポモカのモヘアを使用。ストライドの伸びと登高グリップは文句なし。

ビンディングはTLTのテックビンディング。2004年シーズンから20年余り使用している。テックビンディングも改良と軽量化が進み、メジャーになった。

ブーツはディナフィットのツアータイプと、テクニカの4バックルのやや硬めだが軽量タイプを使用。こちらも昔に比べて格段に軽く、高性能で快適になった。おかげで50歳を過ぎても第一線で活躍できる。

グローブはヘストラのオムニGTX。暖かく、グリップもよいので長年愛用している。これにオーバーミトンを組み合わせれば、厳冬期の北アルプスでも充分に対応可能。最近、登高では耐久性のあるテムレスを使用している。

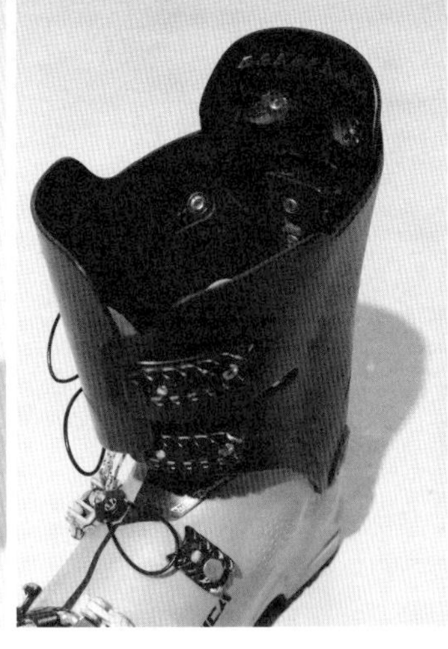
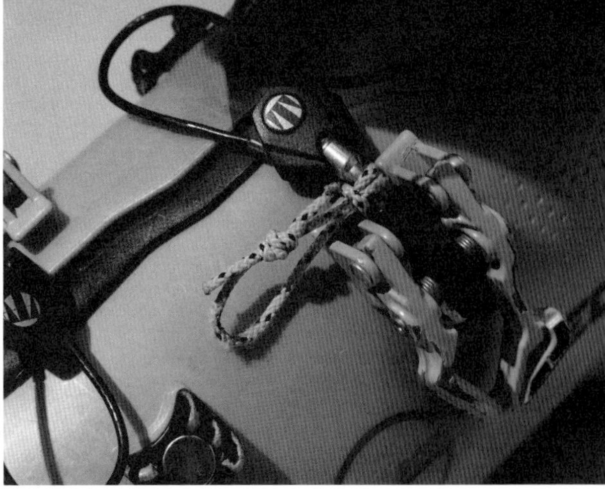

ブーツ

荷物を背負っての滑降時、フレックス（前傾）強度を補強するためにブーツを改良している。ディナフィットのブーツはシェルがやや柔らかいのでタンを二重で補強し、さらにブースターストラップで反発力を強化している。4バックルのテクニカ ZERO G TOUR PROは前傾角度の調節のために、リアにスポイラーを取り付け、さらにインナーにも面ファスナーで着脱できる角度づけ用の当てを使用している。底敷は軽量のコルクベースの足形にフォーミングしたものを使用。シェル出し調整も含め、これらすべてのブーツ改良は高田馬場にある「ヴェイルスポーツ」の高木さんにお世話になっている。また、ブーツにも3㎜ケブラーコードを付けて、ビンディングの流れ止めフックを掛けている。ストッパーか流れ止め使用かは一長一短であるが、ルートや滑降ラインによって選択している。

スキーストック

ストックは利き手側（自分は右手）にブラックダイヤモンドのウィペットポール（セルフアレストピック付きポール）を長年愛用している。購入時のままだとポールが重いので、パイプカッターで短くして軽量化を図っている。滑落防止の瞬時対応、急斜面での横滑りや階段下降、急斜面樹林帯での引っ掛け登りなど、さまざまな場面で効果的。左手には同じくブラックダイヤモンドのレーザーカーボンを使用している。

クトー
（スキーアイゼン）

アイゼンの雪面へのかかりをよくするために、TLTタイプに板を木ねじで張り付けて、かさ上げして使用。なお、スキーには3㎜のケブラーコードを付けて、急斜面でアイゼンに履き替えるときに、アンカーにカラビナで吊るせるようにしてある。

Gear column / 4 / Climbing gear

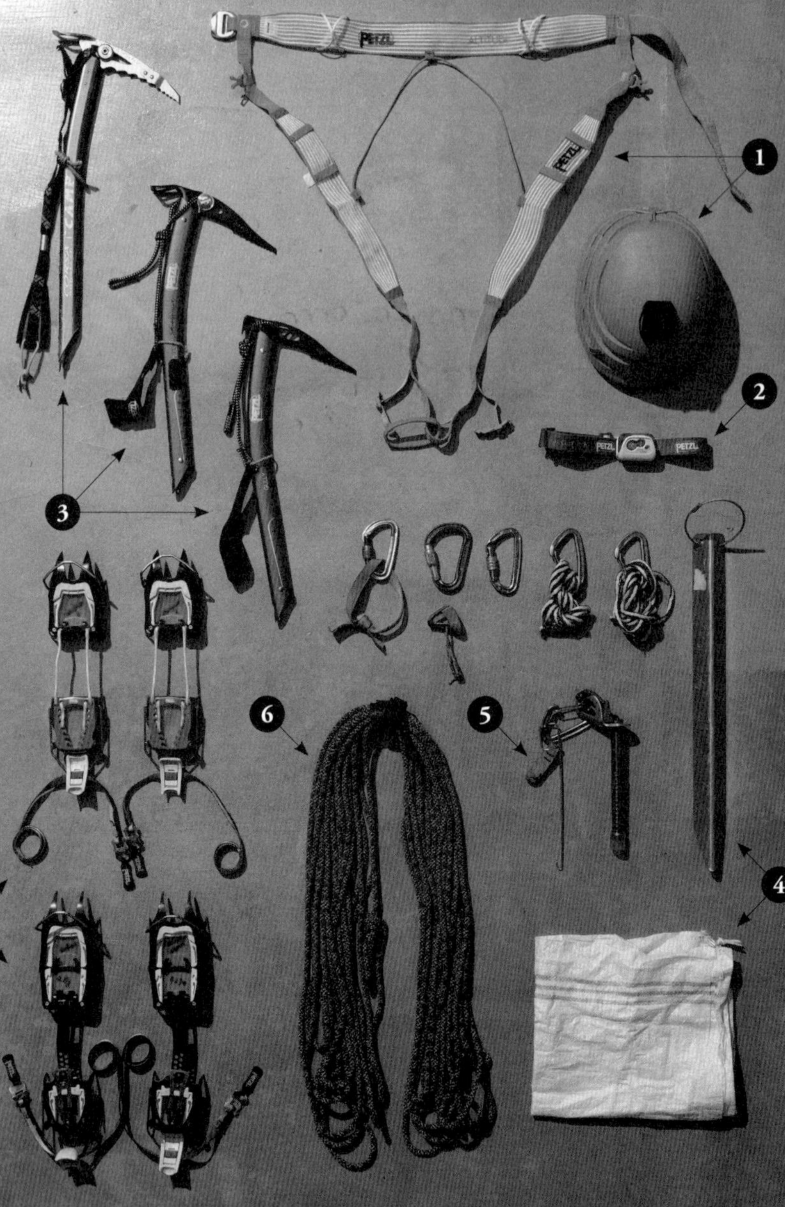

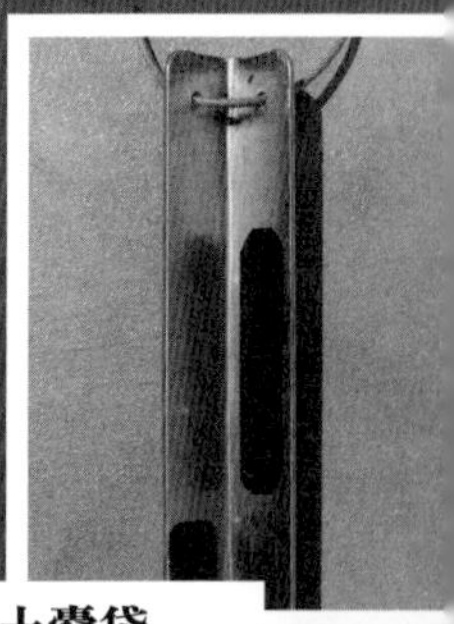

1 ヘルメットとハーネス

ヘルメットは軽量のペツル・シロッコを愛用しているが、厳冬期は寒いので、軽量のスキー用のヘルメットと併用している（シロッコの新型は穴埋めできるようである）。ハーネスは最軽量でかつ使いやすい、ペツル・アルティチュードを使用。

2 ヘッドランプ

最近のヘッドランプの高性能化には目を見張るものがある。夜間登攀もストレスなく行なえるし、夜間のスキー滑降も問題ないレベルになるだろう。充電できるタイプのペツル・アクティックコアを使っているが、これよりさらに高性能な商品もある。

3 アックス

アックスはアルパインアイスルートを登り、別ラインをスティープ滑降する、いわゆるクライム＆ライドの場合は登攀用アックスを使う。最近はハードアプローチを敬遠しているので、やはり軽量なギアをベースに、バランサーなどを付けて使用している。現在はロングセラーの逸品、カンプ・コルサナノテク（バランサー付き）とペツル・ガリー（バランサー付き）であるが、一発かましたいときはペツル・サミテック43を持参する。

4 スノーバーと土嚢袋

堅雪用のアンカーにスノーバー1本と、軟雪用に土嚢袋を持参することがある。スノーバーは急斜面でのアイゼンへの履き替え時、アンカーとして重宝する。裏に滑り止めシールを張り付けている。土嚢袋は雪庇からの懸垂下降用の支点に使うこともあるが、使用には事前に充分な練習が必要。

5 アイススクリュー

アイススクリューは凍りつきそうな、厳冬期のスティープラインにお守りとして持参すべきだ。ペツルのレーザースピードライトを使用。当然アバラコフ用のフックと捨て縄もセットで。アイススクリューも以前に比べて格段に軽くなった。

6 ロープ

雪稜などではアイスクライミング用のハーフロープ50～60mを持参する。ドロップポイントでの雪質チェックのみであれば、30～40mの7㎜ロープを使用している。

7 アイゼン

アイゼンもルートによって使い分けている。ペツル・サルケン12本爪とイルビス10本爪、それにイルビスハイブリッド（10本爪、リアはアルミ合金製）。ただし、イルビスハイブリッドはケブラーコードが凍りつくことがあるので注意されたい。

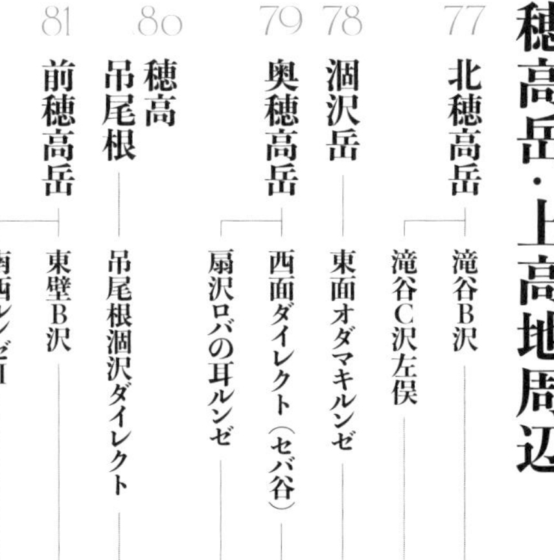

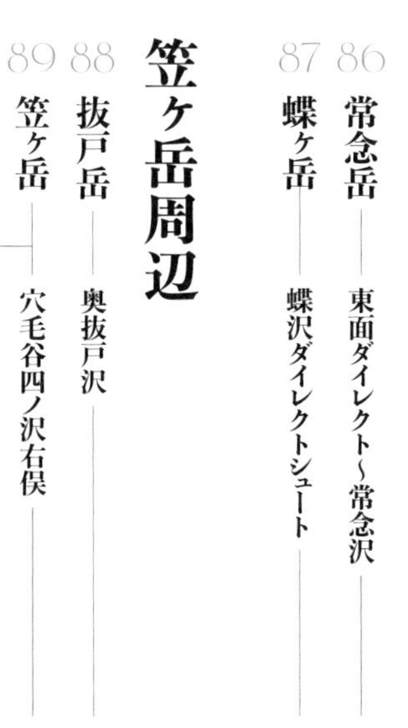

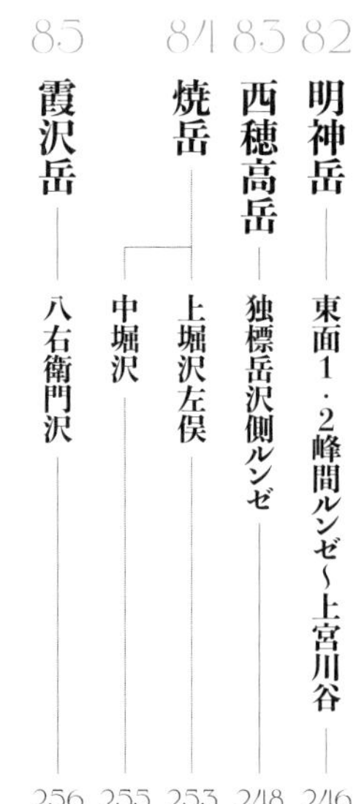

北アルプス南部

槍ヶ岳周辺

穂高岳・上高地周辺

常念山脈

笠ヶ岳周辺

72 硫黄尾根

Iou Ridge

鷲羽岳から望む硫黄尾根と北鎌尾根

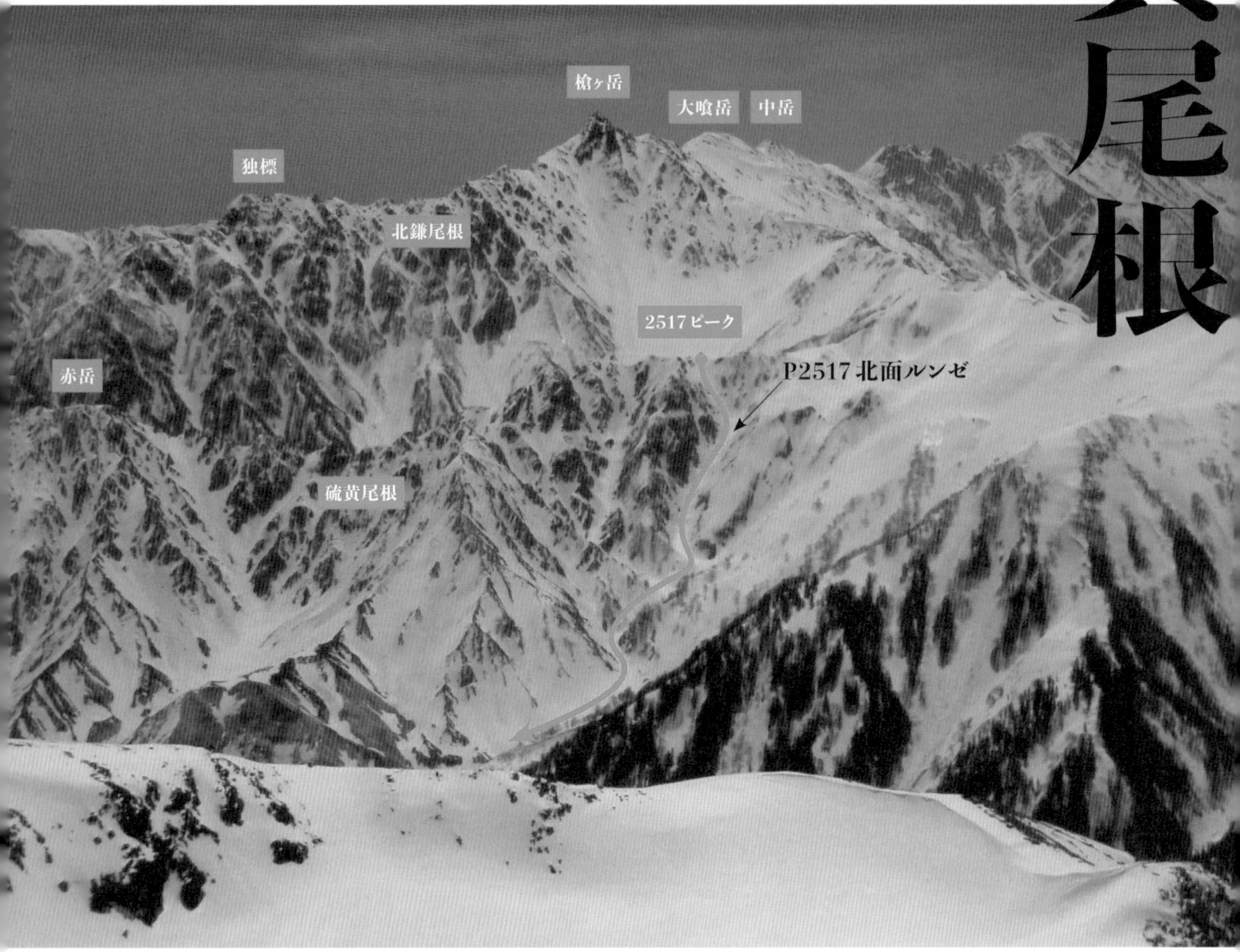

槍ヶ岳
大喰岳
中岳
独標
北鎌尾根
2517ピーク
赤岳
P2517 北面ルンゼ
硫黄尾根

西鎌尾根上部からの硫黄尾根（登りの千丈沢四ノ沢が中央に見える）

日程	2004年4月29日～5月3日／4泊5日
メンバー	三浦大介（単独）
タイム	5/1　槍ヶ岳山荘7:30～槍ヶ岳山頂往復～千丈沢2ルンゼドロップ10:00～4ノ沢登高～硫黄尾根P2517 12:30～北面ルンゼ滑降～硫黄乗越～双六小屋16:30（泊）

ルートグレード	
アプローチ	Ⅱ
滑降	S4、R1（落石）

P2517北面ルンゼ／初滑降

忘れ去られていたルートを復活滑降

所属する会のミレニアム・ペルーアンデス遠征の訓練として、年末年始にメンバーと冬山合宿で槍ヶ岳北鎌尾根を登った。そのとき、右手に北鎌尾根と並行して、低く這うようにピークを連ねる硫黄尾根を終始見つめていた。しかし、その後触手は動かず、さては登る順番を間違えたな、と思った。

そんなとき、北アルプスを北から南へ山スキーでつなぐ「日本オートルート」を、逆回りで、かつオリジナルな急斜面を滑降して、上高地から馬場島までつなげる「北アルプスオートルート・スーパー」という独自の企画を思いついた。

その行程で、槍ヶ岳から双六岳をつなげるルートの思案中に、頭の片隅に残っていたあの硫黄尾根を横断しようというプランが浮かんだ。さらにルートを検討した結果、槍ヶ岳の千丈沢を滑り、4ノ沢を登って硫黄尾根の核心部2517ピークへ向かう。そこから未知の北面ルンゼを滑降し、硫黄乗越へ登り返して双六岳へとつなぐプランを考えた。

そして2004年ゴールデンウィークに、オートルート・スーパーの計画を実行に移した。

初日は、上高地から西穂高岳の間天ノコルに登り、まずは西穂沢を滑降。その後、白出沢を登り返して穂高岳山荘まで。2日目は奥穂高岳から直登ルンゼを滑り、横尾本谷右俣から天狗原を抜けて、槍沢を登って槍ヶ岳山荘まで入った。

そして、いよいよ3日目。雪が緩むのを待ってから千丈沢2ルンゼを滑降し、千丈沢を2000m付近の出合まで滑ってから、予定どおり4ノ沢経由で待望の硫黄尾根へ向かう。下部はシールで快適に登高し、最後の急斜面は板を担いでシートラーゲンで登る。

2517ピークのコルに飛び出すと硫黄尾根の全貌が明らかになる。下部には恐竜の背のようにピークが長く連なり、その先に遠く硫黄岳が大きい。正面には重厚な三角形の鷲羽岳がそびえ、背後には北鎌尾根が屏風のように構えている。硫黄尾根の標高が低いだけに、周囲の山の大きさが際立つ、すばらしい展望台である。

滑降予定のルンゼを俯瞰すると、やや小石が落ちているが雪面はフラットで、滑りやすいザラメなので問題はなさそうだ。

槍の見送りを受け、13時に北面ルンゼにドロップ。軽いジャンプターンで転石を避けながら、急斜面を滑降する。硫黄尾根は特有の荒涼とした不気味な雰囲気を醸し出している。時折、風に乗って硫黄臭が漂う。

そのとき、側壁から石が落ちてきた。長居は無用である。急な小沢を合わせるとラインはややデブリで荒れてくる。きれいな雪面を拾いながら滑降すると、程なく硫黄乗越へと向かう硫黄沢の合流点に達する。

すぐさまシールを装着し、危険地帯から逃げ出すようにガシガシと登高を開始する。しばらく登ると、今度はまるで月の砂漠にでも入り込んだように、辺り一面がうねるような銀色の雪の大斜面に覆われた。ここで、もう一本！と滑降したい欲望に駆られるが、すでにビールへの欲求が勝り、双六小屋へと先を急いだ。

自分の中では忘れ去られようとしていた硫黄尾根であったが、今回、スキーツアーという形でみごとに復活させることができた。小屋では気分よく、祝杯のビールを傾けることができた。

翌日は三俣蓮華岳と黒部五郎岳の快適なルンゼ滑降をこなして、太郎平小屋まで進んだ。だが、連休後半が悪天予報となり、オートルート・スーパーの計画は、北ノ俣岳から下山することになってしまった。

73 槍ヶ岳

Mt.Yari_3180m

天上沢ボトムから見上げる大槍の東稜と天上沢上部

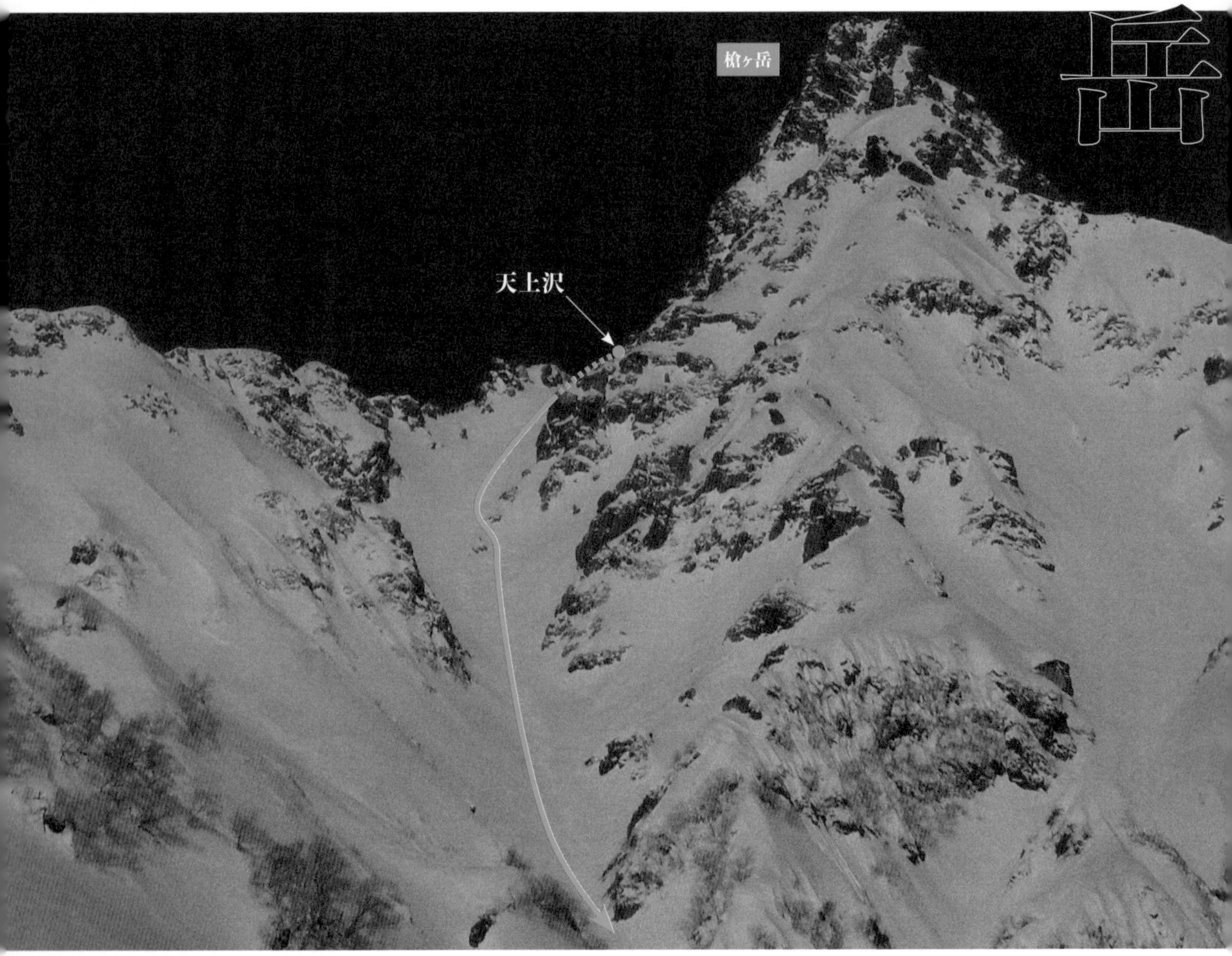

天上沢中間部のワイドルンゼにスプレーを飛ばす狭間栄治

天上沢

斜面がよすぎて止まらない！

高度３１８０ｍの穂先を虚空に突き刺す、天下の名峰・槍ヶ岳。それを頂点に東西南北へと鋭く切れ落ちる鎌尾根の存在が際立つ。すべての鎌尾根はすでに積雪期にトレースしたが、それらを巡る沢である槍沢、飛騨沢、千丈沢、天上沢のうち、天上沢だけは未滑降の沢であった。

天上沢は、ＲＳＳＡの田中和夫氏らのパーティが、１９８８年ゴールデンウィークに槍ヶ岳山荘をベースに大喰沢、南岳カール、飛騨沢、槍沢などを放射状に滑りまくった際、土田次夫氏が滑降している。滑り出しの狭い急斜面のルンゼから、やがて広がる沢筋を２３５０ｍ地点まで滑降し、東鎌尾根へと登り返した。私の知るかぎり、これが天上沢の初滑降と思われる。

さらに槍ヶ岳滑降のエピックとして、１９９４年4月にフランスの山岳スキーヤーのレジェンド、ピエール・タルディヴェルがカモシカスポーツ創業者のダンプさんこと、高橋和之氏らのサポートを得て、槍の穂先の中間部から千丈沢へ滑降。「槍ヶ岳大滑降」としてテレビでも放映され、私も大いに刺激をもらった。

今回、槍ヶ岳東面の偵察を兼ね、パウダーコンディションの天上沢滑降を狙い、4月初めに会の狭間君と出かけた。

早朝、6時に新穂高温泉発。シール登高を開始し、右俣林道を快調に進む。白出沢を渡ってすぐに下降し、谷沿いルートから滝谷を経て10時には槍平に到着。飛騨沢に入ると新雪になった。軽いラッセルで飛騨沢を登る。途中でピットを掘るが、下層との接合はよい。最上部の急斜面の雪付きも充分で、結局稜線までシールで登れた。

槍ヶ岳山荘から槍沢最上部を横断し、直接、天上沢のドロップポイントへ向かう。覗き込む天上沢最上部はタイトで急峻なルンゼ状で、予想どおりすばらしいパウダーが吹きだまっている。

15時ドロップイン。最初の数ターンはパック気味の雪質でやや強めに板を押し込む。ラインが左に緩やかに曲がると、間もなく足裏に軟らかい粉雪を感じ取る。これは当てたな。さすが標高３０００ｍオーバー、北東向きのルンゼラインだ。4月初旬とはいえ、パウダーでないほうがおかしいのだ。

中間部からはミドルターンで飛ばすが、ターンごとにビッグスプレーが上がるほどのスノーコンディションである。左手にデフォルメされた峻烈な槍ヶ岳東稜が間近に迫る。歓声を上げながら、交互にこのレアなスティープラインを満喫する。

標高差５００ｍのルンゼセクションが終わると、広大な天上沢のオープンバーンに飛び出す。ここぞとばかりにロングターンで飛ばす。斜面がよすぎてなかなか止まれない。結局、標高２０００ｍ地点まで、高度差１０００ｍ以上の大滑降を堪能する。

ボトムで狭間君とグータッチ。念願の天上沢を上から下まで、ほぼパウダーコンディションで滑れて大満足であった。

その後、支尾根基部でツエルトビバーク。翌日、水俣乗越へ登り返してから槍沢を滑降し、上高地を経て、釜トンネル出口へ下山した。

ルートグレード	
アプローチ	I
滑降	S4+

日程	2008年4月5～6日／1泊2日	
メンバー	三浦大介、狭間栄治	
タイム	4/5	新穂高温泉6:00～槍平10:00～槍ヶ岳山荘14:00～東鎌尾根最上部15:00～天上沢滑降～2000m地点15:30（泊）

槍ヶ岳
北西面

西鎌尾根から見る槍ヶ岳北西面

千丈沢2ルンゼ

2004年のオートルート・スーパー時（P210）に滑降した、槍ヶ岳北西面の千丈沢ルンゼ群の一つ。滑降候補として、大槍の登りの途中から裏へ落ちる1ルンゼを考えていたが、出だしが氷床気味で見送り、以前RSSAの牧野氏が滑った2ルンゼを、下部のドロップポイントから合流するバリエーションで滑降した。北西面という位置から想像されるとおり、上部はアイスバーンで安易に滑降するのは危険である。雪が緩むまで小屋でコーヒーを飲みながら時間をつぶし、西鎌尾根をほんの少し下った3050m地点からドロップする。出だしは40度後半の急斜面で、ワンターンずつ慎重に落としてゆくと次第に雪は緩んでくる。あとは広大な千丈沢のオープンスロープを縦横無尽に滑降する。千丈沢ボトムまで高度差1000m近いすばらしい大滑降が満喫できる。

ルートグレード	
アプローチ	I
滑降	S4+

74 大喰岳

Mt.Obami_3101m

鏡平からの大喰岳西面

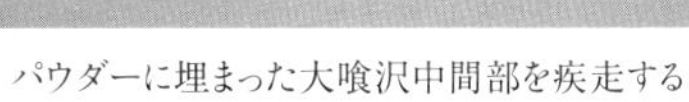

パウダーに埋まった大喰沢中間部を疾走する

大喰沢の下部ゲートから飛び出す三浦大介

大喰沢／厳冬期初滑降

槍・穂高3000mの西面滑降

厳冬期の槍・穂高の稜線からの滑降は、滑り手にとってチャレンジングで魅力的なテーマの一つである。

槍・穂高に限らず、厳冬期の北アルプスの滑降でいちばん頭を悩ませるのがアプローチの選定だろう。残念ながら、このエリアでスキーが使えるなだらかな尾根は存在しない。

厳冬期の谷をつめ上がる……これは禁じ手だが、直接飛騨沢を登るという手がある。もちろん条件がよければの話だが、飛騨沢は比較的積雪が安定していることが多く、以前から槍ヶ岳からの最短下山ルートとして使われることも少なくない。私も大学山岳部時代にやったように。

槍平ベースで冬季の槍ヶ岳・飛騨沢滑降は、1980年代から飛騨山岳会の島田靖氏をはじめ、ひと握りの山スキーエキスパートに実践されていた。

近年では道具の進化と雪崩への理解が進み、ここを登高ルートとして槍ヶ岳にワンデイで登頂・滑降するパーティも出てきた。そして、現在は一般化の一歩手前まできている。

しかし、その先の大喰岳、中岳などに板を持ち上げるパーティはまれである。それは滑降ギアを背負っての稜線登高が思いのほか大変であること。広大な飛騨沢と異なって、自由度の少ない西面の急峻なルンゼには逃げ道が少ないこと。さらには、新雪が強風や雪崩で飛ばされ、滑降ラインがアイスバーン化するという固定観念があるからであろう。

けれども、この手の固定観念は実践と経験で覆すほかない。過去、自身が冬季の北アルプスでいくつか行なった西面滑降の経験から、稜線を少し下れば魅力的なパウダーが隠されているであろうと想像していた。

槍・穂高の西面で最初に候補に挙がったのが、出合まで高度差1000mを誇る大喰沢である。両サイドのリッジが迫る彫りの深いルンゼ状で、出口のゲート地形も印象的なスティープ&ディープを期待させる、魅力あふれるラインだ。

充分な積雪量となった2015年1月下旬、相棒の須藤氏と共に新穂高温泉を3時にスタート。ゲートから右俣林道をシールで進む。わずかながら前日のシュプールらしきものがあり、ラッセルは少ない。

2時間程度で白出沢出合を通過。すぐに右俣谷へと下りる。左岸を軽いラッセルで快適に進み、ブドウ谷、チビ谷出合をいつものように警戒しながら通過するが、雪崩跡はまだない。

滝谷出合からもほぼ雪に埋まった谷沿いを進むと単独テレマーカーに追いつき、交代でラッセルを行なう。上部は新雪が30cm程度積もったようだ。

飛騨沢に入ると稜線に雪煙が上がっている。本日は徐々に移動性高気圧に覆われる予報で、しばし宝の木の根元でツエルトをかぶり、風が弱まるのを待つ。抜戸岳東面が朝日に輝いている。

やや風が収まったところで登高を再開。途中でピットチェックをするが、新雪はスラブ化しておらず、ほぼ正構造で下層の融解クラストとの接合も悪くない。期待がふくらむ。

ルートグレード	
アプローチ	Ⅱ（厳冬期）
滑降	S4

日程	2015年1月25日
メンバー	三浦大介、須藤正雄
タイム	新穂高温泉3:00～飛騨乗越11:00～大喰岳12:30～ 西尾根3030m地点ドロップ13:00～ 飛騨沢合流点13:40～新穂高温泉15:10

飛騨乗越の直下でアイゼン歩行に切り替え、稜線に11時半着。稜線は風で雪が飛ばされ、アイスバーンで青氷が露出している箇所もあり、気が抜けない。

12時半に大喰岳山頂着。エントリーポイントを偵察するが、最上部はさらにカチカチのアイスバーンで山頂からのエントリーは厳しい。

天気もいつの間にか曇り空となり、フラットライトで、新雪とアイスバーンの見分けがつきにくい。ウインドローディングを期待して西尾根を少し下ってゆくと、予想どおり新雪がうまく張り付いてきた。

標高3030m地点で雪質をチェックしていると、幸運なことに日も差してきた。同時に、滑り手のいちばん嫌うフラットライトが解除される。

念のためスワミベルトを装着し、13時ちょうどに滑降を開始する。出だしの西尾根側面40度の斜面にきっちりと深回りの連続ターンを決め、大喰沢ボトムラインへと落とす。最上部はややパック気味の新雪であったが、徐々にすばらしいディープパウダーとなる。雪も安定しており、スラフもほとんど出ない。

こいつは当てたぞ！

須藤氏と交互に滑走しながら、広大なボトムのパウダー街道まっしぐらで核心の落ち込みに突入する。

核心部のノド45度の急斜面を越えると、その先にはあの印象的な岩門の出口ゲートが見えてきた。

ゲートに向かって、垂涎モノの真っさらなパウダーバーンに思いきりシュプールを刻む。雪質がよすぎて笑いがとまらない！ 歓喜の雄叫びとともにゲートを飛び出すと視界が開け、さらに最後のオープンバーンが広がっていた！

飛騨沢下部へと合流し、二人で滑降の成功を喜ぶ。3度目のトライでようやく課題を成就できた。

そして、この先も低温で乾雪が保存されており、右俣谷沿いにパウダー滑降を延々と続け、完全なストレスフリーで15時すぎには新穂高温泉に戻った。

厳冬期の槍・穂高3000mの稜線から西面ルンゼをフルパウダーで滑降できたという、すばらしい成果をネタに、平湯の穂高荘倶楽部で祝杯を挙げたのは言うまでもない。

厳冬の大喰岳東面カールを滑る堀米修平

番外

東面カール～槍沢

2006年2月、トリノ冬季オリンピックに触発され、少し挑戦的なことをしたくなった私は、厳冬期の常念岳常念沢のワンデイ滑降を成功させた。そして次に狙ったのが、新穂高温泉から大喰岳東面を滑降して釜トンネルへ至る、厳冬期の主稜線スキー横断であった。山頂から出だしの傾斜はさほどではないが、大カールから壮大な槍沢へと継続するすばらしいパウダーロングランは、何物にも代え難い感動を与えてくれた。

ルートグレード	
アプローチ	Ⅱ（厳冬期）
滑降	S4－

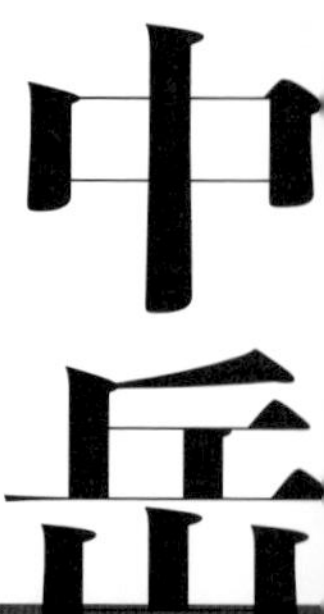

75

Mt.Nakadake_3084m

鏡平から見る中岳西面

槍ヶ岳
大喰岳
大喰沢（P215）
中ノ沢
中岳

←中ノ沢中間部の滑降

番外

南東斜面～東面ルンゼ

中岳山頂から南東斜面にドロップして、高度差130m下のコルから東面ルンゼへ継続滑降する好ライン。最上部はうねるオープンバーンの滑降、ルンゼは斜度45度の幅広で、ダイナミックな急斜面滑降が堪能できる。さらに下部は東面カールに合流し、槍沢へ向かうか、あるいは右手の天狗原に乗り上げることも可能だ。パウダー条件で滑れば、記憶に残るすばらしい滑降になるであろう。自身はゴールデンウィークにザラメコンディションで滑ったが、陽光のなか、気持ちよく3000mの高度でのアルパインスキーを満喫した。

ルートグレード	
アプローチ	I
滑降	S4

中ノ沢

槍・穂高の稜線西面の課題

中岳は槍・穂高縦走の通過ピークとして名前がつけられたように、周囲の山々と比較してやや地味な印象を受けるが、立派な3000m峰の一つである。

滑り手にとっては大喰沢と並行して西面に落ちる中ノ沢はかなり魅力的で、ぜひとも滑降したいラインであった。しかし、ここは大喰沢よりさらに西風の影響を強く受け、雪付きが悪く、特に最上部は地面の露出度が高い。

2015年の厳冬期に、大喰沢のパウダー滑降に成功した（P215）われわれの次の課題が、この中ノ沢であった。

幾度か厳冬期に足を運んだが、槍平を過ぎた飛騨沢の登り始めで、中ノ沢を見上げるたびに感じる雪付きの悪さやアイスバーンぽさを敬遠し、飛騨沢滑降が続いていた。

そしてついに根負けし、まずは春先に滑ってみようということで、17年の4月初めにトライすることにした。

トライ直前、今シーズン3度目の南岸低気圧が通過し、最大積雪が予想されるタイミングで須藤氏を誘う。前夜に常宿である平湯の穂高荘倶楽部入りをして、温泉と前祝いで英気を養い、早朝5時に新穂高温泉を出発する。

トレースの残る右俣林道をシールで快調に飛ばす。白出沢出合の少し先から谷沿いにシールを滑らせる。案の定、雪は多く、積雪量は今シーズンのマックスだろう。槍平に8時半に到着する。

飛騨沢の中ノ沢出合から見上げる斜面には、一部ソフトデブリが見られるが、上部は雪付きはばっちりで安定しており、直接、沢からの登高のゴーサインを出す。

ミニマムリスクのルートファインディングで、谷中にジグを切りながらシール登高をする。途中からは比較的安全な右手の小リッジに上がり、急になる中間部からアイゼン登高に切り替える。

雪質は滑降しやすいソフトスノーで、リッジ上を進み、プチラッセルで上部の扇状の大斜面を直登する。標高3000mを超えると雪付きが徐々に悪くなってくる。さらに登ると岩が露出してきた。

中岳は南岳東壁のトライ時にすでにトレース済みであるので、稜線直下にテラスを作って滑降準備をする。

12時半、ガスの切れ間を読みながら滑降をスタートさせる。最上部は少しクラストした斜度40度強のオープンバーン。ここはジャンプターンからベンディングの連続ターンで縦に落とす。

右手の雪質のよさそうな扇状ラインに入ると、案の定、程よいザラメバーンとなり歓声が上がる。中間部からは登ってきたリッジに当て込みながら、右手の幅広ルンゼを快適に滑降。下部のソフトデブリは右側壁のクリーンな雪面をうまく使って、シュプールを描く。

登り3時間、下り30分の滑降で、飛騨沢出合へと滑り込み、中ノ沢滑降を終えた。

大休止後、右俣谷沿いに白出沢出合までノンストップで滑降し、さらに白出沢を渡って、林道をボブスレーで新穂高ゲートに15時にゴールした。

スプリングコンディションではあったが、ようやく宿題を片付けることができた。

ルートグレード	
アプローチ	I
滑降	S4

日程	2017年4月2日
メンバー	三浦大介、須藤正雄
タイム	新穂高温泉5:00～槍平8:30～中ノ沢登高～中岳稜線直下12:00～中ノ沢滑降～飛騨沢出合13:00～新穂高温泉15:00

76 南岳

Mt.Minamidake_3033m

常念岳から遠望した
厳冬の南岳東壁

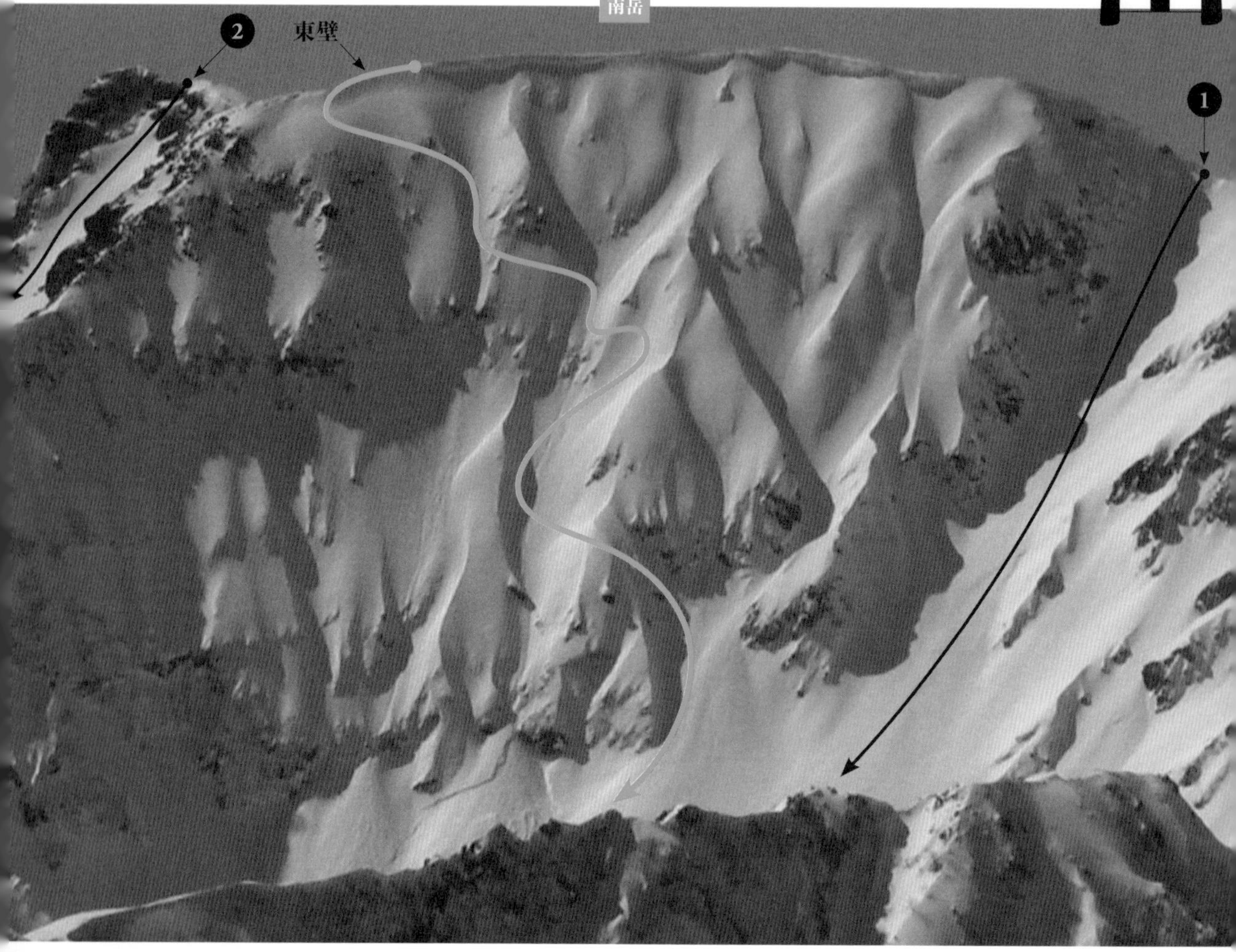

春の南面ルンゼの滑降

② 南面ルンゼ

南岳からの一般滑降ルート。南岳小屋から東に少し進んだ稜線から南面に落ちるライン。上部がルンゼ状で、すぐに広々としたオープンバーンとなる。上部はやや急だが、中間部からは自由なライン取りで滑降することができる。そのまま横尾本谷左俣を継続滑降して二俣に至る。

ルートグレード	
アプローチ	Ⅱ
滑降	S4－

① 東壁右ルンゼ

東壁滑降の2年前の4月初め、最初のトライ時に滑降したライン。コルの雪庇を避けて、手前の小ピークからドロップした。出だしは急だが、すぐに42度程度の幅広のルンゼとなり快適に滑降ができる。下部の右俣カールから横尾本谷二俣まで継続すれば、高度差1100m近くを滑降することができる。

ルートグレード	
アプローチ	Ⅱ
滑降	S4

東壁／初滑降

ハードルートに本気モード全開

日本のスキーアルピニズム発祥の地である、槍・穂高エリアに残されたスティープ難題の一つに南岳東壁がある。

2005年の厳冬期、常念岳一ノ沢を滑降した際に遠望した、その美しいヒマラヤ襞に魅了されて以来、攻略方法を検討してきた。しかしながら、冬季はアプローチや雪庇の問題など、滑降難度以前に克服すべき課題がいくつかあった。

そのあたりを考慮して臨んだ11年4月上旬。新穂高温泉から主稜線周りの1泊2日でトライしたのだが、山頂の予想以上に迫り出した雪庇処理に難儀して1時間以上粘り、結局、手前の右ルンゼを滑降するにとどまった。

そして、2年後の13年は3月下旬から続く異常低温で、北アルプスはまれに見る豊富な積雪量となった。さらにゴールデンウィーク直前の大雪で、東壁にはたっぷりと雪が張り付いているとの情報が、横尾尾根を登った会の仲間からもたらされた。

ついに好機到来である。

初日、上高地から涸沢入りする途中の横尾本谷二俣から右俣へ偵察に入る。基部から見上げる南岳東壁は予想どおり、例年に比べて雪の付き具合はよく、一方、雪庇はそれほど大きくはない。条件はよさそうである。

じっくりと偵察後、右俣を雪の状態をチェックしながら滑降し、涸沢ヒュッテに宿泊する。

2日目の1次アタック。小屋から二俣まで滑降して右俣を登る。東壁右ルンゼを途中からアイゼン登高するが、天候は次第に悪化し、小雪が舞いだす。

ルンゼ最上部でロープを2ピッチ出して雪庇の弱点から稜線に抜けるが、降雪はさらに強まり、ガスで視界も悪く敗退の憂き目に遭う。

そして3日目。昨晩に今後のルート検討を行なったが、メンバーの「one more try!」の言葉に動かされ、再び南岳へと向かう。

昨日の新雪は10cm程度積もったようだ。見上げる東壁には新雪が張り付いている。右ルンゼを登りながら雪質をチェックするが、まだ雪崩跡はなく、旧雪との接合もまずまずである。

稜線に上がり雪庇をチェックするが、昨日の新雪に覆われ、センターリッジのドロップポイントの同定を難しくしている。平らな頂稜を進み、雪庇の端から回り込むようにリッジを少し下降すると東壁を覗くことができた。きれいな雪面が急斜面にへばり付いている。

滑降ラインを斜めから見ているため、傾斜は比較的緩やかに感じるが、これは目の錯覚である。凝視すると斜面が不連続につながっているのがわかる。下から見上げた感じと、地形図のコンタから予想するに斜度50度は確実にあるだろう。安易な気持ちではドロップできない。

時刻はすでに10時を回った。雪質を慎重にチェックすると気温がやや上がったせいか、雪は軟らかくなってきているようだ。諸々の条件を踏まえ、ここからの滑降を決断する。

山頂で準備し、まずはリッジを試し滑降する。雪質はグリップもあり、悪くな

ルートグレード	
アプローチ	Ⅱ
滑降	S6、R2

日程	2013年5月4日
メンバー	三浦大介（東壁のみ単独）、須藤正雄、松岡祥子
タイム	涸沢ヒュッテ7:00～南岳10:10-10:40～ 東壁基部11:00-11:30～二俣12:30～涸沢14:30

い。ここからメンバーに見守られながら、念願の東壁へといざ、ドロップイン！　左下方にラインを見定め、斜滑降気味にエントリーする。すぐさま小さく右ターン、そして左へやや強いターンをする。グリップよし。雪質はＯＫだ。

崖上から左下方へ、岩の間隙をスラロームで通過し、最初の急峻な55度の小ルンゼに入る。ここを落差最少のペダルターンの連続で落とす。最初の核心部、かなりの急峻さだ。ルンゼ内の新雪の下はアイシーで、スキー操作は非常にデリケート。直下には岩が露出し、小滝になっている。ミスをしたら、即あの世行きだ。

2セクション目は、ここからさらに左手のノール状の急斜面をトラバースし、センターリッジのスキーヤーズライト、幅広のルンゼ斜面へと躍り出る。オープンバーンとなるが急斜面は続く。ここを深回りのミドルターンでフォールラインを絡めて滑降するが、やはり真下には岩が出ている。左のセンターリッジ側壁に飛び移るが、日当たりのせいで雪質がやや悪くなり、削れ落ちたスラフをかわしながらの滑降になる。

スラフはルンゼ内の雪を大きく削り、下方へ滑り落ちてゆく。ここはいったん右へ出て、日陰の雪質のよいラインを滑降する。ルンゼはすでに自身の落とすスラフでラビネンツーク（雪崩溝）と化している。ここは予定どおり、再度左手のセンターリッジ上のノッチへと向かう。うまく乗り込んで成功。ようやくひと息つける。ドロップポイントで見守るメンバーにジェスチャーを交えて大声で合図し、ラインがハード過ぎるので別ルートで戻るように伝える。

3セクション目、ノッチから下を覗くが、ここからもノールでまだボトムは見えない。左手のルンゼ状の急斜面に張り出した小スパインを滑り、左下オープンに大胆なロングターンで突っ込む。ようやく視界が広がり、右手にボトムへつながるスカートが見えた。

最後は快適なオープンバーンを楽しみながら基部まで滑り込み、緊張と興奮の東壁初滑降を無事終える。オンサイトで滑降ラインを的確に見極めることができて、大満足であった。

その後、右ルンゼを滑降してきたメンバーと合流し、帰路に就いた。

それにしても、こいつはなかなかのハードルート。久しぶりに本気モード全開の滑降であった。サポートしてくれた須藤・松岡両氏に感謝したい。

東壁にドロップする三浦大介

滑降した南岳東壁の状態

最上部のフェイスを滑降する三浦大介（サイドからの撮影で傾斜が緩く見える）

77 北穂高岳

Mt.Kitahotaka_3106m

鳥も止まらない滝谷の
全景

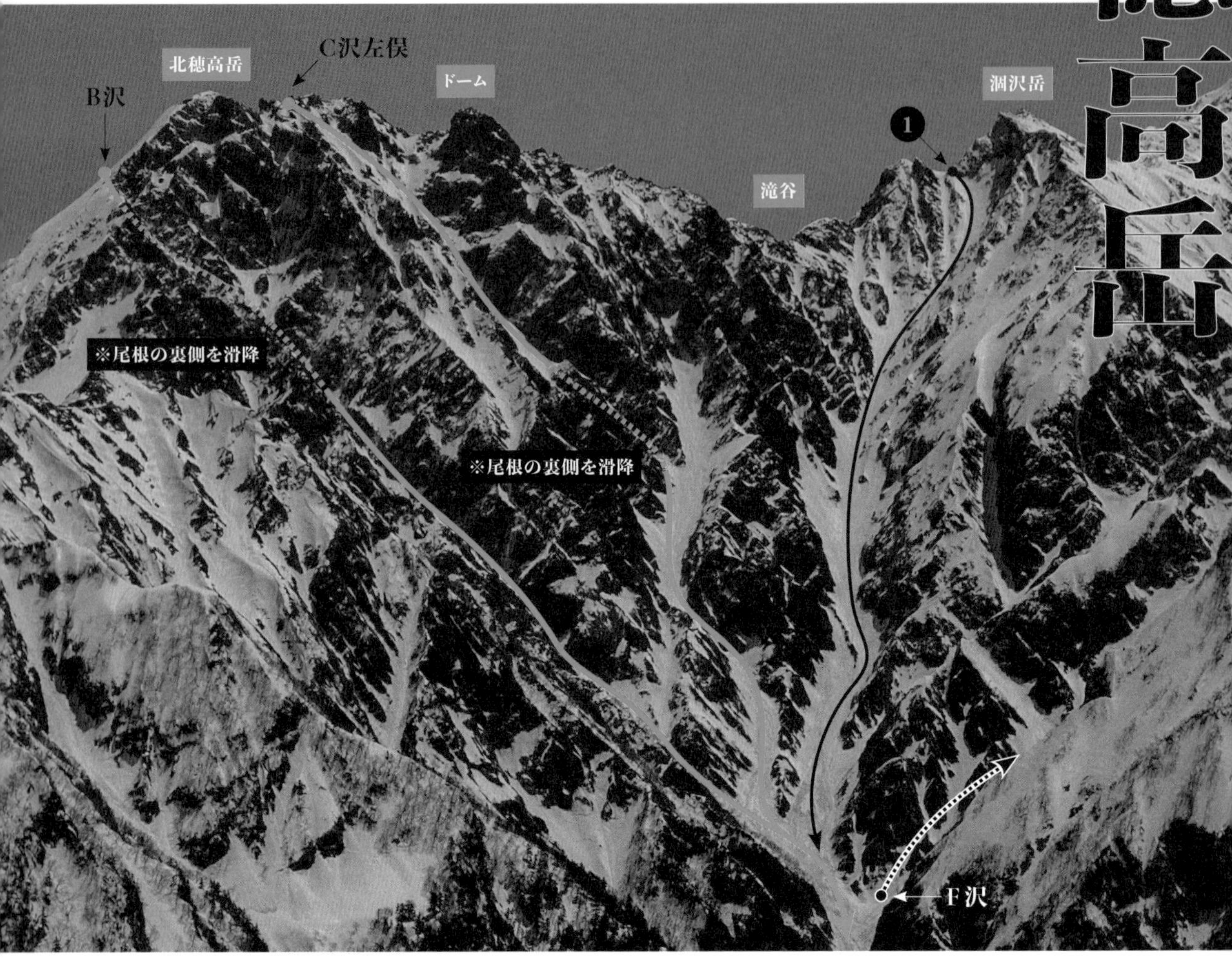

番外

滝谷A沢

滝谷では傾斜がいちばん緩い入門ルートだが、やや落石が多いので注意が必要。A沢のコルまでは横尾本谷右俣から簡単にアプローチできる。滑降後の同ルート登高は落石の危険があるのでF沢の登高を薦める。涸沢岳西尾根のコルに上がれば、稜線に登ることも、荷継沢を滑って下山も可能。

ルートグレード	
アプローチ	I
滑降	S4+、R1

1

滝谷D沢

2002年4月下旬に滑降した、滝谷2本目の直線的で開放的な好ライン。新雪が程よく積もっていれば表面の雪を拾って滑ることも可能だが、北面に位置するので通常は雪が緩むのに時間がかかる。斜面はハードバーンのことが多く、斜度は40～45度のほぼ一定で緊張を強いられる。日の当たる左斜面からの落氷にも注意が必要。途中2カ所ほど岩陰があり、ひと息つける。半ばまで来ると雪は徐々に緩み、滑りやすくなる。標高差800m滑って合流点で終了。下山はF沢をコルまで登り返して、反対側の荷継沢を滑降し、白出沢の登山道で新穂高温泉へ。

ルートグレード	
アプローチ	I
滑降	S5

滝谷B沢／初滑降

滝谷13時間行動

「ここは飛ぶ鳥も止まらんズラ！」と山案内人・上條嘉門次に言わしめた、急峻な北穂高岳の滝谷。そのなかでも、B沢は特に日当たりが悪く、風の通り道でもあるため、氷の滑り台となることも多く、滑降チャンスは少ない。今回、積雪の落ち着いた4月半ばにクライム&ライドの形式で、B沢のスキー滑降を試みた。

午前2時20分、新穂高温泉の駐車場からスキーと兼用靴をザックにくくり付け、スニーカーを履いて出発する。星空であるが月明かりは弱い。

林道を少し歩くと雪が出てきたので、スニーカーをデポし、シール登高を開始する。快調に進み、夜が明けた5時半には滝谷出合に到着する。気温は零度で寒くも暖かくもない。ここに来るまで蒲田川右俣はすでに流れが一部顔を出し、チビ谷出合には大きなデブリが出ていた。

出合からうかがう滝谷はひっそりと静まり返り、雪面にはまだ顕著なデブリは見られない。しかし、雄滝はすでに露出していた。

二俣でアイゼンとダブルアックスの準備をする。単独のスノーボーダーがいるのには少し驚いたが、彼は雄滝を右岸の雪壁から時間をかけて高巻いていった。自分は左岸をダブルアックスでトラバース気味に登ってから、雄滝の氷雪を慎重に乗り越した。

上に抜けると傾斜は落ち、目前に滑滝へと続く雪の大斜面が広がる。ダガーポジションを交えながら、快適にアイゼン登高していく。この辺りの雪面もまだ比較的きれいだ。

やや急な滑滝のゴルジュ帯を過ぎると、程なく滝谷の合流点である。見渡すかぎり岩稜には、不安定な雪はない。見上げるB沢は、比較的きれいな雪面を見せて上部へと続いている。ボーダー氏はD沢を狙うようだ。自分は予定どおりB沢を登りだす。

下部の傾斜はそれほど急ではないが、雪面は硬く、真ん中には浅い雪崩溝が形成されつつある。沢幅は意外に広く、部分的に新雪が乗っており、それらをうまくつなげば滑れないことはない。

中間部を過ぎると左のノルダーカンテから枝沢が入ってくる。この辺りから風がやや強くなり、寒気も増して雪面も硬くなる。側壁は高さと急峻さを増し、まるで井戸の底にいるようだ。

さらに登ると第一尾根へと向かうルンゼが右から合流する。奥にはベルグラが一面に張り付いた荘厳なP2フランケが望める。ここもいずれ登りに来よう。

沢幅がさらに狭まると、ついに待望のB沢のコルに飛び出す。時刻は10時。標高約3000m地点。合流点からここまで高度差750mを2ピッチ、2時間の登高であった。

日差しは暖かいが、稜線は強風が吹き荒れていた。登ってきた感じから、B沢上部はスキーのエッジがかかるかどうかのギリギリではあるが、自身の今の力量を考えて、行けると判断する。

B沢のコル直下は岩交じりで、幅も極端に狭いため、少しクライムダウンする。若干傾斜が緩む地点の雪面を丁寧にアックスでカッティングし、セルフビレ

ルートグレード	
アプローチ	Ⅲ（滝谷）
滑降	S5+、R1

日程	2005年4月17日
メンバー	三浦大介（単独）
タイム	新穂高温泉2:20～滝谷出合5:30～雄滝～合流点8:00～B沢のコル10:00～B沢滑降～合流点11:30～F沢のコル13:00～荷継沢滑降～白出沢出合14:20～新穂高温泉15:20

イを取り、片足ずつスキーに履き替える。薄い雪の層の下はやはり硬い氷だ。アックスをハーネスに差し、アイススクリューを腰にぶら下げて、準備万端である。

　まずは慎重に横滑りからスタート。全神経をエッジに集中させ、微妙なバランスで横滑りを続ける。

　エッジの捉えがやや強くなったところで最初のペダルジャンプターン。硬いがなんとかなる。続けてもう一回。エッジグリップの微妙な感覚を的確に読み取り、ターンできる雪質を見極めながら滑降していく。一瞬たりとも気を抜けないシビアな滑降になった。ミスすればあっという間に落下物体だ。

　ジャンプターンとデラパージュのコンビネーションで徐々に高度を下げる。ノルダーカンテの枝沢の雪のくぼみに滑り込むと、ようやくひと息つける。喉はもうカラカラである。水分を補給し、深呼吸をする。

　再び集中力を高め、滑降を続ける。下降するにつれ、雪はいくらか軟らかみを帯びてきた。しかしまだ油断できない。

　ジャンプターンの連続でグングンと高度を下げると、下方に小さく合流点が見えだした。さらに滑降を続けると、やっとノーマルな硬さのアイスバーンとなる。今度は中央の縦溝を避けながらターンスペースを求めて、斜面を右へ左へと旋回する。

　下部に至って、ついに雪質はハードスノーとなり、表面にわずかに残るシュプールを印すことができる。さらにC沢へ合流するとようやく雪は緩んだ。

　あとは合流点まで中回りターンで滑り込んで、滑降を無事終える。いや〜、厳しかった〜。

　その後、計画どおりF沢を登り返し、コルから荷継（につぎ）沢の腐れ雪を飛ばして、白出沢経由で15時すぎに新穂高温泉へと戻った。正味13時間の行動であった。

稜線直下から見下ろす滝谷B沢

滝谷C沢左俣

滝谷滑降の総仕上げ

会の若手ユースケ君とのお約束のスティープスキー。当初はみんなで楽しく滑れるラインを選定するはずであったが、ゴールデンウィークに滑降を逃した「滝谷C沢左俣」への思い入れが強過ぎた。

1967年のプロスキーヤー植木毅氏による歴史的な滝谷C沢初滑降。そのルートをこれまで何度トライしただろうか。2002年にA沢とD沢を滑り、05年には未滑降であったB沢をクライム&ライドで成功させた（P224）。

そして、滝谷の総仕上げとして、このC沢左俣である。ここはスキーアルピニストとして、絶対に滑らなくてはならないラインであった。

ゴールデンウィーク中と、その後の積雪によりコンディションに不安は残る。だが、曝露された西面に位置する滝谷においては、強風で新雪が急斜面にしっかりと張り付いた状態で安定化することもあり得る。これは数多い北アルプス西面滑降の経験から来る希望的観測であるが、今回はこれに期待するしかない。

初日は新穂高温泉から白出沢を登って、コルから小豆沢を滑降して涸沢入りする。新雪の白出沢のラッセルにかなりの時間がかかり、ノートラックの小豆沢の上部はすでに日陰のクラスト雪であった。それでも下部はパウダーが楽しめ、連休明けですいている涸沢ヒュッテに宿泊する。

翌日、ゆっくりと朝食を済ませて7時に出発する。昨日の小豆沢の雪の状態を見るに、本日の滝谷は最高のコンディションになる予感がする。

北穂沢を快調に登り、9時に北穂高岳稜線の松濤岩のコルに到着する。さっそくトラバースラインをチェックしに行くが雪面が硬い。前回のトライ時より硬いのだ。マジかよ〜である。タイムリミットの11時半まで、北穂高小屋でコーヒーでも飲んで待つことにする。

小一時間で戻ってみると、なんと雪は緩んでいるではないか！　5月の陽光は実に頼もしい。

松濤岩のコルから滝谷側へ出る。C沢左俣のドロップポイントまではP1フランケ上部の急雪壁をトラバースして、第二尾根上部を回り込む必要がある。手前の岩でカムとピトンのアンカーを取り、ロープを出して慎重にトラバースする。

ドロップポイントから左俣源頭を俯瞰すると、陽光に煌めく白銀の一枚バーンが眼下に広がっていた。これはすばらしい！

少しクライムダウンして状態をチェックするが、吹き上がる冷たい西風の影響で雪は思ったほどは緩んでいない。滑降できるかどうかのギリギリの状態である。最上部は緩斜面からすぐに急傾斜となり、ドームに向かって急激に落ち込んでいる。

かなり厳しい条件なので4人で滑るにはリスクがある。検討の結果、悪場に強い須藤氏と自分の二人で滑ることに決める。残る二人は涸沢回りで白出沢を滑降し、荷継沢出合で合流する予定だ。

12時、フル装備でC沢左俣へドロップ。まずはエッジグリップを確かめながらワンターンして様子を見る。上層は少し緩んでいるが、下層はアイシーでエッジがはじかれる。右手にウィペットポールが

ルートグレード	
アプローチ	Ⅱ
滑降	S5+、R1

日程	2014年5月10～11日／1泊2日
メンバー	三浦大介・須藤正雄（C沢左俣滑降）、廣光祐亮、松岡祥子
タイム	5/10 新穂高温泉8:00～白出のコル～小豆沢滑降～涸沢ヒュッテ（泊）
	5/11 涸沢ヒュッテ7:00～北穂沢～松濤岩のコル9:00-10:30～滝谷C沢左俣ドロップ地点12:00～滑降～滝谷合流点13:00～F沢コル14:00～荷継沢滑降～白出沢出合16:00～新穂高温泉18:00

あるので、エッジを利かせるために、左右のターンをセットにしたカービングで確実に滑降してゆく。

徐々にノールの先が見えてきた。学生時代に登った懐かしの滝谷ドーム西壁が目前に現われる。この辺りの斜度は40度後半で最初の核心である。ここはストックで雪質をチェックしながら、ペダルターンの連続でハードバーンを落とす。

ラインが右に曲がる手前の左手に小さな岩穴が見える。そこに向かって滑り込んでピッチを切る。須藤氏に笛でコール。カラカラと雪片が落下する音がして、程なく金属的なエッジ音と共に須藤氏が姿を現わす。彼も慎重にターンしながら滑ってくる。

「結構急だねえ。しかしすごいところだなあ」とお互い顔を見合わせる。ここは滝谷のど真ん中。「岩の墓場」といわれる滝谷だが、陽光を浴びた雪の大斜面と、黒い岩壁とのコントラストが実に美しい。

2ピッチ目、ラインは右に曲がりルンゼ状になる。傾斜は少し落ちるが雪はまだ緩まず、気の抜けない滑降が続く。やはり日当たりの悪さと風の通り道がそうさせるのだろう。ルンゼのボトムラインに少し凹凸があり、左右の面ツルバーンを選びながら滑降する。

急斜面のハードバーンは斜面でバランスをとるのに筋力を使い、非常に疲れる。たまにウィペットを斜面に差し込んで休み、雪を口に頬張る。長い滑降を続けると、右俣との合流点に出てラインは広がる。ここにきてようやく雪も緩んでくる。

次のピッチは須藤氏が先行する。C沢右俣奥壁をバックに見栄えのする滑降ラインだ。リラックスして、程よい傾斜の大斜面にシュプールを描く。さらに沢筋に沿ってクランクをクリアすると、最後は合流点に出る手前で小尾根をD沢側に出て、滑降を終える。

途中までハードバーンが続いたが、落石・転石の一切ない、雪が豊富で真っさらなC沢左俣を滑降できた。満足のゆく滝谷の総括であった。須藤氏と滑降成功を喜ぶ。

その後、F沢を登高し、荷継沢を滑降して仲間と合流した。

滝谷C沢左俣下部の滑降(バックはC沢右俣奥壁)

北穂高岳
南峰南面

北穂高岳南峰南面の涸沢ダイレクトの大斜面を見上げる

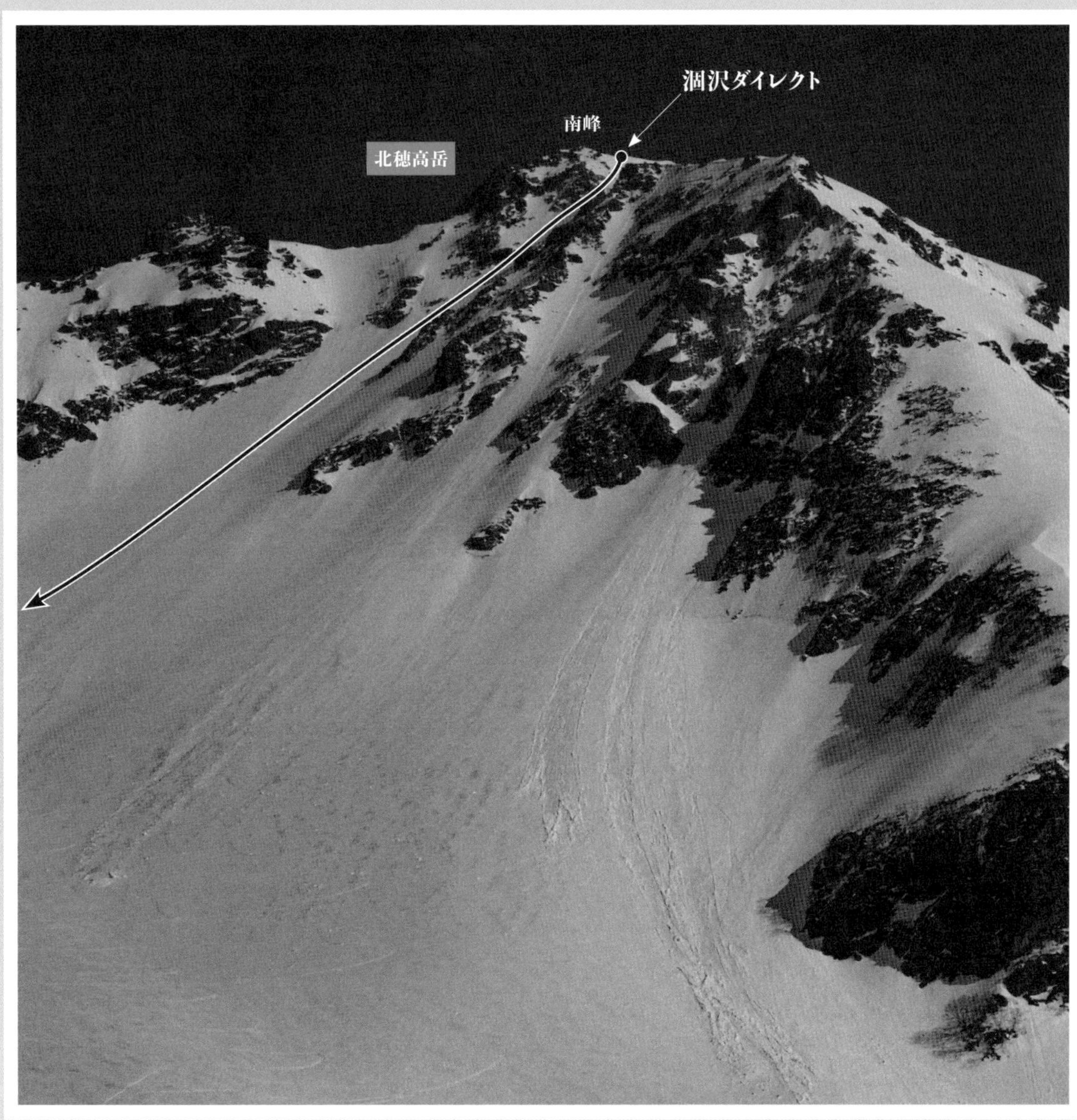

涸沢ダイレクト

北穂高岳南峰の南稜最上部から涸沢カールに向かって、南面の急斜面をダイナミックに滑降する好ライン。最上部の急斜面は雪面が硬いことが多いので、緩むまでは時間待ちが必要になろう。高度感のあるオープンバーンに飛び込み、涸沢カールに向かう広大なザラメバーンに、思う存分シュプールを描くことができる。

ルートグレード	
アプローチ	I
滑降	S4＋

番外

東稜P2814～北穂池

北穂東稜P2814から北穂池へ滑降するライン。幅広いリッジからスキーヤーズレフトのルンゼを滑降する。横尾本谷二俣を経由せずに南岳方面につなげられるメリットがある。

ルートグレード	
アプローチ	I
滑降	S4－

78 涸沢岳

Mt.Karasawa_3110m

涸沢カールから見上げる涸沢岳

涸沢岳

東面オダマキルンゼ

涸沢槍

D沢のコル

涸沢ヒュッテ付近からの涸沢岳

東面オダマキルンゼ／初滑降

RSSA先鋭が涸沢に集結&滑降

涸沢岳は立派な3000m峰の一つであり、涸沢カールの大景観のなかでも重要な位置を占めているが、絢爛たる穂高連峰に囲まれたなかで、個性を放つのは容易なことではないだろう。

美しいスティープラインとして知られる滝谷D沢（P224）は、厳密には涸沢岳の領分だが、滝谷全体としては北穂高岳に含まれるとされるし、涸沢側にはこれといってパッとした岩場があるわけではない。

しかし、滑り手の視点から見ればなかなかの好ラインが炙り出されてくる。先の滝谷D沢を筆頭に、西面の荷継沢右俣本谷、そして東面の涸沢槍周辺のカール地形などである。

2001年シーズン終盤の5月中旬、久しぶりにRSSAの先鋭で涸沢に集結し、未滑降と思われるスティープラインをいくつか狙ってみようということになった。その際、涸沢岳は山頂に最も近いところから滑ろうという考えのもと、現地でラインをセレクトすることになった。

初日は新穂高温泉から白出沢経由で穂高岳山荘入りする。担ぎ半分、シール登高半分という感じのアプローチで結構なアルバイトであったが、15時半には全員小屋に到着。すぐさまビールでの宴会となる。

翌日は朝食を済ませ、7時半に小屋を出る。メンバー4人のうち、牧野氏だけがまだ奥穂高岳を滑っていないとのことで、一人で奥穂山頂へ向かい、1ルンゼを滑降して、涸沢のボトムで合流することにする。残るメンバーは板を担ぎ、アイゼン&ピッケルで雪と岩のミックスの岩稜を涸沢岳まで登る。

山頂から滑降ポイントを探しながら鎖場やハシゴなどもある岩稜を慎重に下ると、涸沢槍のコル（D沢のコル）の一つ上のオダマキのコルから、雪渓が涸沢側に下りていてドロップ可能な様子である。

偵察すると、岩壁に囲まれた狭間にやや急峻なルンゼが200mくらい下方に続いており、その先で涸沢カールへと合流できそうである。山頂に最も近い滑降ラインということでここに決まる。

時刻は9時少し前、三浦先頭でドロップ。日陰でややアイシーなハードバーンをジャンプターンで果敢に攻略する。最上部はややエッジが暴れるが、お構いなしに連続ターンで落としてゆくと、雪面は徐々に緩み、快適なザラメコンディションとなる。テレマークの堀氏がやや苦戦するが、足元だけを見て、腰を引かずに板を踏むようにアドバイスする。

ルンゼ幅をうまく使いながらショートターンでルンゼを抜けると、涸沢カールのすばらしいオープンバーンが斜面全体に広がった。皆、雄叫びを上げながら縦横無尽にシュプールを刻み、大斜面の滑降を満喫する。ふと奥穂方面を見ると、ちょうど牧野氏が直登ルンゼを滑っているところであった。最後はスーパーザラメのうねる斜面を涸沢のボトムまで滑って、第1ラウンドを終了する。

その後、牧野氏も合流し、小休止してから第2ラウンドの前穂高岳東壁を滑降すべく、北尾根3・4のコルへの登高を開始した。

ルートグレード	
アプローチ	I
滑降	S4

日程	2001年5月19〜20日／1泊2日	
メンバー	三浦大介、堀 晴彦、村石 等	
タイム	5/19	新穂高8:30〜白出沢出合10:30〜穂高岳山荘15:30（泊）
	5/20	穂高岳山荘7:30〜涸沢岳山頂〜オダマキのコル8:40-9:00〜オダマキルンゼ滑降〜涸沢9:40

奥穂高岳

79

Mt.Okuhotaka_3190m

奥穂高岳西面・セバ谷の全容

日程	2017年5月4日
メンバー	三浦大介、須藤正雄、松岡祥子
タイム	涸沢ヒュッテ6:50 ～
	穂高岳山荘(雪の状態待ち) 8:50-10:00 ～
	奥穂高岳山頂10:50 偵察～
	西面ダイレクト滑降12:25 ～
	大滝～白出沢12:45 ～
	穂高岳山荘15:15-15:40 ～
	涸沢ヒュッテ16:00（泊）

ルートグレード	
アプローチ	II
滑降	S5+（DC）、R1

番外

直登ルンゼ／1ルンゼ

「奥穂高岳を最初に滑るならコレ!」と言えるほどの定番スティープ。祠からのダイレクトドロップと、少し右寄りからトラバースで入る2通りがある。いずれも出だしが核心で傾斜は45度を超える。ここをクリアすればショートターンでリズミカルに滑降できる。中間部からは幅広のアルペン的なルンゼ滑降を満喫してゲートを飛び出せば、一気に視界が開けてオープンスロープを小豆沢から涸沢へと滑り込む。1ルンゼは途中から右に分岐して、やや片斜面のルンゼを滑降し、涸沢カールへ合流する。

ルートグレード	
アプローチ	II
滑降	S4+

西面ダイレクト（セバ谷）／初滑降

あの白い胸倉の大斜面へ

北アルプス随一の高峰・奥穂高岳に残された最後の大物、山頂から西面へ急峻に落ち込むダイレクトライン。涸沢岳西尾根や蒲田川対岸の抜戸岳稜線から望める奥穂高岳西面は、右に鋭く尖るジャンダルムを従え、高く大きく迫力ある白い胸倉を誇示している。

ここはセバ谷（セマ谷）と呼ばれ、山頂から白出沢出合までの標高差は約７００ｍ。流域面積は南面の扇沢にも匹敵する規模を誇るが、吹きさらしの西面であるがゆえ、コンディションの見極めが非常に厳しい。また上部のスティープセクションや、名前の由来である下部ゴルジュの状況が不明なこともあり、未滑降ラインとしてこれまで残されていた。

ここは自身のノートにずいぶん前からリストアップされており、笠ヶ岳や抜戸岳に登るたびに双眼鏡を持ち出しては滑降ラインのチェックを怠らなかった。

しかしながら、実際に奥穂高岳山頂でコンディションを確認してみると、研いだアイゼンの爪がようやく刺さるというような雪面状態が常であり、半分はあきらめていたラインでもあった。

２０１７年のシーズンは4月初めの中岳の中ノ沢滑降（Ｐ２１８）以来、槍・穂高エリアでの継続的山行でコンディション把握に努め、少しでもチャンスがあれば……と、ゴールデンウィークの穂高スティープ合宿滑降リストへ密かに忍ばせていた。

しかし合宿入山前日に積雪があり、雪の安定度にやや不安を感じながら、天候の回復した5月2日に涸沢へと向かった。

翌日は偵察を兼ねてザイテングラードから奥穂高岳山頂に登り、周辺での雪のコンディションチェック後、真っさらな直登ルンゼを滑降。1ルンゼ経由で涸沢へと戻った。

結果として、西面の雪質は予想どおりのカリカリバーンで滑れる状態にはなく、南面の扇沢はソフトスノー。直登ルンゼ上部はプチパウダーで快適だったが、1ルンゼに入ると重い雪質で、下部はモナカ雪であった。

この時期は標高、方位、天候、時間帯で雪質が猫の目のように変化する。午後からは気温が上がり、涸沢周辺にサイズ1程度の点発生自然雪崩がいくつか観測された。

午後は山小屋のテラスで、名物のおでんをつまみに生ビールで涸沢バカンスを満喫。周囲の荒れていない雪面を物色すると、よさそうに見えるのは以前滑降した穂高吊尾根の涸沢ダイレクト（Ｐ２３８）くらいであった。明日はあそこか？　もし西面が緩めばセバ谷かなとメンバーで話し合った。

翌日、朝食後すぐに出発。前日と同様、奥穂高岳へ向かう。放射冷却で昨日より雪面が硬いので、穂高岳山荘で少し時間をつぶす。

上から人が落ちてきそうなくらい激混みの登路をたどり、再度山頂へ達する。さっそく雪質のチェックに西面へ向かうが、やはり硬い。ジャンダルム方面に進んだ先のコルからも偵察するが、雪面が硬いのは同じでこれでは滑れない。仕方なく戻り、次のプランの吊尾根へと向かう。

しかし、目的のドロップポイントまでが思いのほか長く、悪場もありそうでここも断念。う〜ん、さあどうする？　また直登ルンゼか？

仕方なくダメもとで再び西面をチェックすると、先ほどはカリカリだった雪面が少し緩んでいるではないか！　本日は気温がかなり上昇する予報で、正午に向けて日差しも強まり、さすがの西面ハードバーンも、ついにその頑固な結合を緩ませたのだろうか……。これぞ千載一遇の滑降チャンス！

希望がふくらみ、上部スティープセクションが見える位置まで下降する。下降するにつれ、若干ではあるが雪が緩んできているのがわかる。見下ろすタイトな急斜面に雪はつながっているようである。

よし、滑れそうだ！　あきらめかけていた滑降へのスイッチが一気に入る。すぐさま山頂に戻り、仲間にゴーサインを出す。

正午すぎ、仲間の見守るなか、奥穂高岳山頂から念願の西面にドロップイン。出だしのオープンバーンは雪質を確かめるように丁寧なエッジングでターンしてゆく。エッジのかかりはよい。行ける！

ジャンダルムのお膝元に向かって快適に大斜面を滑降する。周辺のアルペン的景観が実にすばらしい。

最初のスティープセクションの手前で仲間を呼ぶ。豪快にターンを決める須藤氏に続いて、フォトグラファーの松岡氏も得意のショートターンで軽快に滑ってくる。「すごいところだね～」。口々に出る言葉は皆同じである。

2ピッチ目はタイトなスティープセクションだ。対面にそびえる笠ヶ岳に向かって飛び込むように滑降する。傾斜は45度強だが、雪質次第では死の滑り台と化すところだろう。ここはショートターンで確実にエッジコントロールして、右手支流のスペースに滑り込む。

そして3ピッチ目。ついにジャンダルム北壁の懐、あの白い胸倉の大斜面へと進入する。広大なオープンバーンにリラックスしながら自在なシュプールを描く。しかしそれも束の間、フォールラインは徐々に狭まり、傾斜を増して漏斗の先へと吸い込まれてゆく。

先頭を代わった須藤氏が偵察すると下部に滝があるという。『日本登山大系』の記述にある左俣との合流点の滝だ。ここは滑降を中断、素早くスキーを脱ぎ、アイゼンとピッケルで慎重かつスピーディにクライムダウンする。ここで雪崩を食らったら、ただでは済むまい。

核心の滝は10m程度だが雪付きが甘く、滑降不能である。滝上の岩に錆びたハーケンを見つけ、スリングを掛けて右手をトラバース気味に下降。フォールラインを避けた岩陰でひと息つく。

見下ろす先は、あのセバ谷のV字大ゴルジュだ。その隙間には白出沢出合も垣間見える。あともう少しだ。再びスキーを装着し、フィナーレの「ザ・セバ谷」を一人ずつ、ミドルターンで一気に滑り抜ける。

最後の松岡氏の滑降最中、上から滝を飛び越えて小規模の雪崩が発生する。下から大声でコール。これは岩陰でうまくやり過ごす。

程なく松岡氏がゲートを通過。安全地帯まで一気に進み、ようやく緊張が解かれる。3人でハイタッチ。無事初滑降の達成を祝う。

その後、デブリで荒れた白出沢を登り返し、コルから涸沢へと舞い戻った。

やはり、穂高の未踏ラインの滑降は一筋縄ではいかない。特にオンサイトはおっかない。今回はコンディションの見極めもさることながら、何が出るかわからない、変化に富む未知のラインを滑降する緊張感といったら……。まさに渾身の一本、痺れる初滑降になった。

悪場に強く、絶対の信頼を託せる須藤氏、冷静にフォローしながら、困難な場所で撮影を敢行してくれた松岡氏に感謝したい。

奥穂山頂からジャンダルムのお膝元へと滑り込む

「ザ・セバ谷」最後の大ゴルジュの滑降

79-2 奥穂高岳

Mt.Okuhotaka_3190m

奥穂高岳の南面、扇沢の全貌

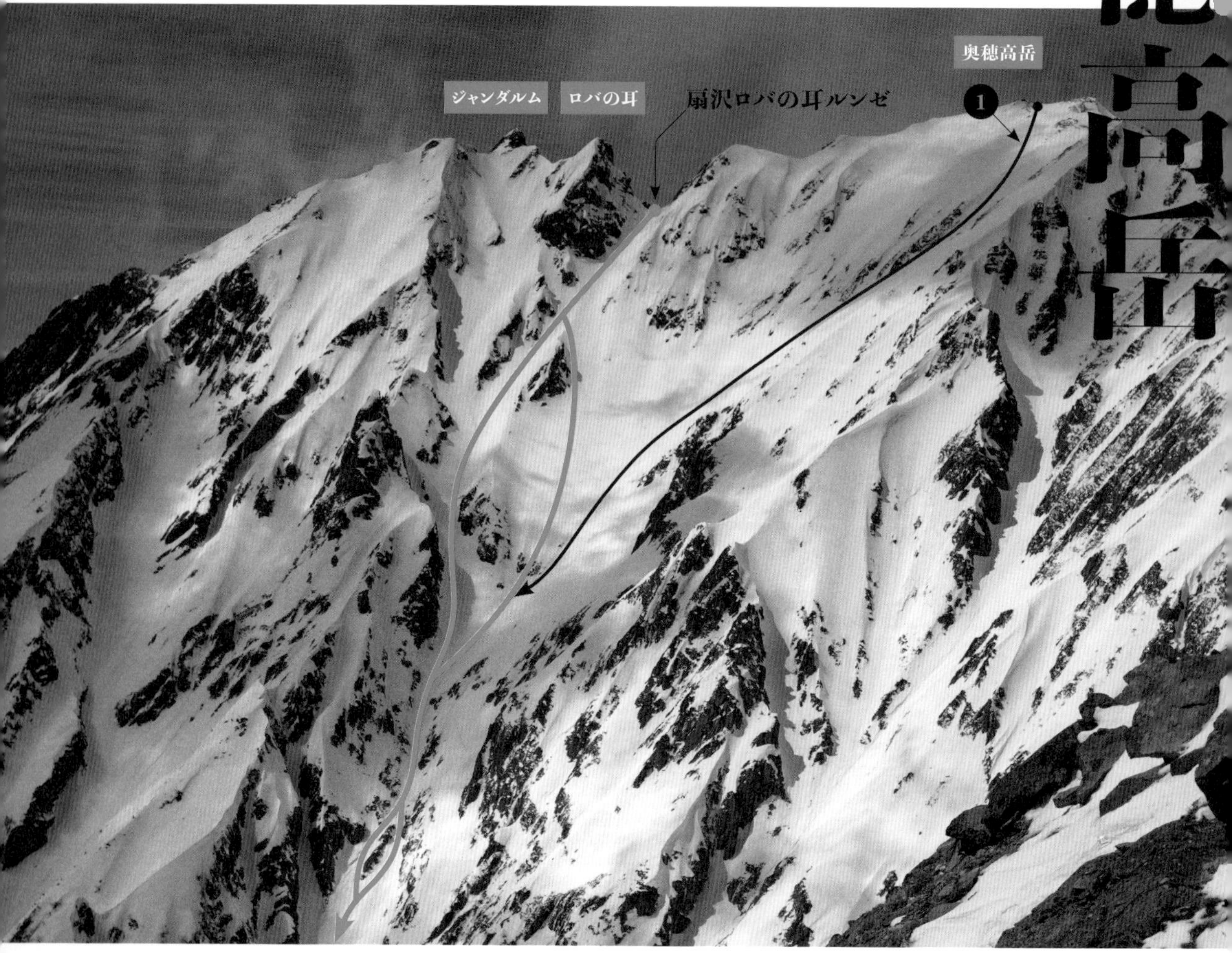

奥穂高岳

ジャンダルム

ロバの耳

扇沢ロバの耳ルンゼ

1

扇沢ロバの耳ルンゼ中間部大斜面の滑降

1 扇沢本谷

南面に位置し、典型的な雪崩地形の扇沢は難ルートの一つである。好条件であれば山頂からダイレクトに落とせるが、通常は稜線の左側から滑り込む。扇状の大斜面（最大45度）の滑降を堪能し、核心部の急峻な下部廊下へ突入する。ここは雪崩が集中するので、走路を外した左側の狭いスペースを、大岩のノッチに向かって一気に滑る。大滝が埋まっていれば大岩の右側を滑れる。露出している場合は左側をブッシュ支点に懸垂下降も可能だ。あとは岳沢までスピーディに滑降する。降雪直後は高確率で雪崩れるので迂闊な滑降は避けたい。

ルートグレード	
アプローチ	Ⅱ
滑降	S5−、R1

扇沢ロバの耳ルンゼ／初滑降

扇沢新ルートの滑降

久しぶりに須藤氏と、開通したばかりの上高地から、残った穂高の宿題を片付けに岳沢エリアへ向かう。いくつか候補があるが、現地判断でいちばんよさそうなところを狙うことにした。

岳沢への登山道に入るが、この時期としては今までで一番の寡雪である。2ピッチ登山道を歩いてモレーンに移り、ようやく板を履く。登りながらよさそうなラインを物色する。雪付きやコンディションを精査すると、扇沢くらいしか選択肢はなさそうである。すでに1パーティが取り付いている様子だ。

小屋開け中の岳沢小屋をスルーし、快調に扇沢へシールを滑らせる。傾斜が強くなる手前でアイゼンに履き替えて登る。

奥穂高岳山頂からの扇沢本谷はすでに滑降済みなので、まだ滑っていないジャンダルム直登ルンゼか、扇沢から奥穂高岳に登るクラシカルなルートで、以前登りではトレースしている、ロバの耳コルへのルンゼをサブとして考える。

扇沢大滝の右岸はすでに流れが出ており、今シーズンの雪の少なさを如実に物語っている。ここは左岸の凹状をダブルアックスで登って滝上に出る。

滝上で、本谷経由で奥穂高岳の山頂へ向かう先行パーティを追い越し、トレースを付けながら急な下部の廊下を登る。雪はまだ緩んでいないが、気温の上昇を考えると急ぐに越したことはない。須藤氏と交互にステップを刻みながら登高を続ける。

廊下を過ぎ、左へ広い斜面を登ってゆくと、ジャンダルムとロバの耳ルンゼの二俣に出る。ジャンダルム方面はややデブリで荒れ、雪面が汚れている。

一方、ロバの耳ルンゼはきれいな雪面が続いている。ここは迷わずロバの耳を選択する。小尾根沿いの左端にステップを刻み、扇沢出合から3ピッチでロバの耳のコルまで登りつめる。久しぶりの穂高稜線で大休止する。反対側には抜戸岳と笠ヶ岳が眩しく光る。

正午に同ラインの滑降を開始。45度の斜面を深回りのジャンプターンで落とす。下方に見えるノッチに向かってターンを刻み、ピッチを切る。須藤氏も快適に滑ってくる。ここからは左手のオープンバーンを選択。すでに雪質はザラメとなり、中回りの連続ターンに歓声が上がる。

快適にシュプールを描き、扇状斜面から下部の核心の廊下入り口まで滑り込む。ここはフォールラインの雪崩溝を避け、左手のやや傾斜面の狭いスペースに得意のショートターンを刻んで、大滝上まで一気に落とす。ファーストトラックは実に快適である。大滝は左岸をブッシュ支点で懸垂下降し、あとは足早に扇沢下部の腐れ雪を飛ばして、岳沢小屋に向かう。

めざす目的はただ一つ、ビールである。だがすでに売り切れだという。誰かさんに買い占められたようだ。代わりにハイボールがあった。須藤氏と小屋のテラスで滑降の乾杯をする。

目的のジャンダルムは滑れなかったが、どうやらロバの耳ルンゼは初滑降のようだ。たまにはいいこともある。快適な岳沢の午後のテラスで小一時間まったりしてから、上高地へと下った。

ルートグレード	
アプローチ	Ⅱ
滑降	S5−、R1

日程	2016年4月23日
メンバー	三浦大介、須藤正雄
タイム	上高地7:00～岳沢小屋9:30～扇沢～ロバの耳コル11:30-12:00～扇沢ロバの耳ルンゼ滑降～岳沢小屋13:00-14:00～上高地15:00

80 穂高吊尾根

Hotaka-tsurione

涸沢から見上げる穂高吊尾根の絶壁

前穂高岳

吊尾根

吊尾根涸沢ダイレクト

❶

前穂高岳北尾根3・4のコルから滑降

❶ 前穂高岳北尾根3・4のコル〜涸沢

北尾根の3・4のコルから涸沢へと滑るラインは涸沢のクラシックであるが、上部はそこそこ斜度があり、変化に富むオープンバーンは滑り応えがある。涸沢から3・4のコルに上がってスキーをデポし、北尾根から前穂高岳山頂をピストンして、帰路で滑降するというプランは以前から行なわれている。GWの初日に涸沢入りするだけではつまらないので、雪質チェックも兼ねてこれを一本滑るのもよい。ぜひ活用されたし。

ルートグレード	
アプローチ	I
滑降	S4−

吊尾根涸沢ダイレクト／初滑降

記憶の片隅にあったラインを滑降

穂高吊尾根からの滑降ラインを意識したのは、いつのころだったかしら?

記憶の糸をたどれば、それは1980年代半ばの大学山岳部時代にさかのぼる。当時は涸沢合宿を頻繁に実施していた。夏はロッククライミング。先輩が開拓した前穂高岳東壁Dフェイスのフリー登攀が目標で、ゴールデンウィークと11月の学園祭期間は雪稜登攀である。

ゴールデンウィークに前穂高岳北尾根を初めて登った際の下山ルートで、吊尾根からの下降ラインを探ったのがたぶん最初だと思う。このとき稜線の雪庇の切れ目から涸沢を覗き込んだのだが、急過ぎてとても下降は無理だと思った。

結局、奥穂高岳を回って小豆沢を尻セードで戻ったが、そのラインがまさに「吊尾根涸沢ダイレクト」であった。

その後、山岳スキーの技術と経験を積み上げ、記憶の片隅に眠っていた計画を引っ張り出す時がやってきた。

2001年、満を持して最初のトライを単独で敢行する。しかし稜線の雪庇が大きく、ドロップポイントを見いだせずに出戻り敗退。そして今回、RSSAの重鎮、牧野氏を誘って2度目のトライとなった。いきなり吊尾根から涸沢への滑降で計画を始動する。

上高地8時半発。新緑の登山道を進むこと1時間強で、岳沢をシール登高に切り替える。岳沢ヒュッテを左に見送り、奥明神沢に入る。デブリで少し荒れた沢筋を途中からスキーを担ぎ、急登にあえぎながら前穂高岳山頂に14時半に到着。

遅れていた牧野氏を待って、涸沢への下降点を探る。めざすラインは最低コルの手前、標高2970m地点からの雪壁状の美しい幅広シュートである。

山頂から稜線沿いに吊尾根を下降する。雪庇が出始めるころからロープを付け、猿回しの要領で偵察すること数回、ようやくエントランスを発見する。見下ろした先にはテントの花が開いた涸沢カールに向かって、滑り台状の美しいオープンスロープが続いている。出だしはかなりの急斜面で50度くらいはありそうだ。

16時に三浦、牧野の順で涸沢側へドロップイン。滑り出しは慎重な横滑りで雪質をチェックする。少しスラフが出るがエッジグリップはよい。斜面はすでに日陰になっているが、北東面の雪質はまだ軟らかく、比較的安定している。

山側のストックを握る手が雪面につくほどの急斜面を、落差の大きいペダルターンの連続で滑降する。最上部は露出感が凄まじく、涸沢に向かってダイブするような感覚である。

下部には露岩もありミスは絶対許されない。舞い落ちるようにターンを繰り返してゆくと、徐々に傾斜は落ちてくる。

中間部からは左の大斜面に入り、快適なジャンプターンを刻む。重荷の牧野氏にザックを転がすように合図するが、これが失敗! 途中でザックの中身が散乱して、荷物の回収に時間を費やす。

下部はデブリを避けながら、オープンバーンとなった涸沢カールを大パラレルで飛ばした。ヒュッテでは、念願の吊尾根・涸沢ダイレクトの滑降成功を生ビールとステーキで祝うことができた。

ルートグレード	
アプローチ	Ⅱ
滑降	S5、R1

日程	2002年4月27日
メンバー	三浦大介、牧野総治郎
タイム	上高地8:30～奥明神沢出合11:00～前穂高岳山頂14:30～吊尾根滑降エントランス16:20～涸沢ダイレクト滑降～涸沢ヒュッテ18:00

81 前穂高岳

Mt.Maehotaka_3090m

前穂東壁・奥又白谷の全景

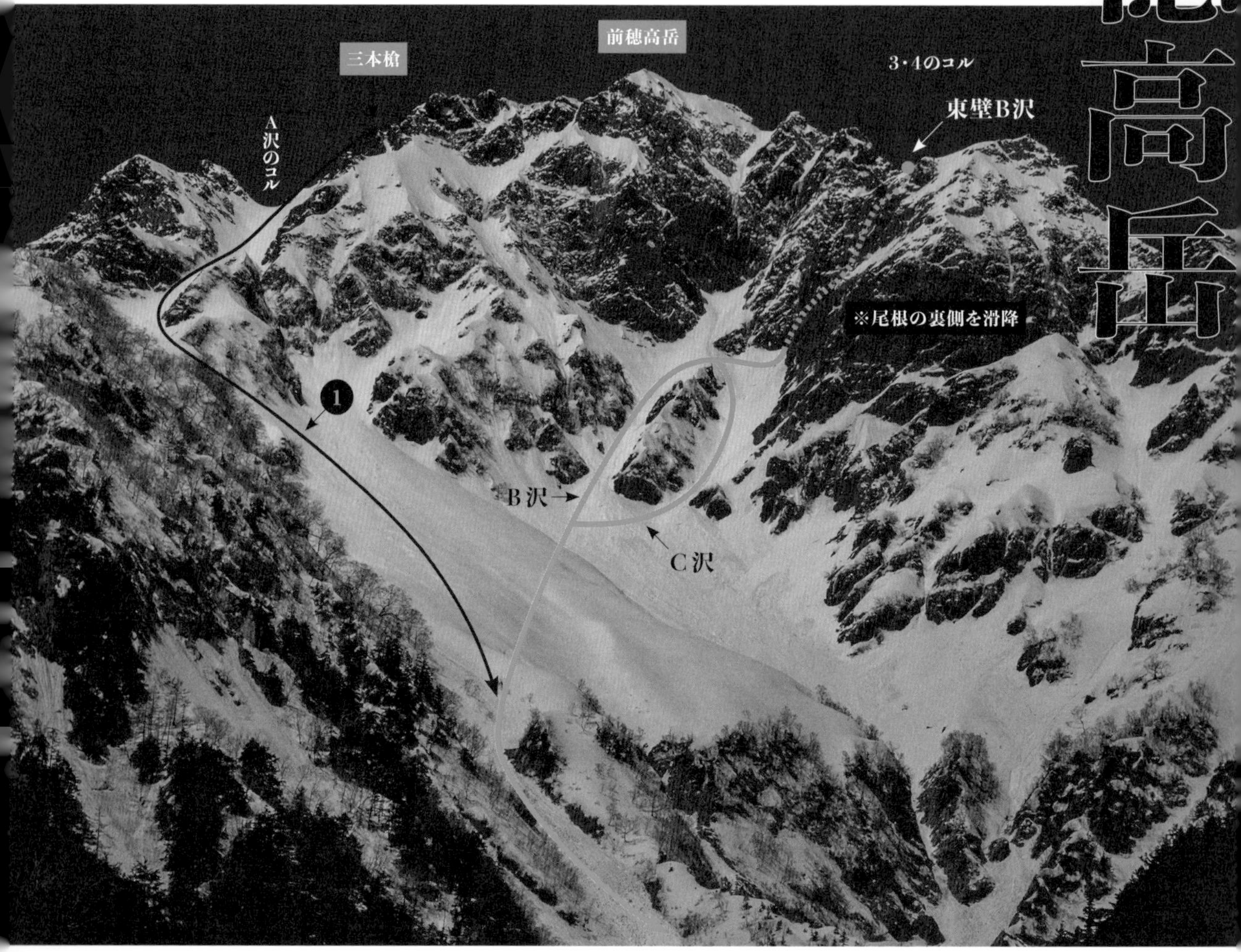

三本槍
前穂高岳
3・4のコル
東壁B沢
A沢のコル
※尾根の裏側を滑降
1
B沢
C沢

前穂東壁奥又白谷B沢上部の滑降

1 三本槍〜東壁A沢

2007年5月に自身が開拓したA沢のバリエーションライン。奥明神沢ダイレクトを標高3000m付近まで登り、右へ大きくトラバースして三本槍付近の稜線に出る。適当なところから奥又白側を覗き込むと、A沢上部に向かってきれいなルンゼが落ちている。これを滑ってA沢に合流し、さらに滑降して左手の踏み替え点から反対側の奥又白池に向かって滑る。下部は松高ルンゼをつないで出合まで滑降できる。

ルートグレード	
アプローチ	Ⅱ
滑降	S4+、R1

東壁B沢／初滑降

前穂高岳東壁同時滑降成功へ

２００１年シーズン終盤の5月中旬。穂高エリアで未滑降のスティープラインを狙ってみようと、ＲＳＳＡの先鋭で涸沢に集結した。

初日は新穂高温泉から白出沢経由で穂高岳山荘入り。翌日に手始めとして、涸沢岳の山頂にいちばん近い位置から涸沢カール側へ滑降できる、オダマキルンゼを滑った（Ｐ２３０）。

その後、第2ラウンドとして、本命である前穂東壁のB沢とC沢を4人で同時滑降する計画を実践するため、北尾根3・4のコルへと向かった。

3・4のコルで休憩しながら、奥穂高岳から北穂高岳への絶景を楽しんだあと、滑降準備に取り掛かる。

前穂東壁のC沢は１９８７年5月に立教大山岳部ＯＢの奥原宰氏が初滑降しているが、その後は記録を見ない。

奥又白本谷側の滑降ラインを偵察すると、斜面は数十メートル下で切れ落ち、下の様子をうかがうことはできない。ダブルアックスと、万が一の懸垂下降支点としてスノーバーをザックにくくり付けてスタンバイする。

正午ちょうどに三浦先頭でドロップする。上部斜面はグリップのあるクリーミーな雪質で気持ちよくジャンプターンが決まる。急斜面の入り口でピッチを切り、後続にコールをする。

みんなと合流し、さらに下方のインゼルへ向かって、50度の雪壁を連続ペダルターンで滑降する。ここは下部に岩が露出しており、緊張するところだ。後続が慎重に滑ってくる。

インゼルでは、B沢を滑る三浦と村石、C沢を滑る堀と牧野に分かれる。インゼルから見下ろすB沢の核心部は確認できないので、ピッチを短く切りながら滑降を続ける。

上部は一見したところ快適そうだが、扇状の斜面には大きな縦溝が走り、思うようなターンはできない。溝と溝の間のわずかなスペースを利用して、ジャンプターンと横滑りの連続で苦心の滑降を続ける。

核心部にはノド部から続くゴルジュ帯に、ボブスレーコースのような大きな溝があるが、幸いにも右手の雪壁沿いに、わずかなスペースを見いだせた。

これを横滑りを交えて滑降すると奥又白本谷の大斜面に踊り出る。それとほぼ同時に牧野・堀ペアがC沢から飛び出してきた。前穂高岳東壁B沢とC沢同時滑降の成功だ！

緊張から解放されたわれわれは、奥又白本谷の大斜面からさらに松高ルンゼへと標高差１２００ｍの快適な滑降を続け、出合まで思う存分シュプールを付けることができた。

後日談

その後、2013年のゴールデンウィークに2度目の東壁滑降を実践した。今度はC沢を狙ったが、デブリで荒れており、再度B沢を滑った。そのときのB沢は実にすばらしい雪質の面ツルバーンで、前回あった縦溝などは一切なく、最高のコンディションでの滑降が楽しめた。

ルートグレード	
アプローチ	Ⅱ
滑降	S5、R1

日程	2001年5月20日
メンバー	三浦大介、村石 等
タイム	穂高岳山荘7:30～オダマキのコル8:30～オダマキルンゼ滑降～涸沢 9:30～前穂高岳北尾根3・4のコル11:30-12:00～B沢・C沢同時滑降13:30～松高ルンゼ～出合14:40～上高地17:00

81-2 前穂高岳

Mt.Maehotaka_3090m

急峻な前穂高岳西面・岳沢側の大景観

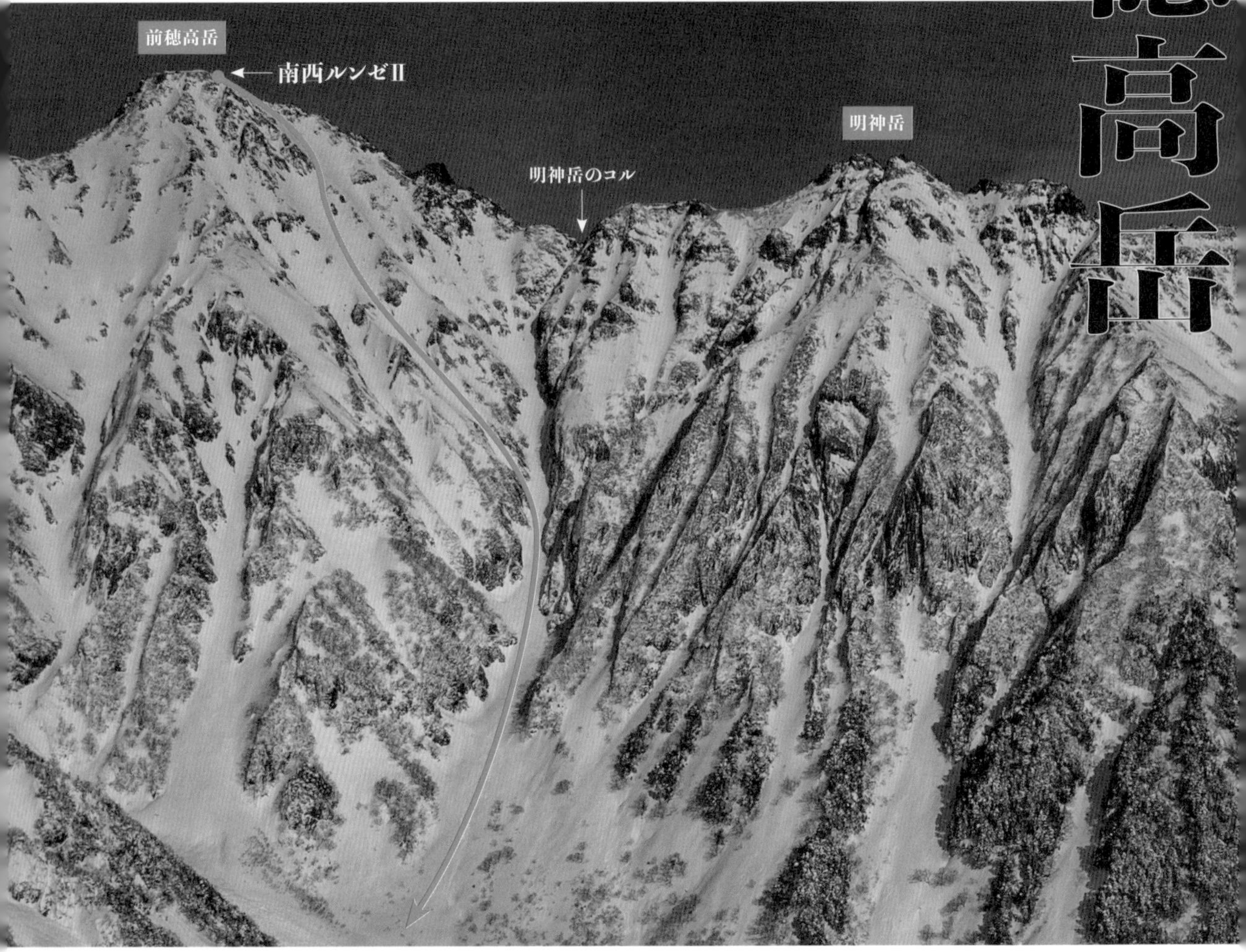

前穂高岳

南西ルンゼII

明神岳のコル

明神岳

前穂高岳岳南西ルンゼIIの滑降

日程	2017年4月30日
メンバー	三浦大介、松岡祥子
タイム	上高地5:50～岳沢小屋8:15～
	前穂山頂11:35～滑降開始12:30～
	南西ルンゼIIドロップ12:38～奥明神沢合流12:53～
	岳沢小屋13:05-13:50～上高地15:20

ルートグレード	
アプローチ	I
滑降	S5－、下部滝50度

南西ルンゼⅡ／初滑降

登山者にご注意を

前穂高岳南西面には山頂付近から奥明神沢（おくみょうじん）に向かって、直線的に美しく落ちる3本の顕著なルンゼが存在する。それらは奥明神沢下部から順に南西ルンゼⅠ、南西ルンゼⅡ（ともに仮称）、奥明神沢前穂ダイレクトである。

このなかで滑降されているのは残雪期の前穂高岳への一般ルートでもあるダイレクトルートのみで、ほかは容易に滑降を許してはくれない。最大の理由は南西ルンゼⅠ・Ⅱともに奥明神沢出合に懸かる滝の存在である。

今回、コンディション次第ではコンプリート滑降の可能性が高い、未知の南西ルンゼⅡに狙いを定めた。平年並みの積雪量に恵まれた2017年シーズン。4月最週末の決行を予定するが、週半ばの大雪と前日の降雪が懸念材料であった。

始発のバスで上高地入りする。朝日に輝く吊尾根が眩しい。岳沢への登山道を少し進むとすぐにシール登高が可能となった。沢沿いにストライドを延ばし、滑降予定の南西ルンゼを眺めながら、モレーン上を2ピッチで8時すぎには岳沢小屋に到着する。昨晩小屋泊まりした岳人のトレースがすでに奥明神沢方面へ延びている。

シール登高を続け、ゴルジュ最初の急斜面からいつものようにシートラーゲンする。しばらく登ると左手に南西ルンゼⅡの合流点の滝が現われる。かなりの急斜面ではあるが、今年は雪付きが非常によく、滑降できそうである。

さらにトレースをたどり、左手のダイレクトルンゼへと入る。ここから急斜面で、やや雪も深くなる。頂上ピストンを早々に終えたパーティとすれ違い、新雪は10㎝ほどで安定しているとの情報を得る。本日はそれほど気温上昇しない予報なので歩を先に進める。

安定した雪の急斜面を順調に登り、標高2950m付近で南西ルンゼⅡへの乗越点を確認する。南西ルンゼ側へは問題なく滑り込めそうだ。

11時半、前穂高岳山頂へ出ると、陽光に煌めく穂高連峰三六〇度の絶景が目に飛び込んでくる。いつ来てもこの大展望はすばらしい。

登山者が登りきったのを見計らって、12時半に山頂からスキー滑降を開始する。

まずは明神岳に向かってリッジ沿いのうねる斜面を確実なエッジ操作でクリアし、最上部のオープンバーンで雪質の最終確認を行なう。ソフトな表層の下はエッジグリップがよく利き、コンディションもよい。

登りで偵察した右手のリッジを越えて、念願の南西ルンゼⅡへとドロップする。先には予想以上に広大で開放感あふれるアルペン的な景観のルンゼが展開する。

上部はクリーミーなパウダーで、幅広ルンゼにミドルターンで快適なシュプールを描く。中ほどからは右手のルンゼⅠとの間のリッジを絡めて、西穂高岳の稜線をバックにザラメ雪を蹴散らしながらダイナミックにターンを刻む。

途中の落ち込みを抜けて下部は雪がやや重くなり、湿雪のスラフマネジメントをしながら、徐々に核心部の滝へと吸い込まれてゆく。

オープン地形ゆえ威圧感はそれほど感じないが、奥明神沢との合流点の滝は傾斜50度のハードバーンである。ここを豪快なジャンプターンでクリアして、奥明神沢本谷へと合流する。あとは岳沢小屋の生ビールをめざして突っ走るのみであった。

南西ルンゼⅡは予想以上に広大で、穂高連峰の絶景に囲まれながら大空間を舞い落ちる滑降は感動モノである。ただし、奥明神沢下部に登山者がいる時間帯の滑降には充分に留意したい。

Column

前穂高岳〜明神岳滑降ルート

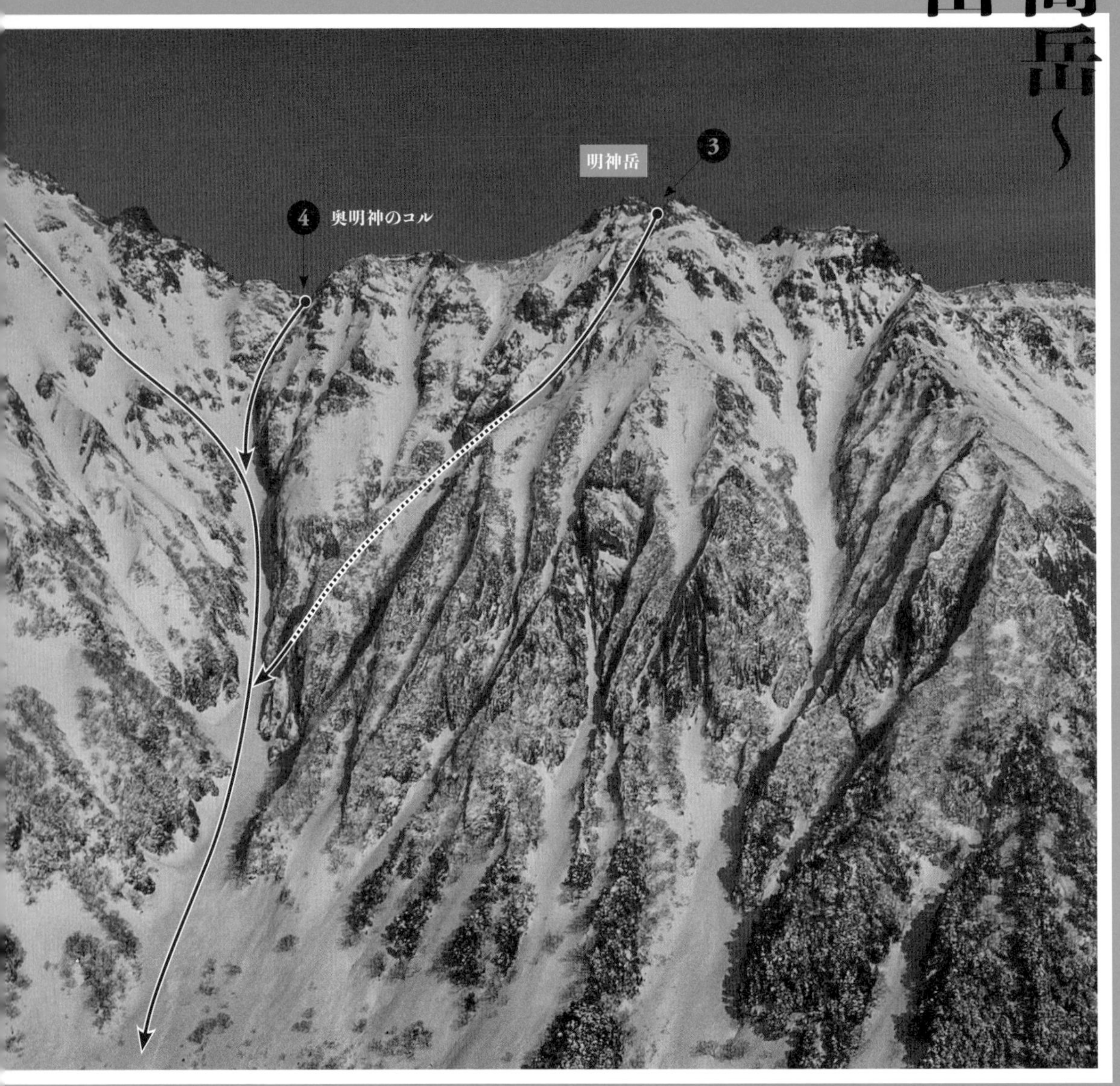

前穂高岳〜明神岳 岳沢側スティープ概要

前穂高岳から明神岳稜線の岳沢側急斜面の滑降適期は、奥明神沢などの沢筋がアプローチになる関係で、積雪が落ち着いてくる3月下旬以降となろう（前穂北尾根や明神東稜などの尾根アプローチは冬季でも可能）。

上高地線開通の4月下旬以降が本格的な滑降時期である。そのため基本はザラメ狙いとなる。斜面は西〜南西面なので、東面と比較すると雪面の緩みだす時間はやや遅いが、この時期は日差しが強いので、日が当たり始めるとすぐに緩む。したがって、目標のラインの状況を充分に把握する必要がある。

通常は雪の硬いうちに登って、最上部の雪面が緩んでから滑降することになるだろう。

また、この時期の降雪は基本的に急斜面に積もれば雪崩れる

最後の落ち込みを雪のつながるラインから岳沢へと滑り込む。

ルートグレード	
アプローチ	Ⅰ
滑降	S4＋

西面1・2峰間ルンゼ～奥明神沢

奥明神沢のゴルジュ入り口を過ぎ、右手から入る2本目のルンゼを登ると、明神岳1・2峰のコルに出る。山頂をピストンしてから、その登ってきたルンゼを滑降する。クランク状のルンゼラインが変化を作り出して楽しめる。ロープなしの最短で明神岳山頂へ登って、滑れる好ルートである。

ルートグレード	
アプローチ	Ⅱ
滑降	S4

奥明神沢（コルから）

岳沢から奥明神沢をコルまで登り、同滑降する。アルペン的な奥明神沢ゴルジュの幅広ルンゼ滑降を堪能できる入門ルート。

ルートグレード	
アプローチ	Ⅰ
滑降	S4−

1

奥明神沢前穂ダイレクト

以前から前穂高岳のスティープラインとして知られている。同ラインを登滑降するので、雪質把握はしやすいが、気温上昇の大きい日は油断禁物である。早めに登って、雪が緩む前に滑りたい。中間部のやや狭いセクションと奥明神沢出合の急斜面が核心である。いずれも傾斜は45度程度。一般ルートゆえ、滑降の際には登山者の有無を充分に確認したい。

ルートグレード	
アプローチ	Ⅰ
滑降	S4＋

前穂高沢

山頂から奥穂高岳方面に少し進み、左手のやや急な岩交じりのトレインを岳沢側に下降する。斜面の雪付きを確認して、適当なところでテラスを作り、滑降をスタートさせる。上部斜面は扇状で広く、斜度も適度で滑りやすい。中間部はやや傾斜を増し、最大45度程度となる。左下に独特な柱状節理の壁が見えてくるとラインは右に屈曲してルンゼ状となる。さらに左へ曲がると視界が開け、と思って差し支えない。特に奥明神沢は一般登高ルートでもあるので、降雪直後の滑降は控えたい。技術的には急斜面ハードバーンの滑降スキル、湿雪スラフ処理などが必要となる。

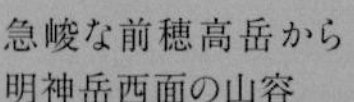

急峻な前穂高岳から明神岳西面の山容

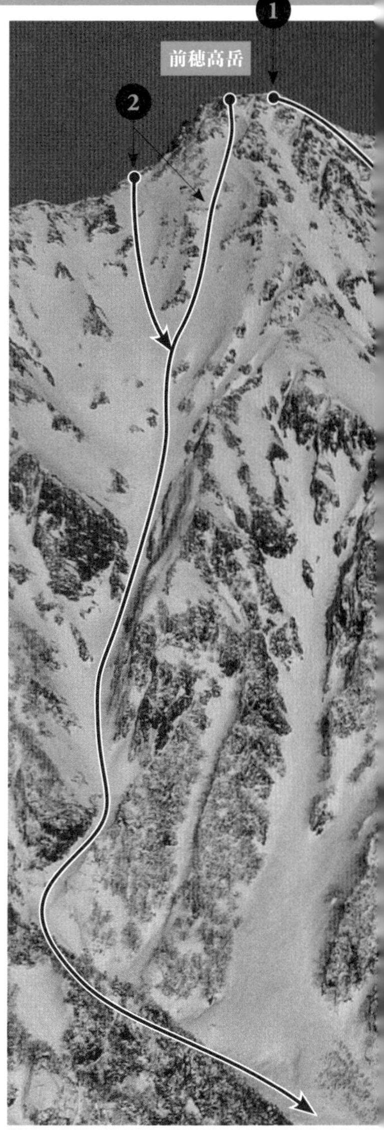

前穂高岳ダイレクトルンゼ上部を滑る

82 明神岳

Mt.Myojin_2931m

明神岳東面上宮川谷
の景観

東面1・2峰間ルンゼ～上宮川谷

明神岳

明神岳東稜

東面1・2峰間ルンゼ上部の滑降

上宮川谷オープンバーンの滑降

東面1・2峰間ルンゼ〜上宮川谷／初滑降

静かな滑降が楽しめる北アの穴場

明神岳は以前から滑ろうと思っていたのだが、周囲には穂高の名だたる峻峰がずらりと並び、後回しになってしまったのは仕方のないことだろう。

西穂高岳と比べれば標高では勝り、バリエーションとしても質、量ともに同程度であるのに、はっきりした登山道がないことがマイナーさを助長している。

しかるに積雪期であれば、それはほとんどハンディキャップにはならない。逆に滑り手にとってはよいニュースである。その後、明神岳の滑降ラインをいくつか滑ったが、人に会うことはまったくなかった。そこは穂高岳と同様に最上級のアルペン的な雰囲気のなか、自分たちだけの滑降が楽しめる穴場的な存在である。

2008年の3月にガイドの石坂博文氏と明神東稜を登って、1・2峰間ルンゼを上宮川谷へ滑降するクライム&ライドを実践したが、上部の雪が不安定で、ひょうたん池から東稜を登り始めたところで敗退した。

翌年も同時期にクライム&ライドを計画したが、今度は直前の大雪で行き先を六百山に変更し、山頂から六百沢の滑降を行なった。そして、雪の落ち着いた4月半ば、3度目の正直で奥明神沢側から登って、東面ルンゼ滑降に再度トライをする。

早朝に沢渡で会のスティープ好きの狭間栄治君と待ち合わせ、タクシーで釜トンネル入り口まで運んでもらう。

上高地までの林道を黙々と進み、オープン前の静かな河童橋の先からシールで岳沢を登高する。雪は締まり、快調に2ピッチで岳沢小屋まで進む。奥明神沢へ入り、右手から入る2本目のルンゼをシートラ&アイゼンで登りだす。これを登ると明神岳の1・2峰のコルに出るのは前穂高岳からの偵察で確認済みである。

最大斜度45度ほどのアルペン的雰囲気の漂う大伽藍のルンゼに、交代でステップを切りながら順調に登る。ルンゼは何度か屈曲を重ね上部へと続いている。上部は落石に警戒しながら登り、出合から3ピッチ、13時半にコルに達する。

反対側には明神岩峰群の圧倒的な大景観が囲み、ルンゼ斜面が下方へ続いている。コンディションは上等の面ツルバーンであり、思いきって飛び込めそうだ。

せっかくなので山頂をピストンする。自身も初の明神岳山頂である。天気もよく、穂高の絶景と梓川を隔てた対岸の常念山脈の山々が手に取るように見える。

コルに戻って14時15分、待望の東面ルンゼにドロップ。出だしの急斜面のクリーミーパウダーを軽いジャンプターンでこなすと、ルンゼはすぐに広がりを見せる。中回りターンで思う存分に板を走らせながら、はるか下方の梓川に向かって、風を切って飛ばす爽快感に酔いしれる。

上宮川谷に入ってもフラットザラメバーンが延々と続き、今季最高のフリーライディングを堪能。最後は樹林帯を林道まで滑り込み、高度差1300mの大滑降を無事終える。狭間君とがっちり握手。3度目の正直でようやく明神岳にシュプールを刻むことができた。

今まで記録を見ないので、初滑降ではないだろうか。満ち足りた気持ちで、さらに林道に板を走らせた。

ルートグレード	
アプローチ	Ⅱ
滑降	S4＋

日程	2009年4月18日
メンバー	三浦大介、狭間栄治
タイム	釜トンネル6:20〜上高地7:30〜明神岳1・2峰のコル13:30〜山頂往復〜コル14:15〜1・2峰間ルンゼ滑降〜明神15:40〜釜トンネル18:30

83 西穂高岳

Mt.Nishihotaka_2909m

東面岳沢側の景観

西穂高岳

独標岳沢側ルンゼ

西穂独標

厳冬の上高地から西穂山荘への登り

❶ 西穂高沢ダイレクト

西穂高岳山頂から西穂高沢をダイレクトに滑るラインは大橋真氏の滑降以来、気になっていたが、2011年4月中旬に会の仲間とロープウェイを使った山荘経由の稜線からのアプローチで山頂から滑降した。山頂直下は岩があるので、右下にギルランデ気味に滑降してルンゼを落とす。高度感のあるドロップシークエンスが核心。あとはルンゼに沿って滑降し、程なくコルからの西穂高沢本流に合流する。

ルートグレード	
アプローチ	Ⅱ
滑降	S4+、R1

❷ 上部コル～西穂高沢

西穂高沢のコルから直接滑降するライン。沢は広いので滑りやすい斜面を選んで滑降する。西穂高岳の入門ルート。

ルートグレード	
アプローチ	Ⅱ
滑降	S4

独標岳沢側ルンゼ

／厳冬期初滑降

雪崩の巣・岳沢の厳冬期滑降を狙う

厳冬期、穂高岳の岳沢へ迂闊に入ることはできまい。言うまでもなく、怖いのは雪崩だ。だだっ広い岳沢本流にも、上部からの誘発で大雪崩が発生することが知られている。この巨大なすり鉢を取り巻く急斜面は高度差があるがゆえ、雪崩の発射台となり、それは岳沢のすべてを覆い尽くしている。

私は岳沢の雪崩と聞くと、今や山岳古典の名著である古川純一著『わが岩壁』（山と溪谷社）と小森康行著『垂直の上と下』（中公文庫）に記された、前穂高岳東壁Dフェイスの登攀直後、奥明神沢上部で雪崩に巻き込まれて岳沢まで飛ばされ、九死に一生を得た場面を思い出す。

その雪崩の巣・岳沢を厳冬期に滑降できないものかとの誘惑に駆られ、攻略方法を考え、春に偵察を繰り返してきた。その結果、まずは端っこではあるが西穂高岳の独標ルンゼに可能性を感じ、トライしてみることにした。

2月初旬、槍・穂高エリアも充分な積雪となった頃合いを見計らって実行に移す。パートナーは何度も厳冬期の北アルプスでスキー山行を共にしている、シーハイルの堀米修平氏である。先週末も蝶ヶ岳東面のパウダーに歓声を上げた仲だ。

今回は上高地から樹林帯の尾根をアプローチに使ったワンデイプランである。

釜トンネルを暗いうちに出発し、途中からシールで上高地への林道を進む。左手の田代橋を渡り、西穂山荘に上がる登山道付近に出る。ここからおおむね登山道沿いにシールで登るが、急斜面に膝下のフルラッセルで時間がかかる。

最初のピークまでは右寄りの少しでも緩い傾斜を選んで登るが、なかなかはかどらない。この状態で稜線まで届くのか？と心配になる。それでも激ラッセルを交代しながら6ピッチで登りきり、なんとか12時すぎに西穂山荘へ到着した。

山荘から西穂高岳に向かう稜線には登山者のトレースがあり、ラッセルから解放される。途中から板を担いで独標手前のコルへ。コルに着くと、ただちに滑降予定のルンゼにロープを垂らし、雪質チェックを行なう。登りのラッセルで期待したとおり、バフバフのすばらしい雪質で下層との結合もまったく問題ない。後続の同じ会の亀岡パーティも一緒に滑ることになる。

13時半、日陰になった独標ルンゼにドロップイン。スラフチェックで軽く数ターンして様子を見る。スラフは少し流れる程度で申し分のない雪質である。

この先、ラインはすぐに左に折れ曲がり、核心部の新雪がたっぷりと吹きだまった45度を超える急斜面ルンゼとなる。ここは思いきりよく板を下に向け、ルンゼのど真ん中をショートターンで一気に滑降する。ターンごとに気持ちのいい浮遊感を味わいながら、フェイスショットを浴びる感動モノのピッチになった。

さらに右に旋回してルンゼを飛び出すと突然視界が開け、厳冬期の穂高連峰の大パノラマと岳沢の大斜面が、はるか下まで大きく広がっているのが見えた。上に向かってホイッスルでコール。スプレーを上げながら次々とライダーが滑り降りてきた。その表情は皆、笑顔であった。

ルートグレード	
アプローチ	I
滑降	S4＋

日程	2007年2月4日
メンバー	三浦大介、堀米修平
タイム	釜トンネル3:40～田代橋5:30～西穂山荘12:10～独標コル13:00-13:30～独標岳沢側ルンゼ滑降～上高地15:00～釜トンネル16:30

西穂高岳 西面

西穂高岳西面の小鍋沢源頭の景観

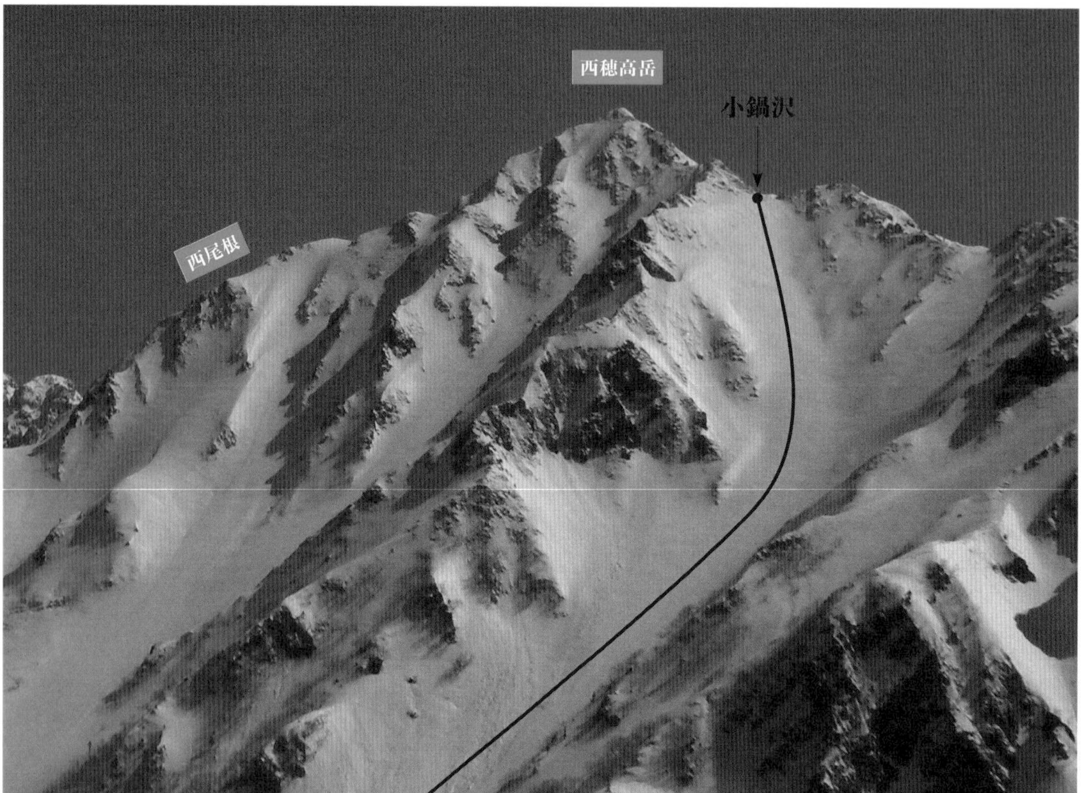

小鍋沢中間部の大斜面を滑降する

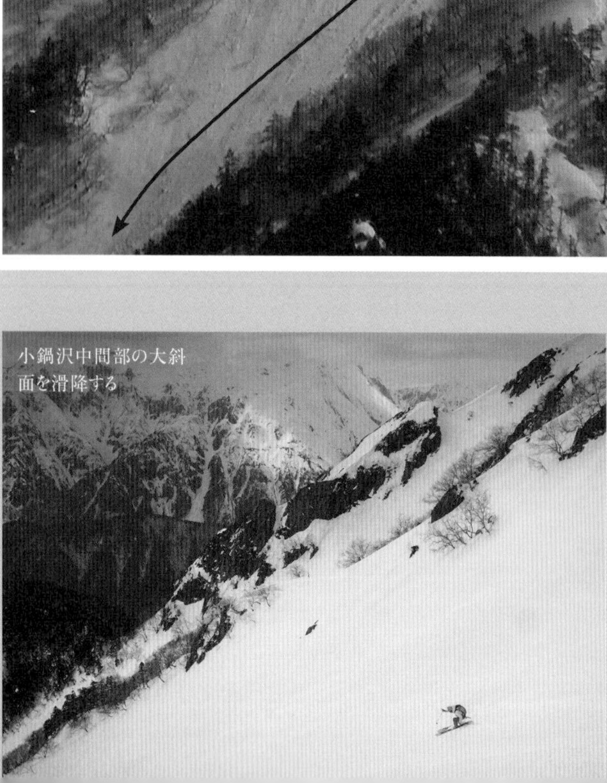

小鍋沢（西穂高稜線上部コルから）

ここを滑るなら西穂高岳西尾根のアプローチを薦めたい。西尾根は初級の雪稜だが、上部は岩がもろい箇所もあり、トレースがなければ時間がかかる。滑降ラインは雪付き次第で選べる。山頂を越えた最初のコルから滑るのが一般的。

ルートグレード	
アプローチ	Ⅱ（西尾根）
滑降	S4

西穂高岳 北面

荷継沢から見る西穂高岳西尾根と西穂沢上部

番外

間天ルンゼ〜西穂沢

自身の「北アルプスオートルート・スーパー」の際に滑降したライン。岳沢から間天ノコルに上がり、西穂沢側のルンゼを滑降。適度な斜度の広々としたラインが西穂沢へと続いている。

ルートグレード	
アプローチ	I
滑降	S4

西穂沢 P2738ルンゼ

北面の西穂沢は大きい沢で稜線からいくつか滑降ラインが取れるが、よく滑られるのが西尾根P2738のコルからのラインである。上部が急斜面、下部が西穂沢の大斜面と変化に富む。4月以降は西穂沢側からアプローチしてコルまで登り、シーデポして山頂をピストンしてから、滑降しても楽しめる。西穂山頂寄りにも細いルンゼがあるが、やや急である。

ルートグレード	
アプローチ	I
滑降	S4

西穂高岳西尾根上部
を登る（バックは笠ヶ岳）

焼岳 84

Mt.Yakedake_2455m

霞沢岳から見た焼岳
東面の山容

南峰 焼岳 北峰
中堀沢
上堀沢左俣

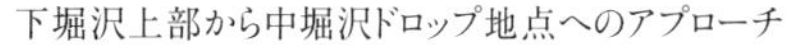

下堀沢上部から中堀沢ドロップ地点へのアプローチ

中堀沢最上部を滑降する須藤正雄

上堀沢左俣／厳冬期初滑降

スティープ&ディープな焼岳東面1

前週末に平湯エリアの課題の金山岩北面ルンゼ（P274）と焼岳上堀沢を単独でトライした。前者は成功したが後者は悪天で下堀沢を滑降するにとどまった。

年末年始から降り続く大雪で、積雪はすでに充分。雪質も安定しており、ノートラックのバフバフなパウダーを新調のロッカーチップ、センター120㎜のファットスキー、ブラックダイヤモンドのメガワットで突っ走った。

そして今週末、「戸隠パウダーキャンプ」の常連であるドクターコンビと共に、再度上堀沢左俣を狙ってみた。

冬型は西から緩み、好天が期待される。前夜、職場から車を飛ばし、中の湯温泉に素泊まりして懸案の駐車場を確保。早朝に篠崎・操両氏と合流して、宿の裏からラッセルをスタートさせる。今回は全員がセンター120㎜オーバーのスーパーファットなので、急斜面ラッセルをものともせず、交代しながらガンガン進む。

途中、ピットチェックで雪質を確認し、南尾根上部2350m地点から予定どおり、いったん下堀沢上部へトラバース気味に滑り込む。このルートは雪崩のミニマムリスクとして考え出した。パックスノーからバフバフのパウダーでスラフも出ず、雪質は良好である。

下堀沢上部ボトムから噴煙を避けるように対岸を登高して北峰の稜線に上り、目標の上堀沢左俣のドロップポイントへ。ロープを使って偵察すると、上堀沢上部は予想以上にスティープなオープンバーンに、フカフカの新雪がべったりと張り付き、すばらしいコンディション。ノールで核心部の状況はわからないが、不連続で急峻な深い掘り込みのはるか下方には、梓川の流れが光る。久々の緊張感のなか、再度入念に雪質をチェックし、仲間と滑降タクティクスを打ち合わせる。

正午すぎ、三浦先頭でドロップイン。スキーカット後、ベンディング系のターンで一気に50度の核心部斜面を舐めるように滑走し、小リッジを左に回り込んで最初のセクションをクリアする。なんとすばらしいドライパウダーのスティープ&ディープな世界！ ターンごとに雪煙が上がり、体にまとわり付く。

見渡す広大なルンゼ内には、地熱で地表が露出したり、奇妙な岩峰があったりと火山特有の不可思議な光景が展開する。

次のピッチは右手の流れるような滑走路に沿って、雪面をミズスマシのように浮上したまま、ロングターンの一筆書きでダイナミックに滑降。ここまでが上部セクションである。仲間も豪快にスプレーを上げながら、ライディングしてくる。

さらに崖を右へトラバースして、中間部の埋まりきらない岩のバンドを迂回、右岸台地へとつなぐと、ようやく緊張がほぐれた。あとは最高のパウダー斜面を思う存分に滑り倒す。

下部は再度、上堀沢へと滑り込み、梓川出合まで歓喜のパーティラン。最後は笑顔で握手を交わす。

上高地から焼岳を見るたびに気になっていたU字の深い切れ込み、上堀沢左俣の厳冬期初滑降は無事成功した。ライン取りのおもしろさも相まって、エキサイティングなパウダー滑降が満喫できた。

ルートグレード	
アプローチ	I
滑降	S4+

日程	2010年1月17日
メンバー	三浦大介、篠崎純一、操 潤
タイム	中の湯温泉5:10～焼岳南尾根2350m地点10:00～下堀沢トラバース滑走～北峰上堀沢左俣ドロップポイント11:00-12:15～上堀沢左俣滑降～梓川出合13:00～釜トンネル14:30～中の湯温泉15:35

中堀沢／初滑降

スティープ&ディープな焼岳東面2

厳冬期の焼岳東面は、溶岩流でできた深い掘り込みにパウダーが吹きだまり、すばらしいスティープ&ディープエリアと化す。

2010年に焼岳南尾根から下堀沢上部を横断する比較的安全なアプローチラインを開拓し、上堀沢を初滑降して以来、次の課題は中堀沢である。だが、なかなか滑らせてもらえない。

今年1月にトライしたときも雪の付きが悪く、エスケープラインの滑降に甘んじていた。パウダー期も終盤に差し掛かった3月初旬、ようやく滑降のチャンスが訪れた。

前日は大雪。雪の結合のよいことを祈って、再度中堀沢を狙う。宿泊した中の湯旅館の駐車場を6時半に出発。通い慣れた南尾根に取り付く。

下部はハードバーンの上にモナカ雪が乗る不安定な積雪状態であったが、標高を上げるにつれ次第にモナカ雪は解消され、正構造のパウダースノーコンディションとなる。

雪質をチェックしながら交代でラッセルを続ける。南尾根のコルから焼岳山頂への最後の急斜面を少し登った雪庇の切れ目から、いつものライン取りで下堀沢側へ試し滑降する。雪質はスラフもあまり出ず、グッドコンディションである。

下堀沢の上部ボトムから北峰側対岸の岩交じりの斜面をアイゼンで登り返し、北峰東端のピークから南東面に落ちる中堀沢のエントリーポイントへ。

見下ろす中堀沢はたっぷりの雪をまとった美しいスティープシュートに変貌していた。これは行けるぞ！　核心部はノールでわからないが、前回に比べて雪付きはよいだろう。はるか下方に見えるボトムまでの高度感がすばらしい。

直下のコルで最後の雪質チェックを済ませ、スタンバイOK。フォトグラファー松岡氏の合図に合わせ、幅広のルンゼへとドロップイン。

1ピッチ目は雪質チェックのため、優しいベンディングターンからダイナミックなターンへとつなぎ、左手の岩陰まで滑り込む。雪質は最高のドライパウダー。仲間も快適に滑降してくる。

2ピッチ目が核心部のボトルネックだ。飛び込むような感覚で連続ターンを決め、やや幅広のノドに吸い込まれる。斜度は最大47度。ここはスラフマネジメントが楽しめた。抜け出た左サイドでピッチを切る。

3ピッチ目はボトム台地までのオープンバーンのロングラン。パフパフの雪質の大スロープをミドルターンで板を踏み込み、一気に飛ばして、台地に滑り込んでフィニッシュ。メンバーも最高のライディングで続いてくる。

大休止後、快適な「掘り込み」のハーフパイプを梓川までパーティラン。梓川は飛び石伝いに徒渉して、釜トンネルへと戻った。

上堀沢を滑ったときと同様に、中堀沢も期待した以上のすばらしいルンゼ滑降を堪能することができた。

ルートグレード	
アプローチ	I
滑降	S4＋

日程	2013年3月3日
メンバー	三浦大介、須藤正雄、松岡祥子
タイム	中の湯温泉6:30 ～焼岳南尾根標高2350m地点10:30 ～ 下堀沢トラバース滑降～北峰～中堀沢ドロップポイント12:30 ～ 中堀沢滑降～梓川14:00 ～釜トンネル15:00

85 霞沢岳

Mt.Kasumizawa_2646m

西穂山荘付近から見
た霞沢岳北西面

八右衛門沢

K1

K2

霞沢岳

六百山

1

八右衛門沢上部を滑る亀岡岳志

1 下千丈沢

2007年2月に八右衛門沢滑降をめざし、会の狭間君とクライム&ライド形式で霞沢岳西尾根から山頂に達したが、西尾根核心部で手間取り、西尾根上部2510mから下千丈沢（中千丈沢右俣）を懸垂下降交じりで滑降した。八右衛門沢が白眉のラインなので、ここを目的に滑る人はいないだろうが、エスケープ滑降に使え、中間部はパウダーも楽しめる。ロープは核心部と懸垂下降用に50mを用意したほうが無難である。

ルートグレード	
アプローチ	II
滑降	S4+（RP）

八右衛門沢／冬期初滑降

不遇な山で今季ベストのドリームラン

霞沢岳は不遇な山であるが、西穂高岳の稜線から梓川の対岸に見える、K2ピークから北西方向に落ち込む大きな切れ込み「八右衛門沢」はスティープフリークには垂涎の的である。

すでに残雪期には同登滑降でトレースされているが、パウダーコンディションでの滑降記録はいまだない。厳冬期はどのラインを登るかが、思案のしどころなのである。

最初に実行に移したのが2007年の2月で、会の狭間君とクライム&ライド形式で霞沢岳西尾根を登り、山頂に達したが、核心部に手間取ったせいでタイムアウトとなり、下りは西尾根上部2510mから下千丈沢（中千丈沢右俣）を懸垂下降交じりで滑降するにとどまった。

そして08年の3月上旬。パウダー期最後のビッグチャンスに、再度トライすることにした。久しぶりにパートナーは亀岡岳志氏である。われわれの過去の経験をもとに、今回のアプローチはスキーとワカンを併用し、産屋沢から左岸尾根を登って頂をめざすことにした。

例のごとく、釜トンネル入り口を5時40分に出発、産屋沢を軽いラッセルでスキー登高する。すぐに右の支流に入り、左岸尾根に出てさらに登高を続ける。

傾斜が急になったところでワカンに履き替え、ラッセルを続ける。2254ピークを越えると、再びスキーを着けて登高。最後はやや急なオープンリッジを、再度ワカンアイゼン併用で登る。新雪と下地の接合がやや悪く、ピッケルを深く差して慎重に登ると、程なく平らな山頂に飛び出した。

時刻はすでに13時を過ぎているので、先を急ぐ。クラストした雪面にアイゼンを利かせ、トラバース気味に、エントリーポイントとなる一つ先に見えるK2ピークへと向かう。

ピークから俯瞰する八右衛門沢は雄大で、すばらしい景観の谷だ。日陰になりつつある谷底には、パウダーがたっぷりと吹きだまっている様子がうかがえる。

少しクライムダウンして、雪質を慎重に見極める。最上部は硬いが、すぐ下からはパウダーがたまっており、心配した雪の接合も悪くない。

14時すぎ、三浦トップでドロップイン。最上部のアイスバーンを慎重にクリアすると、すぐに極上のドライパウダーとなる。厳冬の穂高連峰目がけて広大な谷底へ、パウダーを巻き上げながら縦横無尽に滑降する。

時折、底付き感はあるが中間部からはそれもなくなり、50㎝ほどの真綿のようなドライパウダーが温存されていた。その抵抗感の少ない、スピード感あふれる独特な浮遊感を味わい尽くすように、亀岡氏とすばらしいパウダー滑降を堪能する。屈曲点で日の当たる側壁から小雪崩が出るが、問題はない。

そして最後のカーブを飛び出すと、出合までの広大な走路が一気に目前に開ける。ここぞとばかりに大回りでターンを描いて、フィニッシュを決める。標高差1100mの広大な谷底のドライパウダーの大滑降……今季のベスト、これぞドリームランだ！

ルートグレード	
アプローチ	Ⅱ
滑降	S4+

日程	2008年3月8日
メンバー	三浦大介、亀岡岳志
タイム	釜トンネル5:40～産屋沢～左岸尾根～P2254 10:30～ 霞沢岳13:00～K2 14:00～八右衛門沢滑降～林道～釜トンネンル17:00

86 常念岳

Mt.Jonen_2857m

下山路の烏川林道から見上げる夕暮れの常念岳東面

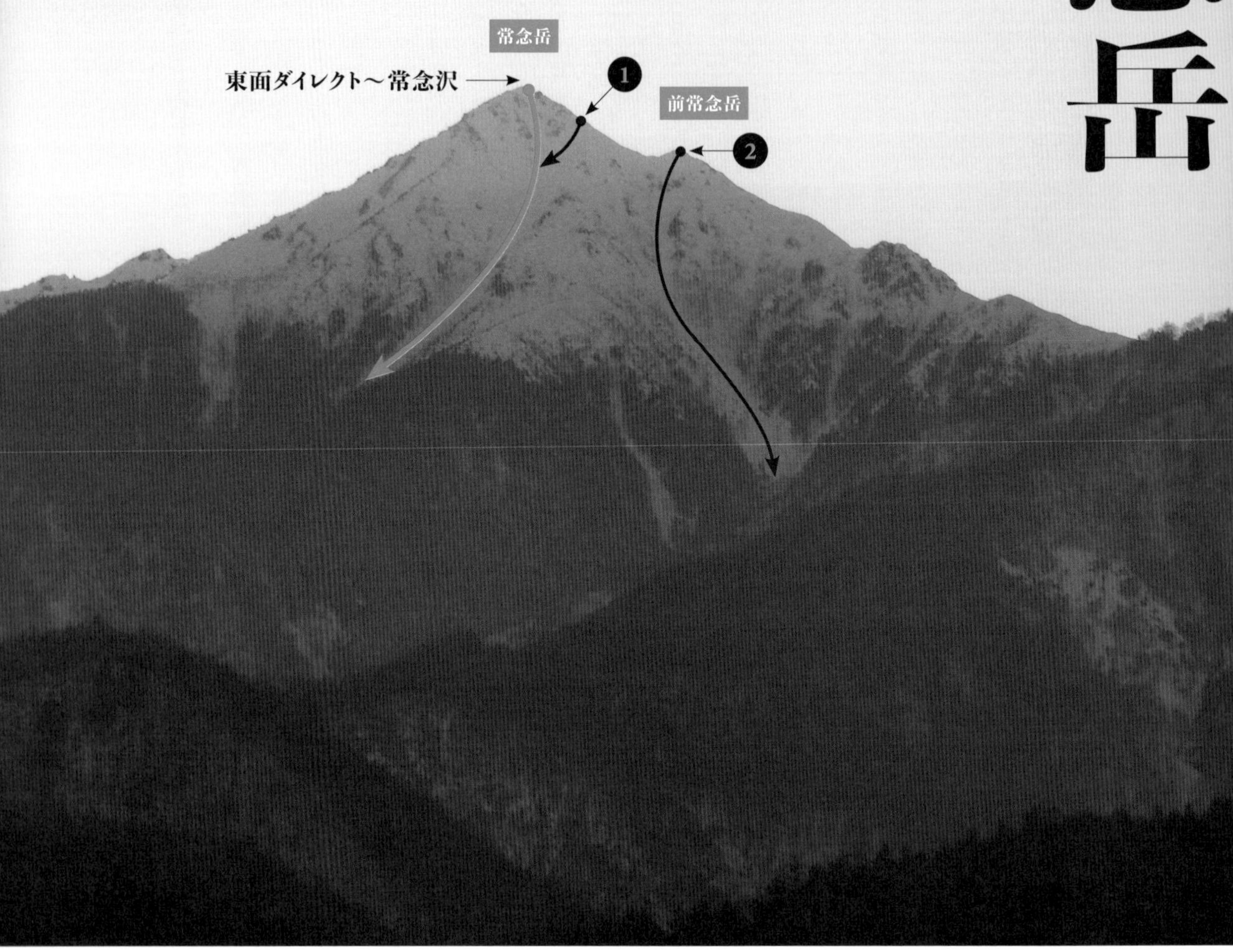

1 コル～常念沢

常念沢は厳冬期には雪が吹きだまり、巨大な雪のU字峡と化す。コルで雪質を確認したら、山頂を往復してから滑降する。傾斜は40度程度で、広大なオープンバーンはどこを滑ってもよいくらいである。雪質のよりよいところを狙いながら滑降を続ける。ほぼ一直線にコルから本沢出合まで高度差1200mの大滑降を堪能できる。下部は本沢に沿ってスキーを滑らせる。最後は右岸に上がり、登山道に出て橋を渡ると、その先が三股である。さらに烏川林道沿いに須砂渡ゲートまで下る。

ルートグレード	
アプローチ	Ⅱ
滑降	S4＋

2 前常念岳二ノ沢

前常念岳山頂付近から二ノ沢左俣を滑降する。上部はオープン斜面で下部は樹林帯となる。右俣と合流してから下部は左岸の側壁を大トラバースして滑降するが、ルートファインディングには気を使う。最後は林道に出て、そのまま滑降すると大平原で三股からの林道に合流する。エスケープルートとしても使えるが、登りと同じラインを滑降するほうが楽である。

ルートグレード	
アプローチ	Ⅰ
滑降	S4

東面ダイレクト〜常念沢／初滑降

安曇野のシンボルを厳冬期に初滑降

厳冬のエレガントな三角錐に魅せられ、常念岳の滑降ルートを開拓してきた。２００６年に仲間と常念沢を滑った際、山頂からダイレクトに落とすラインを見いだし、その後2度トライしたが二ノ沢を滑降するにとどまった。

そしてスキー伝来１００周年記念の今シーズン、2月最週末のラストチャンスに懸ける。ソロの速攻ワンデイを狙う。今までの経験の読みが当たれば山頂まで届くはずだ。

前夜、余裕をもって現地入りし、須砂渡（すさど）ゲートを3時半に出発。林道から前常念岳東尾根（仮称）は毎回アプローチで使っているが、大平原先から尾根に上がる急斜面の灌木が刈り払われ、登りやすくなった。尾根に上れば混合樹林の快適なスキー登高が待っている。寒気の影響で小雪が舞っているが、じきにやむだろう。

下部は堅雪で快調に飛ばせるが、標高１８００m付近からラッセルが始まる。三俣からの登山道の分岐を過ぎ、オープンスロープとなる２３００m付近からはシートラーゲン。前常念岳から先の稜線には雪煙が舞っている。

強風の前常念岳をアイゼンで越えると今回のターゲット、常念岳東面が荘厳な姿を現わす。山頂から常念沢のボトムまでの高度差は２００m足らずだが、滑り手を魅了する美しいフェイスだ。ここを滑るだけでも充分に価値があるだろう。

常念沢源頭で雪質を調べ、東面の滑降ラインを入念にインスペクションする。幸運なことに次第に風は収まってきた。

山頂13時着。出発からすでに9時間半が経過していた。スキー登頂はこれで3回目だが、いつ来てもここから見る厳冬の槍・穂高連峰は絶景だ。俯瞰する常念岳東面にはパウダーがたっぷりと付着し、すばらしい雪のスロープとなっている。雪質を最終チェックして、滑降を決める。

13時15分、槍・穂高の見送りを受け、念願の東面にドロップ。斜度は40度強でターンすると少しスラフが出るが問題なく、中回りでシュプールを描く。

インスペクションどおり、フェイスから真下に見えるノッチを経由して、スキーヤーズレフトの核心の大斜面へ向かう。ここは慎重にノッチ手前の小リッジ上にショートターンを刻みながら、再度雪質をチェックするが抜群の雪質である。

即座に左手の大斜面に突入する。雪面を舐めるようにミドルターンを繰り出し、一気にボトムまで滑り込む。東面ダイレクトは最大傾斜45度強、予想どおりドライなディープパウダーが吹きだまっており、最高のコンディションだった。

合流した常念沢は、06年と同様に雪がたっぷりたまった巨大なU字谷と化していた。こちらもよく走るプチパウダーを堪能しながら、真っさらなバーンを縦横無尽にノンストップで滑降する。下部にもデブリは一切なく、二俣まで高度差１３００mの大滑降を堪能する。

二俣からは本沢沿いに的確なルートファインディングでスキーを滑らせる。右岸から蝶ヶ岳登山道に出て、吊橋を渡れば三股だ。最後は林道にスキーを走らせるのみ。すでに夕暮れ間近、振り返れば、常念岳の気品ある姿がそこにあった。

ルートグレード	
アプローチ	Ⅱ
滑降	S5－

日程	2011年2月26日
メンバー	三浦大介（単独）
タイム	須砂渡ゲート3:30～前常念岳東尾根上6:50～登山道分岐9:30～前常念岳11:30～常念岳13:00～東面常念沢滑降～二俣14:00～三股15:00～須砂渡ゲート17:00

87 蝶ヶ岳

Mt.Cho_2677m

常念岳南東尾根からの蝶ヶ岳北東面

蝶ヶ岳

蝶沢ダイレクトシュート

蝶ヶ岳山頂にて

ガスに煙る蝶沢ダイレクトシュートを滑る堀米修平

蝶沢ダイレクトシュート／初滑降

言葉にならない激パウ滑降！

２００７年１月最後の週末、シーハイルの堀米氏とワンデイで厳冬の西穂高岳の滑降を計画するが、天候は寒気が入って、あまりよくない予報に変わった。

その転進先として、常念岳の南東尾根のアプローチから、本沢対岸に望める気になる存在の蝶ヶ岳シュート群のうち、山頂から北東方向にダイレクトに落ち込むシュートの厳冬期初滑降を狙うことにした。

早朝、安曇野の須砂渡ゲートで待ち合わせ、準備して6時に出発する。すぐにシールを付け、通い慣れた林道を三股へ向かう。本沢の吊橋を渡ると、積雪は一気に増加する。堀米氏と二人で気合のラッセル登高が始まる。登りのルートは登山道をたどり、まめうち平の１９１６ピークから左手の蝶沢の右岸尾根を忠実に登って、稜線に出る作戦である。

交代でガシガシとラッセルするが雪は深く、それほどペースは上がらない。トップアウトできるがギリギリの感じである。天気は曇りで小雪が舞い、ガスで視界も充分ではない。右岸尾根の上部は樹林が密なところがあったが、なんとかスキーを外すことなく、三股から5時間かかって稜線に出ることができた。

さらに、やや複雑な幅広地形の稜線を1ピッチで蝶ヶ岳の２６７７ｍ最高点にたどり着く。さっそく北東シュートを見に行くが、視界があまり利かないので、灌木のない小さな扇状斜面からコンパスを振りながら滑降を行なうことにする。

14時すぎ、シュートにドロップ。灌木の薄い斜面に滑り込むとすぐに膝まで潜る新雪である。傾斜に任せてターンを始動すると、そのままリズミカルなショートターンでフォールラインに落ちてゆく。フェイスショットを浴びるほどの、すばらしいディープドライパウダーで、すぐに奇声が上がる。

比較的短くピッチを切りながら、コンパスで方位を確認し、交代で滑ってゆく。しかし、ものすごいディープパウダーである。シュートはほぼ直線で、腰まで浸かりながらの豪快なパウダー滑降に酔いしれる。これはもう、滑りながら笑いが止まらない。シュート出口まで標高差７７７ｍの滑降は、とても言葉にできないほど感動モノの激パウダー滑降であった！

いったん傾斜が緩んだ広い斜面には、新雪に埋まりかけていたが以前に雪崩れたデブリ跡があった。ラインはさらに右方向に落ち込み、蝶沢下部の谷筋へ滑り込む。流れが出ていたので、適当なところから右の尾根に急斜面を少し登り返して、夏道沿いに再度滑降する。行きのトレースと合流すれば、吊橋を渡り、三股の林道へ。シールを付けずに少し登り、さらに林道を滑って、夕暮れ寸前にゲートに戻った。

昨年ほどではないが常念山脈の積雪はすでに１・５ｍで多い。アプローチが長いので蝶ヶ岳と常念岳は穴場的存在である。北アルプスの天気が芳しくないときでも、常念山脈は好天に恵まれることがあり、滑降可能性は高いと思う。

特に蝶ヶ岳はまだいくつもある、すばらしいシュート群が厳冬期に滑降されるのを待っている。また、来よう！

ルートグレード	
アプローチ	I
滑降	S4

日程	2007年1月28日
メンバー	三浦大介、堀米修平
タイム	須砂渡6:00～三股8:00～蝶沢右岸尾根～蝶ヶ岳山頂14:00～蝶沢ダイレクトシュート滑降～下部右岸尾根に少し登り返し～登山道～三股～須砂渡ゲート18:00

88 抜戸岳

Mt.Nukedo_2813m

槍ヶ岳飛騨沢上部から見た抜戸岳東面全景

笠ヶ岳
奥抜戸沢
抜戸岳
P2792
1

番外

穴毛谷ザイテンタールダイレクト

抜戸岳山頂から、登りの一般ルートである大滝の巻きラインを滑らずに、直接上部からザイテンタールを滑降するライン。杓子平から左寄りに滑降していくと、ザイテンタールにつながるラインを確認できる。この落ち込みが核心である。あとはザイテンタールを滑り、大滝上からの一般ルートと合流する。知る人ぞ知る好ライン。

ルートグレード

アプローチ	I
滑降	S4

1

秩父沢

厳冬期の悪天の間隙をうまく突いて、禁じ手のリスクを冒し、大マノ乗越から稜線をたどって秩父岩のコルに至る。ここにスキーをデポし、抜戸岳山頂をピストンしてから秩父沢を滑降する。厳冬期の秩父沢は大きなU字峡で意外に広く開け、すばらしいパウダー滑降を堪能できる。

ルートグレード

アプローチ	II（厳冬期）
滑降	S4

奥抜戸沢

抜戸岳東面滑降ルート

抜戸岳は、山頂から杓子平へのすばらしい大斜面を穴毛谷に向かって滑降する、いわゆる穴毛谷の一般ルートは何度か滑っているが、東面は自身未滑降であった。

東面には際立った魅力的なラインが2本ある。その一つの抜戸岳東尾根は、1980年代後半に飛騨山岳会のパーティが3月下旬に滑降している。もう一つの奥抜戸沢は、90年代後半にRSSAの原伸也氏がビッグフットで滑降しているが、長板の記録はまだ見たことがない。

2011年3月中旬にパウダーでの滑降を狙って、会のメンバーとワサビ平小屋から、通称「早川ルート」を登って、ワンデイ滑降を企てた。しかし、尾根上2250m地点から雪の不安定性が顕著となり、敗退の憂き目に遭った。

寡雪の15年シーズンも再トライのチャンスを逃し、まずは残雪期に滑降しておこうということで、今回実行に移した。

前日、単独で穴毛谷を登ってトライする。一般ルートをたどり、杓子平上部で右手の稜線に出て、東面を探りながら登るが、時間を食う。

結局、ドロップポイントに着いたのが14時。すでに気温上昇で雪は腐り、コンディションに不安を感じて、出戻りを決める。明日は須藤氏と合流するので早朝立ちでスタートし、雪の緩む前に滑降しよう。

翌日、須藤氏と栃尾の足湯で待ち合わせ、左俣林道ゲートを5時半発。昨日のトレースをたどってスムーズにドロップポイントへ向かい、10時半には到着する。

さっそくロープを使って、核心部が見える場所まで下降する。雪質はソフトザラメで、雪面はまだクラックはなくきれいである。例年だと頭上には雪庇が張り出しているが、今年はほとんどなく、滑降条件はよい。核心部も雪はつながっている様子で、ゴーサインを出す。

11時、急斜面にドロップする。最初のターンで湿雪スラフが少し出るが問題はない。ラインは急斜面からすぐにルンゼ状となり、ショートターンを刻んでゆくと、やや左に曲がり、47度の核心の落ち込みに出る。見下ろすラインの雪はきれいにつながっているが、ここはスラフを警戒してミドルターンでスピーディに滑り抜ける。その先を左に旋回し、須藤氏を呼ぶ。須藤氏もうまく制御しながら板を回し、滑ってくる。

右からの支流を合わせるとルンゼはワイドになり、雪面は滑りやすい最上級のソフトザラメバーンと化す。槍ヶ岳の穂先を正面に見ながら、五月晴れのなか、春の淡雪を蹴散らし、中回りターンで爽快に飛ばす。下部は少しデブリと散乱物があったが、滑降を妨げることはなく、快適な高度差1200mの春スキーを堪能した。

春の奥抜戸沢の滑降

ルートグレード	
アプローチ	I
滑降	S4+

日程	2015年5月2日
メンバー	三浦大介、須藤正雄
タイム	左俣林道ゲート5:30～穴毛谷大滝上8:00～ 奥抜戸沢ドロップポイント10:30-11:00～秩父沢出合12:00～林道ゲート14:00

89 笠ヶ岳

Mt.Kasa_2898m

西穂高岳稜線からの
笠ヶ岳

1 笠ヶ岳〜六ノ沢中間ルンゼ

笠ヶ岳山頂から快適な滑降で播隆平に滑り込み、高度を下げずに左斜面をトラバースして六ノ沢右岸尾根（第五尾根）2620m地点の小さなコルに出る。ここから六ノ沢へ滑り込む小さなルンゼが核心だが、40度前半で滑りやすい。六ノ沢を滑ってから穴毛大滝上を横断して、左手のザイテンタール中間部から穴毛本谷を滑降。山頂からのおすすめルート。

ルートグレード	
アプローチ	I
滑降	S4+

2 穴毛谷六ノ沢

抜戸岩付近の雪庇の切れ目からダイレクトに滑降する六ノ沢のライン。幅広でアルペン的雰囲気のなか、ルンゼ滑降の醍醐味を充分に味わえる好ルート。

ルートグレード	
アプローチ	I
滑降	S4+

3 穴毛谷七ノ沢

笠ヶ岳を愛し、厳冬期ワンデイ初滑降を成功させたテレマーカー・篠崎純一氏のメモリアルルート。六ノ沢と比較して、明るく開放的なラインで、稜線のP2753から急斜面に飛び込む。上部はザラメのオープンバーンで自在に滑降し、幅広のルンゼ状から核心部の屈曲部に入る。ここを抜けると杓子平からのラインと合流し、大滝上の踏み替え点まで滑って終了する。

ルートグレード	
アプローチ	I
滑降	S4

穴毛谷四ノ沢右俣

北アルプスの孤高・笠ヶ岳を滑る1

孤高のビッグマウンテン笠ヶ岳。そこには山頂からドロップ可能な、流れるように美しいスティープライン、穴毛谷四ノ沢右俣がある。2001年に『ROCK&SNOW』014号（山と溪谷社）で山岳滑降に関する座談会があった。そこに出席された伊藤尚哉氏が1994年にスノーボードで初滑降しているのだが、氏がそれを「作品」と表現した言葉が実に印象的であった。

2010年はゴールデンウィークを過ぎても低温が続き、残雪は豊富で、直前には標高2000m以上で降雪があった。私も、その作品をぜひ味わってみたくなった。

新穂高温泉を5時半に出発し、蒲田川左俣林道から橋を渡り、穴毛谷の堰堤へ。雪はすぐに現われ、ゴールデンウィークのころと遜色はない。

程なくシール登高開始。週半ばに降雪があった笠ヶ岳上部は白く雪化粧し、本谷も滑りやすそうである。出合から見る四ノ沢の雪の状態も悪くない。ザイテンタールの基部からはシートラーゲンする。ゴールデンウィークにあったデブリは姿を消していた。

穴毛大滝の上から左手の小尾根を乗っ越して本谷へ。杓子平を経て、ほぼ夏道のラインで雪庇の切れ目を稜線へ。上部は15cmほどの新雪が積もり、軽いラッセルとなった。時刻は11時。稜線の先には、白く光り輝く笠ヶ岳が大きくそびえる。

稜線上は新雪と堅雪が交互に現われる。山頂直下を左へ回り込み、四ノ沢へのエントリーポイントを確認する。源頭部の雪面はまだきれいである。

笠ヶ岳山頂12時30分着。笠ヶ岳山荘は屋根が顔を出す程度であった。小休止後、久しぶりにハーネスを装着したフル装備で滑降を開始する。

山頂からリッジ沿いに滑降し、右手に回り込んだ岩のある小コルから四ノ沢最上部へドロップ。上部は明るく広々とした急峻なすり鉢状だ。すでに雪は緩んでおり、強くエッジングすると堅雪の上に積もった重めの新雪のスラフが出る。スラフコントロールしながらターンを刻む。

扇状斜面から吸い込まれるように滑降し、ルンゼラインへ突入する。両サイドをがっちりと側壁にガードされたラインは実にクールだ。左右に屈曲するルンゼは長大で傾斜は部分的に50度に近い。

幅はスキー滑降するには充分ではあるが、スラフの通り道にもなるので側壁をうまく使う必要がある。核心部はジャンプターン、ペダルターンの連続でスキーの先を落とすが、長く続くので気合と体力が必要だ。

スラフで硬い旧雪面が露出した50mほどはクライムダウンを強いられる。気温が上がると落氷や落石もある、ややデンジャラスなラインだ。逃げ場のないルンゼ内で久々に鼓動の高鳴りを覚える。

さしもの険悪なルンゼも左俣と合流してからは快適な滑走となり、穴毛本谷を経て堰堤直前までスキーを走らせる。

四ノ沢右俣は厳しくも美しい、そして危険な香りのするルートであった。久しぶりにスキーアルピニストとしてのスキー滑降ができた気がした。

ルートグレード	
アプローチ	I
滑降	S5、R1

日程	2010年5月15日
メンバー	三浦大介（単独）
タイム	新穂高温泉5:30～穴毛谷～ザイテンタール～杓子平～稜線11:00～笠ヶ岳12:30-13:00～四ノ沢右俣滑降～穴毛谷出合14:00～新穂高温泉15:00

89-2

笠ケ岳

Mt.Kasa_2898m

穴毛大滝上から見た四ノ沢第一岩稜と左俣A、Bルンゼ

穴毛谷四ノ沢左俣Ａルンゼ

北アルプスの孤高・笠ヶ岳を滑る2

　笠ヶ岳の東面、穴毛谷の核心部に懸案の四ノ沢はある。２０１０年5月に右俣の滑降に成功し、次の目標としたのが左俣であった。杓子平に登る途中、対岸に見える印象的な2本のスリットがそれで、左からＡルンゼとＢルンゼである。頭上には常に大雪庇が覆いかぶさり、ドロップの困難さや滑降のリスク度は高い。

　Ａルンゼは穴毛谷開拓に心血を注いだ飛騨山岳会により、１９８０年代後半に滑られたが、Ｂルンゼは未滑降で、16年シーズンの滑降リストに連ねることにした。

　前日に下から偵察を行なう。四ノ沢左俣のルンゼ入り口まで登り、空身で偵察に向かう。Ｂルンゼはかなり狭く、最上部が急で懸垂下降ドロップになるだろう。一方、Ａルンゼの雪庇だが、寡雪の今年は予想どおり小さく、少し削れば右からドロップできそうである。

　滑降ラインにはまだ雪崩溝はなく、比較的スペースもあるのでスラフ処理にも対応できそうだ。第三尾根側壁から氷が頻繁に落ちてくる、この狭いルンゼを登るのはややリスキーなので、明日は本峰経由で稜線から滑降することを決める。

　翌日、夜明け前に左俣林道ゲートを出発。例年より露出度のある穴毛大滝を巻いて上部エリアに進入する。対岸にＡルンゼのスリットが見える。途中にはクラックもなく、コンディションはよさそうだ。杓子平から雪庇の弱点を登って稜線に飛び出す。さらにクラストした稜線を忠実にたどり、正午きっかりに高曇りの笠ヶ岳山頂に到達する。

　稜線を南下し、笠谷上部の面ツルバーンを快適に滑降し、左トラバースでそのままＡルンゼのコルへ向かう。時間も押しており、Ａルンゼをターゲットに決める。ロープの猿回しでドロップポイントを探り、覗き込む。出だしの２ｍ程度が垂直だが滑降ＯＫだ。

　13時半、ドロップイン。最初の飛び込みに勇気がいるが、着地の雪は軟らかかった。スラフを流しながら足場を確認してターン。左手の安全地帯まで滑り込んで、次の須藤氏を見守る。須藤氏も雪庇を問題なくクリア。ターンでスラフが出るので、セーフポイントで区切りながら一人ずつ滑降を行なう。

　スリットに吸い込まれるような急斜面をベンディングターンで滑る。核心部のノドは雪崩でえぐられた堅雪で、ノール状になっており、斜度は50度を超える。ここはペダルステップターンでクリア。

　ノドを過ぎると右手が開けるが、岩壁に挟まれた典型的なアルパインルンゼの滑降は長く続く。ダブルストックターンを繰り出し、最後のゲートを通過すれば滑降は終了する。あとは昨日と同様のラインで、穴毛本谷合流点まで一気に滑降した。

　Ａルンゼのスリットの高度差は３５０ｍ、傾斜は最大50度。大きな雪庇を背負っての滑降はリアル・エクストリーム。前日の偵察が功を奏し、笠谷からの継続滑降となった。ＲＳＳＡの原伸也氏によるショートスキーでの滑降以来、二十数年ぶりの3rd ski descentになろうか。

ルートグレード	
アプローチ	Ⅱ
滑降	S5、R1

日程	2016年4月10日
メンバー	三浦大介、須藤正雄
タイム	左俣林道ゲート5:00～稜線11:00～笠ヶ岳12:00～Ａルンゼ13:30～滑降終了14:00～林道ゲート15:30

Gear column
／
5
／
Wear

ウェアも確実に進化している。やはり軽量化と快適さ、暖かさ、動きやすさなどの方向性で考えるのが、レイヤードの基本である。

厳冬期であればアウター内の汗の蒸れはそれほど気にならない。肌に直接着けるインナーは速乾性のある高性能な素材がよいだろう。

自身の最近のウェアリングだが、アウターはパタゴニア・パウスレイヤージャケット、インサレーションはパタゴニアのナノパフジャケットかナノエア、下層はR1のインナー（フード付き）、アンダーウェアの4層構造である。

ボトムは、アウターパンツにパタゴニア・ストームストライドパンツ、マムートのパンツ、アンダータイツの3層構造が基本。また、首が弱点なのでシルクのスカーフを愛用している。

アウター

スカーフ

インサレーション

パンツ

乗鞍岳周辺　御嶽山

乗鞍岳周辺

御嶽山

90 大崩山

Mt.Okuzure_2523m

金山岩付近からの大崩山北東面

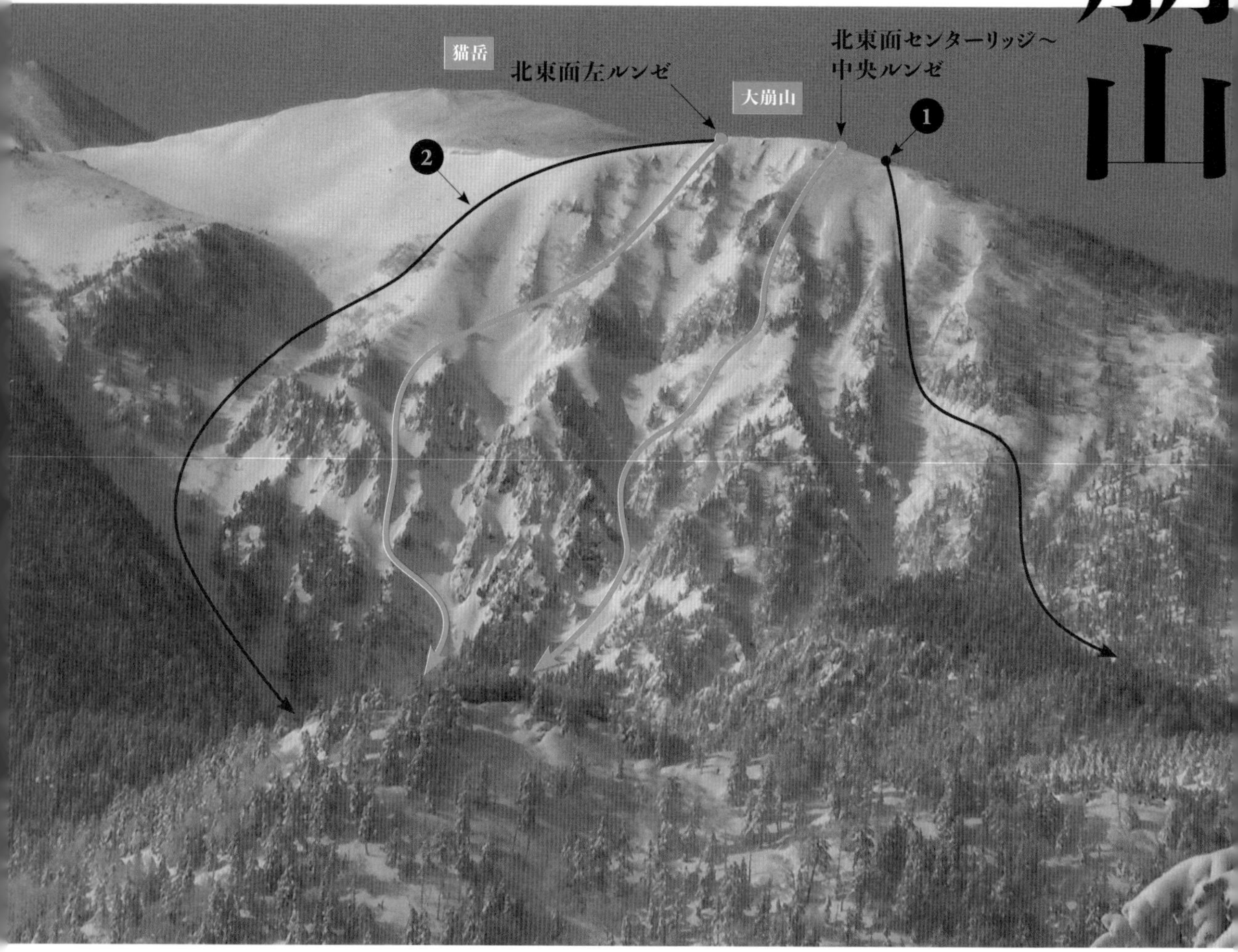

猫岳

北東面左ルンゼ

大崩山

北東面センターリッジ～中央ルンゼ

大崩山北東面左ルンゼの滑降

❶ 北東面右ルンゼ～北東尾根

北東面に向かって、センターリッジの右側に3本ルンゼが落ちている。そのいちばん右のラインが比較的広く滑りやすい。核心部の落ち込みは50度近くあるが、短いのでうまくクリアできる。そのままルンゼを滑ると懸垂下降になるので、スキーヤーズレフトの北東尾根側を滑り、アプローチラインに合流して平湯キャンプ場へ戻る。

ルートグレード	
アプローチ	I
滑降	S4＋

❷ 大滝川右俣本谷

山頂の南端からの斜面を東方向に落とし、大滝川右俣本谷へ滑る。灌木のある大斜面からラインは左に曲がり、切れ込みの深い右俣へ滑り込む。そのまま谷を滑降し、左俣と合流する手前で左手の傾斜の緩い斜面から尾根に上がり、小沢を滑って平湯キャンプ場へ。北東面の偵察滑降に適する快適なルート。

ルートグレード	
アプローチ	I
滑降	S4－

北東面左ルンゼ／初滑降

人気の平湯エリアで上級ラインを新規開拓

２００８年は厳冬期らしい寒さのシーズンとなった。年末年始のニセコ・羊蹄山に始まり、「戸隠パウダーキャンプ」や妙高エリアなどで、新調したK２のアパッチとディナフィットのＦＲ10のファットスキーを存分に使用し、パウダーを滑りまくった。

しかし、本業の未知へのシュプールはいまだに果たせずじまい。このまま春スキーに突入かと思われた3月初旬、ようやく懸案の大崩山北東ルンゼの滑降で久々に興奮し、ストレスを発散させることができた。

近年人気の平湯エリアの大崩山北東面には、見栄えのする数本のルンゼがある。標高差は６００ｍほどあり、雪をまとった針葉樹が斑模様に張り付く壁の中間部から下部は不明である。

2月半ばに単独でトライしたが、山頂で滑降準備する間に北東面はガスに包まれてしまい、アプローチの北東尾根最上部からダイレクトに沢状のラインを落とした。今回は2回目のトライとなる。

前夜、平湯入り。翌早朝、平湯キャンプ場から登りの定番となった北東尾根に、黙々とラッセルを続ける。稜線に上がる手前の沢状斜面では慎重にジグを切り、12時すぎに大崩山山頂に到着する。

滑降予定の左ルンゼのドロップポイントでブッシュを掘り出し、懸垂下降の要領で下降しながら雪質をチェックする。雪質はいわゆる平湯のドライな「羽根パウ」で、申し分のないコンディションだ。

13時すぎ、無風快晴の山頂の大岩からスキーヤーズライトの幅広ルンゼへとドロップ。ファーストターンでやや荷重をかけてスロープカット。ディープなドライパウダーは安定している。

よし、行ける！　そう思った次の瞬間、一気にフォールラインへと飛び込んだ。スラフが多少出るが、雪質は最高で、ファットスキーによる滑らかな浮上感覚がすこぶる快適だ。フォールラインをそのまま真っすぐに滑ると氷瀑に出るので、右手の小ノッチまで滑り、ひと息つく。

ノッチからは左ルンゼ右岸に平行に落ちる、急峻でテクニカルな小ルンゼへと滑り込む。ルンゼ内を右に左に適切なライン取りで滑降し、再び左側の本谷氷壁下部へと滑り込む。見上げる本谷ラインは青氷が見え隠れしていた。

ここからは広がりを見せる左ルンゼ下部を歓声を上げながら滑り、Ｕ字の大滝川右俣のボトムに飛び出せば滑降成功だ！　ようやくシーズン1本目の初モノ獲得に胸は高鳴る。その後、大滝川を快適クルージングし、左の尾根を乗っ越して平湯キャンプ場へと戻った。

大崩山北東面左ルンゼルートの最大傾斜は45度強。中間部のライン取りの妙。ここはなかなかにテクニカル。真っすぐにただ滑ればよい、というものではなかったのがうれしい。

オンサイト滑降の難しさを、五感フル稼働＋アドレナリンの冷静かつ興奮の滑降でクリアした。人気の平湯エリアで、上級の新ラインを開拓できたことに大満足であった。

ルートグレード	
アプローチ	I
滑降	S4＋

日程	2008年3月2日
メンバー	三浦大介（単独）
タイム	平湯キャンプ場7:15～大崩山北東尾根（P1906経由）～大崩山13:00～北東面左ルンゼ～大滝川右俣14:30～平湯キャンプ場15:10

北東面センターリッジ〜中央ルンゼ／初滑降

スティープ・ゴルジュの回廊を満喫

　北アルプス南部の乗鞍岳へと続く主稜線面の外れに位置する大崩山には、名前の謂れとなった大滝川へ落ち込む標高差600ｍの崩壊地がある。ハイシーズンの雪に覆われたその北東面は迫力があり、複雑なルンゼを分ける雪襞と斑模様の針葉樹林のコントラストが、独特の雰囲気を醸し出している。

　2008年に初滑降した左ルンゼ以降（P270）、本谷、右ルンゼとシュプールを刻んできたが、東面の白眉であるセンターリッジからの中央ルンゼのラインはコンディションが厳しく、すでに3度の敗退を重ねていた。

　今シーズンは本格的な積雪が早く、1月には三岩岳黒檜沢（P27）や谷川連峰の爼嵓鷹ノ巣A沢（P64）などの課題を幸先よく滑り、気分をよくしていたわれわれは、あきらめかけていた本課題を再度狙ってみることにした。

　いつものように平湯キャンプ場から大崩山北東尾根を登る。登りながら雪質を探れ、東面を望める絶好のアプローチだ。

　今回めざす滑降ラインは、最初は中央ルンゼを滑らずに、センターリッジのスキーヤーズレフトからオープンスロープへドロップ。右手のノッチからリッジを越え、第一核心部の小ジャンクションから落ちる幅広の滑り台状急斜面を滑って、中間部から中央ルンゼに合流。さらにゴルジュ内クランクセクションを経て、大滝川ボトムへと滑り込む。センターリッジと中央ルンゼをロジカルにつないだ、美しい滑降ラインである。

　登りの途中から双眼鏡で覗くと、最初のポイントであるノッチ付近の雪付きはよい。これなら、今度こそやれるかな……。

　北東尾根最後の斜面を登り、11時すぎにはドロップポイントに到着する。北東斜面の雪はディープパウダーで積雪構造も悪くない。

　正午すぎ、メンバーに見守られながら念願のドロップイン。滑らかなベンディングターンで雪質を探りながら丁寧に滑降する。さすがに平湯の上質な羽根パウである。ターンごとに軽やかなスプレーが舞い上がる。

　オープンバーンから、右手リッジ上の灌木が生えるノッチに向かってスキーを滑らせる。ノッチから反対側を覗き込むと最初の核心部、滑り台状急斜面が見えるが、雪はうまくつながっているようだ。仲間にOKサインを送る。

　安定したノッチから、ギルランデ気味にジャンクション右手の小リッジまで進む。左手に見える急斜面の滑り台は真っさらなバーンである。3ピッチ目はこのスティープセクションを滑降する。最上部は堅雪であるが、すぐにドライパウダーに変わる。スラフ処理を味わいながら快適にターンを決める。仲間もスラフをかわしながら、うまくターンしてくる。

　4ピッチ目は快適なスロープの滑降から徐々に落ち込み、中央ルンゼに合流する。そして、次はいよいよ中央ルンゼ下部、第二の核心部であるクランクセクションへとスキーの先を落とし込む。深く掘り込まれたすばらしいスティープ・ゴルジュの回廊とバフバフのパウダー滑降を満喫する。

　クランクでラインは右に直角に折れ、さらにゴルジュを左へ飛び出すと、開放感あるトレインが視界いっぱいに広がった！　歓喜の雄叫びを上げ、待望の大滝川まで滑り込む。仲間も次々とゴルジュの回廊から飛び出してくる。

　ついにこの難題を落とせたことに感無量である。それにしても、こんな場所に、これほどまでのすばらしいラインが眠っていたとは……実にうれしい驚きであった。

中央ルンゼゴルジュの
回廊、核心のクランク
セクションに突っ込む

日程	2017年2月4日
メンバー	三浦大介、須藤正雄、松岡祥子
タイム	平湯キャンプ場6:30 ～北東尾根～ 山頂11:00 ～ドロップ12:00 ～ 大滝川出合12:45 ～キャンプ場14:00

ルートグレード	
アプローチ	I
滑降	S5、最大48度、R1

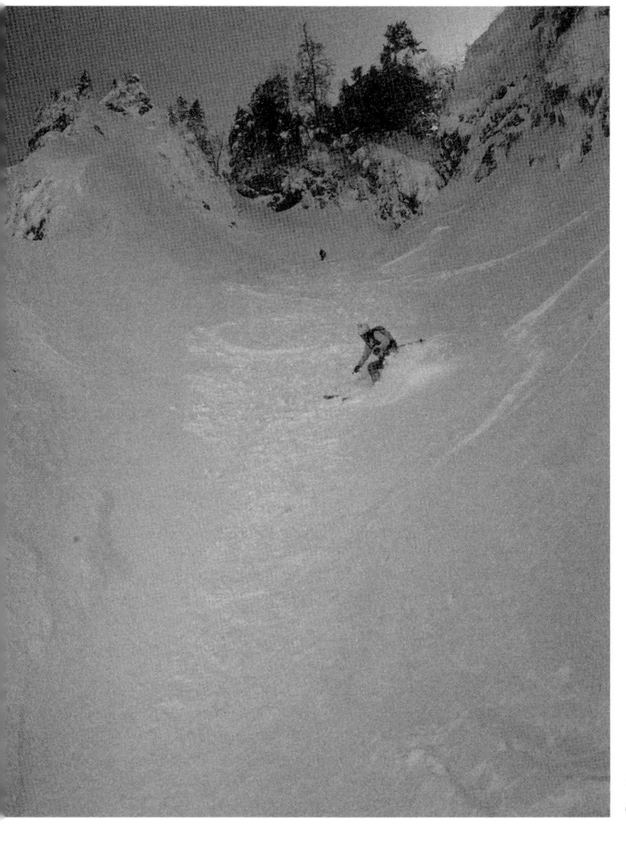

ゴルジュの回廊上部
の滑降

91 金山岩

Kinzan-iwa_2532m

焼岳南尾根からの十石山と金山岩北面

1 十石山

北面ルンゼ～安房谷源頭 金山岩

金山岩北面ルンゼ下部の滑降

後日談

この滑降のよい印象が忘れられず、仲間を連れて再訪した。そのときも同じようにすばらしい滑降を堪能できた。貧乏山屋にとって天国であった、平湯のお気に入りの宿「穂高荘倶楽部」は残念ながら閉館してしまったが、いずれまた滑りに行きたいと思っている。

1 十石山北西ルンゼ～安房谷源頭

金山岩北面ルンゼと同じ並びに十石山の北西壁があるが、傾斜も急で雪付きは悪く、滑降を許さない。その向かって左端から滑り込んで、北西ルンゼを滑るラインはオープンバーンで気持ちがいい。特に厳冬期はすばらしいパウダー滑降が満喫できよう。アプローチにはワサビ谷台地から延びている北西尾根がスキー向きである。

ルートグレード	
アプローチ	I
滑降	S4−

北面ルンゼ～安房谷源頭／厳冬期初滑降

ルンゼ内の雪質はパーフェクト！

金山岩は上部まで樹林に覆われているので地味ではあるが、標高は2532mあり、山の形状も悪くはない。しかるに「金山岩」とは妙な名前であるが、「きんざんいわ」と呼ぶことは最近知った。近くに鉱山があったことと、山頂直下の大岩がその謂れらしい。

この金山岩を焼岳（やけ）の南尾根から眺めると、北面に際立った漏斗状のルンゼが落ちている。ここは以前から目をつけており、平湯温泉スキー場からのアプローチで何度か出向いてみた。

このエリアへ来るのは冬型で北部が悪天のときが多いが、あまりに冬型が厳しいと、ここでもガスと強風で視界が利かなくなる。そんなときは平湯尾根の出戻りや、あまり快適ではないV字のワサビ谷などの滑降に甘んじていた。

そして、2010年シーズンはこのエリアの積雪が早かった。年明け1月の3連休が弱い冬型のチャンスとなり、懲りずにまた狙ってみることにした。

連休の中日に自宅から車を飛ばし、9時に平湯温泉スキー場のリフトトップから平湯尾根へ歩きだす。

すでにスキーのトレースが付いている。途中で追いつきラッセルを代わるが、その主は「戸隠パウダーキャンプ」に誘ったこともある、山岳会「山登魂」の鮎島パーティであった。

この尾根は小さなアップダウンと上部の灌木帯がやや煩わしく、登りやすいルートとは言い難いが、雪崩の危険性はなく、シールで上までなんとかこなせるのが取り柄である。

3ピッチで金山岩の大岩テラスまで進む。この日も寒気は厳しかったが、風とガスは比較的マシで視界もそれほど悪くはない。シートラ&アイゼンで最後の斜面を登り、荷を置いて反対の北面ルンゼをチェックする。

このところの断続的な降雪で、斜面には新雪が最上部までばっちり張り付いている。そして、その下には真っさらのすばらしいルンゼラインが落ちているのが確認できる。少しクライムダウンし、雪を調べるが、問題はなさそうである。滑降を決める。

14時ちょうど、北面ルンゼにドロップ。ベンディングの優しいターンで始動するが、スラフも出ずに、板から伝わる感触は「羽根パウ」である。

深回りの連続ターンで上部斜面を落とし、核心の幅広ルンゼへと吸い込まれる。そのルンゼ内の雪質はパーフェクト！正面に構える白銀の穂高連峰に向かって、思いきりスプレーを上げながらのパウダー滑降となる。

K2アパッチチーフの走る板で滑らかに、スムーズに板を落とし込んでゆく。ラインは緩いカーブを描きながら右に曲がり、そのまま出口を滑り抜ける。

ここまで高度差550mのルンゼを一気に駆け抜けた。北面ルンゼは、期待どおりのパウダーがたっぷりと吹きだまったすばらしいラインであった。

あとは開けたワサビ谷の台地を快適に滑降し、林道へ出て、さらに平湯温泉街まで板を滑らせた。

ルートグレード	
アプローチ	I
滑降	S4

日程	2010年1月10日
メンバー	三浦大介（単独）
タイム	平湯温泉スキー場トップ9:00～金山岩13:30-14:00～北面ルンゼ滑降～15:30平湯温泉街

92 里見岳

Mt.Satomi_2824m

登り返しの恵比須岳
北西尾根から見る里
見岳北壁

里見岳
北壁2ルンゼ
北壁3ルンゼ
氷瀑を懸垂下降

→
北壁3ルンゼ中間部
の滑降

←
恵比須岳北西尾根か
ら見る里見岳2ルンゼ
の斜面

北壁3ルンゼ／初滑降

乗鞍エリアのスティープ初滑降

乗鞍岳・里見岳北壁。ここは乗鞍エリアにおけるスティープ滑降ラインの候補として、以前から目をつけていたが、調べた範囲では情報は入手できず、事実上の空白地帯といえる存在であった。

まずはその積雪期の状態を把握するため、2011年の1月に、会の小玉健彦君と北壁に出向いた。そのときは高度差の少ない1ルンゼ（仮称）の滑降を試みたが、冷たい北西風が谷底から吹き上がる地形のため、新雪が飛ばされてアイスバーンが露出しており、最上部の滑降のみにとどまった。

その際、恵比須岳とのコルからルンゼを下降して北面を詳細に偵察した。その結果、里見岳の北西側は、山頂から高度差600mで落ち込む旧爆裂火口壁で、やや複雑な地形をもつ4つのルンゼから構成されていることがわかった。

そして、1ルンゼ以外は下部までのラインを見通せないこと。また厳しい立地条件から、滑降に適したコンディションをつかむのが難しい場所だと理解された。

そして、2年越しの再トライの本日。直近の寒気を伴う小さな南岸低気圧の通過と、その後の弱い冬型で、ルンゼ内には新雪が程よく吹きだまっていると期待しながら、里見岳へ向かう。

スキー場の始発のリフトを乗り継ぎ、ゲレンデトップに出る。リフト係員に聞けば、スキー場の積雪は平年よりかなり多いとのことで、さらに期待がふくらむ。

乗鞍岳山頂に向かうツアーコースを9時に出発。位ヶ原の手前で最初の雪質をチェック。下層と新雪との密着はよい感じだ。

肩ノ小屋のコルはいつもどおりの強風で飛ばされそうになるが、頭から突っ込んで強引にこれを突破。五ノ池に下るにつれ、次第に風は弱まる。五ノ池からは緩やかな南面を登り、正午に里見岳山頂に到着する。

さっそく荷物を置いて、アイゼンとピッケルで滑降ラインの偵察に向かう。当初、滑降を予定していた2ルンゼは、直線的にボトムまで落ちる見栄えのよいラインだが、強風が吹き上がっており、最上部はシュカブラと堅雪のハードコンディションであった。

さらに稜線を下降してゆくと、3ルンゼが見えてくる。ここは2ルンゼに比べ、雪が吹きだまっている様子がうかがえる。下部の4ルンゼも偵察するが、漏斗状に狭まる核心部の状態はわからない。思案の末、滑降可能性の高い3ルンゼを選択する。

13時、ハーネスを装着。ピッケルをザックと背中の間に差し込む「アルペン差し」にしたフル装備で、滑降を開始する。ハードバーンの稜線沿いに西面を50mほど滑降すると、里見岳の西肩のドロップポイントへ至る。

一眼レフを構える松岡氏に見守られながら、3ルンゼへの滑降をスタートさせる。出だしの斜面は、このエリアとしては極上のパウダースノーで、思わず奇声が上がる。傾斜の増した、新雪とシュカブラのミックスした上部斜面に軽快なターンを刻む。

程なくワイドな3ルンゼのフォールラ

ルートグレード	
アプローチ	I
滑降	S5－（RP）

日程	2013年3月6日
メンバー	三浦大介、松岡祥子
タイム	Mt.乗鞍スノーリゾートゲレンデトップ9:00～里見岳12:00-13:00～3ルンゼ滑降～ボトム15:00～恵比須岳北西尾根～北コル17:00～位ヶ原～スキー場ゲレンデ19:00

インへと合流。ハードバーンに張り付いた新雪をつないでスムーズなライディングを続ける。グリップのある新雪に強くエッジングすると美しいスプレーが舞い上がる。

その先でルートはやや狭まる。45度のノドの急斜面は深い新雪が張り付き、絶好のコンディションだ。リズミカルなショートターンで新雪を蹴散らしながら滑降し、岬状の小尾根に乗る。

崖の雰囲気が漂う左ラインはパスし、ノッチから右ラインをチョイス。核心の50度の急斜面をジャンプターンでダイナミックに落とし、右手から合流するルンゼからのオープンバーンへ躍り出る。

ここで、今までフォローしていた松岡氏が先行する。斜面には新雪が吹きだまり、最高の条件だ。きれいなミドルターンで、気持ちよさそうに滑り落ちてゆくのを見届けて、あとを追う。

終了点となるボトムが右下に見えてきた。右へカーブして、さらに快適に滑降を続けると突然、目の前に空間が広がった。氷瀑だ！　即座に急制動をかけてストップ。高さはそれほどないが氷の状態がわからないので、まずは慎重に階段登高で安定した地点まで戻り、アイゼンに履き替える。

再度ピッケルとウィペットポールでクライムダウンする。見下ろす氷瀑は10mほどの高さではあったが、シングルのアイスアックスのクライムダウンではおぼつかない。V字スレッドでアンカーを作ろうにも、落ち口にはよい氷がない。

仕方なく比較的堅雪の部分にスノーボラードを作り、バックアップにスノーバーを一本埋める。スキーを背負っての懸垂下降は2月の那須連峰の朝日岳（P30）以来、今季2度目だ。やはり、すんなりといかないのが「初モノ」というものだろう。

滝下で再度スキーに履き替え、ボトムまで一気に滑り込み標高2200m地点で滑降終了とする。松岡氏とがっちり握手。成功の余韻に浸りたいところだが、まだこれで行程の半分。ここから登り返して、スキー場まで下山しなくてはならない。

予定の登高ライン、恵比須岳北西尾根に向かって樹林帯のラッセルを開始する。小沢を二つ横切り、目的の尾根にうまく達する。森林限界を越えて雪面が硬くなってきたところで、アイゼンに履き替える。

上部は次第に風が強まり、恵比須岳北側を回り込むところで猛烈な爆風をくらった。亀ヶ池まで下降し、さらに鶴ヶ池から富士見岳のコルを位ヶ原山荘方向に乗っ越すところで、再び爆風の手荒い祝福を浴びる。

少し下ると風も収まり、ようやくひと息つく。ここで再度スキーを履き、位ヶ原林道経由で乗鞍岳ツアールートに合流すれば安全地帯である。

最後はヘッデン滑降となったが、19時すぎにはスキー場へ下山。所要10時間強のラウンドトリップであった。

厳冬期の乗鞍岳北面でも、好条件を押さえればパウダー滑降が可能である。今回の山行は、冬の乗鞍岳の従来のイメージを覆す上でも意味のあるものであった。

3ルンゼの氷瀑手前の
快適バーンの滑降

92-2 里見岳

Mt.Satomi_2824m

恵比須岳北西尾根から見る里見岳2ルンゼの扇状大斜面

里見岳

北壁2ルンゼ

日程	2018年3月23日
メンバー	三浦大介、伊藤裕規
タイム	Mt.乗鞍スノーリゾートゲレンデトップ 9:00 ～
	里見岳山頂 11:30-12:00 ～
	2ルンゼドロップ～ 2200m 地点 13:20 ～
	恵比須岳北のコル 15:20 ～スキー場ゲレンデ 16:00

ルートグレード	
アプローチ	I
滑降	S5－

北壁2ルンゼの核心部を越えて

北壁2ルンゼ／初滑降

スキーは楽しい！

2013年3月初めの3ルンゼ初滑降以来（P276）、次のターゲットとして山頂から北面に直接落ち込む2ルンゼに狙いを定め、幾度となくトライを重ねてきたが、雪面はハードな状態が常で条件は厳しく、なかなかスキーナブルなコンディションにはならない。

今回のパートナーはRSSAの若手のホープ、伊藤裕規君。スティープ滑降に憧れ、同人の門をたたいてきた。

先シーズンは初顔合わせで、懸案の不帰（かえらず）Ⅲ峰Cリッジライン（P184）のタイト&スティープなドロップシークエンスを楽しんだ。次はこの2ルンゼで、彼に「初滑降」を経験させてあげようと誘ったのだった。

南岸低気圧の降雪直後のトライは、3ルンゼ初滑降時を彷彿とさせる。さあ、吉と出るか凶と出るか……。

スキー場リフトの始発でゲレンデトップまで上がり、通い慣れたツアーコースを肩ノ小屋まで登る。冬季は強風で知られる乗鞍岳であるが、この登りで新雪の吹きだまりが多ければ、北面にもチャンスは出てくる。本日はそれを予感させるコンディションである。

肩ノ小屋から五ノ池へと下り、山頂まで登る。時刻は11時半。さっそく稜線沿いに2ルンゼへのドロップポイントを探る。山頂直下から斜面に入れそうだ。

2ルンゼ上部は広大なすり鉢状急斜面で、核心部のボトルネックから下は落ち込んで確認できない。急斜面にロープを使って下降し、雪質をチェックする。期待どおり、南岸低気圧の新雪が堅雪の上に程よい厚みで張り付いている。旧雪との接合もよく、前回の3ルンゼ滑降時に類似している。

12時半に稜線からドロップイン。まずは斜面中央に向かって右にギルランデ気味に雪質とスキーのエッジング、スラフチェックを行なう。

ガラスの粉をばら撒いたような雪は、少しスラフが出るがグリップ感があり、コンディションは上々だ。伊藤君もビッグスプレーを上げながら、ワンターン、ワンターンと確実に決めて滑降してくる。

上部はワイドなオープンバーンなので、スラフ処理に問題はない。ルンゼ左側の雪質は最高で、ハイシーズンに匹敵しよう。パウダーを撒き散らしながらミドルターンで快適な滑降を行なう。

徐々に傾斜が急になる核心部のボトルネック手前でピッチを切る。ネックの幅は充分にあるが、斜度は45度を超え、下部は見えない。ショートターンを決めながらボトルネックに吸い込まれると、すぐに前方の視界が開ける。

この先、ストレートラインはさらに落ち込んでいるが、都合よく右手にノッチがあり、踏み替えられそうだ。ノッチに出ると右斜面は大きく開けている。これはもらった！　上で待機する伊藤君にコールする。彼も軽快なショートターンで、ボトルネックをクリアする。

ノッチから右斜面に入り、タイトセクションを慎重にクリアすれば、あとは広々としたオープンバーンとなる。滑降しながら、思わず笑いが込み上げてくる。

最後はパーティランで、前回と同様の2200m地点まで滑り込んで終了。その後、恵比須岳北西尾根を登り返し、ゲレンデに戻った。

滑降成功直後に伊藤君の放った「スキーは楽しい！」の言葉に象徴されるような、ナイスなラインが、最高の条件でわれわれを待っていてくれた。日本にはまだ静かでよいラインが残っていますね。

93 乗鞍岳

Mt.Norikura_3026m

位ヶ原からの乗鞍岳剣ヶ峰東面

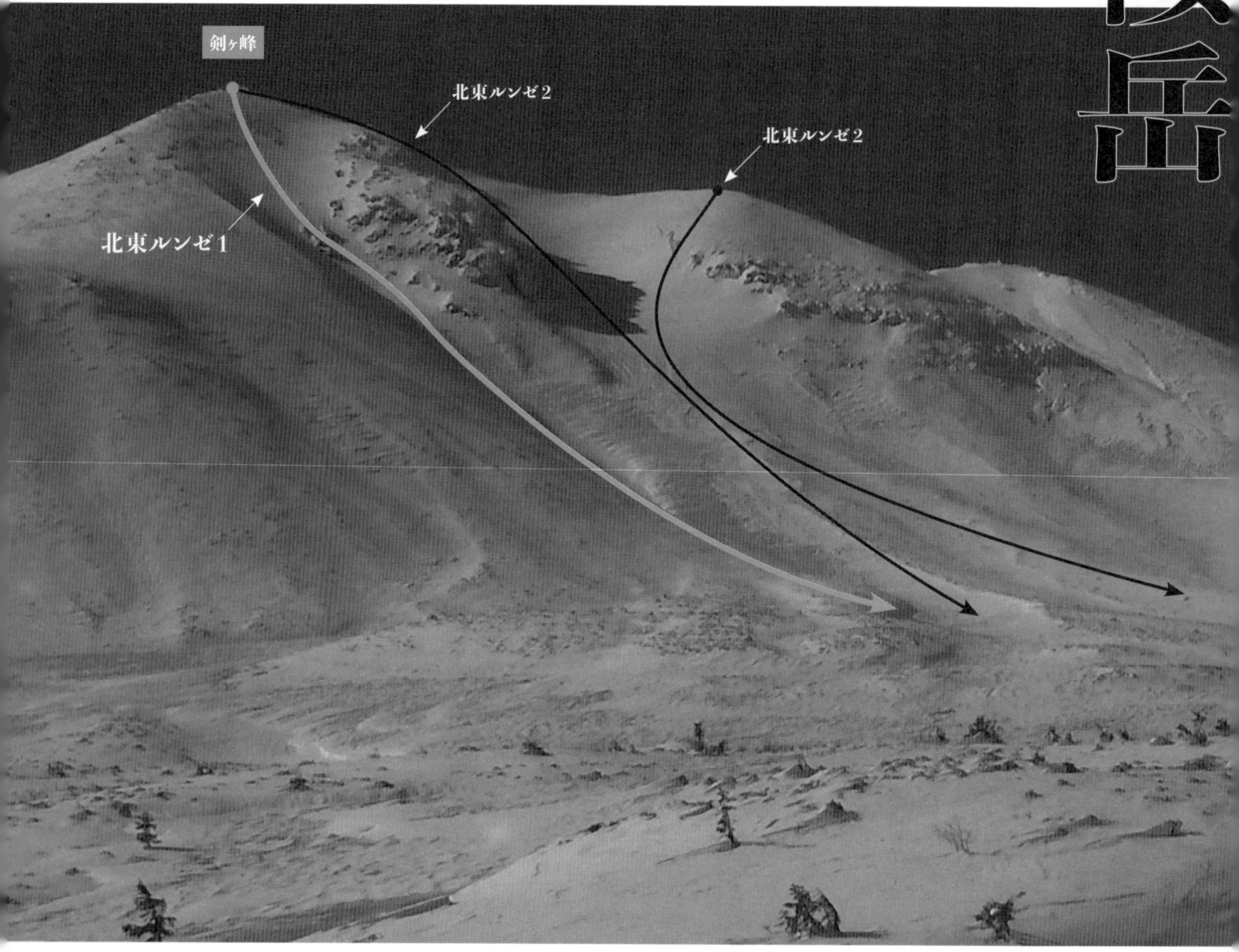

剣ヶ峰
北東ルンゼ2
北東ルンゼ2
北東ルンゼ1

乗鞍岳稜線へスキー登高、剣ヶ峰まではシートラ&アイゼンとなる

ツアーラインから見上げる乗鞍岳

剣ヶ峰北東ルンゼ

厳冬期北アルプススキー滑降へのファーストステップに

昔から春スキーの快適なザラメ滑降が人気の乗鞍岳。しかし、厳冬期はスキー場から山頂までのアプローチが近いとはいえ、それほど気楽なものではない。

晴天でも強風と寒気は厳しく、雪のコンディションも風にたたかれたハードバーン、シュカブラやパックパウダーが支配的で、スプレーを飛ばすようなパウダーを当てることは、そう簡単ではない。

しかし、ここには短いながらも急斜面トレーニングとなる、いくつかのラインが存在する。定番の剣ヶ峰の北東斜面の2本のシュートや、富士見岳（2817m）東面上部のちょっとしたノール状地形の滑降がそれである。

本格的な厳冬期の北アルプスのスキー滑降をめざすなら、ファーストステップとして、乗鞍岳を訪れる価値は高いだろう。

【剣ヶ峰北東斜面】

おすすめは、やはり乗鞍岳最高峰の剣ヶ峰の山頂直下から北東方向にドロップする、二つのシュートである。高度差300mほどの滑降であるが、厳冬期の北アルプス3000mの雪質の多様性を充分に味わうことができる。

●北東ルンゼ1　山頂の祠直下からドロップし、最上部の風の影響のあるハードバーンを丁寧なエッジコントロールでクリアすると、新雪が徐々に張り付き始め、浅い沢筋にミドルターンを描いて滑降する。

中間部の露岩を抜けるとパウダーが吹きだまり、快適な滑降が楽しめる。下部は帯状の緩斜面となり、位ヶ原台地に出るとツアールートに合流する。

●北東ルンゼ2　山頂から少し稜線を滑ってから、右手のボウル状斜面にドロップする。こちらのほうが掘り込みも大きく、パウダーがよく吹きだまっており、スプレーを飛ばしながらの高度差200mほどのパウダーライディングが楽しめる。下部で左ルートからの帯状のラインに合流する。

【富士見岳周辺】

富士見岳周辺の東面は、部分的に急斜面を交えながら位ヶ原小屋に向かって滑るが、雪質変化を感じられ、よいトレーニングルートになる。

＊

自身はシーズン初めから1月にかけて、北部方面の天気が悪いときに、滑降調整で毎年一度は訪れている。

下山後のゲレンデでの滑り込みと、乳白色の掛け流し温泉のセットで満足度の高い一日を過ごせる。お気に入りのエリアの一つである。

剣ヶ峰北東ルンゼ2下部の滑降

ルートグレード	
アプローチ	I
滑降	S4－

日程	2013年1月27日
メンバー	三浦大介（単独）
タイム	Mt.乗鞍スノーリゾートゲレンデトップ9:30～位ヶ原10:30～肩ノ小屋11:30～剣ヶ峰12:30～北東ルンゼ滑降～位ヶ原13:00～スキー場ゲレンデ14:00

94 継子岳

Mt.Mamako_2859m

林道からの継子岳北東面（春）

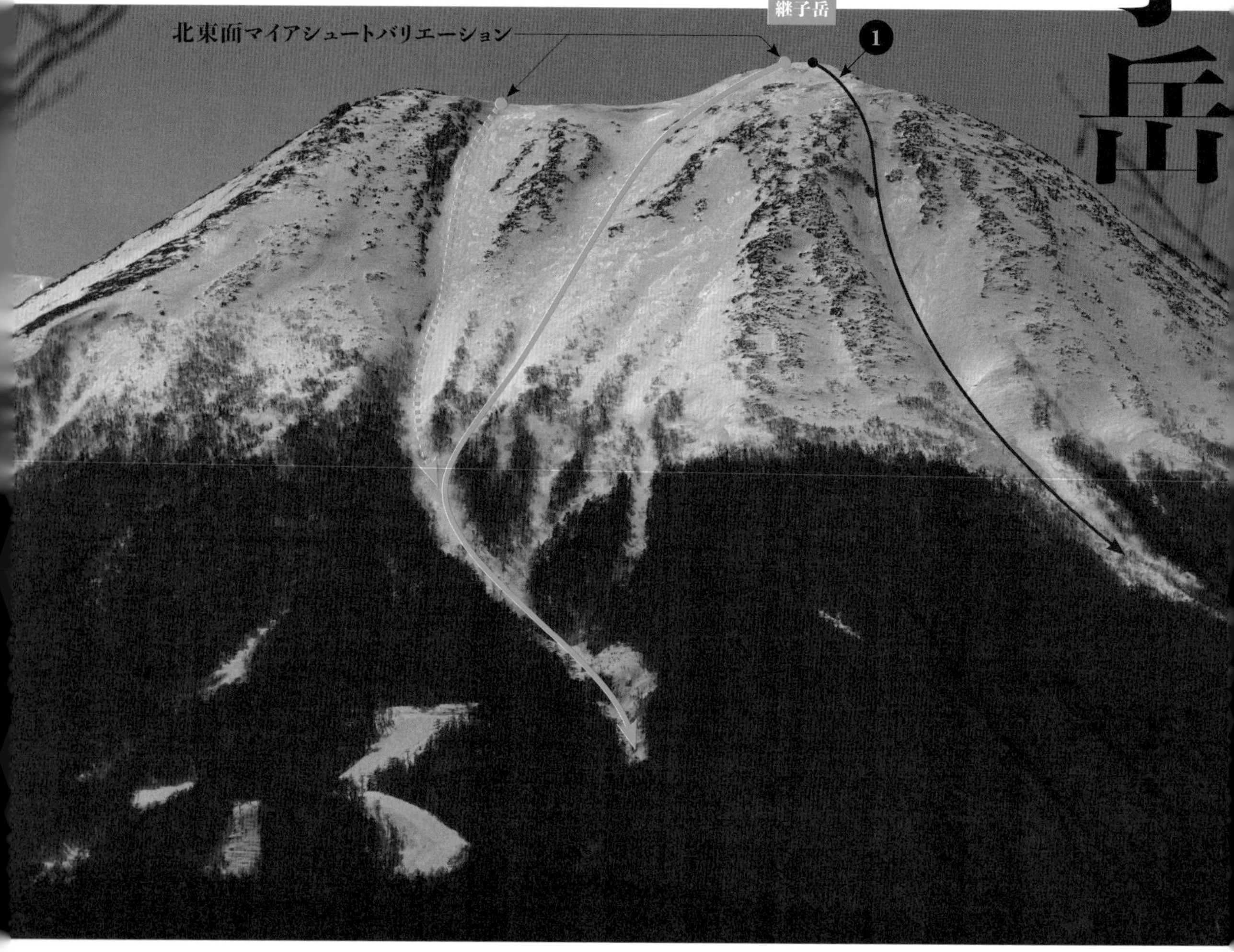

継子岳

北東面マイアシュートバリエーション

1

マイアシュートバリエーション下部の滑降

※2022年10月現在、御嶽山は地獄谷火口から約500m以内は立入禁止（二ノ池と黒沢十字路から上部、王滝口登山道、剣ヶ峰から王滝頂上周辺など）。摩利支天山は規制範囲外だが入山時はHPなどで最新情報の確認を。

1

僕らのライン

「がおろ亭」で知られる、御嶽山に精通したテレマーカー・石際淳氏の初滑降ルートで、短いが御嶽特有の直線的なシュート滑降が楽しめる。自身はチャオ御岳マウントリゾートのトップから往復で滑降。最上部は斜面に吸収されるので、山頂から北東リッジを滑ってから、シュートへ滑り込む。そのポイントが核心である。

ルートグレード	
アプローチ	I
滑降	S4−

北東面マイアシュートバリエーション／厳冬期初滑降

厳冬期最高のパウダー滑降ライン

厳冬期の3000mを超える独立峰の気象条件は厳しく、晴天でも寒気と強風でよい滑降コンディションをつかむのは容易ではない。

その一つが木曽の御嶽山である。巨大な独立峰である御嶽山には、滑降ラインも多く、山域を剣ヶ峰（3067m）、摩利支天（2960m）、継子岳の3領域に分けるのが妥当であろう。

厳冬期の御嶽山で急斜面のパウダー滑降ができないものだろうか。そう考え、まず狙いを定めたのが北端に位置し、その美しい形から「日和田富士」とも呼ばれる継子岳である。

近くにスキー場があるので比較的アプローチしやすいこともあるが、なによりも北面に切れ込む複数の顕著なシュート群は魅力的である。そのなかでも特に北東面に落ちるビッグな、通称「マイアシュート」は目を引く存在である。

前週は単独でここをトライした。チャオ御岳マウントリゾートのゲレンデトップから左上気味に小沢を二つ越えて、北面の樹林帯を標高2450m付近までシール登高する。

森林限界で視界が開けると程なく斜度は急になり、そこからはアイゼンとピッケルで登りだす。登高ラインをルートファインディングしながら、計3ピッチで山頂に至るが、強風で視界が悪く、雪質も見極めきれずに出戻りとなってしまった。

そして、今回がシーズン2度目のトライになる。適度な新雪をもたらした弱い二つ玉低気圧の通過後で、旧雪との接合もよく、やや風はあったが滑降には充分な条件であった。

前回同様のアプローチで山頂へ到達。13時半、継子岳山頂から北東面の開田高原マイアスキー場を眼下に、飛び込むようにオープンバーンへとドロップする。

最上部は風の影響でパック気味であったが、やや抑えたベンディングの2、3ターン後、すぐに「大当たり」を確信する。風下には大量の雪が吹きだまり、すばらしいライト&ディープパウダーの、それも極上のコンディションである。

スプレーを左右に目いっぱい飛ばしながら、思いどおりの連続中回りターンを豪快に決める。斜度はかなりあるが、雪がよすぎて止まれなーい！

下部の大きな掘り込み、幅広のハーフパイプにはさらに雪が吹きだまっており、快適なクルージングを楽しむ。途中、滝が1カ所あるが、右を難なく巻き下り、2100m付近で滑降を終了する。

そこからシールでほぼ水平に樹林帯を1時間ほどトラバースして、チャオ御岳マウントリゾートに下山した。

チャオ御岳マウントリゾート（休業中）から
継子岳北面上部を登る

ルートグレード	
アプローチ	Ⅱ（厳冬期）
滑降	S4

日程	2013年2月27日
メンバー	三浦大介、松岡祥子
タイム	チャオ御岳マウントリゾートゲレンデトップ10:40 ～継子岳13:30-14:00 ～ マイアシュート2100m地点15:00 ～スキー場ゲレンデ16:10

95 御嶽山 摩利支天

Mt.Ontake-marishiten_2959m

鹿ノ瀬温泉付近から遠望する御嶽・摩利支天エリア東面

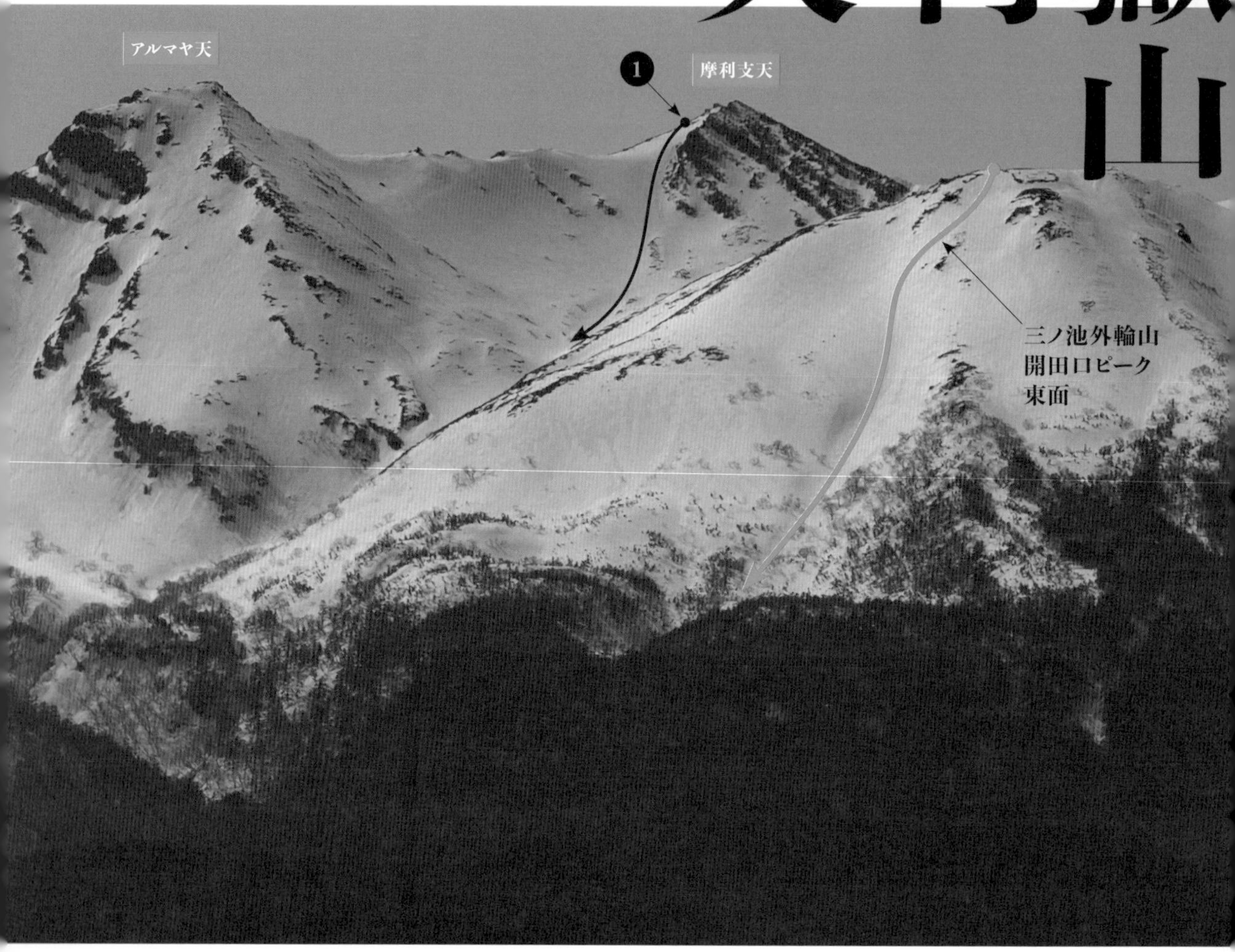

アルマヤ天

1

摩利支天

三ノ池外輪山開田口ピーク東面

※2022年10月現在、御嶽山は地獄谷火口から約500m以内は立入禁止（二ノ池と黒沢十字路から上部、王滝口登山道、剣ヶ峰から王滝頂上周辺など）。摩利支天山は規制範囲外だが入山時はHPなどで最新情報の確認を。

滑降した三ノ池外輪山開田口ピーク東面

1

摩利支天東面三ノ池シュート

濁河温泉または胡桃島から登山道を飛騨頂上へ至り、東面を三ノ池に落とし、さらに摩利支天の肩から落ちる東面シュート、通称「篠崎ライン」を崖の手前2360m地点まで快適に滑降する。周囲の火山地形の景観がみごとである。その後、往路を登り返し、登山道沿いに樹林帯を滑降して下山。帰路は条件がよければ、継子岳北西面の通称「池ちゃんガリー」を滑ると、より充実する。

ルートグレード	
アプローチ	I
滑降	S4－

三ノ池外輪山 開田口ピーク東面

厳冬期に登滑降できる貴重なルート

木曽御嶽山のどっしりと重量感のある山容は、遠方からでもすぐにわかり、古くから信仰の対象とされた霊峰として、登山口も多く存在する。しかし、2014年の大規模噴火以降、登山規制が続いており、今のところ開田口からのルートが、東面における冬季唯一の登滑降ラインとなっている（20年3月時点。22年10月現在、黒沢口登山道の一部は規制解除）。

その事実上の頂といえるのが、三ノ池外輪山の開田口ピーク（2760m）である。パウダーが吹きだまる、その東面のオープンバーンの大滑降は爽快の一言に尽きる。ただし、3月半ばに初見でトレースのない開田口ルートをたどるのは少々厄介であった。

開田口林道の1420m地点までは、ペンションがあるので除雪され、そこからシールでスタートする。御嶽山特有の密な針葉樹林帯の登山道に入ってから、谷沿いに進み、登りきったところで左手の登山道ルートに戻る。赤テープに導かれながら小尾根を進むが、積雪が充分な場合は右手の沢のほうが登りやすいだろう（下りはここを滑った）。

標高2000m付近からは地形図上の登山道を離れ、左手の沢をいったん横断して、向かいの広い台地状尾根に出るところがポイントになる。われわれの前日のトレース付けでは、旧登山道沿いに右手の尾根を登ってしまい、上部の密ヤブにつかまり時間切れとなった。

広い尾根斜面を快適に登り、次の2200m台地の手前の急傾斜をキックステップで越えて再び登山道に合流する。

傾斜の緩い沢状地形を少し進むと、ようやく目的の開田口ピークの東面大斜面が見えてくる。うっとうしい樹林帯はここで終わり。視界が開け、すばらしい広大なスロープが稜線まで続いている。

急斜面にクトーでジグを切りながら、稜線左手の肩をめざして登り、導かれるように右手の三ノ池外輪山の開田口ピークに到達する。

山頂から乗鞍岳や穂高岳方面の景色はすこぶるよい。東面を偵察するが雪はおおむね安定しており、斜度も申し分ない。

13時、山頂からドロップ。最上部をショートターンでこなすとノール地形となるので、雪面を舐めるようにベンディング系のミドルターンで滑降する。

すぐに下部斜面が見えだすが、これがすばらしい大斜面で、どこでも縦横無尽に滑降可能。オープンバーンから右手のリッジ、さらに幅広のルンゼへとつなぎ、ボトムまで標高差500m以上の爽快な滑降が満喫できた。

下山は往路を忠実に戻るが、すべてスキー滑降が可能。15時すぎには登山口に下山できた。ここは厳冬期にスキーで登滑降可能な、御嶽山でも非常に貴重なルートであろう。

開田口ピーク東面上部の滑降

ルートグレード	
アプローチ	I
滑降	S4－

日程	2022年3月25日
メンバー	三浦大介、松岡祥子
タイム	開田口林道6:00 ～開田口ピーク12:30-13:00 ～下山15:00

スティープスキー100選用語集

【雪／地形】

アバランチ　雪崩

ガリー　岩壁に刻まれた溝（岩溝）、または岩壁と岩壁の間の急峻な溝。ガリーは英語。ドイツ語で「ルンゼ」、フランス語で「クーロワール」

クラスト　強風や日差しによる融解凍結などで雪面が硬くなった雪層

クラック　雪の斜面にできる割れ目

クリーミーパウダー　ややしっとりした滑りやすい新雪（粉雪）。パウダー度：下

クレバス　雪面にある大きな亀裂

コーンスノー　春のザラメ雪のこと

ゴルジュ　両サイドが狭く岩壁になった沢状地形

シュート　小規模な沢状地形で滑降に適した幅と斜度をもつスロープ

シュカブラ　強風の稜線付近の雪が飛ばされて雪面にできる硬い雪

シュルント　岩と雪面の境にある亀裂や穴

スティープ　斜度40度以上の急斜面

スパイン　雪がたっぷり積もった滑降に適する雪稜

スプレー　ターンの際に巻き上がる雪の飛沫

スラフ　ターンによる強荷重で表面の結合の弱い雪が下方に流れ落ちること

スラブ　一枚岩のように一体化した厚みのある硬い雪の層。アイスバーンではない

ソフトスラブアバランチ　悪天中や直後に起きやすい、軟らかいスラブ状の表層雪崩

デブリ　雪崩によって堆積した雪

ドライパウダー　「羽根パウ」に近い水分の少ないパウダースノー。パウダー度：上

ノーズ　鼻のように飛び出ている地形

ノール　斜面が徐々に落ち込んでいて、下部が見通せないような地形

ノッチ　英語で「くぼみ、切れ込み」の意。小規模な尾根上にあるコル状地形を指す

パウダー　降りたてのフカフカした粉雪。誰にも滑降されていない新雪はバージンパウダーと呼ぶ

パックスノー／パックパウダー　主に新雪の表面が強風などにより固まった雪

羽根パウ　内陸部で厳冬期に風の影響の少ない場所に積もる羽毛のように軽い雪。パウダー度：極上

バーン　斜面

フォールライン　斜面の下方向。物が重力によって落ちていく方向

プチパウ　程よく積もった滑走性に優れる新雪。パウダー度：中

ボトルネック／ノド　沢地形が一部狭くなっている箇所

モナカ雪　表面はやや硬く、中が軟らかい、お菓子のモナカのような雪。雪面がつぶれて滑りにくい

面ツル　雪面の凹凸が少なく、フラットな状態

ランペ　傾斜が緩くなったところ。地点と地点をつなぐ傾斜路

ワッフ音　雪の積層構造内部に低密度層がある場合、表面荷重により層内空気が外に抜けるときに出る音

【滑降／登高】

ウェーデルン　小回りターン

階段登高（下降）　横滑り姿勢で一歩一歩階段を上る（下る）ように三点支持で移動すること

ギルランデ　斜面に対して、斜め下方向にターンしながら滑降すること

シートラーゲン　スキー板を背負ってブーツ（アイゼン）で登ること

ジャンプターン　急斜面でターン落下距離を抑えるため、切り返しを同時ジャンプ操作で行なうターン

ステップターン　交互操作で加速しながら（軸足で蹴りながら）踏み替えターンをすること

大パラ　大回りのパラレルターンの略

ダブルストックターン　荒れた急斜面のターン切り替え時に両ストックを雪面へ突きながら安定してジャンプターンを行なう技術

デラパージュ　横滑りのこと

パスカング　クロスカントリースキーのクラシカル競技「パスカング走法」から。現在は「ダイアゴナル走法」といわれている。ビンディングのトウピースのみを固定して歩くように滑走すること

ベンディングターン　スキーのアーチベントと膝を利用して、上体の上下動を少なくしてターンすること

ペダルターン／ペダルステップターン　フランスの山岳レジェンド、パトリック・バランサンが考案。ジャンプターンの一種で、より急斜面に対応するため、自転車のペダルをこぐように外足と内足を素早く入れ替えてターンをすること

【そのほか】

ザ・デイ　最高の滑降ができる好条件を表現する言葉

中央・南アルプス 八ヶ岳 富士山

木曽駒ヶ岳

Mt.Kisokoma_2956m

カールボトムからの木曽駒ヶ岳北面

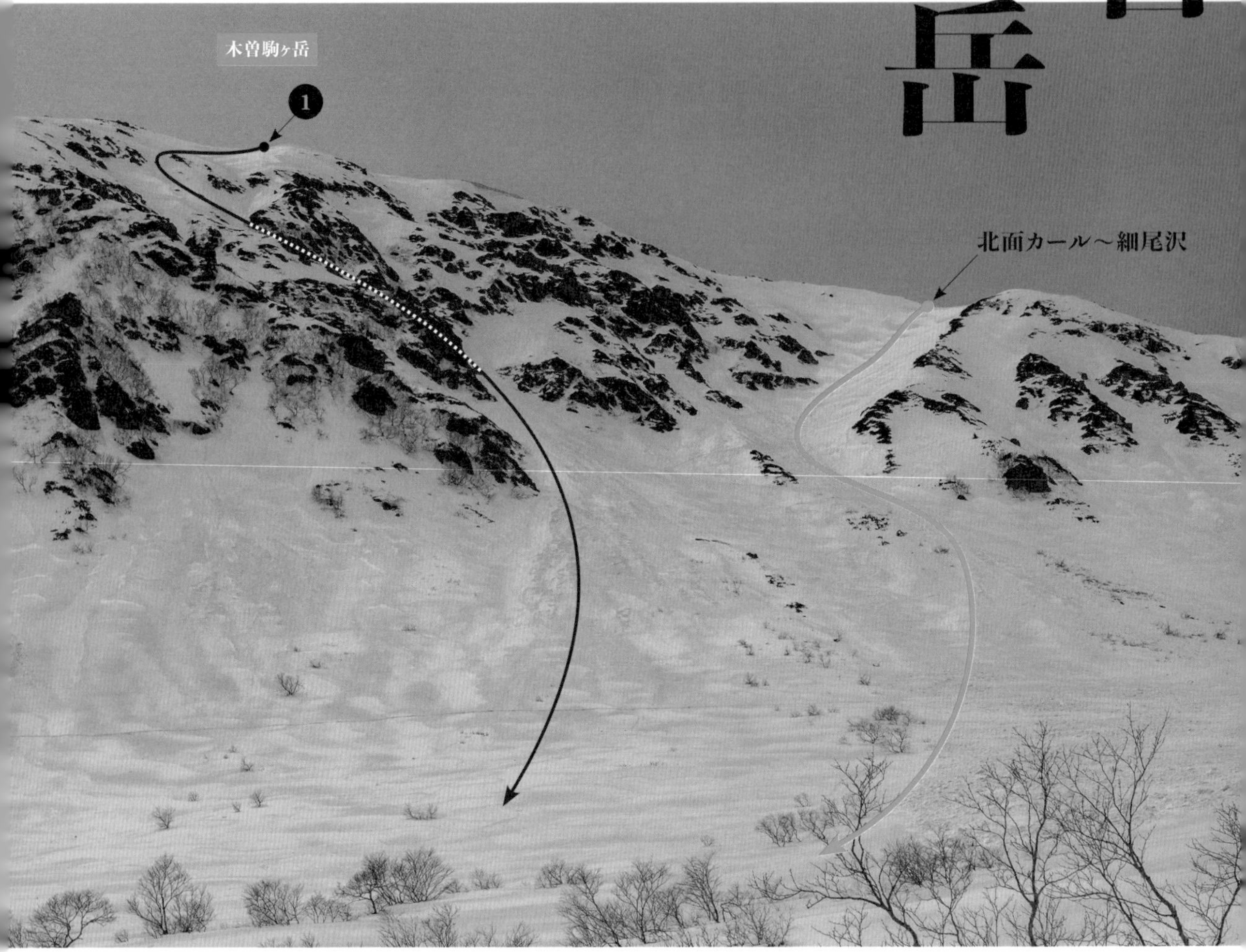

木曽駒ヶ岳

1

北面カール～細尾沢

❶ 北面ダイレクト左ルンゼ

木曽駒ヶ岳の北面にはダイレクトにカールへ滑り込むラインが二つあり、すでに一般化されている。北面に向かって、左ルンゼと右ルンゼである。左ルンゼは山頂からスキーヤーズライトの急斜面から左に回り込むように内側へ入り、最後はダイナミックなルンゼ滑降でカールへつなぐ。カールまでの高度差は300mであるが、変化のあるショートスティープな滑降が楽しめる。ザラメシーズンは、カール右端へ登り返して稜線を山頂まで戻る。

ルートグレード	
アプローチ	I
滑降	S4

北面ダイレクト左ルンゼの滑降

北面カール〜細尾沢／初滑降

木曽駒北面細尾沢で初滑降

　長野県諏訪市在住の新米記者、佐藤勝君に声をかける。週末ワンデイで厳冬期に記録を見ない中央アルプスの盟主、木曽駒ヶ岳の北面カールから細尾沢へのスキー滑降をやらないか？と。

　中央アルプスは厳冬期でも駒ヶ岳ロープウェイで標高2611mの千畳敷まで簡単にアプローチできるが、千畳敷カールはこの時期原則滑降禁止であり、黒川や伊奈川源頭などの一部を除いて、スキー滑降されているルートは少ない。

　しかし、一帯には小規模ながらもスキーに適したカール地形がいくつか存在する。今回はそのカールの一つ、盟主・木曽駒ヶ岳の北面カールから細尾沢のワンデイスキー滑降を狙う。

　2月初旬、車一台を下山する木曽駒高原スキー場（閉鎖）に回し、駒ヶ岳ロープウェイで一気に千畳敷まで運んでもらう。積雪は230cmで、例年のこの時期としてはやや少なめだ。

　カールボトムですぐさまピットチェック。雪質が安定しているのを確認し、乗越浄土へ向かって直接スキー登高する。

　上部はウインドスラブの雪崩を警戒し、50mほどツボ足で登る。コルからはアイゼンを装着し、稜線伝いに木曽駒ヶ岳山頂へと向かう。厳冬の宝剣岳の銀嶺が眩しい。

　山頂から偵察すると、北面カールへのダイレクトドロップは雪の付きは甘いが、少し下がった小屋付近の稜線から入れそうである。山頂でスキーを履き、稜線を少し滑降後、小屋裏ルンゼのドロップポイントへ向かう。そこでのピットチェックの結果は良好であった。

　13時50分、ガスの切れ間を見計らって、北面へドロップ。雪質はまずまずのパウダースノーで、粉を舞い上げながら快適にターンを刻む。センター88cmのディナフィットFR10がピタリと決まる。

　幅広のルンゼは最大40度程度の傾斜だ。高度差200mほど滑降してカールへ合流し、厳冬の木曽駒ヶ岳北面をバックに、ダイナミックに大回りのシュプールを描く。さらにカールから細尾沢へと滑降を続ける。

　細尾沢は地形図上では狭く感じるが、雪に埋もれた谷は意外にも開放的で、充分な滑降スペースがあり快適であった。ピークから大滝上まで標高差900m以上を滑降できて満足する。

　2030m付近にある懸案の細尾ノ大滝は氷瀑となっており、右岸を少し巻き下り、二つ目の小ルンゼを懸垂下降交えて谷底に下りる。

　さらに谷沿いに滑降し、正沢川本谷に合流してからはシールを付け、右岸左岸と流れを読みながら下降する。水晶沢を過ぎて、左手の台地に上がる手前では徒渉となったが、なんとか暗くならないうちに安全地帯へ出る。

　台地からは夏道をたどり、最後はリフトのお世話で、木曽駒高原スキー場に日暮れの18時に下山。充実したワンデイスキーが終了した。

　本格的な滑降ルートの少ない中央アルプスで、厳冬期に価値あるラインを開拓できて大満足であった。

ルートグレード	
アプローチ	I
滑降	S4（RP大滝）

日程	2007年2月10日
メンバー	三浦大介、佐藤 勝
タイム	千畳敷10:15 〜乗越浄土11:00 〜木曽駒ヶ岳12:30 〜
	滑降スタート13:00 〜エントリーポイント13:50 〜細尾沢大滝上14:40 〜
	正沢川15:30 〜左岸台地17:20 〜木曽駒高原スキー場18:00

97 三ノ沢岳

Mt.Sannosawa_2847m

中央アルプスの主稜線
から見る三ノ沢岳東面

三ノ沢岳

東面ダイレクトルンゼ

1

東面ダイレクトルンゼ上部の滑降

1 東面右ルンゼ

山頂直下の不安定な雪庇の手前にあるドロップポイントから右ルンゼに滑り込む。上部扇状フェイスを快適に滑降し、急なルンゼへと落とし込む、ルンゼの流れに沿ってほぼ直線的に滑降して伊奈川に合流。変化のある滑降シークエンスが楽しめる。

ルートグレード	
アプローチ	I
滑降	S4

東面ダイレクトルンゼ

雪よし、天気よし、滑り手よし！

アイスクライマーには「オクサン」で知られ、独立した三角形の頂をもつ三ノ沢岳。ここは中央アルプスの主稜線から外れているため、静かなよき山である。

滑降ルートとしては、伊奈川源頭の三ノ沢小カールをつないだものが一般的である。だが、積雪期の主稜線縦走の際、宝剣(ほうけん)岳（2913m）と檜尾(ひのきお)岳（2728m）の間から三ノ沢岳の東面を眺めると、やや小ぶりではあるが、フェイス、リッジ、ルンゼとひととおりそろった、高度差550mほどの見栄えのするアルペン的な滑降ラインの存在が見て取れる。

この三ノ沢岳東面は、駒ヶ岳ロープウェイを使えば、千畳敷から日帰りが可能であることから、雪の落ち着いた4月半ば以降はいくらか記録が見られる。この東面は私もぜひ滑りたいと思い、手始めに、2016年3月半ばに単独で訪れた。

そのときは山頂手前の不安定な雪庇を嫌って、手前の右ルンゼを選択したが、上部フェイスから急なルンゼへと落とし込む、滑降シークエンスを充分楽しめた。その帰りに、次回は山頂から直接落ちるダイレクトなラインを滑降したいとの思いに駆られた。

このプランに興味を示した松岡氏を誘ってから、5年後の21年3月に再訪のチャンスが巡ってくる。

最近の好天で季節は春めいてきており、今季初のザラメ狙いか？との期待も、あながち嘘とは思えない。とはいえ、やはりここはアルプスである。スキーを担ぎながらたどる頂稜の風は、まだひんやりと冷たい。今回は稜線に雪庇はほとんどなく、持参したロープは使わずに、すんなりと山頂へと達する。

好天のなか、周囲の大景観を満喫したあと雪質をチェックし、山頂からみごとな面ツルバーンに飛び込む。上部は最高のクリーミーパウダー。程よい傾斜の快適なバーンをミドルターンで飛ばす。雪よし、天気よし、滑り手よし！ 思わず調子に乗って、軽口をたたく。

さらに続く幅広の真っさらバーンにシュプールを刻み、右手から合流するルンゼのリップに強く当て込んで、左に切り返す。表層が少し雪崩れて下部の雪面がやや荒れる。

ここは左手の尾根上に乗っ越す。すると、なんとそこには今季初のフィルムクラストの一枚バーンが広がっているではないか！ その独特のパリパリ感を足裏で味わいながら、スムーズに板を走らせる。

再度ルンゼに入って、ギャップのアトラクションを過ぎると伊奈川へ合流する。念願の山頂からのドロップが叶った。

その後、伊奈川を稜線まで登り返し、千畳敷へと戻る。下りのロープウェイを待つ間、南アルプスを眺めながら、喫茶店で淹れたてのおいしいコーヒーをいただく。う～ん、やっぱりここは天上のバカンスといえるよなぁ。

なお、この時期は千畳敷カールの滑降は禁止で、下山時にスキーを担ぎ降りる必要がある。

ルートグレード	
アプローチ	I
滑降	S4

日程	2021年3月20日
メンバー	三浦大介、松岡祥子
タイム	千畳敷9:45 ～稜線～三ノ沢岳山頂11:45 ～ 東面ダイレクトルンゼ滑降～伊奈川～稜線～千畳敷14:55

98 北岳

Mt.Kitadake_3193m

鳳凰三山からの北岳バットレス（写真／大坪赴志氏）

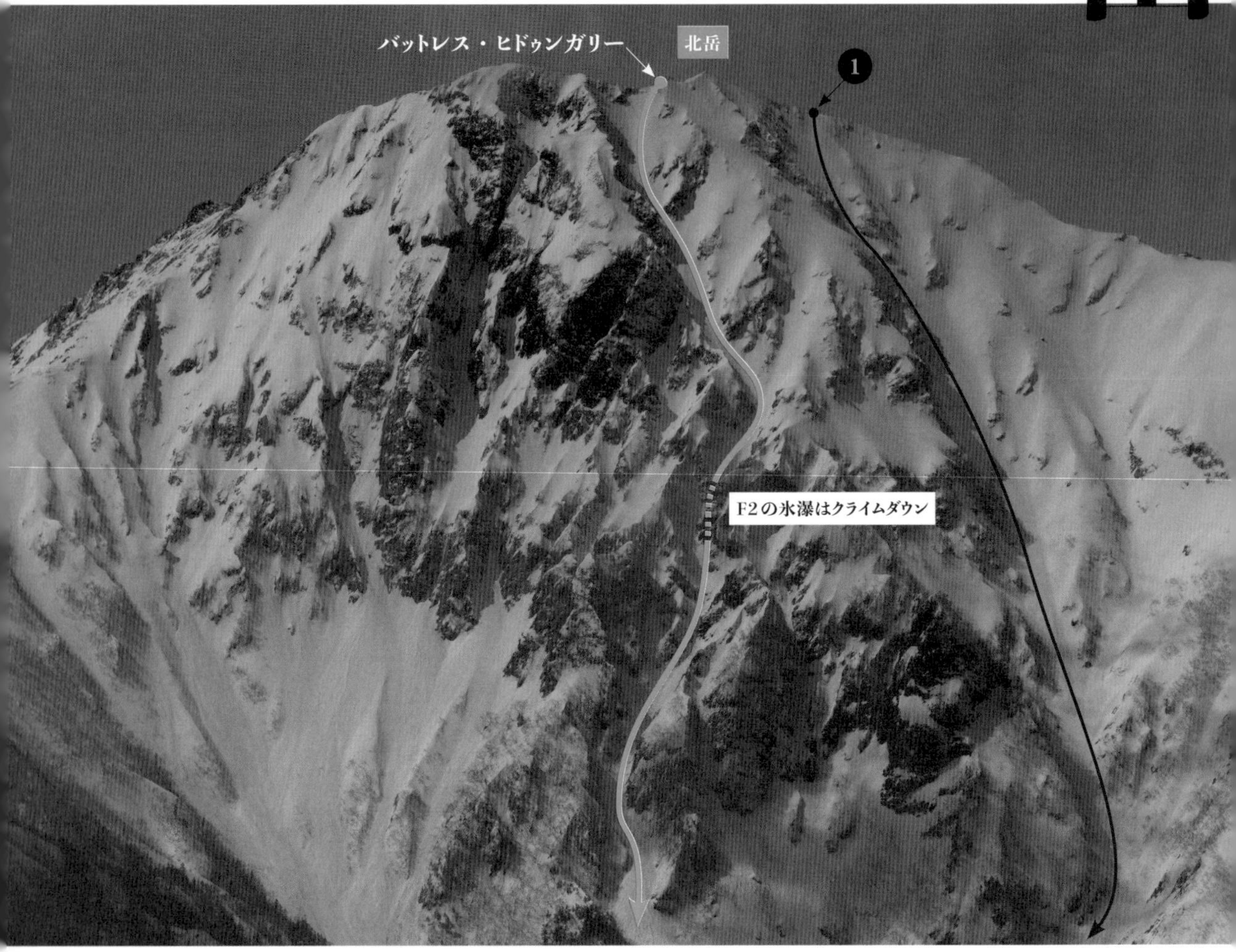

バットレス・ヒドゥンガリー
北岳
1
F2の氷瀑はクライムダウン

北岳頂稜ドロップポイント付近の雪庇

1 大樺沢右俣

通常は同ルート登滑降になると思うが、登りは特に雪崩に充分注意したい。右俣が目的であれば雪が落ち着いたGWから6月初めの梅雨前までが滑降可能。登りは肩ノ小屋付近へ上がる最も傾斜の緩いラインを選択する。ドロップポイントは小屋上部の稜線から北峰の肩付近までの間でいくつか取れるので、雪付きやコンディションで判断されたい。上部の最大傾斜45度で、幅広で滑りやすい。東面なので早い時間に登って、上部の雪が緩んだらすぐ滑るのがよい。山頂をピストンしてから滑降すれば、充実した一日になる。

ルートグレード	
アプローチ	Ⅱ
滑降	S4＋

北岳バットレス・ヒドゥンガリー／初滑降

天と地の狭間で究極の大滑降

長い間待ち焦がれた日が、ついにやってきた。氷雪の北岳バットレスの滑降。この難攻不落とも思える峻嶺の城塞へ、スキーで挑戦する時が来たのだ。

時間をかけて、複雑に絡まった糸を少しずつ解きほぐすように……注意深く、焦らずじっくりこの課題と向き合えれば、滑降ラインは見えてくる。さあ、めざす白いガリーの先に、はたしてスキーの未来はあるのか!?

スタンバイはOKだ。しかし、いざその急峻なエントリーポイントに立つと思わず武者震いがした。よし、行くぞ！　自身を鼓舞するように声を出す。大きく深呼吸し、気持ちを集中させる。

次の瞬間、エイヤーとばかりに超急斜面へ飛び込む。高度感に怯む間もなく、気合のペダルターン。サーッとガリー中央に踊り出る。エッジが捉える雪の感じはまずまずだ。間髪を入れず、すぐに次のターン。さすがに斜度は55度を超える。ターンごとに表面のザラメ雪が削れ落ち、板にスラフが絡み付く。しかし、滑降を妨げるほどではない。雪のコンディションは上々である。

東北尾根と第一尾根の間に美しく挟まれた白い大空間、ヒドゥンガリー。天然の特大ハーフパイプの幅いっぱいに使って、豪快な中回りのジャンプターンを連続で決める。天と地の狭間での究極のスキーダンシング。まさに「舞い落ちる」という表現がぴったりの滑降になった。

スキーと体が完全に一体化し、心地よい緊張感とすばらしい開放感を味わいながら、リズミカルに滑降ラインへ溶け込んでいく。

右に急激に逆くの字に落ち込む屈曲点を迎えると、ついにヒドゥンガリーがその知られざる全貌を露わにする。ルートは超急傾斜で両岩壁の間隙をすり抜ける構造になっている。急峻なガリー内に秘められた滝が3つ、辺りの平均斜度は50度を優に超える。

ここは山岳スキーヤーとして、おのれのもつ最高のパフォーマンスで応じる必要がある。感覚を研ぎ澄まし、確実なジャンプターンとデラパージュ。そして、斜滑降を交えて一気にすり抜ける。

氷瀑を従えた2番目の滝はダブルアックスのクライムダウンでやり過ごす。突然、上部からこぶし大の落石が飛んできた。気温は上がっている。ぐずぐずしているわけにはいかない。

そして、最後の滝を越えた先には、はたして大樺沢（おおかんば）まで続く一大スロープが広がっていた。この壮大なバットレスの真っただ中、未知のガリーへ、スキーを武器にたった一人で挑んだ激しいプレッシャーからの解放の時。間近に迫る記録達成のうれしさを噛み締めるように、その広大なスロープへ自由自在にカービングターンのトラックを刻む。

ついに難題への挑戦が成功裡に終わったのだ。これを正真正銘の北岳バットレス初滑降といってよいだろうか。

滑降は正味1時間。その1分1秒に、今までの山スキー人生が凝縮されたすばらしい大滑降であった。

ルートグレード	
アプローチ	Ⅱ
滑降	S6－（DC）、R2

日程	2004年4月18日
メンバー	三浦大介（単独）
タイム	大樺沢二俣BC4:30～右俣登高～南峰と北峰のコル7:20～ ヒドゥンガリー滑降開始8:30～出口9:30～BC10:00

バットレス・ヒドゥンガリー滑降ルート

ドロップポイントは左手ほど入りやすい。出だしの急斜面は雪質を確かめるように滑降する。スラフ処理も必要だ。広大なヒドゥンガリー中間部は快適だが徐々に傾斜が増し、幅も狭くなる。右に曲がると落ち込みが現われ、滑降スキルを駆使して落とす。F2の小氷瀑は手前でアイゼンに替え、クライムダウンする。上からの落下物に要注意。岩陰で板を装着し、最後の関門のF3を越えると扇状大斜面が広がる。雪質と気温が滑降成功のカギだ。

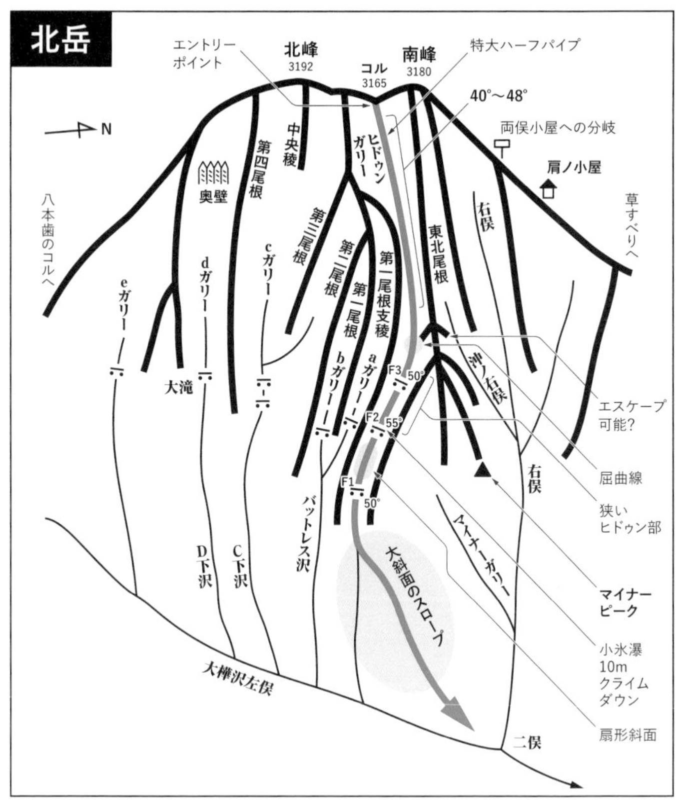

ヒドゥンガリー最峡部のF2を見下ろす

赤岳

Mt.Akadake_2899m

杣添尾根上部からの
赤岳東面

赤岳

杣添川南沢左俣右ルンゼ

→
無事滑降を終えて

←
中間部の大滝右側の
パウダー滑降

杣添川南沢左俣右ルンゼ（弓形シュート）／初完全滑降

合理的なライン取りで完全滑降達成

八ヶ岳の主峰・赤岳山頂から東面に、弓状に落ちる杣添川南沢左俣右ルンゼは、美しいルンゼで滑り手を魅了してやまない。

残雪期に上部斜面を滑った記録はあるが、屈曲点から下の核心部の滑降記録は未見である。今回はパウダーコンディションでのコンプリート滑降を狙ってみた。

前回の2013年2月のトライと同様、今年もアプローチは横岳東面杣添尾根を選択する。登山道の針葉樹林帯にジグを切って登ると、2200m付近から昨日の新雪が出てきて期待が高まる。

森林限界を越えれば、左手に圧倒的な存在感で赤岳が姿を現わした。その真ん中に芸術的な曲線美を描く、目的のシュートが見える。雪付きはすこぶるいい。あとは雪質次第だろう。

稜線直下でアイゼン登高に切り替える。ポイントとなる地蔵尾根分岐手前の鎖場の右斜面トラバースと、その先の左斜面トラバースからの下降を無事通過し、登山者と合流して山頂をめざす。

赤岳展望荘で休憩しながら滑降ラインを偵察する。予想どおり東面には新雪が吹きだまっており、真っさらの大斜面が屈曲点まできれいに続いている。

13時すぎ山頂へ到着、ロープを使って、雪質の最終チェックを行なう。ドライパウダーが表面に50㎝ほど積もり、下部の融解凍結層との結合も悪くない。最上部の急斜面も新雪が張り付き、絶好のコンディションである。

13時半すぎ、仲間の合図に合わせて急斜面へドロップ。風の影響で最上部はパックパウダーとクラストが交互に現われる。ここを慎重にクリアすると雪質は安定したパウダーに変わる。

ややグリップのあるパウダーを蹴散らしながら、ルンゼとは思えないオープンバーンにダイナミックなミドルターンを刻む。

程なく右へ折れる屈曲点に差し掛かる。吸い込まれるような漏斗状の核心部の斜度は45度強。下方には『日本登山大系』に記載のある15mの大滝らしい落ち込みが確認できる。

ルンゼ周囲に滑降スペースは充分あり、右寄りのラインを落ちるようにスプレーを上げながら滑降する。オンサイトで大滝の滑降はリスキーだ。ここは容易に右の小尾根を乗り越え、明るく開けた沢状を滑降して本流へ戻る。

下から見上げる大滝は威圧感がなく、スキーヤーズレフトを滑降可能であった。

さらに二俣手前のゴルジュ帯も小尾根を右に乗り越え、正面ルンゼ側を滑る。最後は軽快なショートターンを刻んで本流の二俣に達する。

杣添川南沢左俣右ルンゼコンプリートスキー滑降の成功だ！ 仲間とハイタッチで喜ぶ。合理的なライン取りで無理なくつなぎ、完全滑降を達成できた。

エピローグに左岸を滑降し、南八ヶ岳林道へ出る。八ヶ岳にこれほどまでに完成度の高いスキーラインがあるとは、実にうれしい驚きであった。

ルートグレード	
アプローチ	II
滑降	S4+、最大45度

日程	2014年3月22日
メンバー	三浦大介、須藤正雄、松岡祥子
タイム	八ヶ岳高原別荘地6:30～横岳山頂11:00～赤岳山頂13:10-13:45～弓形シュート～二俣14:20～南八ヶ岳林道～別荘地16:30

弓形シュート上部斜面
のダイナミックな滑降

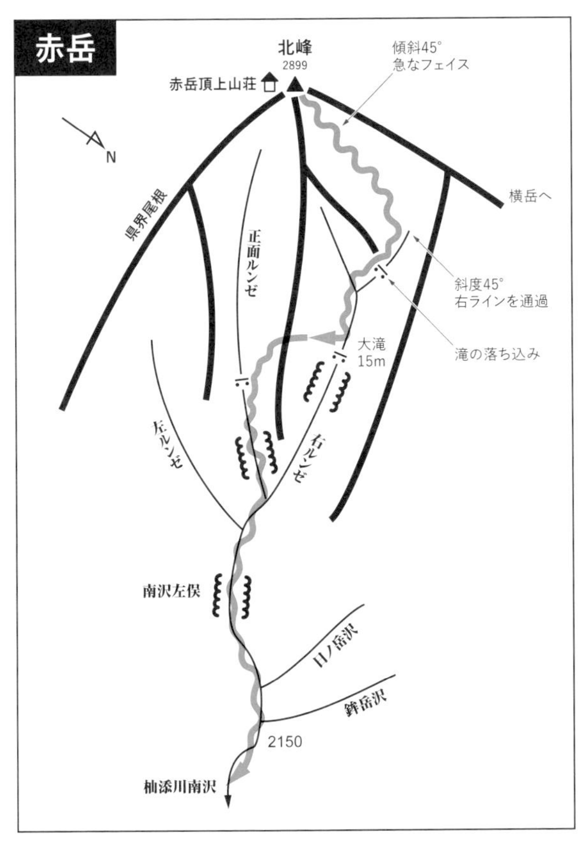

柚添川南沢左俣右ルンゼ
完全滑走ルート

赤岳北峰の頂上山荘からドロップする。出だしは雪質をしっかり把握しながら深回りで数ターンこなし、下方へダイナミックに落とし込んでゆく。上部はルンゼというよりは広い斜面で滑りやすい。右へ屈曲すると核心部となる。滝の落ち込み手前の急斜面を右寄りに滑降し、滝手前で右手の小尾根を乗っ越し、快適な疎林の斜面を滑る。さらに正面ルンゼを落とし、南沢左俣へ合流して下部を滑ると緩やかになり、程なく林道に出て終了する。

100 富士山

Mt.Fuji_3776m

御庭付近から見上げる富士山北西面

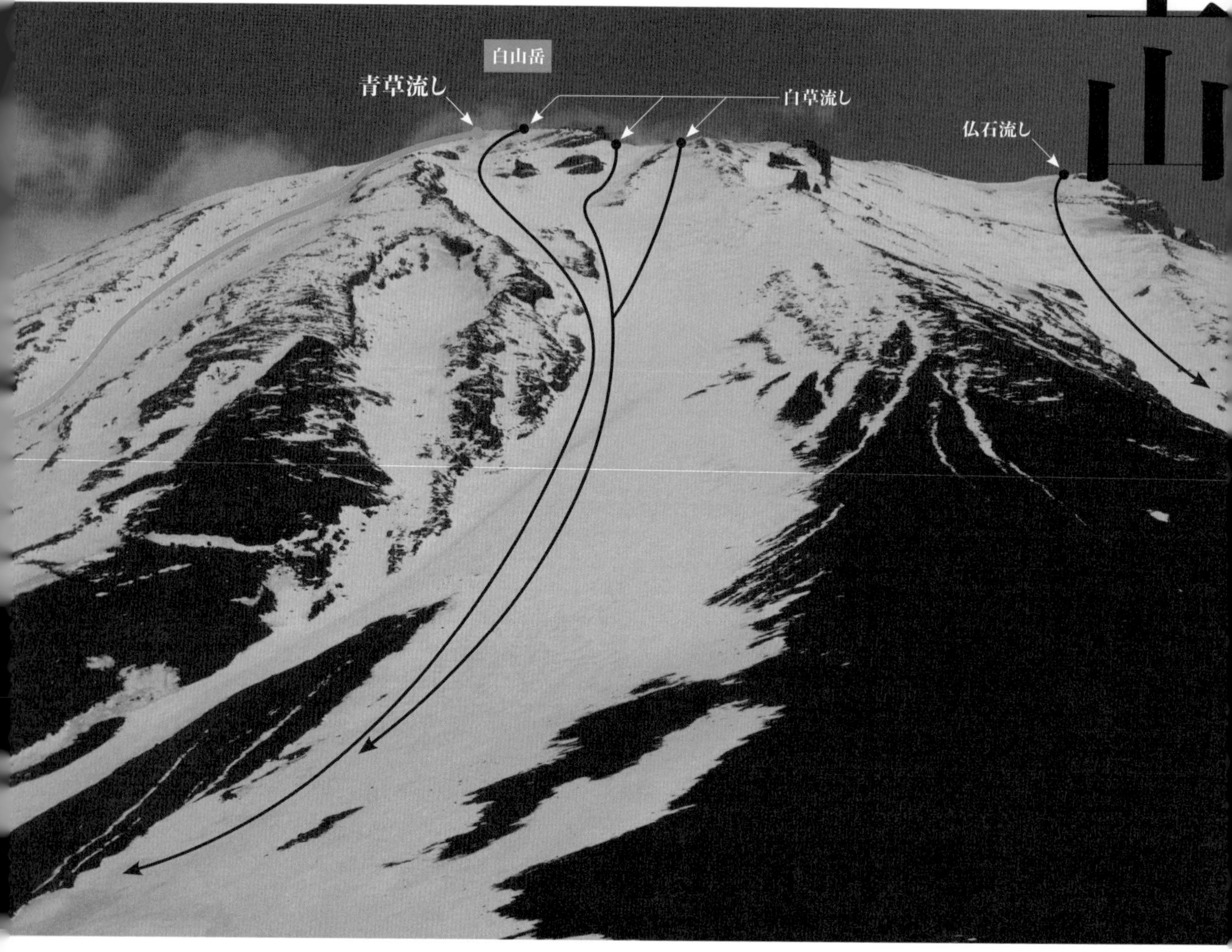

白山岳
青草流し
白草流し
仏石流し

富士山白山岳からのドロップ

日程	2012年6月10日
メンバー	三浦大介、植竹 淳
タイム	吉田口五合目6:30～御中道～雪渓末端7:30～白山岳12:10-12:40～滑降～青草流し～末端13:30～五合目14:00

ルートグレード	
アプローチ	II
滑降	S4+

青草流し／初完全滑降

さすが日本一の富士山

　富士山はスキー滑降ではインタレストグレードの最上位にくる山であろう。3776ｍの標高ゆえに雲海上の滑降がしばしば楽しめ、全ラインに共通して存在する、ダイナミックな大斜面と1500ｍを超える滑降高度。私の滑降技術は富士山で鍛えられ、成熟したといっても過言ではない。

　そんな富士山には、滑りたいラインがまだ残っていた。北西面の小御岳流しと白草流しの間に存在する、頂稜まで通じる流し沢の一つ「青草流し」である。ちなみに、小御岳流しの隣に大流しと呼ばれる縦長のくぼ地があるが、それは上まではつながっていない。白草流しの隣の課題であった仏石流しと合わせて、この辺りは綿密に調査をしたので間違いはないだろう。

　富士山の北西面はシーズン終盤の6月上旬まで、何本もの白い帯が途切れずに下まで長く残り、文字どおりスキー納めに適するのだが、実はこの時期が最適でもある。北西面の雪面はアイスバーンが常であるどころか、部分的に青氷やブラックアイスが露出し、研ぎ澄ましたアイゼンやアイスクライミング用のアックスでもはじかれるほどの、硬い氷雪で覆われていることがある。厳冬期は言うに及ばず、5月上旬まではそんな状況である。

　先週末、長年の課題であった仏石流しを同ルート登滑降のスタイルで落とした。ハードバーンの上に新雪が程よく積もった絶妙のコンディションだったが、それでも厳しい滑降を強いられた。

　今週末は、同じく下から登らなければ判然としないラインの青草流しにトライする。パートナーはプードル氏こと、植竹淳君である。そろそろ年頃で忙しくなり、これが最後のスキーになるかもしれない。青草流しはコンプリートすれば初滑降だ、との殺し文句で誘い出した。

　御中道から目標の青草流しをつめ上がる。下界はすでに梅雨入りであったが、2500ｍ上空は無風快晴で絶好のコンディション。雪質は硬くなく、潜らずの理想的であり、予想以上の残雪量に期待が大きくふくらむ。

　序盤から板を担ぎ、アイゼンとピッケルで6時間かけて、正午に白山岳頂稜（3756ｍ）へトップアウトする。ここまでラインはしっかりとつながっており、雪質も最高のザラメコンディションである。

　13時、紺碧の空の下、念願の白山岳山頂からスタート。まずは吉田大沢を右手に見て、ワイドなサミットリッジの滑降を行なう。板から伝わる感覚は程よい硬さのザラメである。ショートターンをリッジに刻み、登ってきたトレースに沿って、青草流しの大斜面へドロップする。

　ダイナミックにオープンバーンへ躍り出て、最大斜度43度の良質なザラメバーンをミドルターンで豪快に蹴散らす。露岩帯をスラロームで抜けると、ラインは中盤に差し掛かり、壮大なオープンスロープへ板を滑らせる。ここは高速ロングターンで思いきりぶっ飛ばす。

　さすがに日本一の富士山である。広大なバーンがこれでもかと果てしなく続いている。二人して歓喜の雄叫びを上げながら、爽快な気分で極上のザラメバーンを味わい尽くす。

　下部のルンゼ状を飛び出すと、あとは雪渓舌端へと滑り込んでフィニッシュ。念願の白山岳山頂から青草流しへ、高度差1400ｍのコンプリートスキー滑降に成功した。

　ご満悦のプードル氏とがっちり握手する。そう、中部山岳スティープスキーの100座目を飾る山は、やはり「富士山」でなくてはならないのだ。

Column

富士山流し沢滑降ルート

富士山は日本最高所標高3776mの高山であり、かつ強風の独立峰であるため、ほかの山と比較して滑降条件は厳しい

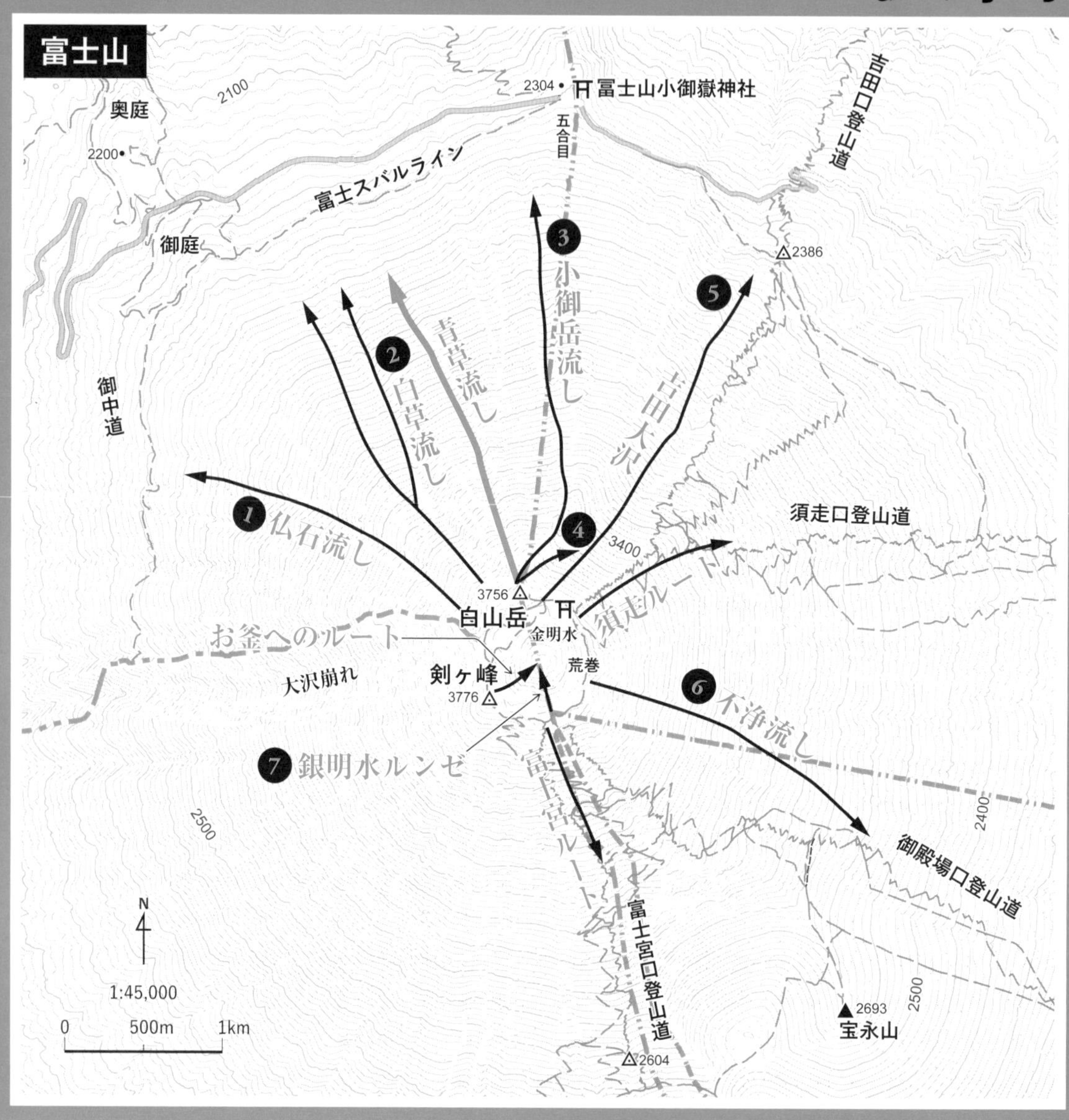

富士山スティープ概要

富士山は、スキー滑降においてもほかの山にはない要素がある。表層の雪の下に存在する「ブラックアイス」がそれだ。強風の北西面に顕著で、登攀用のアックスやアイゼンがはじかれるほどに硬い。

富士山滑降は表層のアイスバーンと氷をいかに避けられるかがポイントになる。その攻略の一つが「降雪」だ。硬いバーンや氷に程よく新雪が張り付いたコンディションだとうまく滑降できることが多い。逆に北西面の各流し沢は、そのような条件でないと滑降は困難である。

通常はもう一つの条件である、日差しが強くなり、気温が上がって雪の緩むゴールデンウィーク以降が適期となる。それでも北西面の各流し沢は滑降条件が厳しく、北面の小御岳流し、吉田大沢も日差しが強まる午後でないと滑降はおぼつかない。

❶ 仏石流し

富士スバルライン五合目の手前の奥庭から眺める富士山の北西面の、右側にある大きな白い帯が仏石流しである。ラインは広大に見えるが、上部に大きなV字の崖があり、その右脇のルンゼ状を抜けて最上部に出る。稜線まで進むと雷岩があり、ここがドロップ地点である。アプローチは御庭から御中道を右方向に進み、仏石流しの雪渓舌端から雪渓に沿って標高差1300mほどを登り、同ルートを滑降する。上部はハードバーンで、V字崖の切れ目のルンゼ状部分が核心。新雪が少し積もって接合がよければ、絶好のコンディションとなる。

ルートグレード	
アプローチ	Ⅱ
滑降	S4+

❷ 白草流し

白草流しは、吉田口登山道アプローチで白山岳に登り、反対側を俯瞰すると右手に落ち込んでゆく広大な白いラインである。ドロップポイントはいくつかあり、白山岳の山頂付近から北西面の溶岩崖の弱点をクライムダウンし、釈迦の割石のコルから滑るのが一般的である。出だしはアルペン的なワイドルンゼの滑降で始まり、ラインは徐々に開けて、最後は広大なオープンバーンになる。上部はアイスバーンの可能性があるので慎重なスキー操作が要求される。中間部からは雪も緩み、最高のザラメバーンの滑降が堪能できる。

ルートグレード	
アプローチ	Ⅰ
滑降	S4+、R1

❸ 小御岳流し

白山岳山頂または吉田大沢のコルから上部セクションを滑降し、左に大トラバースして白山岳のサミットリッジの下部3450m付近のコルを乗り越すと、北方向に幅広の掘り込みのある小御岳流しが落ちている。上部ルンゼ状にドロップして、露岩を通過する辺りが核心部である。その後、左へトラバースして、広大で延々と続く台地状を滑る。やや片斜面なのが玉に瑕だが、充分に満足のゆく滑降ができよう。

ルートグレード	
アプローチ	Ⅰ
滑降	S4

❹ 白山岳～吉田大沢

雪面のコンディションを確認してから、白山岳山頂から吉田大沢へドロップする。最初の急斜面は慎重に対応し、リッジ沿いから右手の吉田大沢斜面にシュプールを刻む。上部はハードバーンのことが多い。緩斜面から次のセクションに入り、大沢の大斜面をダイナミックに滑降する。通常は六合目付近の雪切れ地点まで滑り、左手の登山道に出て下山する。

ルートグレード	
アプローチ	Ⅰ
滑降	S4

❺ 白山岳のコル～吉田大沢

コルから吉田大沢を滑る一般ルートであるが、上部のハードバーンには注意がいる。

ルートグレード	
アプローチ	Ⅰ
滑降	S4−

❻ 不浄流し

御殿場口から稜線に登り、登山道を左へ進んだ先の、荒巻と呼ばれる顕著なコルから落ちるアルペン的雰囲気の急な沢筋が、不浄流しである。飛び込むような感覚のドロップターンシークエンスを決め、急な沢筋をショートターンで滑る。すぐに斜面が開け、あとは広大なオープンバーンを自由自在に滑降する。南東面なので雪質はやや粗いザラメであり、豪快な滑降が楽しめる。徐々に右方向にスキーの舵を切り、最後は往路の登山道に合流して終了する。

ルートグレード	
アプローチ	Ⅰ
滑降	S4−

❼ 銀明水ルンゼ

富士山山頂の剣ヶ峰からお釜に滑り込むラインとは別に、銀明水の岩溝から滑り込むルンゼラインがある。短いがアルペン的な景色が味わえる。雪質は硬いことが多いが、新雪狙いで行くと楽しめる。1960年代に三浦敬三氏が、ここを滑降している息子・雄一郎氏を撮影した有名な写真がある。

ルートグレード	
アプローチ	Ⅰ
滑降	S4−

小御岳流し下部の滑降

あとがきにかえて

自身の山岳スキーの一つの大きな目標であった「中部山岳スティープスキー100選」。これまでの滑降を振り返ってみて、自分でもよくここまでやってこられたな、と思う。執念深く何度もトライし、ようやく成就したラインも少なくない。一方、いまだ果たせないものもある。ここに取り上げた260本の滑降ラインのすべてが確かな記憶として残るが、なかでも「初滑降」は格別で、そのいずれもが五感フル稼働の真剣勝負であり、実におもしろく、やりがいのある、感動的で充実した時を過ごさせてもらった。標榜するスキーアルピニズムの旗を降ろす日もそう遠くないが、日本には魅力的な滑降ラインはまだ多く残されている。一筋縄ではいかない課題もあるが、次世代を担う人たちの活躍にもぜひ期待したい。今までのわれわれの活動が山岳スキー界に少しでも貢献できればと願っている。

本書は多大なる関係者のご支援の賜物です。日本パラマウントスキークラブの畑中淳氏には基礎スキー技術を丁寧にご指導いただきました。スキーブーツの改良など、ギアに関してはヴェイルスポーツの高木泰知氏に大変お世話になりました。また、写真は自らが撮影したもののほかに、多くの山行にご同行いただいた須藤正雄氏、松岡祥子氏、所属する「ぶなの会」の方々からご提供いただきました。大坪赴志氏には北岳バットレスの貴重な写真のご提供を受けました。皆さまに感謝と御礼を申し上げます。

中部山岳の100座、260本の滑降のうち6割を超える山行は、パーティ形式で実施したものです。巻末の表に同行者のお名前を記載いたしました。これらの方々のお力添えなしには、本滑降の多くは成し得なかったものであり、ここに厚く感謝申し上げます。

写真／松岡祥子

中部山岳 スティープスキー 100選全記録

※1 記録本文で長期山行の場合、データには全日程を記載。一方、全記録一覧には滑降した日のみ記載。滑降が複数回ある場合は初回の滑降年月日を記載し、その後の回数を「他1回」「他複数回」で追記。また、複数回滑降しているということは、そのルート内容がよく、滑降しやすさを示している
※2 同行メンバーは初回の滑降時のみを記載

インタレストグレード（☆）の表記について 今回リストアップして滑ったラインはすべて個人的に評価が可能だが、普遍性のある評価項目を並べたとしても評価するのは自分であり、そのまま他人に当てはまるものではない。またそのときの滑降ラインの印象は滑ったときの条件にも強く依存する。しかし、もう一度滑りたいようなすばらしいラインも多々あり（自身で複数回滑降したラインも多くある）、それなりの技術や経験を積んだ人には、ぜひ滑降してもらいたいと思う。そんな私自身の感覚での評価になるが、星を3つまで印しておいたので参考にされたい。

山座番号	滑降ルート本数	滑降ルート名称	滑降年月日（※1）	メンバー（※2）	グレード（P6参照）	初滑降記録など	記録本文掲載ページ	インタレストグレード
【東北 北関東】								
東北								
1 岩手山	1	鬼又沢右俣	2020年1月26日	三浦大介、須藤正雄	I、S4		P12	☆
	2	鬼又沢左俣	2020年3月7日	三浦大介、三上仁太	I、S4＋		P12	☆☆
2 鳥海山	3	新山北壁	2022年4月10日、他1回	三浦大介、須藤正雄、松岡祥子	I、S4＋、R1（新山直下）		P14	☆☆☆
3 屏風岳	4	東壁センターリッジ	2017年2月22日	三浦大介、服部知尋、小寺 周	I、S5－	厳冬期初滑降	P16	☆☆
	5	東壁右ルンゼ	2016年2月下旬	三浦大介、蒔田将弘、五味秀敏	II、S4			
4 南屏風岳	6	東面センターリッジ	2022年2月19日	三浦大介、三上仁太	I、S4		P18	☆
	7	東面右ルンゼ	2021年1月中旬	三浦大介、須藤正雄	I、S4－			☆
5 磐梯山	8	東壁中央ルンゼ	2011年2月6日	三浦大介、須藤正雄、佐藤康彦	II、S5、最大48度	厳冬期初滑降	P20	☆☆
	9	東壁左ルンゼ	2009年2月中旬	三浦大介、植竹 淳	II、S4－			
6 窓明山	10	東面スパインセンターリッジ	2022年1月10日	三浦大介、須藤正雄、三上仁太、松岡祥子	I、S5－、最大48度	初滑降	P22	☆
	11	東面スパイン左ルンゼ	2019年2月下旬	三浦大介、三上仁太	I、S4＋	初滑降		
7 三岩岳（大戸沢岳含む）	12	P2060東面三ツ岩沢シュート	2016年2月27日	三浦大介、五味秀敏	I、S4＋	厳冬期初滑降	P24	☆☆
	13	黒檜沢本谷ダイレクト	2020年2月7日	三浦大介、松岡祥子	I、S4＋	厳冬期初滑降	P27	☆☆☆
	14	三ツ岩南面シュート	2016年1月下旬	三浦大介、五味秀敏、松岡祥子、森本英男、太田正和	I、S4	厳冬期初滑降		
	15	三岩岳P2060東リッジ	2017年2月上旬	三浦大介、三上仁太、須藤正雄、松岡祥子	I、S4－	厳冬期初滑降?		
	16	黒檜沢右俣ルンゼ	2017年1月上旬	三浦大介、須藤正雄、五味秀敏、小寺 周、喜寅 淳	I、S4＋	初滑降		☆
	17	大戸沢岳中ノ沢左方ルンゼ	2018年2月上旬	三浦大介、松岡祥子	I、S4			☆☆
8 燧ヶ岳	18	硫黄沢左俣	2021年2月13日	三浦大介、三上仁太、松岡祥子	I、S4、R1（下部V字）		P28	☆
	19	シボ沢（肩から）	2021年2月上旬	三浦大介、三上仁太	I、S4＋	初滑降		
北関東								
9 朝日岳	20	南東ルンゼ	2013年2月10日	三浦大介、松岡祥子	I、S4＋（RP）	厳冬期初滑降	P30	☆
10 奥白根山	21	東面中央ルンゼ	2010年12月26日、他複数回	三浦大介、中島史博	II、S4	初滑降	P32	☆☆
	22	北東ルンゼ	2012年2月上旬、他複数回	三浦大介、須藤正雄	II、S4＋	初滑降		☆
11 武尊山	23	剣ヶ峰下ノ沢デルタルンゼ	2014年4月6日	三浦大介、蒔田将弘、松岡祥子、マティアス・ブゥエ	I、S4		P34	☆
【上信越】								
奥利根								
12 至仏山（笠ヶ岳含む）	24	狩小屋沢	2021年2月25日	三浦大介、三上仁太	I、S4	初滑降	P38	☆☆☆
	25	笠ヶ岳北西面アリキノ沢	2022年1月下旬	三浦大介、三上仁太、北村悠貴	I、S4	厳冬期初滑降		☆
13 本谷山	26	越後沢左俣	2005年3月6日	三浦大介、矢本和彦	III、S4＋、R1	初滑降	P40	☆
14 ネコブ山	27	中銅倉沢	2004年3月19日	三浦大介	II、S4	初滑降	P44	
	28	上銅倉沢	2005年3月6日	三浦大介、矢本和彦	II、S4－	初滑降		☆
15 小沢岳	29	小穂口沢南沢	2001年3月23日	三浦大介	II、S4－、R1（下部釜）	初滑降	P46	
魚沼周辺								
16 守門岳	30	青雲岳北面スパイン（青蜘蛛ルート）	2022年3月9日	三浦大介、須藤正雄、松岡祥子	I、S4＋	初完全滑降	P48	☆☆
	31	袴岳硫黄沢ルンゼ	2021年3月下旬	三浦大介、三上仁太、松岡祥子	I、S4			
17 八海山	32	入道岳高倉沢左俣本谷	2009年3月1日	三浦大介、植竹 淳、小川嘉博	II、S4	冬期初滑降	P50	
18 荒沢岳	33	蛇子沢左俣	2021年4月11日	三浦大介、松岡祥子	II、S4		P52	☆
谷川連峰								
19 武能岳	34	武能沢	2014年2月24日	三浦大介、松岡祥子	I、S4＋		P54	☆☆☆

20 一ノ倉岳	35	堅炭岩βルンゼ～堅炭沢左俣	2006年3月5日	三浦大介、佐藤嘉彦（ノコ沢氷柱登攀のみ）	IV（ノコ沢氷柱）、S5、R1	初滑降	P56	☆
	36	一ノ倉沢4ルンゼ	2006年3月10日	三浦大介	II（βルンゼ）、S5＋（RP）、R2	4th ski descent	P59	☆
21 谷川岳	37	マチガ沢6ノ沢	2018年2月16日	三浦大介、須藤正雄	I、S5、R1		P60	☆
	38	マチガ沢本谷（ノーマル）	2012年2月上旬、他複数回	三浦大介	I、S5－			☆☆
	39	マチガ沢本谷ダイレクト	2014年2月中旬、他1回	三浦大介、須藤正雄	I、S5－			☆
	40	マチガ沢4ノ沢	1986年4月上旬、他複数回	三浦大介	I、S4			☆
	41	マチガ沢4ノ沢～3.5ライン	2016年1月下旬、他複数回	三浦大介、松岡祥子、須藤正雄	I、S4＋			☆
	42	マチガ沢3ノ沢	2016年3月上旬	三浦大介、廣光佑亮	I、S4＋			
	43	西黒沢本谷	2001年4月上旬、他複数回	三浦大介	I、S4			☆
22 爼嵓	44	幕岩尾根～鷹ノ巣A沢	2017年1月29日	三浦大介、須藤正雄、松岡祥子	II、S5－（DC）、R1	上部新ライン	P64	
23 万太郎山	45	井戸小屋沢	2001年3月20日	三浦大介	I、S4＋	初滑降	P66	
24 仙ノ倉山	46	毛渡沢西俣本谷	2018年2月23日	三浦大介、須藤正雄	I、S4－		P68	☆
25 平標山	47	西ゼン	2014年3月2日、他数回	三浦大介、蒔田将弘、須藤正雄、松岡祥子	I、S4－		P70	☆
	48	ヤカイ沢ダイレクト	2012年12月下旬、他複数回	三浦大介、須藤正雄	I、S4－			
信越国境								
26 苗場山	49	東壁（棒沢左俣右沢源頭）	2012年1月22日	三浦大介、須藤正雄、佐藤康彦	III、S4＋	2nd ski descent	P73	
	50	小赤沢ダイレクトルンゼ	2001年4月上旬、他複数回	三浦大介	I、S4－			
27 鳥甲山	51	赤嵓沢～黒木尾根	2014年2月23日	三浦大介、須藤正雄	II、S4＋	厳冬期初滑降	P74	☆
28 岩菅山	52	南東シュート（奥ゼン沢）	2015年2月11日	三浦大介、廣光佑亮	I、S4＋	初滑降	P76	☆
上信国境								
29 黒斑山（浅間山含む）	53	東面ダイレクトルンゼ	2017年1月24日	三浦大介、松岡祥子	I、S4	厳冬期初滑降	P78	☆
	54	東面右ルンゼ	2016年1月下旬	三浦大介、須藤正雄	I、S4－（RP）	初滑降		
	55	浅間山弥陀ヶ城岩ルンゼ	1999年3月中旬	三浦大介	I、S4－			
30 根子岳	56	大明神沢左俣ダイレクトルンゼ	2014年1月12日	三浦大介、須藤正雄	I、S4＋	初滑降	P80	☆
	57	大明神沢左俣右ルンゼ	2014年1月12日	三浦大介、須藤正雄	I、S4－			
【頸城山塊】								
31 妙高山	58	東壁中央ルンゼ	2017年2月28日	三浦大介	II、S5－	2nd ski descent？	P84	☆☆
	59	北地獄谷左俣	2008年1月下旬	三浦大介、狭間栄治	II、S4－			
	60	東壁ランペルート	2014年3月上旬	三浦大介、須藤正雄	II、S4＋			☆
32 火打山（影火打含む）	61	北西ルンゼ	2012年4月15日	三浦大介、須藤正雄	II、S4＋		P86	☆
	62	影火打中央ルンゼ	2016年2月下旬、他複数回	三浦大介、松岡祥子	II、S4			☆☆
	63	影火打右ルンゼ	2021年3月上旬	三浦大介、須藤正雄	II、S4			☆☆
33 焼山	64	北面中央ルンゼ	2009年4月4日（厳冬期／2021年2月28日）	三浦大介、植竹 淳（三浦大介、三上仁太）	II（厳冬期）、S4＋	初滑降、厳冬期初滑降	P88	☆☆
34 昼闇山	65	昼闇谷ダイレクト	2021年2月27日	三浦大介、須藤正雄、三上仁太	II、S5－	厳冬期初滑降	P90	☆☆
	66	東海山稜1640m側壁～昼闇谷	2018年3月上旬	三浦大介、松岡祥子	II、S4	初滑降		☆
35 雨飾山	67	荒菅沢	2015年3月28日	三浦大介	II、S4		P92	☆
36 乙妻山	68	東大門沢ダイレクト	2013年2月1日	三浦大介、松平盛亮	I、S4	厳冬期初滑降	P94	
	69	北東面ダイレクト	2000年3月上旬、他複数回	三浦大介、澤田 実	I、S4－			☆
37 高妻山	70	高妻沢右俣Bルンゼ	2013年2月3日、他1回	三浦大介、廣光佑亮	I、S5－	初滑降	P96	☆
	71	高妻沢本谷ダイレクト	2008年2月上旬	三浦大介、小玉健彦、中島史博	II、S4＋			☆☆
38 戸隠山	72	九頭龍山南東ルンゼ	2014年2月1日	三浦大介、須藤正雄、松岡祥子	II、S4＋	2nd ski descent	P98	☆
	73	五地蔵山東面五地蔵沢	2005年1月下旬、他複数回	三浦大介、他多数	I、S4－			
	74	P1888北東面大洞沢ルンゼ	2007年2月上旬	三浦大介、小川嘉博	II、S4	初滑降		
【北アルプス】								
剱岳・北方稜線　黒部別山								
39 毛勝三山	75	猫又山中谷左俣ダイレクト	2005年5月28日	三浦大介	I、S4－	記録未見	P102	☆
	76	釜谷山中谷右俣ダイレクト	2005年5月28日	三浦大介	I、S4－	記録未見	P102	
	77	毛勝谷直登ルンゼ	2005年5月29日	三浦大介	I、S4－		P102	☆
40 剱岳（池ノ谷）	78	池ノ谷左俣本谷	2005年4月24日	三浦大介	II、S5、R1	初滑降	P104	☆
	79	北西バットレス・ダイレクトクーロワール～池ノ谷右俣	2005年5月5日	三浦大介	II、S5、R1	上部新ライン	P106	☆

山座番号	滑降ルート本数	滑降ルート名称	滑降年月日（※1）	メンバー（※2）	グレード（P6参照）	初滑降記録など	記録本文掲載ページ	インタレストグレード
	80	三ノ窓～池ノ谷左俣	2002年5月6日	三浦大介、牧野総治郎	I、S4－			
（仙人谷）	81	小窓～西仙人谷	2003年3月下旬	三浦大介、亀岡岳志	I、S4－	冬期初滑降		
（東大谷）	82	東大谷中俣	2006年6月4日	三浦大介	II、S5、R1（落石）	2nd ski descent?	P108	
（長次郎谷）	83	本峰北壁	2007年5月3日	三浦大介	II、S5＋、R1	2nd ski descent	P110	☆
（平蔵谷）	84	平蔵谷ダイレクトルンゼ	2006年5月5日、他複数回	三浦大介	II、S5－			☆☆
	85	平蔵谷インディアンクーロワール	2011年5月中旬	三浦大介、松岡祥子	I、S4			
	86	源次郎尾根II峰カイトフェイス	2007年5月上旬	三浦大介	II、S4＋、R1（下部岩）	初滑降		
	87	平蔵谷S字雪渓ルンゼ	2007年5月上旬	三浦大介、狭間栄治、萩原健太郎	III（源次郎尾根）、S4（DC）	初滑降		
	88	源次郎尾根II峰コル～長次郎雪渓	2008年5月上旬	三浦大介、狭間栄治	II、S4－			
41 前剱	89	Aルンゼ	2007年4月29日	三浦大介、狭間栄治	II、S5－		P114	
	90	武蔵谷	2008年5月上旬	三浦大介	I、S4－			
42 剱御前	91	東大谷右の右俣（スカイ・スライダー）	2006年5月6日	三浦大介	I、S4＋	初滑降	P116	☆
	92	檜谷ダイレクトルンゼ	2007年5月5日	三浦大介	I、S4＋	初滑降	P118	☆
	93	P2792～白ウラ谷	2008年5月上旬	三浦大介	I、S4	初滑降		
	94	権右エ門谷	2009月3月下旬	三浦大介、小玉健彦	I、S4－			
43 黒部別山	95	別山谷左俣主峰ルンゼ	2005年3月20日	三浦大介、亀岡岳志、服部文祥、梶山 正	III、S5（DC）、R2	初滑降	P120	
立山連峰								
44 別山	96	P2880北東ルンゼ1	2008年5月3日	三浦大介、狭間栄治	I、S4	初滑降	P126	
	97	P2880北東ルンゼ2	2011年5月上旬	三浦大介、松岡祥子	I、S4	初滑降		
	98	別山沢	2002年5月上旬	三浦大介、牧野総治郎	I、S4－			☆
	99	北面ダイレクト	2000年5月中旬、他複数回	三浦大介	I、S4－			
45 奥大日岳	100	P2611東面カガミ谷ダイレクト	2016年4月16日	三浦大介、廣光佑亮、服部知尋、松岡祥子	I、S5－		P128	☆☆
	101	P2511カガミ谷右ルンゼ	2014年11月下旬	三浦大介、松岡祥子、須藤正雄	I、S4－			
	102	P2511カガミ谷左ルンゼ	2015年11月下旬	三浦大介、松岡祥子、須藤正雄	I、S4			
46 雄山	103	山崎カール	1993年4月下旬、他複数回	三浦大介、日光精銅所山岳部	I、S4		P130	☆☆
	104	西面ルンゼ	1995年5月上旬、他複数回	三浦大介	I、S4			☆
	105	サル又のカール	1995年5月上旬、他複数回	三浦大介	I、S4			
	106	雄山南面	1995年5月上旬、他複数回	三浦大介	I、S4－			☆
47 大汝山	107	東面第3クーロワール	2005年5月4日	三浦大介	I、S4＋	初滑降	P132	☆
48 富士ノ折立	108	東面ルンゼ～御前谷	2007年6月2日	三浦大介、狭間栄治	I、S4	初滑降	P134	
	109	西面ルンゼ	2007年4月下旬	三浦大介、植竹 淳	I、S4			
	110	北面ルンゼ～P2725東面	2002年5月上旬、他1回	三浦大介、牧野総治郎	I、S4	初滑降		☆
49 雷殿峰	111	東面ダイレクトルンゼ	2012年5月1日、他1回	三浦大介	I、S4＋	初滑降	P136	☆☆
50 龍王岳（獅子岳含む）	112	東面ルンゼ	2011年11月26日、他複数回	三浦大介、松岡祥子	I（初冬期）、S4＋		P138	☆
	113	獅子岳東面ルンゼ	2013年5月上旬	三浦大介、松岡祥子	I、S4－			
	114	獅子岳北東ルンゼ	2006年5月上旬	三浦大介	I、S4－			
薬師岳・黒部源流周辺								
51 鳶山	115	兎谷	2004年4月4日	三浦大介、牧野総治郎、亀岡岳志	II、S4＋、（RP15m氷瀑）	初滑降	P140	
52 薬師岳（北薬師岳含む）	116	金作谷	2000年5月5日	三浦大介、井内健太	I、S4	初完全滑降	P143	☆
	117	東南尾根P2786東面ルンゼ（東壁2ルンゼ）	2011年5月3日	三浦大介、須藤正雄、松岡祥子	II、S4＋、R1（雪庇）	初滑降	P146	☆
	118	東南尾根東壁4ルンゼ	2010年5月上旬	三浦大介、須藤正雄	II、S4	初滑降		
	119	北薬師岳P2832～スゴーノ谷左俣	2005年5月上旬	三浦大介	I、S4－	初滑降		
53 黒部五郎岳	120	東面カールダイレクト	2022年5月4日	三浦大介、松岡祥子（別ライン）	I、S4		P148	☆☆
	121	東面ピナクルルンゼ	2004年5月上旬	三浦大介	I、S4－	初滑降		
54 三俣蓮華岳	122	東面2段カール～樅沢右俣ルンゼ	2018年1月20日	三浦大介、須藤正雄	II（厳冬期）、S4	厳冬期初滑降	P150	☆
	123	北西面カール～下部ルンゼ	2004年5月上旬、他1回	三浦大介	I、S4－	初滑降		
55 鷲羽岳（祖父岳含む）	124	南面鷲羽池～弥助沢ダイレクト	2010年5月3日	三浦大介、須藤正雄	II、S4	初滑降	P154	☆
	125	西面ダイレクト	1999年4月下旬	三浦大介、井内健太、牧野総治郎	II、S4	初滑降		

	126	祖父岳東面ダイレクト	1996年5月4日	三浦大介、葭谷 努	I、S4－	初滑降		
56 水晶岳	127	東面中央ルンゼ	1999年5月上旬	三浦大介、牧野総治郎、大久保鉄男、井内健太	II、S4	初滑降	P156	☆
	128	南峰西面ルンゼ	2011年5月4日	三浦大介、須藤正雄・松岡祥子（別ライン）	II、S4＋	初滑降	P158	☆
	129	北峰東面カール	2000年5月上旬	三浦大介、井内健太	I、S4－			
57 赤牛岳	130	口元ノタル沢（右俣）	2006年5月1日	三浦大介、狭間栄治	II、S4	2nd ski descent	P160	☆
	131	中ノタル沢	2006年5月2日	三浦大介、狭間栄治	II、S4－	初滑降		
	132	赤牛岳東面	2000年5月上旬	三浦大介、井内健太	II、S4	初滑降		
	133	赤牛沢（右俣）	1999年5月上旬	三浦大介、井内健太、牧野総治郎	II、S4－	初滑降		☆
白馬連峰								
58 小蓮華山	134	南面左ルンゼ	2013年5月12日	三浦大介	I、S4＋	2nd ski descent?	P166	☆
	135	北面瀬戸川小蓮華沢	2005年5月21日	三浦大介、佐藤 勝	I、S4－	初滑降	P169	
	136	小蓮華沢ダイレクト	2012年4月上旬	三浦大介、須藤正雄、佐藤康彦	I、S4			☆☆
	137	直登ルンゼ（逆Y字）	2008年4月上旬、他複数回	三浦大介	I、S4＋			☆
	138	金山沢ダイレクト	2012年4月上旬、他複数回	三浦大介、松平盛亮	I、S4			
	139	くの字ルンゼ	2015年4月上旬	三浦大介、須藤正雄	I、S4＋	初滑降?		☆
59 白馬岳	140	白馬沢左俣Zクーロワール	2005年5月22日	三浦大介、佐藤 勝	I、S4＋	初滑降	P170	☆
	141	三号雪渓（二号雪渓から継続）	2016年4月2日	三浦大介、須藤正雄	I、S5－		P172	☆
	142	白馬沢右俣	2001年4月下旬、他複数回	三浦大介	I、S4			☆
	143	白馬沢左俣本谷（ノーマル）	2013年3月下旬	三浦大介	I、S5－			☆
	144	二号雪渓	1997年5月中旬、他複数回	三浦大介	I、S4＋			☆☆
60 杓子岳（東壁）	145	東壁AB間ルンゼ	2014年4月19日	三浦大介、松岡祥子	I、S5、R1		P174	☆
	146	東壁マイナールンゼ	2014年4月1日	三浦大介、須藤正雄	II（北東ルンゼ3）、S4－	初滑降		
（北面）	147	北東ルンゼ1	2014年5月4日	三浦大介、須藤正雄、松岡祥子	I、S4＋		P178	☆☆
	148	北東ルンゼ2	2011年5月中旬	三浦大介、松岡祥子	II（双子尾根）、S4			
	149	北面ルンゼ	2007年5月上旬、他複数回	三浦大介	I、S4－			
	150	JP～長走沢	2011年5月中旬	三浦大介、松岡祥子	II、S4			
61 白馬鑓ヶ岳	151	中央ルンゼ	2005年5月8日	三浦大介	I、S4＋、R1（落石）		P180	☆
	152	北面ダイレクト～杓子沢	2019年5月上旬	三浦大介	I、S4＋			☆
	153	北面上部コル～杓子沢	2015年4月上旬	三浦大介、松岡祥子、藤田崇宏、佐藤大輔	I、S4－			
後立山連峰								
62 不帰岳II峰	154	東面X状ルンゼ（逆しの字）	2007年1月21日	三浦大介	II、S5、R1		P182	☆
	155	北峰東面ダイレクトルンゼ	2011年2月上旬	三浦大介	II、S5、R1			
63 不帰岳III峰	156	Cリッジ～Dルンゼ	2017年3月25日	三浦大介、伊藤裕規	I、S5－		P184	☆
	157	Aルンゼ	2006年3月上旬	三浦大介、堀米修平	II、S4－			
64 唐松岳	158	Cルンゼ	2007年1月20日	三浦大介	I、S4＋			☆☆
	159	唐松沢本谷	2006年3月26日、他複数回	三浦大介、狭間栄治	I、S4		P186	☆
	160	Dルンゼ	2005年1月下旬、他複数回	三浦大介、杉山雅彦	I、S4			☆
65 五竜岳	161	武田菱αルンゼ～A沢	2008年4月13日、他1回	三浦大介、小川嘉博	III（G2稜）、S5－、R1	初滑降	P188	☆
	162	東面B沢	2013年4月中旬	三浦大介、松岡祥子、須藤正雄	II、S4（コルから）			☆
66 鹿島槍ヶ岳	163	北股本谷右俣	2001年4月21日	三浦大介	II、S5－	初滑降	P190	☆
	164	鹿島ウラ沢	2003年3月下旬	三浦大介、亀岡岳志	II、S4－	初滑降		
67 爺ヶ岳	165	中央峰～小冷沢ダイレクト	2009年3月21日、他1回	三浦大介	II（東尾根）、S4＋	初滑降	P192	☆☆☆
	166	北峰西沢奥壁左リッジ～C沢	2017年3月19日	三浦大介、須藤正雄、松岡祥子	II、S5－、R1（雪庇）	初滑降	P194	☆
	167	白沢天狗尾根～矢沢	2005年2月中旬	三浦大介、佐藤竜哉	I、S4－	厳冬期初滑降		
	168	赤岩尾根～西沢	2002年4月6日、他複数回	三浦大介	I、S4－			
針ノ木岳周辺								
68 赤沢岳	169	鳴沢本谷	2008年3月22日	三浦大介	II、S4＋、R1（下部V字谷）	2nd ski descent	P196	
	170	赤沢	2005年3月下旬	三浦大介、亀岡岳志、服部文祥、梶山 正	II、S4	初滑降		
69 スバリ岳	171	大スバリ沢右俣ダイレクト	2001年4月5日、他複数回	三浦大介、澤田 実	II、S4＋	初滑降	P198	☆
70 針ノ木岳	172	小スバリ沢右俣	2004年3月27日	三浦大介、米沢武久	II、S4＋	初滑降	P201	☆

山座番号	滑降ルート本数	滑降ルート名称	滑降年月日（※1）	メンバー（※2）	グレード（P6参照）	初滑降記録など	記録本文掲載ページ	インタレストグレード
	173	マヤクボ沢ダイレクトルンゼ	2012年11月下旬、他複数回	三浦大介、廣光佑亮	I、S4			☆
71 蓮華岳	174	針ノ木本谷	2013年3月15日	三浦大介、松岡祥子	I、S4	初滑降	P204	
	175	大沢右俣	2000年5月下旬、他複数回	三浦大介	I、S4			☆
	176	大沢左俣	2015年4月中旬	三浦大介、松岡祥子、須藤正雄	I、S4＋			
槍ヶ岳周辺								
72 硫黄尾根	177	P2517北面ルンゼ	2004年5月1日	三浦大介	II、S4、R1（落石）	初滑降	P210	
73 槍ヶ岳	178	天上沢	2008年4月5日	三浦大介、狭間栄治	I、S4＋		P212	☆
	179	千丈沢2ルンゼ	2004年5月1日	三浦大介	I、S4＋			☆
74 大喰岳	180	大喰沢	2015年1月25日	三浦大介、須藤正雄	II（厳冬期）、S4	厳冬期初滑降	P215	☆☆
	181	東面カール～槍沢	2006年2月下旬	三浦大介、堀米修平	II（厳冬期）、S4－	厳冬期初滑降		☆
75 中岳	182	中ノ沢	2017年4月2日	三浦大介、須藤正雄	I、S4		P218	
	183	南東斜面～東面ルンゼ	2018年4月下旬	三浦大介、松岡祥子、伊藤裕規	I、S4			☆
76 南岳	184	東壁	2013年5月4日	三浦大介（東壁のみ単独）、須藤正雄、松岡祥子	II、S6、R2	初滑降	P220	☆
	185	東壁右ルンゼ	2011年4月上旬	三浦大介、須藤正雄	II、S4			☆
	186	南面ルンゼ	2007年4月中旬、他複数回	三浦大介	II、S4－			☆
穂高岳・上高地周辺								
77 北穂高岳	187	滝谷B沢	2005年4月17日	三浦大介	III（滝谷）、S5＋、R1	初滑降	P224	
	188	滝谷C沢左俣	2014年5月11日	三浦大介、須藤正雄	II、S5＋、R1		P227	☆☆
	189	滝谷D沢	2002年4月下旬	三浦大介	I、S5			☆
	190	滝谷A沢	2002年4月下旬	三浦大介、牧野総治郎	I、S4＋、R1			
	191	涸沢ダイレクト	2002年4月下旬	三浦大介、伊藤裕規、松岡祥子	I、S4＋			☆
	192	東稜P2814～北穂池	2018年4月下旬	三浦大介、牧野総治郎	I、S4－	初滑降		
78 涸沢岳	193	東面オダマキルンゼ	2001年5月20日	三浦大介、堀 晴彦、村石 等	I、S4	初滑降	P230	
79 奥穂高岳	194	西面ダイレクト（セバ谷）	2017年5月4日	三浦大介、須藤正雄、松岡祥子	II、S5＋（DC）、R1	初滑降	P232	☆
	195	扇沢ロバの耳ルンゼ	2016年4月23日	三浦大介、須藤正雄	II、S5－、R1	初滑降	P236	
	196	1ルンゼ	2000年5月中旬、他複数回	三浦大介	II、S4＋			☆
	197	直登ルンゼ	2001年5月中旬、他複数回	三浦大介	II、S4＋			☆
	198	扇沢本谷	2008年5月上旬	三浦大介	II、S5－、R1			
80 穂高吊尾根	199	吊尾根涸沢ダイレクト	2002年4月27日	三浦大介、牧野総治郎	II、S5、R1	初滑降	P238	☆☆
81 前穂高岳（奥又白谷）	200	前穂高岳北尾根3・4のコル～涸沢	2018年4月下旬	三浦大介、伊藤裕規、松岡祥子	I、S4－			☆
	201	東壁B沢	2001年5月20日、他1回	三浦大介、村石 等	II、S5、R1	初滑降	P240	☆
（岳沢）	202	三本槍～東壁A沢	2008年5月下旬	三浦大介	II、S4＋、R1	上部新ライン		☆
	203	南西ルンゼII	2017年4月30日	三浦大介、松岡祥子	I、S5－、下部滝50度	初滑降	P242	
	204	奥明神沢前穂ダイレクト	1999年5月中旬、他複数回	三浦大介	I、S4＋			
	205	前穂高沢	2008年4月下旬、他複数回	三浦大介	I、S4＋			☆
82 明神岳	206	東面1・2峰間ルンゼ～上宮川谷	2009年4月18日、他1回	三浦大介、狭間栄治	II、S4＋	初滑降	P246	☆☆☆
	207	奥明神沢（コルから）	2003年5月中旬	三浦大介	I、S4－			
	208	西面1・2峰間ルンゼ～奥明神沢	2012年4月下旬	三浦大介、須藤正雄	II、S4	2nd ski descent		
83 西穂高岳	209	独標岳沢側ルンゼ	2007年2月4日	三浦大介、堀米修平	II、S4＋	厳冬期初滑降	P248	☆
	210	西穂高沢ダイレクト	2011年4月上旬	三浦大介、小玉健彦、植竹 淳	II、S4＋、R1			☆
	211	上部コル～西穂高沢	2016年4月下旬	三浦大介	II、S4			
	212	小鍋沢（西穂稜線上部コルから）	2017年4月中旬	三浦大介、服部知尋	II（西尾根）、S4			☆
	213	西穂沢P2738ルンゼ	2018月4月上旬	三浦大介、松岡祥子	I、S4			
	214	間天ルンゼ～西穂沢	2004年4月下旬	三浦大介	I、S4	初滑降		☆
84 焼岳	215	上堀沢左俣	2010年1月17日	三浦大介、篠崎純一、操 潤	I、S4＋	厳冬期初滑降	P253	☆
	216	中堀沢	2013年3月3日	三浦大介、須藤正雄、松岡祥子	I、S4＋	初滑降	P255	☆☆
85 霞沢岳（六百山含む）	217	八右衛門沢	2008年3月8日	三浦大介、亀岡岳志	II、S4＋	冬期初滑降	P256	☆☆
	218	下千丈沢	2007年2月下旬	三浦大介、狭間栄治	II、S4＋（RP）	初滑降		